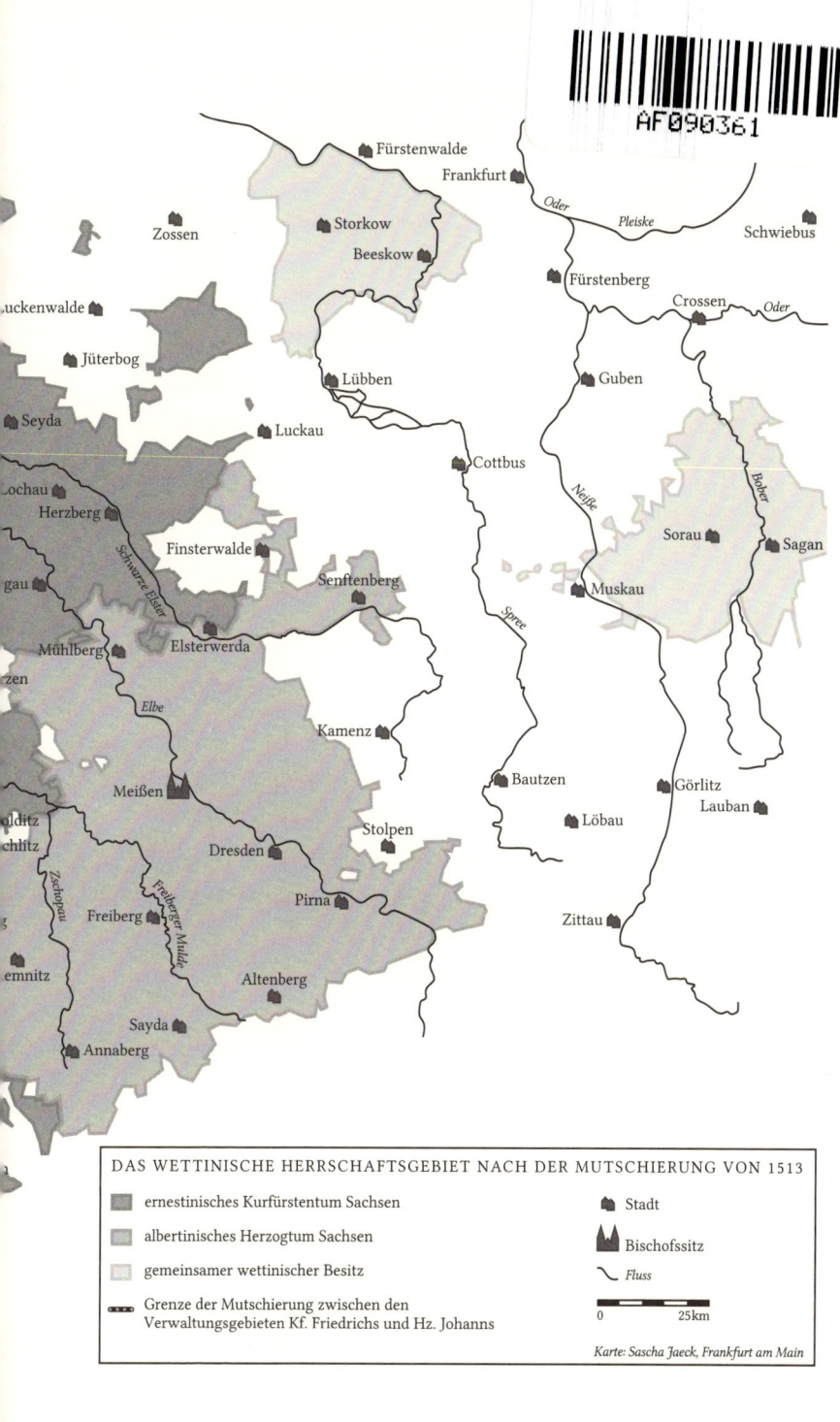

Kurfürst Friedrich der Weise von Sachsen
(1463–1525)

ARMIN KOHNLE

Kurfürst
Friedrich der Weise
von Sachsen (1463–1525)

EINE BIOGRAPHIE

EVANGELISCHE VERLAGSANSTALT
Leipzig

*Armin Kohnle*, Dr. phil., Jahrgang 1960, studierte Mittlere und Neuere Geschichte, Alte Geschichte und Evangelische Theologie in Heidelberg und Cambridge, Promotion und Habilitation fanden in Heidelberg statt. Seit 2009 hat er den Lehrstuhl für Spätmittelalter, Reformation und territoriale Kirchengeschichte an der Theologischen Fakultät der Universität Leipzig inne. Kohnle ist Ordentliches Mitglied der Sächsischen Akademie der Wissenschaften. Neben der allgemeinen Reformationsgeschichte und der sächsischen Territorialkirchengeschichte gehört die Lutherforschung zu seinen besonderen Arbeits- und Publikationsfeldern.

Bibliographische Information der Deutschen Nationalbibliothek
Die Deutsche Nationalbibliothek verzeichnet diese Publikation in der Deutschen Nationalbibliographie; detaillierte bibliographische Daten sind im Internet über http://dnb.de abrufbar.

© 2024 by Evangelische Verlagsanstalt GmbH · Leipzig
Printed in Germany

Das Werk einschließlich aller seiner Teile ist urheberrechtlich geschützt. Jede Verwertung außerhalb der Grenzen des Urheberrechtsgesetzes ist ohne Zustimmung des Verlags unzulässig und strafbar. Das gilt insbesondere für Vervielfältigungen, Übersetzungen, Mikroverfilmungen und die Einspeicherung und Verarbeitung in elektronischen Systemen.

Das Buch wurde auf alterungsbeständigem Papier gedruckt.

Cover: Anja Haß, Leipzig
Coverbild: Kurfürst Friedrich der Weise von Sachsen (1486–1525), 1527 von Lucas Cranach dem Älteren © akg-images
Satz: makena plangrafik, Leipzig/Zwenkau
Druck und Binden: BELTZ Grafische Betriebe GmbH, Bad Lagensalza

ISBN 978-3-374-07642-0
eISBN (PDF) 978-3-374-07643-7 // eISBN (E-Pub) 978-3-374-07644-4
www.eva-leipzig.de

Vorwort

Dieses Buch verdankt seine Entstehung zwar dem aktuellen Anlass des 500. Todestags Friedrichs des Weisen am 5. Mai 2025, ist zugleich aber das Produkt einer seit drei Jahrzehnten andauernden Beschäftigung mit der deutschen Fürstenreformation des 16. Jahrhunderts. Die vom Verlag vorgegebene Beschränkung des Umfangs hat sich als Fluch und Segen erwiesen. Auf der einen Seite war nicht daran zu denken, die fast 600 Druckseiten starke Friedrich-Biographie von Ingetraut Ludolphy durch ein ähnlich umfangreiches Werk ersetzen zu wollen; auf der anderen zwingt der knappe Raum zur Konzentration auf das Wesentliche. Auf ausufernde Literaturangaben und Forschungsdiskussionen musste verzichtet werden. Nicht verzichtet wurde hingegen auf Quellenbelege sowie Hinweise auf einschlägige und vor allem neuere Titel, die Ludolphy noch nicht zur Verfügung standen.

Das von Ludolphy ausgewertete Quellenmaterial ist seit dem Erscheinen ihres Buches im Jahr 1984 in vielfältiger Weise ergänzt oder durch bessere Editionen ersetzt worden. Insbesondere das Projekt »Briefe und Akten zur Kirchenpolitik Friedrichs des Weisen und Johanns des Beständigen 1513–1532. Reformation im Kontext frühneuzeitlicher Staatswerdung« der Sächsischen Akademie der Wissenschaften zu Leipzig bietet eine Fülle bisher unbekannter Texte, die vieles in einem neuen Licht erscheinen lassen. Den Mitarbeiterinnen und Mitarbeitern dieses Projekts sei für ihre bereitwillige Unterstützung gedankt.

Das Thema Friedrich der Weise ist in verschiedene Lehrveranstaltungen an der Theologischen Fakultät der Universität Leipzig eingeflossen. Zuletzt wurden im Wintersemester 2022/23 und im Sommersemester 2023 Vorlesungen zur Geschichte des Kurfürsten gehalten. Den Teilnehmern und Hörern ist ebenso zu danken wie meinen Assistenten Hannes Haas, Thomas

Linke und Christiane Hesse sowie der Institutssekretärin Kerstin Backhaus, die das Manuskript kritisch gelesen und mit mir diskutiert haben.

Ich widme dieses Buch, das in seiner Sicht auf Friedrich den Weisen ein sehr persönliches geworden ist, meinen Leipziger Kollegen und Freunden:

Peter Zimmerling zum 65. Geburtstag
Jens Herzer zum 60. Geburtstag

Leipzig und Müllheim (Baden) im Frühjahr 2024
Armin Kohnle

Inhaltsverzeichnis

5   Vorwort

11   **Zur Einführung**
13   Warum Friedrich?
17   Alte und neue Quellen
20   Friedrich in der Forschung

23   **Friedrichs Welt**
25   Der Aufstieg der Wettiner
29   Leipziger Teilung
31   Land und Kirche nach der Leipziger Teilung

39   **Ein schöner Herr und junger Sohn zu Sachsen**
41   Geburt und Bildungsgang
48   Ein schöner Herr im Bild
49   Tod des Vaters

55   **Die Mühen der Regierung**
57   Eine brüderliche Herrschaft
62   Berater und Amtsträger
66   Geteilte Last: Die Mutschierung von 1513

69	**Im Dienst von Kaiser und Reich**
71	Reichsreform und habsburgische Machtpolitik
76	Alter Kaiser, junger Kurfürst
82	Junger König, junger Kurfürst
93	**Zwischen Königstreue und Standesinteresse**
95	In habsburgischen Diensten
101	In Opposition zum König?
109	Balancepolitik und Generalstatthalterschaft
117	**Friedrich privat**
119	Der Mensch Friedrich
125	»Ach, mein Vetter Herzog George«
129	Auf Freiersfüßen
135	**Der spätmittelalterliche Laienchrist**
137	Pilger im Heiligen Land
145	All die lieben Heiligen
155	Der fromme Stifter
161	**Der Universitätsgründer**
163	»Unter meiner Regierung hat die Universität Wittenberg zu lehren begonnen«
167	Markt der edlen Wissenschaften und Orakel
171	Bauherr für die Universität
175	**Der Renaissancefürst**
177	Friedrich, der Humanist?
181	Förderer von Architektur, Kunst und Musik
187	Nürnberg, die Kulturmetropole des Reiches

Inhaltsverzeichnis

193 Der vorreformatorische Kirchenpolitiker
195 Bischöfe und geistliche Gerichtsbarkeit
200 Klöster und Klosterreform
204 Päpste und Kardinäle

211 Beschützer Luthers und erwählter Kaiser
213 Die Anfänge der Lutherschutzpolitik
219 »Zum Keisar ward erkorn ich«:
die Königswahl von 1519
226 Miltitz und kein Ende

239 Gegen den Strom
241 Von Köln nach Worms
252 Lutherschutzpolitik unter äußerem Druck
263 Nicht gegen Gottes Wort

281 Tod und beginnendes Nachleben
283 Das letzte Testament
286 Tod und Beisetzung
291 Beginnendes Nachleben

299 Epilog

304 Stammtafel der Wettiner vom
14.–16. Jahrhundert
305 Zeittafel zur Geschichte Friedrichs des Weisen
317 Abbildungsverzeichnis
319 Verzeichnis der abgekürzt zitierten Werke
331 Anmerkungen
381 Register der Personen und Orte

Zur Einführung

Am 5. Mai 1525 starb Kurfürst Friedrich der Weise von Sachsen in seinem geliebten Jagdschloss Lochau, das er um 1500 an der Stelle einer älteren Burg hatte errichten lassen.[1] Von dieser bescheidenen Residenz inmitten der damals wildreichen Lochauer Heide ist nichts mehr zu sehen. An gleichem, später Annaburg genanntem Ort steht heute ein im letzten Drittel des 16. Jahrhunderts viel aufwendiger gestaltetes Schloss, das den baulichen Zustand der Friedrich-Zeit nur noch in den Grundmauern erkennen lässt. Zum Ort des Friedrich-Gedenkens wurde nicht Lochau, sondern die Wittenberger Schlosskirche, wo Friedrich von langer Hand die Memoria der ernestinischen Familie verankert hatte.[2]

 ## Warum Friedrich?

Der Tod Friedrichs des Weisen war eine Zäsur in der sächsischen ebenso wie in der allgemeinen Reformationsgeschichte. Unter seinem Bruder und Nachfolger Johann begann die obrigkeitlich organisierte Umgestaltung der kursächsischen Kirchenverhältnisse nach den Prinzipien der Wittenberger Reformation. War der Weg Kursachsens zu einem lutherischen Territorium seither deutlich vorgezeichnet, bildeten die annähernd vier Jahrzehnte der Regierung Friedrichs, der als dritter sächsischer Kurfürst aus dem Hause Wettin diesen Namen trug, in reformationsgeschichtlicher Perspektive eine Zeit des Übergangs.

Als Martin Luther am 31. Oktober 1517 seine 95 Thesen über die Kraft der Ablässe an die Tür der Wittenberger Schlosskirche anschlug, war Friedrich bereits 54 Jahre alt. Nach den Maßstäben der Zeit galt er als alter und erfahrener Fürst. Seine politische, kulturelle und religiöse Sozialisation stammte aus einem untergehenden Zeitalter. Gewiss, in Friedrichs Welt blieb über das Epochenjahr 1517 hinweg vieles so, wie er es kannte;

Zur Einführung

aber die Probleme, mit denen er in den letzten sieben Jahren seiner Herrschaft zu ringen hatte, waren doch von anderem Zuschnitt und von größerer Tragweite als alles, was ihm bis dahin begegnet war. Erst diese Endphase seiner Regierungszeit, die weitgehend unter dem Eindruck der Sache Luthers stand, machte aus Friedrich dem Weisen die historische Gestalt, an die man sich heute erinnert. Ohne Luther wäre Friedrich zwar ebenfalls als bedeutender sächsischer Kurfürst, als Reichspolitiker, Universitätsgründer, Kunstmäzen und Reliquiensammler in die Geschichte eingegangen, er hätte es aber kaum zu der Bekanntheit gebracht, die ihn als Beschützer Luthers auszeichnet.

Dabei ist Friedrich der Weise gerade in seinem Verhältnis zur aufkommenden Reformation nur schwer zu fassen. Die Gretchenfrage nach Friedrichs Haltung zur Lehre Luthers ist noch immer nicht abschließend beantwortet. Dementsprechend kontrovers sind die Deutungen, die seit dem Beginn der wissenschaftlichen Beschäftigung mit diesem Kurfürsten vorgetragen wurden. Ein modernes Lebensbild darf nicht den Fehler begehen, die gesamte Biographie dieses Fürsten durch die reformatorische Brille zu betrachten oder die Darstellung gar erst mit dem Auftreten Luthers beginnen zu lassen. Vielmehr ist Friedrichs Politik in den frühen Reformationsjahren nur verständlich zu machen, wenn sie in die längerfristigen Linien seiner Herrschaft eingezeichnet wird. Kontinuitäten und Umbrüche müssen aufgedeckt, Kontexte identifiziert und in ihrer Bedeutung für die Politik des Kurfürsten gewichtet werden. »Männer machen die Geschichte«[3], dieses Diktum Heinrich von Treitschkes kann Gültigkeit nur dann beanspruchen, wenn das Individuelle und das Besondere in die allgemeinen Entwicklungen eingebettet werden.

Dieses Buch verdankt seine Entstehung zwar dem Anlass des bevorstehenden 500. Todestages und der seit gut 150 Jahren vorherrschenden Forschungsperspektive, Friedrich den

Warum Friedrich?

Weisen als Schutzherren Martin Luthers verstehen zu wollen. Es verengt den Blick jedoch nicht auf die Jahre nach dem öffentlichen Auftreten Luthers. Friedrichs Leben fiel zum größeren Teil in das ausgehende Mittelalter. Der junge Kurfürst ist aber viel weniger vertraut als der behäbige, von Krankheit gezeichnete, schwergewichtige, sein Gesicht hinter einem Vollbart verbergende alte Fürst, der uns in dem berühmten Kupferstich Albrecht Dürers von 1524 entgegentritt (unten → **Abbildung 14**). Und doch sollte man das Leben eines Menschen generell nicht von seinem Ende her betrachten, will man nicht dem Irrtum aufsitzen, dass alles genau so kommen musste, wie es kam. Geschichte ist an jedem einzelnen Punkt offen. Das gilt auch für das individuelle Leben Friedrichs des Weisen, dessen Verlauf von Konstellationen abhängig war, die nicht vorhersehbar oder gar vorherbestimmt waren. Friedrich selbst lebte in der Überzeugung, dass er in einer besonderen Verantwortung gegenüber Gott stand. Diese religiöse Dimension muss bei einem Menschen des Spätmittelalters – und insbesondere bei einem von tiefer Frömmigkeit geprägten Laienchristen – beachtet und darf nicht modern-säkularistisch bagatellisiert werden. Seine Frömmigkeitsmotive ernst zu nehmen, bedeutet aber nicht, dass wirtschaftliche, dynastische oder politische Interessen und Motivationen ignoriert werden dürften. Vielmehr wird hier davon ausgegangen, dass jeder Mensch – und besonders ein Politiker wie Friedrich – aus einer komplexen Motivationslage heraus handelt und dass es die Aufgabe des Historikers ist, diese handlungsleitenden Motive in ihrer Verschränktheit zu erkennen.

Bei der Aufdeckung dieser Motive ist immer zu bedenken, dass vormoderne Fürsten in der Regel nicht nur als Privatpersonen agierten, sondern zugleich als Landesherren in einer festgelegten Rolle. Die Fürsten des 15. und frühen 16. Jahrhunderts legten größten Wert darauf, in der Öffentlichkeit ein bestimmtes Bild von sich zu verbreiten. Stärke, Macht und

Zur Einführung

kriegerische Tugenden konnten dabei ebenso herausgestellt werden wie Frömmigkeit oder Gerechtigkeit; Gelehrsamkeit, Bildung und Kunstsinn wurden unter dem Einfluss des Humanismus ebenfalls wertgeschätzt. Wenn ein Fürst über diese Qualitäten nicht selbst verfügte, förderte er sie bei anderen. Das Private sollte nach Möglichkeit nur insoweit an die Öffentlichkeit gelangen, wie es dem eigenen »Image« nützte. Friedrich der Weise pflegte das Bild des frommen, kunstsinnigen, friedliebenden und die Gelehrsamkeit hochschätzenden Fürsten. Dies nur als Rollenverhalten abzutun, würde jedoch zu kurz greifen. Er selbst war zwar nicht ungebildet, erhielt den Zunamen »der Weise« aber nicht wegen seiner besonderen Bildung, sondern wegen seiner klugen Politik. Deshalb sollten öffentliche Rolle und tatsächliche, durch Quellen belegbare Eigenschaften differenziert, aber nicht auseinandergerissen werden.

Eine nähere Beschäftigung mit Friedrich dem Weisen ist aus folgenden Gründen eine lohnende Aufgabe.

1. Friedrich war der Kurfürst der frühen Reformationsjahre und damit nicht nur ein Zeitzeuge dieses Umbruchs, sondern auch an zentraler Stelle aktiv daran beteiligt und maßgeblich dafür verantwortlich, dass die Lehre Luthers und seiner Wittenberger Kollegen nicht unterdrückt wurde. Deshalb ist Friedrich eine Figur nicht nur der sächsischen und deutschen Geschichte, sondern der Weltgeschichte.
2. Friedrich war geradezu ein Musterherrscher aus der Dynastie der Wettiner, die den mitteldeutschen Raum über viele Jahrhunderte beherrschte. Im Unterschied zu anderen Fürsten war er kein Krieger, sondern ein Friedensfürst, dem die Wohlfahrt seines Landes mehr am Herzen lag als persönlicher Ruhm.
3. Friedrich war der Gründer der Universität Wittenberg, die zum Ausgangspunkt des größten kirchlichen und theologischen Umbruchs der frühen Neuzeit wurde.

4. Friedrich spielte in der Politik der Kaiser Friedrich III. und Maximilian I. eine wichtige Rolle, ebenso bei der Wahl Kaiser Karls V. im Jahr 1519. Damit war er nicht nur an kirchengeschichtlichen, sondern auch an machtpolitischen Weichenstellungen, die die europäische Geschichte für lange Zeit prägten, maßgeblich beteiligt.

Das Profil einer historischen Persönlichkeit entsteht im Kopf des Historikers und ist von dessen Interessen, Prägungen, Überzeugungen und Voreingenommenheiten beeinflusst. Diese Selbstverständlichkeit gilt auch für die Rekonstruktion der Lebensgeschichte eines Fürsten, der heute zu den »ökumenischen Heiligen« gerechnet wird.[4] Aus katholischer oder radikalreformatorischer Perspektive wird man Friedrich den Weisen anders beurteilen als aus landeskirchlich-evangelischer. Auch das folgende Lebensbild ist das Ergebnis des ordnenden, deutenden und wertenden historischen Rekonstruierens, schützt sich aber vor Subjektivität und Einseitigkeit durch eine möglichst breite Auseinandersetzung mit den Quellen und mit der Forschungsliteratur.

Alte und neue Quellen

Friedrich der Weise gehörte nicht zu denen, die ihr Herz auf der Zunge trugen. Das ist bedauerlich für den Historiker, dem es geschwätzige Menschen leichter machen als wortkarge und diplomatisch agierende Persönlichkeiten wie Friedrich, der jedenfalls in seinen öffentlichen Äußerungen lieber zu wenig als zu viel sagte. Dennoch fließen die Quellen zu seinem Leben reichlich. Sie sind allerdings uneinheitlich verteilt und verschieden gut erschlossen. Während von Friedrichs frühen Jahren nur Bruchstücke bekannt sind, wächst die Zahl der zur Verfügung stehenden Texte seit seinem Herrschaftsantritt 1486

Zur Einführung

kontinuierlich an. Dies liegt nicht nur an den vielen dem Kurfürsten im Dienst für Kaiser und Reich zuwachsenden neuen Aufgaben, sondern auch an der in seiner Regierungszeit deutlich greifbaren Professionalisierung und »Verdichtung« von Herrschaft und Verwaltung,[5] die mit einer zunehmenden Verschriftlichung einhergingen.

Für die ersten 30 Jahre seines Lebens wünschte man sich hingegen mehr Detailwissen. Hier ist noch immer die Biographie des Kurfürsten aus der Feder Georg Spalatins unverzichtbar. Spalatin stand Friedrich dem Weisen nahe, seit er 1509 als Prinzenerzieher, Sekretär, Geistlicher, Bibliothekar, Historiograph und Berater an den Hof kam.[6] In seiner Eigenschaft als Geschichtsschreiber, der im Auftrag des Kurfürsten die sächsische Vergangenheit erforschte, verfasste er Lebensbeschreibungen der Kurfürsten von Sachsen.[7] Keinen kannte er aber so gut wie seinen Dienstherrn Friedrich III. Spalatins Friedrich-Biographie entstand unmittelbar nach dem Tod des Kurfürsten und ist auch heute noch von Wert. Während des 16. Jahrhunderts allerdings war sie weitgehend unbekannt, da sie zeitgenössisch nicht gedruckt wurde. Das moderne Bild Friedrichs des Weisen ist durch Spalatins Vita stark beeinflusst, seit sie 1770 erstmals mangelhaft[8] und 1851 von Christian Gotthold Neudecker und Ludwig Preller[9] zuverlässiger veröffentlicht wurde.

Eine objektiv-distanzierte Lebensbeschreibung bietet Spalatin freilich nicht. Da sein Text nicht zur unmittelbaren Publikation gedacht war, ging es ihm nicht primär um eine möglichst positive Außendarstellung, sondern eher um die Würdigung seines von ihm hochgeschätzten Herrn. Friedrichs Lebensbeschreibung schöpft zum Teil aus schriftlichen Quellen, darüber hinaus aber auch aus persönlichen Erlebnissen. Die greifbare Sympathie für den Kurfürsten und die deutliche Positionierung Spalatins auf der Seite Luthers entwerten seinen Text keineswegs. Spalatins Biographie ist eine Fundgrube für Beobachtungen und Beurteilungen, die man aus Urkunden und Akten so nicht erheben kann. Auch Philipp Melanchthons Rede, die bei der Beisetzung des Kurfürsten in der Wittenberger Schlosskirche vorgetragen wurde,[10] war keine objektive historische Betrachtung, sondern ein dem Anlass entsprechendes humanistisches Fürstenlob, das insbesondere auf Friedrichs Friedensliebe und Festigkeit im Glauben abhob. Ähnlich verhält es sich mit Melanchthons Deklamation über den Kurfürsten von 1551,[11] mit der man bereits das Feld der Friedrich-Memoria betritt.

Während Friedrichs albertinischer Vetter Herzog Georg von Sachsen schon um die Zeit des Ersten Weltkriegs mit einer Edition seiner kirchenpolitischen Akten bedacht wurde[12] und auch sein Großneffe, der Herzog und Kurfürst Moritz eine Ausgabe seiner politischen Korrespondenz erhalten hat,[13] ist für Friedrich den Weisen und seinen Bruder Johann erst seit wenigen Jahren eine auf die Kirchenpolitik konzentrierte Quellenausgabe in Arbeit.[14] Diese Edition deckt aber nur die letzten zwölf Regierungsjahre Friedrichs des Weisen ab. Für die Zeit zwischen seinem Herrschaftsantritt 1486 und der Mutschierung 1513 ist man nach wie vor auf verstreut gedruckte oder ungedruckte Überlieferung angewiesen. Für die reformationsgeschichtlich entscheidende Phase steht nunmehr aber eine Materialfülle zur Verfügung, die tiefe Einblicke in das Verhältnis Friedrichs zu den Bischöfen, zum Papsttum, zu Klöstern und zu anderen kirchlichen Institutionen und Akteuren erlaubt. Aus dieser neuen Edition schöpft die vorliegende Darstellung in erheblichem Maße. Darüber hinaus werden die lange bekannten älteren Ausgaben, die Material zu Friedrich dem Weisen enthalten, so Förstemanns Neues Urkundenbuch[15] oder die Planitz-Berichte aus dem Reichsregiment,[16] selbstverständlich ebenso benutzt wie neuere Editionen, unter denen etwa die von Sina Westphal zusammengetragene Korrespondenz Friedrichs mit Empfängern in Nürnberg zu nennen ist.[17]

Zur Einführung

Die Reichspolitik der frühen Regierungsjahre Friedrichs ist in der mittleren Reihe der Deutschen Reichstagsakten heute deutlich besser erschlossen, als es zu Ludolphys Zeit der Fall war.

Es wäre allerdings eine Illusion und einer lesbaren Darstellung auch nicht zuträglich, in der Verwertung der Quellen irgendeine Vollständigkeit anzustreben. Vielmehr wird es darauf ankommen, das Einschlägige und Exemplarische zu identifizieren und zum Sprechen zu bringen. Das Leben Friedrichs des Weisen ist nur aus einer klugen Mischung von lange bekannten und neuen Texten zu rekonstruieren und eine ermüdende Häufung von Einzelfällen zu vermeiden. Das Bekannte vom Unbekannten und das Typische vom Außergewöhnlichen zu unterscheiden, ist ohne die Kenntnis der älteren und jüngeren Forschung zu Friedrich dem Weisen aber nicht möglich.

 ## Friedrich in der Forschung

Nach ersten Versuchen im 17.[18] und 18. Jahrhundert[19] blieben das Leben und Wirken Friedrichs des Weisen ein beliebtes Sujet während des gesamten 19. und frühen 20. Jahrhunderts. Versuche einer Gesamtbiographie legten der Dresdner Lehrer Moritz Tutzschmann 1848,[20] der lutherische Pfarrer Carl Becker 1861,[21] die Schriftstellerin Amanda Hoppe-Seyler 1868,[22] der Hallenser Gymnasiallehrer Otto Nasemann 1889[23] sowie der Naumburger Gymnasiallehrer Ernst Borkowsky 1929 vor.[24] Keiner dieser Autoren ist dem Kreis der professionell-universitären Allgemeinhistoriker oder Kirchenhistoriker zuzurechnen. Ohne Quellenbelege verfasst, sind ihre Lebensskizzen im wissenschaftlichen Kontext heute nicht mehr brauchbar, wenngleich als literarische Produkte noch immer lesenswert.

Das wissenschaftliche Interesse an Friedrich dem Weisen ging Hand in Hand mit dem Aufblühen der reformationsgeschichtlichen Forschung in der zweiten Hälfte des 19. Jahrhunderts. Die Namen Gustav Leopold Plitt,[25] Theodor Kolde,[26] Julius Köstlin[27] und Johannes von Walter[28] sind hier ebenso zu nennen wie insbesondere Paul Kalkoff, der die Haltung Friedrichs zu Luther und zur Reformation in zahlreichen Büchern und Aufsätzen vor und nach dem Ersten Weltkrieg thematisiert[29] und darüber hinaus Friedrichs Rolle bei der Königswahl von 1519 in das Blickfeld gerückt hat.[30] Kalkoffs These, Friedrich sei ein Lutheranhänger der ersten Stunde gewesen und habe Luther aus innerer Überzeugung von der Wahrheit der reformatorischen Theologie geschützt, ist in dieser Radikalität von der nachfolgenden Forschung aber kaum einmal übernommen worden. Dies gilt insbesondere für Paul Kirns Leipziger historische Habilitationsschrift über Friedrich den Weisen und die Kirche aus dem Jahr 1926,[31] die sich explizit gegen Kalkoffs Interpretation der Rolle Friedrichs als Anhänger Luthers positionierte und dem Kurfürsten in der Lutherfrage eine »Neutralität der Gesinnung« attestierte.[32]

Das Spektrum der Meinungen zu dieser Problematik ist damit grob skizziert: Es reicht von der kompletten Verortung des Kurfürsten auf der Seite Luthers und der Reformation bis zur neutralen Distanzierung Friedrichs von der Reformation. Auf einer mittleren Linie zwischen Kalkoff und Kirn liegt Ingetraut Ludolphy, die festgestellt hat: »Eine gewisse Affinität der Glaubenshaltung Friedrichs zu der Luthers muß bestanden haben«.[33] Als Schülerin des Leipziger Kirchenhistorikers Franz Lau hat Ludolphy die ältere Friedrich-Forschung synthetisiert und weitergeführt. Ihre materialreiche Darstellung aus dem Jahr 1984 liefert den Ausgangspunkt und den Maßstab für jede nachfolgende Beschäftigung mit Friedrich dem Weisen. Die Fülle der von Ludolphy verarbeiteten Quellen führte allerdings nicht nur zu einem erheblichen Seitenumfang, sondern auch zu Schwerfälligkeiten in Aufbau und Darstellung. 2006 wurde diese Arbeit noch einmal unverändert nachgedruckt.

Zur Einführung

Das Werk spiegelt jedoch den Forschungsstand der frühen 1980er-Jahre wider.

Die Forschung ist seither nicht stehengeblieben. Zwar hat sich seit Ludolphy – wenn man von der schmalen und ohne wissenschaftlichen Anspruch geschriebenen Arbeit von Klaus Kühnel[34] absieht –, niemand mehr an eine Gesamtbiographie Friedrichs des Weisen in deutscher Sprache gewagt, aber die Zahl der zu spezielleren Fragen erschienenen Titel ist insgesamt doch beachtlich. Zu erwähnen ist die Studie Bernd Stephans über Friedrichs Verhältnis zu Bildung und Künsten. Diese Leipziger Dissertation aus dem Jahr 1980, die in DDR-Zeiten nicht gedruckt werden konnte, erschien erst 2014, spiegelt aber noch den Forschungsstand ihrer Entstehungszeit wider.[35] Eine spezifisch Leipziger Konkurrenzsituation hat dazu geführt, dass Stephans Ergebnisse von Ludolphy ignoriert wurden, obwohl sie von ihnen durchaus hätte profitieren können. Eine gefällige, für ein englischsprachiges Publikum gedachte Zusammenfassung auf der Basis von Ludolphys Biographie bot 2011 der durch zahlreiche Lebensbeschreibungen hervorgetretene amerikanische Literat Sam Wellman.[36] Dann lieferte der 550. Geburtstag Friedrichs des Weisen im Jahr 2013 den Anlass für Tagungen und Aufsatzbände, die viele Einzelaspekte der Geschichte des Kurfürsten behandelten.[37] Friedrichs große Reliquiensammlung ist durch die Studie von Johanna Liedke inzwischen in völlig neuer Weise aufgearbeitet.[38] Zuletzt ist ein Biogramm zu erwähnen, das aus dem Akademieprojekt »Briefe und Akten« hervorging[39] und das neben kleineren Vorarbeiten zum vorliegenden Buch[40] als jüngste Studie zum Kurfürsten Friedrich angesprochen werden kann. Für das Gedenkjahr 2025 ist damit zu rechnen, dass es weitere Publikationen zur Geschichte des Kurfürsten Friedrich geben wird,[41] die das in Leipzig neu erschlossene Quellenmaterial, so steht zu hoffen, intensiv verwerten und zu einem differenzierteren Bild Friedrichs des Weisen beitragen werden.

Friedrichs Welt

In noch höherem Maße als in einer modernen sozial durchlässigen Gesellschaft entschied bei einem Menschen des späten Mittelalters die Herkunftsfamilie über die Ausgangsbedingungen und die Aufstiegschancen eines Knaben. Die Familie, in die Friedrich der Weise hineingeboren wurde, war die der Wettiner.

 ## Der Aufstieg der Wettiner

Friedrich entstammte einer der ältesten Adelsdynastien des Reiches. Ihre frühesten Vertreter lassen sich bis in das 10. Jahrhundert zurückverfolgen, doch erst ab dem 11. Jahrhundert spielte die Familie, die sich nach ihrer Stammburg Wettin im heutigen Saalekreis in Sachsen-Anhalt benannte, eine Rolle in der großen Politik des obersächsischen Raumes.[42] Der schrittweise Herrschaftsaufbau war durch den glücklichen Umstand begünstigt, dass immer ausreichend viele erbfähige Söhne zur Verfügung standen, ohne die kein mittelalterliches Fürstengeschlecht gedeihen konnte.

1089 wurde Graf Heinrich von Eilenburg mit der Markgrafschaft Meißen belehnt. Seither führte die Familie den Titel »Markgrafen von Meißen«. Diese Markgrafschaft Meißen blieb für mehr als 800 Jahre im Besitz der Wettiner. Sie reichte im Mittelalter vom heutigen Thüringen bis weit östlich der Elbe in den Raum um Görlitz und Zittau; von Torgau im Norden bis zum Kamm des Erzgebirges im Süden. Zum eigentlichen Begründer der wettinischen Hausmacht wurde Konrad von Kistritz im zweiten Viertel des 12. Jahrhunderts. Unterstützt wurde der Aufstieg der Familie durch Silberfunde bei Freiberg (»Erstes Berggeschrei«), die den nötigen finanziellen Rückhalt lieferten. Eine wichtige Etappe lag in der Mitte des 13. Jahrhunderts, als die Wettiner zunächst das Erbe der Landgrafen von Thüringen antraten (1247) und dann die Pfandherrschaft über das Reichsland Pleißen mit den Städten Altenburg, Chemnitz und Zwickau hinzugewannen. Am Ende des 13. Jahrhunderts, in der Regierungszeit Markgraf Heinrichs des Erlauchten (1218–1288), stand die Dynastie auf dem Höhepunkt ihrer Macht.

Innerwettinische Nachfolgekämpfe und ein langjähriger Streit mit dem Königtum, das seine Machtstellung im Raum östlich der Saale wiederzugewinnen versuchte, stürzten die Familie um 1300 jedoch in eine existenzbedrohende Krise, aus der erst der Ausgleich mit dem Königtum unter Markgraf Friedrich I. dem Freidigen (reg. 1291–1323) herausführte. Die folgende Entwicklung hatte auch für die Regierungszeit Friedrichs des Weisen noch eine Relevanz. André Thieme beschreibt sie wie folgt: »Im 14. und 15. Jahrhundert gelangen den Wettinern bedeutende herrschaftliche Zugewinne. Unter anderem banden sie seit 1307 das vormalige Reichsland Pleißen mit den Städten Altenburg, Chemnitz und Zwickau fest in ihre Herrschaft ein. Fast alle größeren Adelsgeschlechter Mitteldeutschlands gerieten unter wettinische Lehnshoheit, darunter die Burggrafengeschlechter von Altenburg, Leisnig, Meißen und Dohna, die Vögte von Weida, Gera und Plauen und in der thüringischen Grafenfehde von 1347–1349 auch die wichtigsten thüringischen Herren. Dabei brachten die Wettiner wichtige Teile der adligen Herrschaften auch ganz unmittelbar an sich und formten sie wie Altenburg (1329), Leisnig (1365) und Plauen (1466) zu wettinischen Vogteien/Ämtern um. Durch die Ehe Markgraf Friedrichs III. (reg. 1349–1381) kam die Herrschaft Coburg 1353 in wettinischen Besitz. Seit dem Ende des 14. Jahrhunderts können die Wettiner als unangefochtene Hegemonen des gesamten mitteldeutschen Bereichs gelten.«[43]

1423 erhielt Friedrich der Streitbare das nach dem Aussterben der Askanier ledige Herzogtum Sachsen-Wittenberg und erlangte damit die Kurwürde. Mit diesem ersten Friedrich begann die dynastische Zählung von Neuem. Seither gehörte

Der Aufstieg der Wettiner

die Familie zum erlauchten Kreis der Königswähler und damit zum obersten Rang unter den Reichsfürsten.[44] Doch nicht nur der Status der Familie wurde erhöht, auch der territoriale Machtzuwachs setzte sich im späten 15. Jahrhundert fort. 1472 wurden das Herzogtum Sagan in Niederschlesien, 1477 die niederlausitzischen Herrschaften Sorau, Beeskow und Storkow auf Wiederkauf hinzugewonnen. Am Ende dieses jahrzehntelangen Wachstums stand ein Territorialbesitz von beachtlichen Ausmaßen, der von der Werra im Westen bis in die Oberlausitz im Osten reichte. In Franken, in der Niederlausitz und in Niederschlesien verfügten die Wettiner über Außenposten. Auf dieser territorialen Basis lag ein wettinisches Königtum nicht mehr außerhalb des Denkbaren. Eine Voraussetzung dafür wäre freilich gewesen, dass dieses Territorium in einer Hand hätte bleiben müssen.

Schon als Friedrich der Weise 1463 zur Welt kam, waren die wettinischen Lande geteilt.[45] Sein Großvater Friedrich II., genannt der Sanftmütige (→ **Stammtafel S. 328**), regierte seit der Altenburger Teilung von 1445 das Kurfürstentum Sachsen, die Markgrafschaft Meißen sowie Teile des Vogt- und Osterlandes. Dessen Bruder Wilhelm III. (der Tapfere) herrschte in Thüringen, Franken sowie im Rest des Vogt- und Osterlandes. Friedrich der Sanftmütige starb 1464; sein Enkel Friedrich war damals erst ein Jahr alt. Ernst, der mittlere unter den beiden überlebenden Söhnen des Sanftmütigen und Vater Friedrichs des Weisen, war seit 1451 Kurprinz, da ein älterer Bruder bereits gestorben war. Friedrichs Vater hatte einen jüngeren Bruder mit Namen Albrecht, später Albrecht der Beherzte genannt.[46] Albrecht war ein Abenteurer, bewarb sich 1471 um die böhmische Königskrone, kämpfte 1475 im Auftrag des Kaisers in Burgund, pilgerte 1476 nach Jerusalem, führte zweimal ein Reichsheer gegen die Ungarn, wurde von König Maximilian zum Statthalter in den Niederlanden ernannt und hatte später auch das Statthalteramt in Friesland inne. Auch wenn diese

Friedrichs Welt

Unternehmungen meist erfolglos und mit einem Schuldenberg endeten, bietet ein solcher Condottiere spannenderes Futter für die Geschichtsschreibung als der eher unauffällige Ernst. Friedrich der Weise schlug eher nach seinem Vater als nach seinem Onkel.

Die Großmutter Friedrichs väterlicherseits war Margarethe von Österreich. Mit dieser Ehe Friedrichs des Sanftmütigen wurde 1431 in Leipzig das enge Verhältnis der Wettiner zum Haus Habsburg begründet, was auch für Friedrich den Weisen noch eine wichtige Rolle spielte. Margarethe war eine außerordentlich fromme Dame, die Wallfahrtsorte und das Mönchtum förderte. Friedrichs Mutter hieß Elisabeth von Bayern und war eine Tochter Herzog Albrechts des Frommen von Bayern und seiner Frau Anna. Die Ehe der Eltern Friedrichs war glücklich. Elisabeth kümmerte sich sorgfältig um die Erziehung ihrer sieben Kinder. Friedrichs ältere Schwester Christine heiratete 1478 König Johann von Dänemark, Norwegen und Schweden. Auf Friedrich folgten vier Brüder und eine weitere Schwester: Ernst schlug eine geistliche Karriere ein und wurde Erzbischof von Magdeburg und Administrator von Halberstadt; Adalbert brachte es zum Administrator des Erzbistums Mainz; Johann, später der Beständige genannt, blieb im weltlichen Stand, regierte gemeinsam mit Friedrich und wurde dessen Nachfolger; Margarethe heiratete 1487 den Herzog Heinrich von Braunschweig-Lüneburg; Wolfgang, der jüngste Bruder Friedrichs des Weisen, erreichte das Erwachsenenalter nicht. Von den Geschwistern Friedrichs starben auch seine ältere Schwester Christine und seine beiden jüngeren Brüder Ernst und Adalbert vor ihm. Überlebt haben ihn nur sein Bruder Johann und seine Schwester Margarethe von Braunschweig. Allein zwischen 1484 und 1486 verlor Friedrich vier seiner nächsten Angehörigen: 1484 seinen Bruder Adalbert und seine Mutter Elisabeth, 1486 seine Großmutter Margarethe und seinen Vater Ernst.

Das Brüderpaar Ernst und Albrecht, Vater und Onkel Friedrichs, spielte in der sächsischen Geschichte eine wichtige Rolle, nicht so sehr wegen des »sächsischen Prinzenraubs«, bei dem die Knaben im Alter von 14 und 12 Jahren von dem Raubritter Kunz von Kaufungen aus Altenburg entführt wurden, um den Großvater Friedrichs des Weisen zu erpressen. Wichtiger waren die territorialen Weichenstellungen ihrer Regierungszeit. Beim Tod Friedrichs des Sanftmütigen traten sie die Herrschaft gemeinsam an. Nach anderthalb harmonischen Jahrzehnten gemeinsamer Regierung und Hofhaltung entfremdeten sich die Brüder jedoch immer mehr voneinander. Um 1480, Friedrich der Weise war damals ein Jüngling von 17 Jahren, war es vorbei mit der brüderlichen Eintracht.[47] Nach der Rückkehr des Kurfürsten Ernst von einer Pilgerreise nach Rom wurde die gemeinsame Hofhaltung in Dresden 1482 aufgelöst. Albrecht siedelte mit einer Jahresrente nach Torgau über.[48]

Leipziger Teilung

Landesteilungen waren in der spätmittelalterlichen sächsischen Geschichte keine Seltenheit. Zwischen 1382 und 1485 gab es nur wenige Jahre, in denen die wettinischen Besitzungen in einer Hand lagen. Allerdings blieb ein Bewusstsein von der Zusammengehörigkeit der Teile während des Spätmittelalters erhalten. 1482 fiel nach dem kinderlosen Tod Wilhelms des Tapferen der Thüringer Landesteil zurück an die Brüder Ernst und Albrecht, so dass alle wettinischen Lande für wenige Jahre wieder vereint waren. Doch drei Jahre später sollte die Leipziger Teilung diese Situation beenden.

Die Leipziger Teilung von 1485[49] war eine grundlegende Weichenstellung für die Regierungszeit Friedrichs des Weisen. Warum es zu dieser Teilung gekommen ist, in der Vater und Onkel Friedrichs die Einheit der wettinischen Lande opferten, um nicht länger in einer gemeinsamen Regierung festzustecken, lässt sich nicht mehr restlos erhellen. Die Initiative ging jedenfalls von Friedrichs Vater aus, der als der Ältere die Teilung vornahm, woraufhin Albrecht als der Jüngere seinen Anteil wählte. Von der Teilung ausgenommen war der Kurkreis um Wittenberg, an dem die Kurwürde hing. Als Ausgleich dafür sollte Albrecht 25.000 Gulden erhalten. Der Rest wurde nach einem komplizierten Verfahren taxiert, wobei die Erträge der Ämter ermittelt wurden. Auf dieser Basis entstand ein meißnisch-osterländischer Teil – das albertinische Sachsen – mit 56 Städten, darunter Leipzig und Dresden, und ein thüringisch-fränkischer Teil – das ernestinische Sachsen – mit 70 Städten, darunter Weimar und Coburg (→ **Karte im Vorsatz**).[50] Die Teile wurden so gegeneinander abgegrenzt, dass keine geschlossenen territorialen Komplexe entstanden, denn das Gesamtterritorium sollte perspektivisch zusammengehalten werden. Viele adlige Lehnsträger waren in beiden Landesteilen begütert, was als zusätzlicher Kitt zwischen den Teilungsprodukten diente. Gemeinsam blieben auch die Nutzung der Bergwerke, die Herrschaft über die Bergstadt Schneeberg mit ihren Silbervorkommen, die Besitzungen in Schlesien und in der Niederlausitz, die Schutzherrschaften über die Städte Erfurt, Nordhausen, Mühlhausen und Görlitz sowie die Schirmherrschaft über das Hochstift Meißen.

Weil man errechnet hatte, dass der thüringische Teil weniger wert war als der meißnische, sollte sein Besitzer vom anderen Bruder 100.000 Gulden erhalten – eine beträchtliche, später aber reduzierte Summe, die vielleicht auch deshalb so hoch angesetzt war, weil Ernst hoffte, dass Albrecht sie nicht aufbringen konnte und deshalb den thüringischen Teil wählen würde. Aber Friedrichs Vater hat sich verrechnet. Albrecht wählte den meißnischen Teil, das künftige albertinische Herzogtum Sachsen, während Ernst den thüringischen Teil erhielt, das ernestinische Kurfürstentum Sachsen. Am 11. November

1485 fand die Teilung in Leipzig statt, obwohl Albrecht bis zuletzt vor den Folgen gewarnt hatte. 1486 bestätigte der Kaiser die Abmachung. Friedrich der Weise wurde nach dem Tod seines Vaters Kurfürst und Landesherr im ernestinischen Kurfürstentum, das das heutige südliche Thüringen, die fränkischen Besitzungen um Coburg, das sächsische Vogtland, Zwickau, Altenburg und die Gebiete um Grimma und Colditz, Eilenburg und Torgau, dazu die Kurlande um Wittenberg umfasste. Die Tragweite dieser Teilung, die nicht wie die früheren eine Episode blieb, sondern die sächsische Geschichte für die kommenden Jahrhunderte bestimmte, war damals nicht absehbar.

 Land und Kirche nach der Leipziger Teilung

Das wettinische Territorium des Spätmittelalters[51] war auf dem Weg zu einem frühmodernen Staat, schon bevor Friedrich der Weise an die Regierung kam. Unter Friedrich setzte sich die Modernisierung und Zentralisierung fort. An der Spitze stand der Fürst, mit dem die lokalen Herrschaftsträger durch das Lehnswesen verbunden waren. Als Herrschaftsinstitution fungierten der Hof, der Hofrat mit Kanzlei und Rentkammer sowie das Oberhofgericht. Der Fürstenhof bot zugleich den Rahmen für das Privat- und Alltagsleben des Landesherrn. Zu ihm gehörten die Räte, Diener, Knechte und Mägde, Musiker und Sänger, der Leibarzt und viele andere Personen.[52] Die »wesentlichen Räte« dienten dem Fürsten ständig, die »Räte von Haus aus« wurden von Fall zu Fall herangezogen. Der Kanzler stand der Kanzlei und ihrem Personal vor und war nicht mehr wie in früheren Zeiten ein Geistlicher. Der Landrentmeister war für die Finanzen zuständig. Neben den Einnahmen aus dem Silberbergbau und den Abgaben aus den

Ämtern bildete das Ungeld, eine Tranksteuer auf Bier und Wein, die dritte Säule der Einnahmen.[53]

Das Land war mit einem Netz von Ämtern und Amtmännern, Schossern und Geleitsmännern überzogen, die die Verwaltung vor Ort besorgten und die Abgaben einzogen. Sie standen dem Fürsten aber auch als Gesandte oder Ratgeber zur Verfügung. Adel, Städte und Geistlichkeit bildeten zusammen die Landstände, die den Landesherrn auf den im Abstand mehrerer Jahre stattfindenden Landtagen berieten und über Steuern und andere Leistungen mit ihm verhandelten. Dem Ziel, das Land mit Herrschaft zu durchdringen, diente auch die Zentralisierung der Rechtsprechung und die Abwehr konkurrierender Gerichtsbarkeiten. Nachdem 1483 ein Oberhofgericht in Leipzig als für alle wettinischen Lande zuständiges, von Fürst und Hof getrenntes Gericht eingerichtet worden war, tagte es nach der Leipziger Teilung abwechselnd im albertinischen Leipzig und im ernestinischen Altenburg. Diese rudimentären Strukturen von Herrschaft, Verwaltung und Justiz, die Friedrich der Weise vorfand, wurden in einem langen Prozess der Verdichtung zu dem weiterentwickelt, was man heute unter einem Staat versteht. Die Reformation wirkte wie ein Treibmittel in diesem Prozess.

Noch reisten die Fürsten von Residenz zu Residenz durch das Land. Allerdings kam diese Praxis im 15. Jahrhundert allmählich an ihr Ende.[54] Landesherrliche Residenzschlösser oder Burgen gab es im wettinischen Herrschaftsbereich in großer Zahl: die Wartburg über Eisenach, Jena, Weimar, Coburg, Altenburg, Rochlitz, Colditz, Leipzig, Eilenburg, Grimma, Dresden, Meißen, Torgau und Wittenberg. Nach 1474 wurde Dresden bevorzugt, wo sich der Hof zwischen 1477 und 1482 fast ununterbrochen aufhielt.[55] Die Brüder Ernst und Albrecht ließen viele mittelalterliche Burganlagen zu zeitgemäßen Schlössern im Renaissance-Stil umbauen, so die Albrechtsburg in Meißen, Schloss Hartenfels in Torgau oder das Schloss in Dresden.

Land und Kirche nach der Leipziger Teilung

Nach der Leipziger Teilung lagen Rochlitz, Leipzig, Dresden und Meißen im albertinischen Herzogtum, die übrigen Residenzen im ernestinischen Kurfürstentum. Auch kleinere Jagdschlösser wie Lochau oder Colditz im ernestinischen Teil dienten als Aufenthalte. In eine ähnliche Position als Hauptresidenz wie Dresden auf der albertinischen Seite rückte auf ernestinischer Seite am ehesten Torgau, doch hielt Friedrich der Weise an der Reiseherrschaft länger fest als sein albertinischer Vetter. Trotz seiner Bedeutung als intellektuelles und geistliches Zentrum spielte Wittenberg keine mit Dresden vergleichbare Rolle.

Voraussetzung für jede aktive Regierung war auch im Spätmittelalter ein solider Haushalt. Finanziell war Sachsen über weite Strecken des 15. Jahrhunderts nicht besonders stark aufgestellt. Das änderte sich in der Jugendzeit Friedrichs des Weisen infolge des sog. »Zweiten Berggeschreis«.[56] Um 1470 wurden reiche Silbervorkommen in Schneeberg und 1491/92 am Schreckenberg beim heutigen Annaberg-Buchholz entdeckt. Von dem dadurch ausgelösten wirtschaftlichen Aufschwung profitierte auch die Landesherrschaft. Nach dem Anfall Thüringens im Jahr 1482 belief sich der Haushalt der Brüder Ernst und Albrecht auf jährlich 137.000 Gulden, eine beträchtliche Summe, mit der die beiden wettinischen Territorien »zu den wenigen finanziellen Großmächten des Reiches«[57] zählten. Auch Friedrich der Weise gehörte, obwohl er die Einkünfte aus den Bergwerken mit seinem albertinischen Vetter teilen musste, zu den finanziell potentesten Reichsfürsten und konnte sich kostspielige Bauvorhaben ebenso leisten wie die Finanzierung einer Universität. Die kursächsischen Einnahmen lagen zwischen 1492 und 1508 bei durchschnittlich 62.446 Gulden jährlich, zwischen 1514 und 1522 bei durchschnittlich 75.000 Gulden.[58] Dennoch deckten die hohen Einnahmen nicht die Ausgaben. Auch Friedrich benötigte Kredite und hatte Schulden, die sich für ihn und seinen Bruder Johann im Jahr 1514 auf etwas mehr als 200.000 Gulden beliefen.[59]

Friedrichs Welt

Sachsen war ein durch und durch christianisiertes Land, überzogen von einem Netz an Diözesen und Klöstern. Das Diözesansystem war während des Hochmittelalters entstanden und bildete die Grundlage für die christliche Missionierung des Raumes östlich der Saale. Über die wettinischen Lande erstreckten sich um 1500 nicht weniger als zwölf Erzdiözesen und Diözesen: Bamberg, Brandenburg, Breslau, Halberstadt, Magdeburg, Mainz, Meißen, Merseburg, Naumburg-Zeitz, Prag, Regensburg und Würzburg. Einige Bistümer berührten wettinisches Territorium allerdings nur am Rande. Brandenburg war von Bedeutung, weil Wittenberg in dieser Diözese lag. Größer waren die Überschneidungen mit der Erzdiözese Mainz und massiv mit den im engeren Sinne sächsischen Bistümern Meißen, Merseburg und Naumburg, die den größten Teil des wettinischen Herrschaftsbereichs überspannten. Die Hochstiftsgebiete, in denen die jeweiligen Bischöfe die weltliche Herrschaft innehatten, waren zum größten Teil von wettinischem Territorium umschlossen.

Die wettinische Schutzherrschaft über die sächsischen »Landesbistümer«[60] war um 1500 bereits fest etabliert. Die Bischöfe von Meißen, Merseburg und Naumburg leisteten Heerfolge und besuchten gelegentlich sogar die Landtage. Die Stiftsuntertanen waren der landesherrlichen Besteuerung und Gesetzgebung unterworfen. Ein formelles Nominationsrecht bei Bischofswahlen hatten die Wettiner zwar nicht durchsetzen können, in der Regel entsprachen die aus dem sächsischen Niederadel stammenden Kandidaten dennoch ihren Wünschen. Der Einfluss der Wettiner auf die Zusammensetzung der Domkapitel war unterschiedlich: In Meißen hatten sie 1481 durch päpstliches Privileg sämtliche Besetzungsrechte für Kanonikate und Prälaturen erworben – außer den beiden durch die Universität Leipzig zu besetzenden Stellen. In Naumburg und Merseburg verfügten sie über jeweils zwei Präbenden, zwei weitere wurden durch die Universität Leipzig besetzt.

Die Bistümer Meißen, Merseburg und Naumburg wurden in die Leipziger Teilung einbezogen.[61] Da das Bistum Meißen beide Landesteile berührte und des Schutzes und der Verteidigung beider Linien bedurfte, wurde festgelegt, dass die Bischöfe von Meißen auch künftig unter dem Schutz beider wettinischer Linien stehen sollten. Umgekehrt erwartete man von den Bischöfen Freundschaft, guten Willen und hilfreichen Beistand. Anders die Bischöfe von Merseburg, die 1485 demjenigen der beiden wettinischen Brüder zugewiesen wurden, der den meißnischen Anteil erhalten würde; Naumburg wurde demjenigen überlassen, der den Weimarer Teil erhalten würde. Meißen war das wichtigste und am weitesten ausgedehnte der drei sächsischen Landesbistümer. Bis zur Reformation reichte seine Diözese von der Mulde bis zu Oder und Queis, vom Erzgebirge bis in den Raum südlich von Berlin. Tatsächlich fühlten sich die Meißner Bischöfe eher dem albertinischen Herzogtum zugehörig und entzogen sich dem Zugriff des Kurfürsten Friedrich. Der weltliche Herrschaftsbereich des Meißner Bischofs blieb verstreut und konzentrierte sich um die Städte Stolpen und Wurzen. Nicht besonders ausgedehnt war das Bistum Merseburg, zu dem die Stadt Leipzig gehörte. Das Merseburger Hochstiftsgebiet war ebenfalls klein. Auch Naumburg-Zeitz war ein bescheidenes Bistum mit kleinem Hochstiftsgebiet und gerade deshalb im Spätmittelalter dem Zugriff der Wettiner ausgesetzt. Die wettinischen Gebiete in Thüringen gehörten überwiegend zur Diözese Mainz, die bedeutende Stadt Erfurt sogar zum Mainzer Hochstift.

Es lag in der Natur des mittelalterlich-dynastischen Denkens, dass nachgeborene Söhne mit Bischofsstühlen versorgt wurden, eröffnete dies doch auch für sie die Perspektive einer Existenz als geistliche Reichsfürsten. Auch die Wettiner besetzten im Spätmittelalter Bistümer mit Familienangehörigen, wobei man in Halberstadt, Mainz und Magdeburg erfolgreich war. Bamberg und Würzburg waren ebenfalls im Blick. Aus dem näheren Umfeld Friedrichs des Weisen ist vor allem auf seinen jüngeren Bruder Ernst hinzuweisen.[62] Er wurde nach intensiven diplomatischen Verhandlungen im Alter von gerade einmal elf Jahren vom Magdeburger Domkapitel zum Erzbischof gewählt (1476). 1478 erteilte Papst Sixtus IV. gegen eine entsprechend hohe Geldzahlung die nötige Dispens. Das Bistum Halberstadt erwarb Friedrichs Bruder um 1479. Friedrich der Weise pflegte zu diesem jüngeren Bruder ein gutes, wenngleich nicht ganz konfliktfreies Verhältnis.

Mönche, Nonnen und nach einer Regel lebende Weltkleriker waren im mitteldeutschen Raum am Ende des 15. Jahrhunderts in den Städten und auf dem Land in großer Zahl anzutreffen.[63] Neben der Bistumspolitik war die Klosterpolitik das zweite große Feld der vorreformatorischen Kirchenpolitik Friedrichs des Weisen. Reguliertes christliches Leben hatte sich in mehreren Wellen über den obersächsischen Raum verbreitet. Während des 10. und 11. Jahrhunderts wurden in den Bischofsstädten die ersten Kanonikerstifte eingerichtet. Traditionelles benediktinisches Mönchtum etablierte sich östlich der Saale erst seit dem späten 11. Jahrhundert, als in Pegau der erste benediktinische Männerkonvent eingerichtet wurde. Erfolgreicher als die Altbenediktiner waren die Zisterzienser, die mit zahlreichen männlichen und weiblichen Klöstern in den wettinischen Landen vertreten waren. Ihre wichtigsten Konvente waren Altzella bei Nossen und Kloster Buch bei Leisnig. Altzella diente den Wettinern seit dem Hochmittelalter als Grablege.[64] Die Gründung von Bettelordenskonventen der Franziskaner und Dominikaner setzte nach 1230 ein und erfasste die meisten der im Hoch- und Spätmittelalter entstandenen sächsischen Städte. Weniger verbreitet waren die Augustinereremiten und die Karmeliten. Auch Ritterorden konnten im Spätmittelalter vereinzelt Fuß fassen, ohne dass es beim Deutschen Orden, den Johannitern oder Templern zur Ausbildung eines geschlossenen Ordensgebiets gekommen wäre.

Land und Kirche nach der Leipziger Teilung

Die Ausgangslage der Regierung Friedrichs des Weisen war demnach komplex. Trotz stabiler Finanzen war die Leipziger Teilung eine Hypothek, die seine Herrschaft von Anfang an belastete. Das Verhältnis zu den albertinischen Vettern war prekär, weil die zahlreichen Überschneidungen zu Interessenkonflikten führten, die immer wieder mühsam ausgeglichen werden mussten. Die wirtschaftliche Prosperität erlaubte es dem Kurfürsten, sich dem inneren Landesausbau zu widmen und das ernestinische Territorium mit Bauten zu schmücken, ja sich über viele Jahre dem Dienst für Kaiser und Reich zu verschreiben.

Ein schöner Herr und junger Sohn zu Sachsen

Friedrich der Weise wurde an einem Montag, dem 17. Januar 1463 in Torgau geboren. Sein Geburtstag fiel auf den Gedenktag des Mönchs, Asketen und Einsiedlers Antonius, des Vaters der Mönche, der von der Mitte des 3. bis zur Mitte des 4. Jahrhunderts im heutigen Ägypten gelebt hat und angeblich über 100 Jahre alt geworden ist. Dass Antonius in der Frömmigkeit Friedrichs auch später noch eine Rolle spielte, zeigt das 1496 bei Albrecht Dürer für die Wittenberger Schlosskirche bestellte Altarretabel mit den Heiligen Antonius und Sebastian auf den Seitenflügeln und mit Maria und dem Kind in der Mitte.[65] 1501 ließ Friedrich ebenfalls für die Wittenberger Schlosskirche ein Silberbild des heiligen Antonius anfertigen.[66]

Geburt und Bildungsgang

Spalatin überliefert einen Brief von Friedrichs Mutter Elisabeth an Herzog Wilhelm den Tapferen in Weimar, geschrieben am Tag von Friedrichs Geburt. »Mit Begierung in Freuden unsers Gemüths verkünden wir Euer Liebe, daß wir nach milder Güthe und Verleihung Gottes des Allmächtigen auf heut Datum dieses Briefs mit einem schönen Herrn und jungen Sohn zu Sachsen versehen und begnadet sind«.[67] Elisabeth war sich sicher, dass ihr Schwager die Freude über die Geburt des Knaben mit ihr teilen würde. Dass der Thronfolger den Namen Friedrich erhielt, war in der Familie seit Friedrich dem Streitbaren üblich. Auch die Uhrzeit von Friedrichs Geburt überlieferte Spalatin: mittags zwischen zwölf und ein Uhr.[68]

Auch wenn dieser erste Sohn des Kurfürstenpaars ein geborener Sachse war, waren die fürstlichen Dynastien des ausgehenden Mittelalters doch Produkte deutscher und europäischer Adelsheiraten. Das traf auch auf den kleinen Friedrich zu. Unter seinen Vorfahren finden sich römisch-deutsche Könige und Kaiser wie der Staufer Friedrich II. und der Wittelsbacher

Ludwig der Bayer. Auch der zur Zeit von Friedrichs Geburt regierende Kaiser Friedrich III. gehörte zu seinen Verwandten, denn Friedrichs Großmutter Margarethe war eine Schwester des Habsburgers. Über Friedrichs Urgroßmutter bestanden Verwandtschaftsbeziehungen nach Polen (Masowien). Andere Linien führten nach Mailand, nach Mantua[69] und nach Verona. Aber auch mit den regierenden Dynastien im Reich war Friedrich verwandt: mit den Welfen in Braunschweig, den Hohenzollern in Brandenburg, den Greifen in Pommern, den Wittelsbachern in Bayern sowie den Herzögen von Sachsen-Lauenburg und von Jülich-Berg, außerdem mit den Grafen von Görz und von Henneberg. Friedrich war sich seines Platzes in der Welt des europäischen Adels sehr wohl bewusst, wie ein Blick auf die Wappen seiner Verwandtschaft auf seinem Epitaph in der Wittenberger Schlosskirche deutlich macht (→ **unten Abbildung 19**).[70]

Für die ersten Jahre des jungen Prinzen war die ältere Forschung fast ausschließlich auf die spärlichen Nachrichten angewiesen, die Spalatin überliefert. Doch inzwischen sind weitere Spuren offengelegt, die das Bild zu ergänzen und zu erweitern vermögen.[71] Wie damals üblich, blieb Friedrich als Kleinkind in der Kernfamilie. 1465 erhielt er einen eigenen Diener mit Namen Curd Buchsenschmid.[72] Vermutlich verbrachte er seine frühe Kindheit in der Obhut des »Frauenzimmers«, das unter Kurfürst Ernst zu einer eigenen Institution am kursächsischen Hof in Dresden geworden war.[73] Hier hatte seine Mutter Elisabeth das Sagen. Im Januar 1471, Friedrich war 8 Jahre alt, verfügte sein Vater jedoch, dass er der Erziehung seiner Großmutter Margarethe übergeben werden sollte.[74] Dies war verbunden mit einem Ortswechsel für den kleinen Prinzen, der nun in der Obhut der alten Herzogin »bei Leipzig« erzogen wurde; hier ist an Grimma zu denken.[75] Dieses Arrangement galt auch für die jüngeren Brüder Friedrichs. Grimma gehörte neben Altenburg, Colditz, Leisnig und einigen anderen Orten zum Wittum seiner Großmutter.

Erst an diesem Punkt setzt Spalatins Bericht ein, der lediglich davon weiß, dass Friedrich zusammen mit seinen Brüdern Johann, Adalbert und Ernst »zur Lehre gezogen« wurde.[76] Das ist bemerkenswert insofern, als Ernst und Adalbert für eine geistliche Karriere vorgesehen waren, weshalb man an solche Knaben üblicherweise höhere Bildungsansprüche stellte als an diejenigen, die wie Friedrich im weltlichen Stand blieben und auf die Regierung vorbereitet wurden. Friedrich, obwohl einige Jahre älter als seine für ein geistliches Amt vorgesehenen Brüder, drückte jedoch offenbar für geraume Zeit gemeinsam mit ihnen die Schulbank. Von Friedrich selbst erfuhr Spalatin, dass er auf der »Thumstuben«, also der Turmstube zu Grimma, worunter vermutlich ein Raum im dortigen Schloss zu verstehen ist, zu studieren angefangen hat.[77] Bereits um 1472 nahm Kurfürst Ernst, der auf eine gute Bildung seiner Söhne offensichtlich großen Wert legte, die Knaben ihrer Großmutter weg, um sie gelehrteren Leuten zur Erziehung zu übergeben.[78] Die Rede ist von dem Ritter Caspar von Schönberg, über dessen Rolle bei der Ausbildung des kleinen Friedrich aber nichts weiter in Erfahrung zu bringen ist.[79] Diese Phase dauerte bis etwa 1476 – Friedrich war jetzt 13 Jahre alt.

Zwischen etwa 1476 und 1480 sind Friedrich und seine Brüder auf Schloss Rochlitz nachweisbar, ganz sicher im Jahr 1478.[80] Hier fungierte der Kaplan Johannes Zehentner als Erzieher der Fürstensöhne. Man darf also vermuten, dass Friedrich die Jahre zwischen seinem 13. und seinem 17. Geburtstag in Rochlitz auf dem Schloss an der Mulde zubrachte. Vor einigen Jahren tauchten bei Restaurierungsarbeiten in der ehemaligen Amtsstube des Rochlitzer Schlosses, die in dieser Zeit als herrschaftlicher Wohn- und Gesellschaftsraum genutzt wurde, einige Wandritzzeichnungen auf.[81] Sie finden sich in den Laibungen der Fensternischen, die im Spätmittelalter wohl noch mit Sitzbänken und Simsen ausgestattet waren. Zu sehen sind Motive aus dem Bereich des ritterlichen Kampfes und der Architektur. Das geübte Auge erkennt attackierende Reiter und einen reitenden Bogenschützen, eine Steinbüchse mit Kanonier und einen armlosen Ritter, die Darstellung einer Burg und einer Stadt, eines Turmes und einer Kirche sowie einige Zelte. Zusammen könnten diese Zeichnungen eine Belagerungsszene darstellen (→ **Abbildung 1**). Daneben gibt es Texte und Symbole, darunter das Fragment eines Wappenreiters und ein Mühlespiel. Wann diese Wandritzzeichnungen entstanden sind und auf wen sie zurückgehen, ist unbekannt. Schriftbild und Motive lassen eine Entstehung in der zweiten Hälfte des 15. Jahrhunderts vermuten. Deshalb könnte man auf die Idee kommen, in den Wandritzzeichnungen ein Werk Friedrichs, seiner Brüder oder auch von deren Pagen zu sehen. Auch wenn sich der letzte Nachweis nicht führen lässt, ist es doch eine schöne Vorstellung, dass wir in Rochlitz einen Blick in das Spielzimmer des späteren Kurfürsten werfen können.

Nach der Rochlitzer Zeit hat Friedrich die sächsische Heimat für einige Jahre verlassen. Von Spalatin erfährt man, dass er sich mit seinem Bruder Adalbert bei Erzbischof »Dieter von Eisemberg« aufhielt.[82] Dieser 1482 gestorbene Mainzer Erzbischof Diether von Isenburg,[83] dessen Nachfolger Friedrichs kleiner Bruder Adalbert werden sollte,[84] war Anhänger einer strengen Kirchenreform. Solche Männer waren unter den adligen Reichsbischöfen eine Ausnahme. Isenburg geriet wegen seiner Reformgesinnung sogar in einen Konflikt mit dem Papst, der ihn 1461 absetzte und in den Kirchenbann erklärte. Der Erzbischof musste 1462 resignieren, nur um 1475 erneut zum Erzbischof von Mainz gewählt zu werden. Bekannt wurde er 1477 auch als Gründer der Universität Mainz. Die Nachricht Spalatins vom Aufenthalt Friedrichs bei seinem Bruder Adalbert und bei Erzbischof Diether liefert einen Hinweis auf Bildungsstationen des jungen Friedrich in Mainz und Aschaffenburg um das Jahr 1480.[85] Hier dürfte Friedrich auch mit den Diskussionen über eine Kirchenreform bekannt geworden sein; mit Diether von Isenburg lernte er außerdem einen Universitätsgründer kennen.

Wahrscheinlich sind Spalatins Nachrichten über Friedrichs Lehrer Ulrich Kemmerlin[86] erst auf diese Aschaffenburger Phase zu beziehen. Aschaffenburg gehörte zum Mainzer Hochstift und war eine Nebenresidenz der Erzbischöfe von Mainz. Als Friedrichs jüngerer Bruder Adalbert 1481 zum Koadjutor und 1483 zum Administrator von Mainz gewählt wurde, machte auch Kemmerlin Karriere. 1482 wurde er Domherr am Kollegiatstift St. Peter und Alexander in Aschaffenburg, wo er von 1493 bis zu seinem Tod 1519 das Amt des Dechanten innehatte.[87] Diesem Lehrer bewahrte Friedrich eine lebenslange Anhänglichkeit. Durch Spalatin ließ er einen so gnädigen Brief an Kemmerlin schreiben, dass dieser zu Tränen gerührt war.[88] Vom Tod Kemmerlins erfuhr der Kurfürst 1519 auf dem Weg nach Frankfurt am Main zur Königswahl, als er mit dem Schiff an Aschaffenburg vorbeikam. Er ließ Kemmerlins Eltern einige Goldmünzen mit seinem Konterfei durch Heinrich Stromer von Auerbach zuschicken. Neben Kemmerlin war der Ritter Dr. Otto Spiegel einer der Erzieher Friedrichs. Spiegel hatte in Leipzig die Rechte studiert, wurde Rat der Brüder Ernst und Albrecht und reiste 1479 in das Heilige Land.[89] Wohl nicht lange nach seiner Rückkehr übernahm er die Erziehung der Söhne des Kurfürsten. Über seine Lehrer Kemmerlin und Spiegel kam Friedrich in Kontakt mit dem Leipziger Frühhumanismus, ohne dass er deshalb als Humanist angesprochen werden könnte. Dass Friedrich auch am Wiener Hof seines Onkels, des Kaisers Friedrich III., eine Bildungsphase durchlaufen hätte, wie die ältere Literatur angenommen hat,[90] ist hingegen ohne Beleg.

Von Spalatin erfährt man nur wenig Konkretes über die Inhalte der Bildung, die Friedrich genoss. Vermutlich entsprach sie dem Zeitüblichen. Dazu gehörten Lesen, Schreiben und

Rechnen, aber auch körperliche und handwerkliche Übungen, außerdem die ritterlichen Künste wie das Reiten, der Lanzenkampf und höfische Umgangsformen. Das Drechseln gehörte später zu den Freizeitbeschäftigungen des Kurfürsten – vielleicht hat er es schon als Jugendlicher erlernt.[91] Auch Lateinkenntnisse erwarb der junge Friedrich. Sein Vater konnte kein Latein und hat sich dafür geschämt, als ihm dieses Defizit 1480 bei einem Besuch in Rom bei Papst Sixtus IV. bewusst wurde.[92] Der entstehende Fürstenstaat verlangte nicht nur nach einem gelehrten Beamtentum, sondern auch nach gebildeten Fürsten. Die alltägliche Regierungsarbeit und der interne Schriftverkehr wurden zwar fast ausschließlich in deutscher Sprache abgewickelt, aber auch dies erforderte Kenntnisse, und Latein war in der äußeren Politik noch immer von großem Nutzen. Friedrich lernte Latein, merkte sich vor allem aber gute Sprüche aus Terenz, Cato[93] und anderen lateinischen Schriftstellern.[94] Der Kurfürst hat, wie Spalatin bemerkt, »gut Latein fast wol verstanden, zuweilen auch Latein geredet«.[95] Allerdings ließ sich Friedrich lateinische Texte regelmäßig von Spalatin übersetzen – solche Übersetzungen sind in großer Zahl überliefert.[96] Sicher kann sich der Kurfürst in der lateinischen Sprache also nicht gefühlt haben. Immerhin verstand er genug, um sich 1519 selbst als »Lateiner« zu bezeichnen, dem es aufgefallen war, dass eine Werbung des päpstlichen Legaten nicht den üblichen Formen entsprach. Dennoch erbat Friedrich von Spalatin eine Übersetzung.[97]

Auch Französisch gehörte zur Schulbildung Friedrichs – diese Sprache soll er »ziemlich verstanden, geschrieben und geredet« haben.[98] »Ziemlich« bedeutet hier »ziemlich gut«. Bei einer Gelegenheit schickte er französische Bücher an seinen Bruder Johann,[99] was für eine französische Lektüre der Brüder sprechen könnte. Beispiele für französische Texte Friedrichs gibt es freilich nicht. Die Korrespondenz mit französischen Adressaten wurde auf Latein geführt.[100] Über Lektüre, die nicht

Geburt und Bildungsgang

zu seinen alltäglichen Herrscherpflichten gehörte, ist so gut wie nichts bekannt. Ein Interesse für Frömmigkeitsliteratur wird man aber voraussetzen dürfen, denn er und sein Bruder Johann forderten den Erfurter Augustinereremiten und Theologieprofessor Johann von Paltz auf, seine Predigten, von denen sie beeindruckt waren, in den Druck zu geben. Dass die »Himmlische Fundgrube«, die 1490 in Leipzig gedruckt wurde und in zahlreichen weiteren Ausgaben kursierte, auch zum Lesestoff der Brüder gehörte, wird man annehmen dürfen.[101] Über deren religiöse Erziehung ist sonst nichts bekannt.

Man kann nicht davon ausgehen, dass Spalatin die Palette der Schulfächer Friedrichs vollständig wiedergibt, denn zumindest die Kenntnis der Geschichte des sächsischen Territoriums und der wettinischen Familie muss man voraussetzen. Dass Friedrich die höfische Etikette sowie das Reiten und das ritterliche Turnier, das »Stechen und Rennen«, frühzeitig eingeübt hat, erwähnt Spalatin im Zusammenhang mit der Anekdote, dass er sein erstes Lanzenstechen in Dresden absolvierte. Als er auf die Bahn ritt, bemerkte ein altes Weib: »Was zeigt man das Kind!«, was ihn sehr verdross und woran er sich noch nach Jahren erinnerte.[102] Als »Kind« bezeichnet zu werden, war für einen jugendlichen Ritter in voller Rüstung gewiss kein Kompliment.

Friedrich war, so kann man resümieren, alles andere als ungebildet, genoss aber auch keine herausragende humanistische oder universitäre Bildung. Intellektuelle Regsamkeit und eine Wertschätzung von Gelehrsamkeit blieben ihm allerdings sein Leben lang. Wenn Zeitgenossen wie Herzog Georg von Sachsen oder Luther ihn als »weise« bezeichneten und Spalatin in seiner Biographie an einigen Stellen auf Friedrichs Weisheit abhob,[103] bezog sich dies jedoch nicht auf seinen Bildungsstand, sondern auf seine Regierungsqualitäten und seinen Charakter.[104]

Ein schöner Herr im Bild

Wie der junge Friedrich ausgesehen hat, verrät ein aus Nürnberg stammendes Porträt eines jungen Mannes, der mit Friedrich dem Weisen zu identifizieren ist. Das Gemälde wurde dem Maler Hans Traut von Speyer zugeschrieben und in die Zeit um 1486 datiert.[105] Hinsichtlich Zuschreibung und Datierung ist man heute jedoch vorsichtiger und spricht nur noch von einem Nürnberger Meister um 1486/90 (→ **Abbildung 2**).[106] Für die Identifizierung des jungen Mannes mit Friedrich spricht ein erwiesenermaßen den jungen Kurfürsten zeigendes Gemälde, das ihn als Stifter einer typisch spätgotischen Schutzmantelmadonna darstellt.[107] Auf die Schulter fallende Locken, Stirnband, Kette, Form des Unterhemds und Gesichtszüge weisen eine so große Ähnlichkeit mit dem Nürnberger Jünglingsporträt auf, dass an der Identität des Abgebildeten mit Friedrich dem Weisen kein Zweifel bestehen kann.

Scheint es aus Kindertagen kein Porträt zu geben, ließ sich Friedrich als Kurfürst öfter malen. Dass er am 10. Juli 1489 in Zwickau einem Maler aus Nürnberg Modell saß und dafür zwei Gulden bezahlte, geht aus einer Weimarer Rechnungsnotiz hervor.[108] Von 1492 stammt das erste Porträt Friedrichs auf dem sog. Bartgroschen (→ **Abbildung 3**). Die charakteristischen Züge des jüngeren Friedrich: schütterer Bart und schulterlanges lockiges Haar sind auch auf dieser frühesten sächsischen Münze mit seinem Bildnis deutlich zu erkennen. Das bekannteste Porträt Friedrichs aus seinen frühen Jahren als Kurfürst stammt jedoch von Albrecht Dürer aus dem Jahr 1496 (→ **Abbildung 4**). Datierung, Zuschreibung und Künstler sind in diesem Fall nicht strittig. Dieses wohl bei einem Aufenthalt in Nürnberg entstandene Porträt zeigt den Kurfürsten im Alter von etwa 33 Jahren.

Der junge Kurfürst hatte, wie seine frühen Porträts zeigen, mit dem behäbigen und übergewichtigen alten Fürsten, wie man ihn aus seinen letzten Lebensjahren kennt, äußerlich nichts gemein. Bis in das beste Mannesalter war Friedrich ein durchaus attraktiver und offenbar auch energischer Herr, wobei vor allem das Dürer-Porträt von 1496 eine geradezu düstere Entschlossenheit ausstrahlt. Schon im 15. Jahrhundert wurden Porträts genutzt, um ein öffentliches Bild zu erzeugen. Als Vorreiter dieser Strategie gilt Kaiser Maximilian I. Dass man auch bei Friedrich eine »Imagebildung« und ein »Marketing« antrifft, ist eine in der Kunstgeschichte heute gängige Annahme.[109] Auch Friedrich versuchte die öffentliche Wahrnehmung seiner Person zu steuern. Allerdings hatte er keine Scheu, auch seine weniger vorteilhafte Seite in der Öffentlichkeit zu zeigen, wovon seine Altersporträts beredtes Zeugnis ablegen.

Tod des Vaters

Am 26. August 1486 starb Kurfürst Ernst. Er war erst 45 Jahre alt, als er während einer Jagd in den Wäldern bei Colditz vom Pferd stürzte und wenig später im nahen Colditzer Schloss seinen Verletzungen erlag.[110] Damit blieb Friedrich mit 23 Jahren ohne Eltern zurück. Auf die Herrschaftsübernahme war er weniger gut vorbereitet als sein albertinischer Vetter Georg, der schon zu Lebzeiten seines Vaters Albrecht die Regierungsgeschäfte jahrelang eigenständig hatte führen müssen.[111] Doch der Tod des Kurfürsten Ernst kam überraschend. Zwar hatte Friedrich seinen Vater 1481 zum Reichstag nach Nürnberg begleitet, und auch zu den Teilungsverhandlungen in Leipzig 1485 und zur Königswahl Maximilians I. am 16. Februar in Frankfurt am Main sowie zur Krönung in Aachen am 9. April 1486 waren er und sein Bruder Johann mitgekommen. Doch eine eigenständige Regierungsverantwortung hatte Friedrich bisher nicht tragen müssen.

Zu seinen ersten Aufgaben gehörte die Organisation der Beisetzung des Vaters in der Fürstenkapelle des Meißner Doms.[112] Friedrich der Streitbare, der Großvater des Verstorbenen und Urgroßvater Friedrichs des Weisen, hatte diese Kapelle nach 1425 an die Westseite der Kirche anbauen lassen. Sie diente den Wettinern seither als Grablege. Das Hochgrab des streitbaren Friedrich ist das den Raum bis heute dominierende Monument,[113] gegen das sich die in den Boden eingelassenen Grabplatten seiner Nachfolger eher bescheiden ausnehmen. Doch die gravierte Grabplatte des Kurfürsten Ernst[114] ist ebenfalls von hoher Qualität. Hergestellt in der Werkstatt Hermann Vischers d. Ä. und Peter Vischers d. Ä. in Nürnberg, zeigt sie den Kurfürsten in ganzer Figur in einem gotischen Gehäuse und auf einem Löwen stehend mit Kurhut, Kurmantel und Kurschwert sowie langem, in Locken auf die Schultern fallendem Haar.[115] Umgeben ist die Figur von jeweils sechs Wappenschilden, ein weiteres mit Helmzier über seinem Haupt.[116] Die lateinische Inschrift nennt den Todestag sowie die wichtigsten Titel und Ämter des Verstorbenen: Reichserzmarschall, Kurfürst, Landgraf von Thüringen und Markgraf von Meißen.[117]

Die Art der Beisetzung entsprach den Bestimmungen des Kurfürsten Ernst in seinem Testament, das von den Söhnen genau beachtet wurde. Dieses Testament[118] wurde nur wenige Stunden vor dem Tod des Kurfürsten verfasst und legte nicht nur fest, dass er standesgemäß im Meißner Stift zur Erde bestattet und sein Grab mit einer Platte aus Stein oder »Geschmelz« bedeckt sein sollte, sondern es wurde auch ein Begängnis angeordnet, bei dem Arme gespeist und Almosen verteilt werden sollten. Außerdem stiftete Ernst eine ewige Messe für sich selbst und seine in Altenburg bestattete Gemahlin Elisabeth. Auch hierin sind die Söhne dem Wunsch des Vaters gefolgt und haben eine Anniversarfeier eingerichtet.[119] An Amtleute, Räte und Städte erging die Anweisung, das erste Jahresgedächtnis mit Vigilien und Seelenmessen zu begehen.[120] 1489 stiftete

Friedrich eine neue Vikarie in der Fürstenkapelle, 1495 für das Seelenheil seines Vaters die Summe von 120 Gulden.[121] Mit der Beisetzung des Kurfürsten Ernst endete jedoch die Tradition der Meißner Grablege für den ernestinischen Zweig der Familie, eine Folge der Leipziger Teilung und der allmählichen Lösung der Ernestiner von ihren meißnischen Wurzeln. Schon in seinem ersten Testament von 1493 sah Friedrich der Weise das Kloster Reinhardsbrunn als Ort seiner Beisetzung vor.[122]

Für Friedrich war eine weitere Regelung im Testament seines Vaters von noch größerer Bedeutung: die Übertragung der Herrschaft an ihn und seinen jüngeren Bruder Johann gemeinsam: »Zum dritten orden, schaffen vnd wollen wir, das alle vnnser land vnd leute vnd was wir von recht gehapt haben vnd verlassen, an die hochgebornnen fursten, hern Fridrichen vnd hern Johannsen gebrudere, hertzogen zu Sachssen etc., vnnseren lieben söne, komen vnd gefallen sollen, wie das einem yden zu recht zu steen soll, auch barschaft, celynod vnd darzu schuld, so wir aussensten haben, nach lawt briue vnnd sigel verhanden.«[123] Einzelheiten, wie die gemeinsame Regierung gestaltet werden sollte, enthielt das Testament nicht. Entweder war dies längst mündlich vereinbart oder Ernst vertraute darauf, dass seine Söhne eine einvernehmliche Lösung finden würden. Dass Friedrich als dem Älteren die Kurwürde zustand, sah schon die Goldene Bulle vor. Mit der kurfürstlichen Würde verbunden war die Außenvertretung des Territoriums; Johann war als Herzog von Sachsen aber ebenfalls ein regierender Fürst mit dem Recht, am Reichstag teilzunehmen.

Eine strenge Primogenitur hatte sich bei den Wettinern in dieser Zeit noch nicht etabliert, wie die zahlreichen Landesteilungen des Spätmittelalters zeigen. Vielmehr scheint bei dieser Regelung die Idee einer Risikoverteilung eine Rolle gespielt zu haben. Angesichts der alltäglichen Gefährdung des Lebens, die man beim Tod des siebzehnjährigen Adalbert soeben in der eigenen Familie erlebt hatte, lag es nahe, dass man Vorsorge traf für den Fall, dass einer der Söhne vor der Zeit sterben würde. Dann konnte der Überlebende die ernestinische Linie fortsetzen. Mit Johann Friedrich, dem Sohn Johanns und Neffen Friedrichs des Weisen, stand erst 1503 ein männlicher Nachkomme aus dem ernestinischen Stamm zur Verfügung, mit dem die dynastische Kontinuität gesichert war.

Dass solche in die Zukunft weisenden Überlegungen für den Kurfürsten Ernst eine Rolle spielten, ist auch an der Bestimmung seines Testaments abzulesen, mit der er seinen dritten Sohn Ernst abzusichern versuchte. Ernst hatte auf sein väterliches und mütterliches Erbe verzichtet, weil ihm der Vater zu den Bischofsstühlen in Magdeburg und Halberstadt verholfen hatte. »Dieweil vnser lieber sone der administrator in seinen stifften ein regirender herr ist vnd sich davon behelfen kann als seinem stand zusteet, so sol er an andern vnsern sonen, seinen brudern vnd vnsren kindern, nichts zu fordern haben. So sichs aber begebe, das got der almechtig verhüten wolle, das vnser lieber sone von den gedrungen wurde vnd in armut keme, alßdann sollen vnsere lieben sone, die bede oder ir einer oder ire erbenn, schuldig sein, ine zu sich zunemen vnd ime zugeben vnd zuhelpfenn, davon er seinen stand erlich sein leptage volbrengen möge.«[124] Kurfürst Ernst rechnete also mit der Möglichkeit, dass sein Sohn die beiden Bischofssitze, an denen seine Existenz als Reichsfürst hing, wieder verlieren könnte. In diesem Fall sollten seine Brüder für seinen standesgemäßen Lebensunterhalt sorgen. Dieser Fall ist zwar nicht eingetreten, doch lässt die Regelung erkennen, in welch hohem Maß der Vater auf ein gutes Verhältnis unter seinen drei überlebenden Söhnen setzte.

Friedrich gehörte fortan zum erlauchten Kreis der Königswähler und trat an die Seite des Erzbischofs von Trier als Kanzler für Burgund, des Erzbischofs von Köln als Kanzler für Reichsitalien, des Königs von Böhmen als Erzmundschenk des Reiches, des Pfalzgrafen bei Rhein als Erztruchsess und Reichsverweser in allen Ländern fränkischen Rechts, des Markgrafen von Brandenburg als Erzkämmerer und des Erzbischofs von Mainz als Kanzler für Deutschland. Der Herzog von Sachsen führte den Titel eines Erzmarschalls und Reichsverwesers in den Ländern sächsischen Rechts. Waren vor Zeiten mit dem Erzmarschallamt noch konkrete Befugnisse verbunden gewesen, war dies im ausgehenden 15. Jahrhundert längst nicht mehr der Fall. Das Amt, das ursprünglich mit dem Oberbefehl über das Reichsheer einhergegangen war, war zu einem zeremoniellen geworden, reduziert auf das Tragen des Reichsschwerts bei der Krönungszeremonie des Königs, weshalb die gekreuzten roten Schwerter als Symbole des Erzmarschallamtes auch im sächsischen Wappen auftauchen. Wenngleich ohne große praktische Bedeutung, war dieses Erzamt ebenso wie die Würde eines Reichsverwesers oder Reichsvikars (*vicarius imperii*) in den Gebieten sächsischen Rechts doch Bestandteil des symbolischen Kapitals des sächsischen Kurfürsten, auf das man damals größten Wert legte. Rang- und Prestigefragen beherrschten die Kommunikation in der Welt der Fürsten und des Adels in einem heute kaum noch vorstellbaren Maße. Dies galt besonders, wenn man persönlich zusammenkam, etwa auf Reichstagen, wo Fragen von Vortritt oder Reihenfolge eine entscheidende Rolle spielten und durchaus zu Konflikten führen konnten. Auch wenn die Bedeutung des sächsischen Reichsvikariats in der Praxis bescheiden und die Kompetenzen unklar waren, gehörte es ebenfalls zum symbolischen Kapital Friedrichs des Weisen.

Die mit dem kurfürstlichen Amt verbundenen Rechte und Verpflichtungen nahm Friedrich ausgesprochen ernst. Als eine der »Säulen des Reiches« war er nicht mehr nur für das eigene Territorium, sondern für das gesamte Reich mitverantwortlich. Seine dringendsten Aufgaben lagen jedoch im ernestinischen Kursachsen.

Die Mühen
der Regierung

Die aus der Leipziger Teilung hervorgegangenen Probleme überschatteten den Regierungsantritt Friedrichs des Weisen.[125] Die Summe von 100.000 Gulden, die Albrecht seinem Bruder Ernst ursprünglich bezahlen sollte, weil er sich für den Meißnischen Teil entschieden hatte, war zwar noch zu Lebzeiten des Kurfürsten Ernst reduziert worden,[126] der Betrag war aber trotzdem nicht so schnell aufzubringen. Im Mai 1488 schuldete Albrecht den Brüdern Friedrich und Johann noch immer knapp 7000 Gulden.[127] Es gab auch lehnsrechtliche Probleme, die Kurfürst Ernst kurz vor seinem Tod nur teilweise bereinigt hatte.[128] Erst im Februar 1491 wurden die aus der Teilung hervorgegangenen Differenzen im Oschatzer Schied beigelegt.[129] In diesen Auseinandersetzungen musste sich die gemeinsame Regierung der ernestinischen Brüder erstmals bewähren.

Eine brüderliche Herrschaft

Nach 20 Jahren gemeinsamer Herrschaft äußerte Friedrich im Jahr 1506, er könne sich auf Erden keinen besseren Freund vorstellen als seinen Bruder Johann.[130] Seine Briefe, die er in der Regel mit eigener Hand verfasste, trugen die Anrede: »Hochgeborener Fürst, freundlicher lieber Bruder und Gevatter«.[131] Das waren nicht nur Höflichkeitsfloskeln. Spalatin beschreibt das Verhältnis so: »Wie freundlich er [Friedrich] seinen Geschwistern gemeint, erscheint aus diesem, daß er in vierzig ganze Jahre mit seinem Bruder, Herzog Johannsen, auch Churfürsten, so brüderlich und einträchtiglich lebt, des mehrer Theils erstlich mit sämtlichen, folgend da Herzog Johanns sein andere Gemaheln, die Fürstin von Anhalt, nahm, abgesondert, daß man nie erfuhre, daß sie recht mit einem einzigen Wort also zureden aufstutzig wären worden, daß auch keiner dem anderen nicht einen Diener zuwider angenommen hätt, daß gewißlich dergleichen freundlicher, einträchtiger Brüder von

Fürsten in deutscher Nation nicht waren.«[132] Auch mit seinem Bruder Adalbert von Mainz habe es immer ein gutes Verhältnis gegeben, ebenso mit seiner Schwester, der Herzogin von Lüneburg.[133] Friedrichs Bruder Ernst von Magdeburg wird in dieser Aufzählung nicht genannt.

Vierzig Jahre ohne Streit, anfangs sogar mit gemeinsamer Hofhaltung, die erst aufgelöst wurde, als Johann 1513 Margarethe von Anhalt heiratete – das war in der Tat etwas Außergewöhnliches. Zwar hatte sich Johann[134] schon während seiner ersten kurzen Ehe mit Sophia von Mecklenburg, die 1503 nur drei Jahre nach der Hochzeit gestorben war, häufig in Coburg und Weimar aufgehalten;[135] das Verhältnis zu seinem älteren Bruder war trotzdem eng geblieben. Ob es zutrifft,[136] dass Friedrich mit der zweiten Ehe Johanns nicht einverstanden war, weil er sich eine bessere Partie als nur eine Fürstin von Anhalt für ihn gewünscht hätte, steht dahin.[137] Die jetzt erfolgte Auflösung der gemeinsamen Hofhaltung muss zwar nicht auf einen Bruderzwist hindeuten, aber zumindest eine kurzzeitige Störung der von Spalatin so hoch gelobten Harmonie scheint es gegeben zu haben.

Bei Ernst und Albrecht war das Modell gemeinsamer Hofhaltung 1482 gescheitert, weil die Brüder sich nicht mehr so gut verstanden wie früher. Friedrich und Johann überwarfen sich nicht, und dies nicht nur, weil Friedrich ein ausgleichender Charakter war, sondern auch, weil sich Johann mit seiner Rolle als jüngerer Bruder zufrieden gab. Obwohl er nur der Viertgeborene war, also eigentlich keine Aussicht auf eine eigene Herrschaft hatte, war Johann neben Friedrich doch der einzige der Brüder, der nicht in den geistlichen Stand trat. Das rückte ihn in der Erbfolge nach vorne. Wie das Verhältnis sich entwickelt hätte, wenn Friedrich eine Frau gefunden und legitime Nachkommen gezeugt hätte, ist eine offene Frage. Doch hatte Johann überhaupt entsprechende Ambitionen auf die Regierung? Man hat dies bestritten,[138] aber die Unterordnung

Eine brüderliche Herrschaft

unter den älteren Bruder ist noch kein Beleg für fehlenden Herrschaftswillen.

Ob man Johann zu den »weniger interessanten Fürsten«[139] der damaligen Zeit zählen muss, kann ebenfalls bezweifelt werden. Gewiss: Er stand im Schatten seines älteren Bruders, und sein Beiname »der Beständige«, der bald nach seinem Tod 1532 durch Luther in Umlauf kam,[140] könnte nicht nur für seine Verlässlichkeit, sondern auch für seine Rolle als bloßer Bewahrer und Platzhalter stehen.[141] So war es von Luther aber nicht gemeint. Er schätzte diesen Fürsten außerordentlich. Von Luther ist der Ausspruch überliefert, dass in Johann große Frömmigkeit und Güte gewesen seien, in Friedrich aber große Weisheit und Verstand. »Wenn die zwei Fürsten eine Person gewesen wären, so wäre es ein großes Wunderwerk«.[142]

Nach dem Willen des Kurfürsten Ernst erhielt auch Johann eine standesgemäße schulische wie höfische Bildung, zu der auch Lateinkenntnisse gehörten.[143] Während Friedrich allerdings aus seiner Erziehung ein intellektuelles Interesse für sein weiteres Leben mitnahm, scheint dies bei seinem jüngeren Bruder nicht in gleichem Maße der Fall gewesen zu sein. Humanistische oder historische Neigungen kann man bei ihm nicht feststellen.[144] Dennoch verband ihn vieles mit seinem älteren Bruder, nicht zuletzt die Leidenschaft für Turnier und Jagd und besonders eine tiefe spätmittelalterliche Frömmigkeit. Mag er sich für weltliche Bildungsinhalte weniger interessiert haben, brachte er für die Theologie ein großes Interesse und Verständnis auf.

Johanns Bildungsgang lässt sich noch schwieriger rekonstruieren als der seines Bruders, mit dem er einige Jahre gemeinsam erzogen wurde. Angeblich verbrachte Johann einige Zeit am Hof Kaiser Friedrichs III.[145] Kurfürst Ernst führte auch ihn an die Regierungsaufgaben heran. 1485 war er bei den Verhandlungen zur Leipziger Teilung zugegen, im folgenden Jahr begleitete er den Vater und den Bruder zur Königswahl Maximilians I. nach Frankfurt am Main.[146] Bei aller Parallelität mit dem Bildungsgang Friedrichs gab es aber auch Unterschiede. Johann verlegte sich früh auf den Kriegsdienst. Angeblich kämpfte er an der Seite seines Vaters bereits im Alter von 15 Jahren in Schlesien und während der langjährigen Auseinandersetzungen der Habsburger mit den Ungarn an der Seite König Maximilians in Niederösterreich und Ungarn. Auch in Oberitalien soll er für die Habsburger in den Kampf gezogen sein.[147] Bei der Vertreibung der Ungarn aus Wien 1490 und beim folgenden Kriegszug tief nach Ungarn hinein soll sich der junge Herzog durch besondere Tapferkeit hervorgetan haben, als er bei der Bestürmung von Stuhlweißenburg (Székesfehérvár) als erster die Mauer erklomm und dafür die *corona muralis* als Auszeichnung erhielt.[148] Der Dichter Petrus Lotichius pries diese Heldentat pathetisch mit den Worten:

> Der tapfere Streiter kann Felsen, und Pfeile,
> und Feuer besiegen,
>
> Er steht an der Spitze
> und hat bald Stuhlweissenburgs Mauern erstiegen,
>
> Man sieht ihn zuerst auf den Wällen,
> man sieht als Sieger ihn prangen,
>
> Er schwingt triumphierend die Fahne:
> Da Alles so glücklich ergangen,
>
> So eilt er, den Sturmkranz,
> die Krone des Sieges und Triumphs zu empfangen.[149]

Als kriegerischer junger Held war Friedrichs jüngerer Bruder nach den Worten des Dichters ein Streiter für die habsburgischen Machtinteressen. Doch hier ist Vorsicht angebracht. Es gibt auch Stimmen, die Johanns Heldentat von Stuhlweißenburg für einen auf Melanchthon zurückgehenden Irrtum halten.[150] Das Interesse der Geschichtsschreibung galt schon immer eher der kurzen Zeit Johanns als Kurfürst[151] als seinen wilden Jugendjahren. Viel ist von seiner soldatischen Vergangenheit später tatsächlich nicht mehr zu spüren. Lediglich in seiner Turnier- und Jagdleidenschaft, die ihn bis zu seinem Tod begleitete, und in seinem entschiedenen Vorgehen gegen die aufständischen Bauern in Thüringen, gegen die er 1525 persönlich ins Feld zog,[152] könnte man einen Reflex seiner jugendlichen Kampfeslust erkennen.

Die gemeinsame Regierung Friedrichs und Johanns stand nicht nur auf dem Papier. Ende 1488 nahm Johann für sich und Friedrich in Prag von König Ladislaus II. die böhmischen Lehen Kursachsens entgegen. Diese von Spalatin berichtete Episode[153] macht deutlich, dass Johann an den Regierungsgeschäften tatsächlich beteiligt war. 1489/90 hielten sich die Brüder für einige Zeit zusammen am Hof in Innsbruck auf. Auch den Nürnberger Reichstag von 1491 besuchten sie gemeinsam.[154] Dies alles spricht gegen ein Desinteresse Johanns an den Regierungsgeschäften. Wenn man gemeint hat, Johanns Einfluss auf die Entscheidungen des Kurfürsten Friedrich sei gering zu veranschlagen oder eigentlich zu vernachlässigen, »da Friedrich als der Fähigere der beiden Ernestiner und als der politisch tonangebende angesehen werden muß«,[155] dann wird dies der Rolle des Jüngeren nicht ganz gerecht. Zweifel sind auch an folgender Auffassung angebracht: »Es scheint, als hätte Johann dem Bruder zwar jederzeit als Ratgeber und Helfer zur Verfügung gestanden, jedoch nur, wenn Friedrich dies von sich aus wünschte. Hatte er sich entschieden, Aufgaben an Johann zu übertragen, stellte er ihm stets erfahrene Räte und klare Handlungsanweisungen zur Seite.«[156] Dies rückt Johann allzu sehr in die Rolle des kleinen Bruders, dem der Ältere wenig zutraute.

Der unterschwellige Vorwurf der Regierungsunlust zieht sich durch die Johann-Literatur bis in die jüngste Zeit. Erst durch die zunehmende Bearbeitung der Briefe und Akten der ernestinischen Brüder zeichnet sich ein anderes Bild ab. Tatsächlich war Johann »in viele politische Entscheidungen maßgeblich einbezogen«. Die Brüder »teilten sich die Regierungsverantwortung seit 1486, indem sie alles miteinander abstimmten, was den Vorteil hatte, dass Johann im Falle von Friedrichs Abwesenheit die nötigen Entscheidungen selbständig treffen konnte.«[157] Eine Korrektur des Bildes vom regierungsunfähigen oder zumindest regierungsunwilligen Johann ist demnach dringend angezeigt,[158] auch wenn die Mühen des fürstlichen Amtes auf Kurfürst Friedrich deutlich schwerer lasteten als auf seinem jüngeren Bruder.

Berater und Amtsträger

Für die territoriale Politik war in erster Linie der Landesherr verantwortlich. Die Herausbildung von Hof und Verwaltungsämtern, die ihn unterstützten und berieten, war ein langfristiger Prozess, der vor der Leipziger Teilung begann[159] und sich in der Regierungszeit Friedrichs und Johanns fortsetzte. Nach 1486 ist der »wesentliche« Hof, der relativ ortsfest in Torgau oder Weimar saß und an dem die Kanzlei und das tägliche Rätegremium angesiedelt waren, vom »gewöhnlichen« Hof, der mit dem Fürsten im Land oder außerhalb unterwegs war,[160] zu unterscheiden. Wie groß der Einfluss der Räte war, hing von der Persönlichkeit des Fürsten ab. Friedrich der Weise war über die kleinsten Angelegenheiten im Lande informiert, sofern diese direkt oder über seine Amtleute an ihn herangetragen wurden, und er entschied sie in vielen Fällen selbst. Angeblich wurden dem Kurfürsten selbst auf der Jagd Briefe und Akten nachgetragen, und er soll im Sattel noch Briefe gelesen haben.[161] Eine geschickte Hand bei der Auswahl der Räte und Amtsträger sowie viele Stunden täglicher Regierungsarbeit waren die Voraussetzungen für diese Form des persönlichen Regiments.

Friedrich konnte sich in seinen ersten Regierungsjahren auf ein Netz von Ratgebern und Mitarbeitern stützen, die zum Teil noch aus der Zeit seines Vaters stammten.[162] Die Ämter des Hofmarschalls und des Hofmeisters setzten eine besondere Nähe und ein besonderes Vertrauensverhältnis zum Kurfürsten voraus. Hugold von Schleinitz, der Friedrichs Vater 23 Jahre lang als Marschall gedient hatte und »einer der einflußreichsten und wirkungsmächtigsten wettinischen Räte des 15. Jahrhunderts« gewesen war,[163] wurde von Friedrich nicht übernommen. Vom Kurfürsten Ernst als einer der Testamentsvollstrecker eingesetzt,[164] war Schleinitz der Architekt der Leipziger Teilung gewesen; angeblich trug er die Verantwortung für den Konflikt zwischen den Brüdern Ernst und Albrecht.[165] Vielleicht war dies der Grund, warum er seine Position verlor. Um 1487/88 formierte sich ein Kreis von etwa 15 Personen um den jungen Kurfürsten Friedrich, die man zu seinen engsten Beratern zählen kann. Zu ihnen gehörten die Grafen Sigmund der Ältere und Sigmund der Jüngere von Gleichen, Karl von Gleichen und der jüngere Graf von Stolberg, weiterhin Ernst von Schönberg, Dr. Otto Spiegel, Heinrich von Ende, Heinrich Löser, Götz von Ende, Dietrich Spiegel, Hans von Obernitz, Dr. Johann Schrenck, Dietrich von Stentz, Dr. Martin Pollich von Mellerstadt und Christoph von Leipzig.[166]

Aus diesem Kreis hatte der Ritter Heinrich Löser als Erbmarschall, Rat und Landvogt zu Sachsen-Wittenberg eine besonders einflussreiche Stellung in der Frühzeit Friedrichs.[167] Später folgten ihm Caspar Metzsch,[168] Michael von Denstedt,[169] Sebastian von Mistelbach[170] und Hans von Dolzig[171] in diesem bedeutenden Amt. Dietrich Spiegel auf Gruna war Friedrichs erster Hofmeister;[172] ab 1487 bekleidete der Ritter Heinrich von Ende zu Kayna dieses Amt.[173] Seine Nachfolger waren Friedrich von Thun[174] und Hans von Minckwitz zu Trebsen.[175]

Die Mühen der Regierung

Der Ritter Dr. Otto Spiegel, der Bruder Dietrich Spiegels, war Friedrichs erster Kanzler. Er war schon unter Friedrichs Vater Kanzler und Rat gewesen, hatte außerdem für einige Zeit als Prinzenerzieher gedient.[176] Um 1496 übernahm Johann Flehinger das Amt des Kanzlers.[177] Sein Nachfolger war seit 1501 der Jurist Dr. Johannes Mugenhofer.[178] Martin Pollich von Mellerstadt (Mellrichstadt) war Friedrichs Leibarzt und wurde 1502 zum Gründungsrektor der Universität Wittenberg.[179] Sein Einfluss ging weit über den eines Arztes hinaus. Dr. Johann Schrenck[180] und Hans von Obernitz[181] bieten Beispiele für einflussreiche ernestinische Hofräte der frühen Jahre. Unter diesen dominierte der schriftsässige Dienstadel aus dem sächsisch-thüringischen Raum. Bürgerliche konnten als promovierte Juristen oder Finanzfachleute bedeutende Positionen in der Zentralverwaltung erlangen. Unter diesen sind die Kämmerer und Landrentmeister Hans von Leimbach[182] sowie die Ritter Hans Hundt[183] und Degenhart Pfeffinger[184] zu nennen. Eine zentrale Kassenverwaltung gab es im ernestinischen Kursachsen seit 1492.[185] Friedrichs letzter Landrentmeister war Hans von Taubenheim.[186]

Zu diesem bediensteten Beraterkreis, der nicht allzu groß war, sind Grafen und Herren hinzuzuzählen, die in einem Lehnsverhältnis zum Landesherrn standen, diesen von Fall zu Fall aber auch mit Rat und Diensten unterstützten. Hinzuzuzählen sind auch Gelehrte, deren Expertise man nutzte. Eine Aufstellung der ernestinischen Funktionsträger aus dem Jahr 1518, die offenbar die seit dem Regierungsantritt 1486 tätigen »Räte und Diener« Friedrichs und Johanns auflistet,[187] nennt 26 Personen aus dem Hochadel, 17 Ritter und 3 »neue Ritter«, die erst jüngst aus dem Heiligen Land zurückgekommen waren, 18 Prälaten und Doktoren und 17 »weltliche Räte vom Adel«, zusammen also 81 Personen. Weitere 95 Personen werden unter den »wichtigsten Hof- und anderen Dienern« aufgeführt, zusammen 176 Personen in 32 Jahren. Das war eine dünne Personaldecke, selbst wenn die Liste nicht vollständig sein sollte.

Berater und Amtsträger

War der Fürst bei Hof anwesend, leitete er die täglichen Räteberatungen, den Hofrat, in der Regel persönlich. Für den Kurfürsten Friedrich gehörte dies zu seinen Alltagsaufgaben. Die eingehende Post wurde, sofern sie nicht privat war, dem Fürsten vorgelesen. Eine Spezialisierung auf Ressorts gab es zwar bei den wichtigen Hofämtern wie dem Hofmeister, dem Marschall, dem Kanzler, dem Kammermeister, dem Türknecht und dem Küchenmeister. Die Hofräte waren im Prinzip aber für alle politischen Materien und für alle Räume zuständig. Fiel in einer Angelegenheit eine Entscheidung, wurde ein Schreiben in der Kanzlei entworfen, das nach Billigung durch den Fürsten ausgefertigt und verschickt wurde. Das meiste, was von Friedrich dem Weisen ausging und was heute als Quellen zu seiner Politik in den Archiven lagert, waren solche Kanzleischreiben.[188] Sie wurden von einem Kanzleisekretär formuliert und waren im Wir-Stil abgefasst. Handschreiben waren persönlichere, im Ich-Stil formulierte Texte. Nicht alle Handschreiben wurden von Friedrich auch eigenhändig geschrieben, sondern neben eigenhändigen standen andere Briefe, die er nur teilweise oder gar nicht selbst verfasste. Allerdings waren die Handschreiben vom Fürsten fast immer unterzeichnet, meist in Form seines Monogramms, manchmal auch mit Namenszug.

Auch in den langen Zeiten der Abwesenheit des Kurfürsten aus dem Land durften die Regierungsgeschäfte nicht liegenbleiben. Da auch Herzog Johann als Stellvertreter nicht immer zur Verfügung stand, musste in solchen Zeiten die Verwaltung eigenständig agieren. In diesem Zusammenhang war die Hofratsordnung vom 2. März 1499 eine Zäsur, mit der die ernestinische Zentralverwaltung modernisiert wurde.[189] Sie ging von den Brüdern Friedrich und Johann gemeinsam aus und diente dem Zweck, dem Land eine gute Regierung und Verwaltung zu geben. Dazu sollten vier Räte ständig am wesentlichen Hof anwesend sein und sich um die Regierungsgeschäfte kümmern. In wichtige Angelegenheiten mussten jedoch die Fürsten einbezogen werden, denen die Räte ihre Vorstellungen zu unterbreiten hatten.[190] Damit war das Alltagsgeschäft in die Hände eines Rätegremiums gelegt, das einen Entscheidungsspielraum auch ohne direkte Beteiligung der Fürsten hatte.[191] Für die Räte wurden feste Arbeitszeiten festgelegt; ihre Beschlüsse wurden nach dem Mehrheitsprinzip gefasst. Diese wurden dann verschriftlicht und verabschiedet – die Schriftlichkeit wurde jetzt zum festen Bestandteil der Verwaltung. Die Kanzlei wurde zu einer reinen Registraturbehörde ohne eigene Entscheidungsbefugnis, die allein beim Hofrat lag.[192] Geheimhaltungs- und Befangenheitsregeln wurden fixiert.[193] Weitere Bestimmungen betrafen den Gebrauch des Siegels, die zügige Bearbeitung von Vorgängen in der Reihenfolge ihres Eingangs, die Prüfung von Sachverhalten, die Kooperation von Hofrat und Amtleuten vor Ort – modern gesprochen: das Verhältnis von Zentral- und Lokalverwaltung. Die Amtleute waren in ihrem Zuständigkeitsbereich dafür verantwortlich, dass Frieden und Recht bewahrt wurden. Sie waren die ersten Ansprechpartner für Beschwerden und hatten ihrerseits die Kompetenz, Streitigkeiten zu entscheiden. Sie waren ihrerseits der Zentralverwaltung rechenschaftspflichtig, vor allem in finanziellen Dingen.

 Geteilte Last: Die Mutschierung von 1513

Trotz der Hofratsreform von 1499 stieß Friedrich einige Jahre später an seine persönliche Belastungsgrenze, was eine Neuverteilung der Regierungsverantwortung nötig machte. Die Neuregelung erfolgte im Sommer 1513 in Form einer Mutschierung, die in mündlichen Gesprächen zwischen Friedrich und Johann abgesprochen und anschließend schriftlich fixiert wurde.[194] Eine solche Verwaltungs- oder Nutzungsteilung eines Territoriums, bei der die Zusammengehörigkeit der Teile erhalten blieb und lediglich finanz- und verwaltungstechnische Zuständigkeitsbereiche abgesteckt wurden, war im Spätmittelalter nichts Ungewöhnliches. Die Vertretung des gesamten ernestinischen Territoriums nach außen blieb dabei in der Hand des Kurfürsten. Friedrich hatte mit seinem Bruder schon öfter darüber geredet, dass er Regierung und Verwaltung nicht mehr wie bisher auf sich laden wollte und aus gesundheitlichen Gründen auch nicht mehr konnte. Aber Johann hätte die Dinge gerne so belassen, wie sie waren. Im Sommer 1513 aber war der Punkt erreicht, an dem Friedrich sich nicht mehr hinhalten ließ. Dass dieser Schritt mit der bevorstehenden zweiten Ehe Johanns und der damit verbundenen Gründung eines eigenen Hofes in Weimar zusammenhing, muss man annehmen. Friedrich wollte nicht nur die Herrschaftslast gerechter verteilt sehen, sondern auch die zusätzlichen Kosten einer zweiten Hofhaltung nicht tragen müssen.

Johann sagte zu, sich künftig stärker an der Regierung zu beteiligen. Die Einzelheiten der Verantwortlichkeiten und insbesondere die Aufteilung der Einkünfte mussten allerdings noch abgesprochen werden. Das war kompliziert, weil Friedrich hohe finanzielle Forderungen stellte und die Einkünfte des Verwaltungsanteils seines Bruders offensichtlich zu hoch ansetzte.[195] Das Ergebnis war die Aufteilung der ernestinischen Gebiete in einen von Friedrich verwalteten Teil, der das Herzogtum Sachsen-Wittenberg und den ernestinischen Teil der Markgrafschaft Meißen umfasste, und einen von Johann verwalteten Teil, zu dem die Landgrafschaft Thüringen, das Vogtland und die kursächsischen Besitzungen in Franken gehörten (→ **oben Karte im Vorsatz**).

So willkommen dem Kurfürsten diese Neuregelung war, bedeutete sie doch auch den Verzicht auf Kompetenzen zugunsten seines jüngeren Bruders. Ganz wohl scheint Friedrich dabei nicht gewesen zu sein, denn nach kurzer Zeit war es ihm gar nicht mehr so wichtig mit der Entlastung. Er ruderte zurück und versuchte die Handlungsspielräume seines Bruders nun doch wieder einzuschränken. Er behielt sich ein Mitspracherecht in allen wesentlichen Angelegenheiten der Verwaltung vor, verlangte, dass alle Entscheidungen in ihrer beider Namen getroffen werden mussten, und beanspruchte unter anderem ein Vetorecht in Reichs-, Landtags- und Militärangelegenheiten. Die von Friedrich eigentlich gewünschte Entlastung wich am Ende dem Willen, die Kontrolle in der Hand zu behalten. Hatte Johann die bequeme Rolle des jüngeren Bruders zunächst nicht aufgeben wollen, hielt Friedrich letztlich an seiner übergeordneten Position als älterer Bruder fest.

Das Jahr 1513 war kein gutes Jahr für Friedrich den Weisen. Die Mutschierung brachte Misstöne in das Verhältnis zu seinem Bruder, auch wenn man am Ende eine für beide Seiten akzeptable Lösung fand. Die gemeinsame Hofhaltung der Brüder wurde aufgelöst, Johann gewann im Zuge seiner zweiten Ehe an Selbständigkeit. Im August 1513 starb überraschend Friedrichs jüngerer Bruder Erzbischof Ernst von Magdeburg. Damit drohte eine weitere Schwächung der wettinischen Machtstellung, nachdem man 1483 beim Tod Adalberts bereits das Erzbistum Mainz verloren hatte.

Im Dienst von Kaiser und Reich

Erwies sich Friedrich im eigenen Territorium als Modernisierer, der die Landesverwaltung effizienter gestaltete, ist eine ähnlich reformoffene und zugleich traditionsbewusste Haltung auch in seiner Reichspolitik zu beobachten. Der Dienst für Kaiser und Reich beanspruchte einen erheblichen Teil seiner Zeit und Arbeitskraft, insbesondere in den ersten beiden Jahrzehnten seiner Regierung. Zu Lebzeiten Friedrichs des Weisen amtierten mit Friedrich III., Maximilian I. und Karl V. drei Kaiser aus dem Hause Habsburg, die in seiner Biographie je auf ihre Weise eine zentrale Rolle spielten. In die Auseinandersetzungen über eine Reichsreform wie in die habsburgisch-europäische Machtpolitik war der Kurfürst von Sachsen tief verstrickt.

 # Reichsreform und habsburgische Machtpolitik

Obwohl Friedrich III. der römisch-deutsche Herrscher mit der längsten Regierungszeit war – 53 Jahre währte seine Herrschaft –, ist das auffällige Desinteresse der Forschung an diesem Kaiser erst in den letzten 25 Jahren einer intensiveren Beschäftigung gewichen.[196] Dies dürfte nicht zuletzt darauf zurückzuführen sein, dass »des Heiligen Römischen Reichs Erzschlafmütze«, wie man ihn genannt hat, in der Geschichtsschreibung lange als unfähig und träge galt. Peter Moraw spricht vornehmer von einem »Randkönigtum«, weil die Hausmacht dieses Kaisers exzentrisch lag, in Steiermark, Kärnten und Krain, und nicht in den traditionell königsnahen Landschaften Deutschlands.[197] Schon von daher ergab sich eine Reichsferne, die darin ihren Ausdruck fand, dass Kaiser Friedrich zwischen 1444 und 1471 für 27 Jahre nicht ein einziges Mal »ins Reich« kam.[198]

Zu Kaiser Friedrichs Lebzeiten rückte die Frage der Reichsreform in den Vordergrund.[199] Darunter sind die in der ersten Hälfte des 15. Jahrhunderts einsetzenden, mit den letzten Ausläufern bis in die Mitte des 16. Jahrhunderts reichenden Bemühungen von Kaiser und Reichsständen um eine Lösung der drängendsten inneren Probleme zu verstehen: Unterdrückung des Fehdewesens durch Sicherung des Landfriedens, Beseitigung der Mängel in der Rechtspflege, in der Reichskriegsverfassung und im Finanzwesen. Die Reichsreform führte zu neuen Verfassungsstrukturen, die geeignet waren, die Rechtsbeziehungen zwischen Kaiser, Fürsten und Reichsstädten so stabil zu ordnen, dass sich an dem um 1500 erreichten Zustand bis zum Ende des Alten Reiches nur noch wenig änderte.

Die konkurrierenden Machtansprüche von Kaiser, Fürsten und Städten sorgten zunächst jedoch für eine Blockade aller weitergehenden Reformbemühungen. Erst in den letzten Regierungsjahren Kaiser Friedrichs III. kam neue Bewegung in die Diskussion, wobei das Hineinwachsen der habsburgischen Dynastie in eine europäische Machtstellung, die daraus resultierende Konfrontation mit Frankreich, die zunehmende Bedrohung des Reiches durch die Türken und der zeitweise Konflikt mit Ungarn eine Rolle spielten. Die Forderungen des Kaisers nach Reichshilfen gegen die äußeren Feinde gaben den Ständen die Gelegenheit, die Verhandlungspunkte Frieden und Recht in den Reichsversammlungen auf die Tagesordnung zu setzen, ohne dass sich zu Lebzeiten Friedrichs III. an den divergierenden machtpolitischen Interessen und der Stagnation der Reformbemühungen Entscheidendes änderte.

Zu tiefgreifenden und dauerhaften Schritten kam es erst, nachdem mit Maximilian I., der bis 1493 mit seinem Vater eine Doppelregierung bildete, und dem 1484 zum Erzbischof von Mainz gewählten Berthold von Henneberg zwei Persönlichkeiten die politische Bühne betraten, die der Reichsreform maßgebliche neue Impulse gaben. Berthold von Mainz war der

Nachfolger Adalberts, des jüngeren Bruders Friedrichs des Weisen. Über ein reformerisches Gesamtkonzept verfügte der Erzbischof nicht. Er verstand es jedoch, als Vertreter der Ständeinteressen und als Gegenspieler des Königs die Reformdiskussion auf eine neue Ebene zu heben, indem er über das gemeinsame Anliegen der Rechtssicherung und Friedenswahrung hinaus das Kardinalproblem des Verhältnisses von König und Fürsten in den Mittelpunkt rückte.

Nach langwierigen Verhandlungen gelang es, die traditionellen Reichsversammlungen zum Reichstag[200] fortzuentwickeln und damit eine Plattform zu schaffen, auf der Kaiser und Reichsstände ihre Interessen ausgleichen konnten. Die aus ihrer besonderen Verantwortung für das Reich erwachsene Sonderstellung der Kurfürsten blieb in der Phase der institutionellen Verfestigung des Reichstags seit den 1470er Jahren in Form eines eigenen Beratungsgremiums, dem Kurfürstenrat, erhalten. Dies war der Ort, an dem auch der Kurfürst von Sachsen seinen Einfluss geltend machen konnte, wenn er selbst zum Reichstag kam oder einen Vertreter schickte. Friedrich der Weise war ein eifriger Teilnehmer an den Reichstagen. Nach Spalatin besuchte er im Laufe seines Lebens mindestens 30 Reichstage, einige gemeinsam mit seinem Bruder Johann.[201] Ein solches reichspolitisches Engagement war für einen Kurfürsten nicht selbstverständlich. »Darüber auch ihre beide Churfürstliche Gnaden viel Guts und Gelds verzeret«,[202] sagt Spalatin und deutet damit an, dass ein standesgemäßer Auftritt eines Kurfürsten im Reich eine kostspielige Angelegenheit war. Allein der Besuch des Augsburger Reichstags von 1500 kostete mindestens 11.700 Gulden, der Reichstag zu Köln 1505 mindestens 14.000 Gulden und der zu Konstanz 1507 11.420 Gulden.[203] Das war der Preis des politischen Einflusses, den der Kurfürst von Sachsen aber zu zahlen bereit war.

Höhepunkt der Reichsreform war der Wormser Reichstag von 1495, der unter dem Eindruck militärischer Rückschläge in Maximilians Außenpolitik abgehalten wurde. Der König bemühte sich um Hilfe gegen die nach Oberitalien eingefallenen Franzosen und war schon deshalb bereit, den Reformforderungen der Stände weiter als sein Vater entgegenzukommen. Am Ende langwieriger Verhandlungen stand eine Reihe von Kompromissen: Kernstück des Wormser Reformwerks war der ewige Landfriede mit seinem bedingungslosen Verbot der Fehde. Daneben ragt die Errichtung des Reichskammergerichts als größte organisatorische Leistung heraus. Neben dem Reichstag, der erst seit 1495 so genannt wurde, wurde es zur wichtigsten Neuschöpfung der Reformepoche. Eine ständische Beteiligung an der Regierung des Reiches, wie Berthold von Mainz sie durch Einrichtung eines Reichsregiments anstrebte, scheiterte vorerst am Widerstand des Königs, und die in Worms beschlossene direkte Reichssteuer, der Gemeine Pfennig, wurde wegen der Obstruktion der Stände und fehlender Eintreibungsmöglichkeiten bald wieder fallengelassen.

Neben der Reichsreformproblematik sind die außenpolitischen Konstellationen zu beachten, in denen sich die Reichspolitik Friedrichs des Weisen bewegte. Kaiser Friedrich III. war aller Trägheit zum Trotz auf den Ausbau der habsburgischen Machtstellung im östlichen Mitteleuropa bedacht. Sein Blick richtete sich auf Ungarn und Böhmen, die schon einmal mit dem Haus Österreich vereint gewesen waren.[204] Zwar gelang es dem Habsburger nicht, seine Erbansprüche in den beiden Königreichen durchzusetzen, da die Ungarn 1458 Matthias Hunyadi (Matthias Corvinus), die Böhmen im selben Jahr Georg von Podiebrad zum König wählten. Gegenüber den Osmanen, die 1453 Konstantinopel eroberten, blieb Friedrich III. weitgehend passiv. Erst seit etwa 1470, Friedrich der Weise war damals noch im Knabenalter, wurde der Kaiser auch im Reich aktiver. Dies betraf nicht nur die Reichsreform und die Türkenabwehr, sondern auch die energischere Verteidigung der Reichsrechte gegenüber Frankreich und Burgund. Insbesondere Burgund, dieses Mittelreich zwischen Deutschland und Frankreich, das unter seinem Herzog Karl dem Kühnen eigene Großmachtambitionen verfolgte, wurde zum Zankapfel zwischen dem Habsburger und dem französischen König. Denn als Karl der Kühne 1477 in einer Schlacht den Tod fand, erhoben beide Seiten Anspruch auf sein Erbe. Hier handelte Friedrich III. einmal zupackend, als er die Verlobung seines Sohnes Maximilian mit Karls des Kühnen Tochter Maria von Burgund einfädelte. Durch die Hochzeit, die 1477 stattfand, fiel Maximilian das reiche burgundische Erbe zu, das aber gegen Frankreich erst noch verteidigt werden musste.

In diesem Jahr 1477, in dem der burgundische Erbfolgekrieg ausbrach, wurde der habsburgisch-französische Konflikt geboren, der für lange Zeit eine Konstante in der europäischen Mächtepolitik darstellte. Dabei war zu Beginn keineswegs klar, dass die Habsburger das burgundische Erbe würden festhalten können, denn sie waren Landfremde und in Burgund alles andere als beliebt. Als Maria von Burgund schon 1482 starb, geriet die habsburgische Herrschaft in Gefahr, obwohl aus der Ehe Maximilians mit Maria bereits zwei Kinder, Philipp und Margarethe, hervorgegangen waren. Nicht nur die Ansprüche der Franzosen, die das südliche Burgund und die westlichen Teile der Niederlande besetzten, wurden zum Problem, sondern der Wille der niederländischen Stände und Städte, die habsburgische Herrschaft abzuschütteln, setzte Maximilian zusätzlich unter Druck. Es folgten Jahre der militärischen Auseinandersetzungen, in deren Verlauf Maximilian 1488 sogar für einige Monate in Brügge in Gefangenschaft geriet. Von seinem Vater erhielt er lange Zeit wenig Unterstützung. Dann allerdings zog Friedrich III. mit einem Reichsheer in die Niederlande, um die Freilassung seines Sohnes zu erzwingen. Er war auch im südlichen Burgund erfolgreich. 1493 wurde im Frieden von Senlis das burgundische Erbe zwischen Franzosen und Habsburgern geteilt. Die Habsburger behaupteten den größten

Teil des Burgunderreiches mit Ausnahme einiger niederländischer Grafschaften und des Herzogtums Burgund.

Alter Kaiser, junger Kurfürst

Als Friedrich der Weise 1486 an die Regierung kam, waren die Kämpfe um Burgund in vollem Gange. Die Zeit der Doppelregierung des alten Kaisers Friedrich und seines Sohnes Maximilian hatte soeben begonnen. 1487 reisten der junge Kurfürst von Sachsen und sein Bruder auf den Reichstag nach Nürnberg, wo sie am 23. April vom Kaiser belehnt wurden.[205] Bei solchen Gelegenheiten mussten neu zur Regierung gekommene Fürsten ihre Bedeutung auch durch die Größe ihres Trosses unterstreichen. Die wettinischen Brüder führten drei- bis vierhundert gerüstete Pferde mit nach Nürnberg.[206] Auch die Größe und der Aufwand von Festen war ein Gradmesser für die Bedeutung und die wirtschaftliche Potenz, die vor Kaiser und Reichsständen demonstriert werden sollten. Friedrich und Johann veranstalteten ein Festessen mit anschließendem Tanz, zu dem auch »der alte Nürnberger Bürgermeister und etliche ehrbare Frauen« eingeladen waren und bei dem 20 unterschiedliche Speisen aufgetischt wurden.[207] Man zeigte, was man sich leisten konnte.

In die Reichsgeschäfte wurde Friedrich sofort hineingezogen. Am 23. Mai 1487 wurde die sächsisch-brandenburgisch-hessische Erbeinung, die seit 1457 bestand und über die die beteiligten Fürsten erst im Februar 1487 in Naumburg beraten hatten,[208] erneuert.[209] Erbeinungen verfolgten den Zweck, über Generationen hinweg ein Netzwerk zwischen befreundeten, verschwägerten oder durch Verwandtschaft verbundenen Dynastien oder Fürsten zu etablieren und sich gegenseitig für familiäre Notfälle abzusichern.[210] Neu war an der sächsisch-brandenburgisch-hessischen Erbeinung, dass man sich gegenseitige Hilfe bei einem feindlichen Angriff auf einen der Vertragspartner zusagte.[211] An dieser Stelle erhält man einen ersten Einblick in die Stellung Friedrichs des Weisen unter den Reichsfürsten, in sein Beziehungs- und Freundschaftsnetzwerk, ohne das Politik nicht erfolgreich betrieben werden konnte. Landgraf von Hessen war zu dieser Zeit Wilhelm I. von Niederhessen, der drei Jahre jünger war als Friedrich. Kurfürst von Brandenburg war Johann Cicero, der wie Friedrich 1486 ins Amt gekommen war und ebenfalls in Nürnberg seine Reichslehen von Kaiser Friedrich III. erhielt.[212] Johann Cicero war acht Jahre älter als Friedrich und mit Margarethe von Sachsen verheiratet, einer Cousine des sächsischen Kurfürsten.[213] Schließlich trat am 25. Juni auch Erzbischof Hermann von Köln auf Lebenszeit der sächsisch-hessischen Erbeinung bei. Dieser Erzbischof und Kurfürst, der etwa 13 Jahre älter war als Friedrich, stammte ebenfalls aus dem Hause Hessen und war über seine Mutter Anna, eine Tochter Friedrichs des Streitbaren, mit Friedrich dem Weisen verwandt.[214] Der fromme und reformwillige Erzbischof, der im April 1486 Maximilian I. in Aachen zum Römischen König gekrönt hatte, wird von Spalatin in der Liste der persönlichen Freunde Friedrichs des Weisen aufgeführt.[215] Zu diesen zählte Spalatin auch Johann Cicero von Brandenburg.[216]

Von Bedeutung war insbesondere die Verbindung mit Hessen, dem westlichen Nachbarn der Ernestiner. Als Landgraf Wilhelm II. im Juli 1509 starb, war sein Sohn Philipp erst fünf Jahre alt. Nach Änderung seines Testaments hatte der Verstorbene an Stelle eines landständischen Vormundschaftsregiments seine junge Gemahlin Anna von Mecklenburg als vormundschaftliche Regentin eingesetzt.[217] Die Landstände akzeptierten dies nicht und trugen den Wettinern die Obervormundschaft an. Damit waren auch Herzog Georg von Sachsen und sein Bruder Heinrich in die hessische Vormundschaftssache verwickelt.[218] So bildete sich ein schwer zu durchschauendes Knäuel an Koalitionen, in denen die Landgräfin Anna letztlich die Oberhand behielt. Spalatin brachte die jahrelangen Streitigkeiten folgendermaßen auf den Punkt: »Sie [Anna] machet auch denselben Fürsten [d. h. den Wettinern] viel Mühe und Arbeit, zogen oft in Hessen und stunden etlich Jahr in großer Ungeduld. Sie beklagt auch und verunglimpft sonderlich diesen Churfürsten, Herzogen Fridrichen zu Sachsen.«[219] Zu einer dauerhaften Beschädigung des wettinisch-hessischen Verhältnisses führte dies jedoch nicht; zwar erledigte sich der hessische Vormundschaftsstreit erst nach Jahren durch die Mündigkeitserklärung des Landgrafen Philipp im Mai 1518. Schon zuvor aber hatten sich Friedrich der Weise und die Landgräfin ausgesöhnt; nach Spalatin wurden sie sogar so enge Freunde, dass Friedrich den Sohn Annas aus ihrer zweiten Ehe mit Graf Otto von Solms aus der Taufe hob.[220]

Von diesen Entwicklungen, die 20 Jahre später eintraten, konnte Friedrich bei der Erneuerung der Erbeinung mit Hessen auf dem Nürnberger Reichstag von 1487 noch nichts ahnen. Ihm ging es vielmehr darum, seinen Platz im Beziehungsgeflecht der Reichsstände zu finden und ein gutes Verhältnis zum Kaiser zu etablieren. Im Interesse des Habsburgers lag es, die Reichsstände zur Zahlung von Hilfsgeldern für seine Kriege in Burgund, in den Niederlanden und gegen Ungarn zu bewegen. Geldnöte des Reichsoberhaupts spielten wiederum den Reichsständen ein Druckmittel in die Hände, um Reformen durchzusetzen. Als ihr Sprecher fungierte der Mainzer Erzbischof Berthold,[221] den Spalatin gleichfalls unter die persönlichen Freunde Friedrichs des Weisen rechnet.[222] Schon 1487 berieten die Reichsstände getrennt nach Kurien,[223] wohl der früheste Fall, in dem das Dreikuriensystem auf einem Reichstag zur Anwendung kam. Die Stände konstituierten sich als Verhandlungspartner des Kaisers. Insbesondere die Kurfürsten bestanden auf Reformen. Das Ergebnis war eine »Konstitution« und »Vereinigung wider fremde Gezünge«,[224] die festlegte, dass die Reichsstände sich bei einem feindlichen Angriff gegenseitig beistehen, das Kammergericht stützen und den zehnjährigen Frankfurter Landfrieden von 1486 verteidigen wollten. Sachsen hatte ein Interesse an einer solchen Regelung, da man sich einen Rückhalt gegen den Ungarnkönig erhoffte. Obwohl auch der Kaiser dem Vertrag positiv gegenüberstand, scheiterte das Projekt, das eine weitere Verfassungssäule im Reich hätte werden können, am Widerstand der Kurfürsten von Trier und von der Pfalz.[225] Vor dem Hintergrund dieses Scheiterns erscheint die von Friedrich dem Weisen abgeschlossene Erbeinung mit Hessen als »Ersatz für die Rückversicherungsverpflichtung der gescheiterten Konstitution«.[226]

Auch die anderen Reformprojekte – Landfrieden und Kammergerichtsordnung – scheiterten an Streitigkeiten zwischen Kaiser und Ständen oder an Differenzen der Stände untereinander. In der Frage einer Reichshilfe für die europäische Machtpolitik Kaiser Friedrichs III. stand Friedrich auf der Seite Bertholds von Mainz und damit einer Ständegruppe, die zur Leistung von finanziellen Zahlungen an den Kaiser grundsätzlich bereit war. Der Kurfürst gehörte mit seinem Bruder zu den wenigen Fürsten, die noch Ende Juni 1487 in Nürnberg ausharrten, während viele andere bereits abgereist waren.[227]

Bei der Leistung seiner finanziellen Verpflichtungen gegenüber dem Reich war Friedrich verlässlicher als viele andere. Schon 1487 gehörte er zu den wenigen, die die Reichshilfe von 3.000 Gulden, die auf die einzelnen Kurfürsten entfielen, wenigstens zum Teil bezahlten.[228] 1488 folgte er dem Aufruf Kaiser Friedrichs III. persönlich, als dieser ein Reichsheer zur Befreiung seines Sohnes Maximilian aus der Gefangenschaft in Brügge zusammenstellte.[229] Maximilian wurde freigelassen, noch ehe das Reichsheer vor der Stadt erschien. Der Kaiser ließ sich aber nicht zur Milde bewegen, sondern begann einen blutigen Rachefeldzug in den Niederlanden. Über die Rolle Friedrichs im Reichsheer ist nichts weiter bekannt, auch nicht, ob er bis zum Ende des Feldzugs an der Seite des Habsburgers blieb. Ende des Jahres wurde sein Onkel Albrecht der Beherzte zum Generalstatthalter in den Niederlanden ernannt. Albrecht führte in den kommenden Jahren einen grausamen, aber letztlich im habsburgischen Sinne erfolgreichen Krieg, in dem er die Aufstände der niederländischen Städte und der Provinz Friesland niederschlug und auch die Provinz Flandern für das Haus Habsburg festhielt.[230] Gedankt haben es ihm die Habsburger nicht. Da Albrecht die Kriegführung weitgehend selbst vorfinanzierte, schuldeten sie ihm im Jahr 1489 bereits über 52.000 Gulden. Im Jahr 1494 war diese Schuld auf über 300.000 Gulden angewachsen.[231] Von diesem Geld sah der Herzog nichts wieder, sondern Maximilian I. entschädigte ihn mit Zustimmung des Kurfürsten durch Übertragung der Würde eines erblichen Gubernators von Friesland[232] – für Albrecht ein schlechtes Geschäft, das ihm nur neue Probleme und neue Schulden eintrug.

Friedrich der Weise hätte durch das Beispiel seines Onkels gewarnt sein können, dass die Indienstnahme durch die Habsburger ein riskantes und ruinöses Unterfangen war. Aber der in dieser Zeit politisch noch nicht allzu erfahrene Kurfürst verhielt sich reichs- und kaisertreu. Dazu gehörte auch der regelmäßige Besuch von Reichstagen, wenn er nicht – wie 1489 in Frankfurt am Main – durch dringende Gründe davon abgehalten wurde.[233] In diesem Jahr war es die Gefährdung durch Matthias von Ungarn, die ihn veranlasste, nur seine Räte nach Frankfurt zu schicken.[234] 1490 jedoch befand er sich im Gefolge Maximilians, als dieser in Innsbruck die Regierung Tirols antrat.[235] Auch im nächsten Jahr waren die Brüder Friedrich und Johann außer Landes zum Reichstag in Nürnberg, auf dem es wieder einmal um Fragen der Reichsreform ging. Friedrich gehörte wie 1487 zu den Fürsten, die sich für eine Intensivierung der Reformanstrengungen einsetzten, etwa durch Errich-

Alter Kaiser, junger Kurfürst

tung eines Kammergerichts, das über die Einhaltung von Frieden und Recht wachen sollte.[236] Hier zeichnete sich eine reformwillige Ständegruppe ab, der neben Kursachsen auch Kurbrandenburg, Kurköln, Hessen und der Erzbischof von Magdeburg angehörten, damals Friedrichs Bruder Ernst.[237] Man erkennt das Beziehungsgeflecht Friedrichs des Weisen wieder. Meinungsdifferenzen mit König Maximilian konnten nicht ausbleiben. Der sträubte sich nämlich gegen ein Reichskammergericht. Doch die Gruppe um den sächsischen Kurfürsten setzte sogar durch, dass künftig auf Reichstagen die Tagesordnung im Voraus bekannt gegeben werden musste,[238] ein wichtiger Schritt auf dem langen Weg zur institutionellen Verfestigung der Reichstage, deren Beschlüsse seit dieser Zeit auch regelmäßig in Reichsabschieden festgehalten wurden.

Konkrete Ergebnisse zeitigten die Reformvorstöße von 1491 nicht, was aber das enger werdende Verhältnis Friedrichs des Weisen zu den Habsburgern nicht trübte. Schon in seinen ersten Regierungsjahren ist es ihm gelungen, eine ausgleichende Position zwischen seinen Standesinteressen als Kurfürst und seiner Loyalität zum habsburgischen Königtum einzunehmen. Mit dieser diplomatischen Leistung sammelte er sich ein moralisches Kapital, aus dem er schöpfen konnte, wenn es die Situation erforderte. Kaiser Friedrich III. starb am 19. August 1493 in Linz an der Donau im Alter von 78 Jahren.[239] »Die burgundische Heirat [...], Maximilians einhellige Königswahl (1486) und die Bewahrung der Kaiserkrone für sein Haus, ja die Begründung des habsburgischen Erbkaisertums waren entscheidende Leistungen Friedrichs III.«[240] Mit seinem Tod war die Zeit der Doppelregierung von Vater und Sohn zu Ende. Auf dem Hinweg zu seiner Pilgerreise nach Palästina besuchte Kurfürst Friedrich den alten Kaiser ein letztes Mal in Linz.[241] Als er aus dem Heiligen Land zurückkam, war Friedrich III. tot. Mit seinem Sohn und Nachfolger Maximilian I. hatte Friedrich längst ein enges Verhältnis etabliert.

Junger König, junger Kurfürst

König Maximilian I.[242] war etwa vier Jahre älter als der Kurfürst von Sachsen. Trotz des geringen Altersunterschieds hätten ihre politischen Grundsätze kaum unterschiedlicher sein können. Während der Habsburger sein Leben lang gegen Franzosen,[243] Ungarn, Venezianer und Eidgenossen Kriege führte, ging Friedrich militärischen Verwicklungen aus dem Weg und gab der Diplomatie den Vorrang. Maximilians Talent, durch eine geschickte Heiratspolitik die Macht seiner Familie zu vergrößern, besaß Friedrich nicht. Den politischen Großprojekten des Königs wie dem Türkenkreuzzug stand Friedrich distanziert gegenüber. Der bodenständige Sachse neigte nicht zu riskanten und teuren Unternehmungen. Deshalb ließ sich Friedrich auch nicht wie sein Onkel Albrecht in die Kriegspolitik der Habsburger hineinziehen. Sein Dienst für König Maximilian war ausschließlich ziviler Natur.

Im Unterschied zu seinem Vater, der als kontaktscheu und träge galt und überhaupt ein schwieriger Mensch war, wird Maximilian als leutselig und offen geschildert, ja er konnte äußerst charmant sein, wenn es seinem Interesse diente.[244] Er war gebildet, sprachkundig, vielfältig interessiert, kunstbeflissen, von Ratgebern weitgehend unabhängig, aber auch sprunghaft, ein Phantast, der sich von einem aussichtslosen Projekt in das nächste stürzte, der angeblich selbst Papst werden wollte und dem sein persönlicher Ruhm über alles ging. Die ritterliche Lebensform Burgunds hat ihn stark geprägt. Er war ein Meister der Selbstinszenierung. Im »Weißkunig« liegt eine romantisierende, verschlüsselt-autobiographische Quelle vor, die von der Geburt, Kindheit und Jugend Maximilians erzählt. Auch Friedrich der Weise kommt an einer Stelle vor, als Friedensvermittler im burgundischen Krieg von 1498.[245] Auch in dem 1517 gedruckten autobiographischen »Theuerdank« ver-

Junger König, junger Kurfürst

mittelte der König ein idealisiertes Bild seiner selbst an die Nachwelt. Von diesem König hat Friedrich der Weise die Bedeutung der öffentlichen Selbstvermarktung gelernt.

Die Behauptung und Ausweitung der habsburgischen Machtstellung in Europa hatte für Maximilian den Vorrang. Das burgundische Erbe hielt der »letzte Ritter« zum größeren Teil fest, die zwischenzeitlich an Ungarn verlorenen Erblande eroberte er zurück. Österreich, das lange geteilt gewesen war, wurde 1490 wieder vereinigt. In den folgenden Jahren verlagerte sich der Konflikt mit Frankreich zunehmend nach Oberitalien, nachdem der französische König Karl VIII. im Sommer 1494 dort eingefallen war und die italienische Fünf-Mächte-Balance zerstört hatte. Maximilians zweite Ehe mit Bianca Maria Sforza von Mailand verstrickte ihn tief in die italienischen Auseinandersetzungen, und auch die geschickte Verheiratung seiner Kinder, mit der er die Verbindung mit den spanischen Königreichen herstellte, diente letztlich der Stärkung Habsburgs gegen Frankreich.

Maximilians Innenpolitik war von seinen außenpolitischen Prioritäten nicht zu trennen. Eine Modernisierung der österreichischen Erblande war unter seinem Vater nicht erfolgt. Hier herrschte ebenso wie im Reich ein Reformstau, der von Maximilian behoben wurde, indem er die österreichischen Teilgebiete durch eine effiziente, kollegiale Zentralverwaltung zusammenführte. Die ständigen Kriege und der mit ihnen einhergehende Geldbedarf, der teilweise durch enge Kooperation mit den Augsburger Fuggern gedeckt wurde, stärkten im Reich die Einflussmöglichkeiten der Reichsstände, die Maximilian zu Reformen ein Stück weit zwingen konnten. Dies wiederum führte innerhalb des Reiches zu neuen Spannungen. Die Eidgenossen verweigerten sich der Reichsreform, die ihre Eigenständigkeit tangierte, zwangen Maximilian in den Schweizerkrieg und lösten sich 1499 faktisch aus dem Reichsverband. Im Landshuter Erbfolgekrieg schaltete der König 1504 mit der Kurpfalz einen Konkurrenten aus, der das Potential hatte, die habsburgische Vormachtstellung im Reich herauszufordern.

Um 1505 stand Maximilian auf dem Höhepunkt seiner Macht, da es ihm zwischenzeitlich sogar gelungen war, mit Frankreich Frieden zu schließen. Seine letzten Regierungsjahre waren von Auseinandersetzungen mit Venedig geprägt – ein teurer und verlustreicher Krieg mit wechselnden Koalitionen, der nur Maximilians Schuldenlast erhöhte. Die Durchsetzung seines Enkels Karl – Karl I. von Kastilien-Aragón und Karl V. als Kaiser – als sein Nachfolger war das letzte große Projekt Maximilians, das er am Ende erfolgreich betrieb. Am 12. Januar 1519 starb er auf Burg Wels in Oberösterreich. Maximilian I. hat die Weltmachtstellung des Hauses Habsburg begründet und seinem Enkel ein Reich hinterlassen, in dem die Sonne niemals unterging. Er hat Karl V. aber auch Konflikte vererbt, die er selbst nicht hat lösen können.

In Friedrichs Leben spielte Maximilian eine herausragende Rolle.[246] Unter ihm sammelte der junge Kurfürst von Sachsen Erfahrung in der Reichs- und europäischen Mächtepolitik, oder wie Spalatin schreibt: »S. Churf. G. haben auch ein Weil allein, ein Zeit zusammt meinem Gnädigsten Herrn Herzog Johannsen, zu Sachsen Churfürsten, des Römischen Kaisers Maximilian Hof, und viel Jahr in obern und niedern deutschen Landen zu Dienst gefolget. Kaiserlicher Maj. auch s. Churf. G. etliche Jahre Hofmeister und oberster Hofregent gewesen sind. Darunter auch Römische Kaiserliche Majestät diesem Churfürsten und ihrem Brudern auch Churfürsten etlich viel tausend Gulden schuldig worden.«[247] Der entsprechende Dienstvertrag wurde am 27. September 1494 im niederländischen Mecheln ausgestellt.[248] Darin war festgehalten, dass der König den Kurfürsten rückwirkend ab dem 14. Juli 1494 für ein Jahr mit 200 Pferden als Rat in seinen Hofdienst nahm und ihm 2.000 rheinische Gulden und außerdem je 100 rheinische Gul-

Junger König, junger Kurfürst

den pro Pferd – insgesamt also 22.000 rheinische Gulden – als Sold bewilligte. Das Geld war aus den Stadtsteuern von Augsburg, Nürnberg, Lübeck, Mühlhausen, Nordhausen, Braunschweig, Hannover, Greifswald, Einbeck, Hamburg, Quedlinburg, Göttingen, Goslar und Rostock zu bezahlen, der Rest war aus der Kammer zu nehmen.

Das Tagebuch eines ungenannten Begleiters unterrichtet sehr genau über die Reise des Kurfürsten nach Mecheln.[249] Der Bericht illustriert in einzigartiger Weise, wie man sich den Reisealltag Friedrichs im Dienst des Königs vorzustellen hat. Am Montag, dem 21. Juli 1494, ritt der Kurfürst von Gelnhausen nach Frankfurt und passierte Hanau. Dann nahm er das Schiff, auf dem auch Kurfürst Philipp von der Pfalz gerade mainabwärts Richtung Frankfurt unterwegs war. Den Dienstag (22. Juli) verbrachten die beiden Fürsten gemeinsam in Frankfurt, am Mittwoch ging es weiter den Main hinab bis nach Mainz, wo Friedrich übernachtete. Der Erzbischof von Mainz, sein Freund Berthold, war allerdings nicht zu Hause, sondern hielt sich beim König auf. Am Donnerstag, dem 24. Juli, fuhr man auf einem vom Pfalzgrafen geliehenen Schiff auf dem Rhein in Richtung Köln. Nun kam es allerdings zu Komplikationen, denn in Lahnstein[250] weigerte man sich, die Reisegesellschaft aufzunehmen, weil es keine Ställe gab – die Pferde führte man auf dem Schiff also mit sich; so musste die sächsische Reisegruppe, deren Größe wir nicht kennen, bis Koblenz weiterfahren, wo man sie zwei Stunden lang warten ließ, bevor sie eingelassen wurde. Immerhin hatte man in Bacharach, einer kurpfälzischen Zollstation, zwei Fass Wein als Geschenk des Pfalzgrafen erhalten, so dass man für die kurze Nachtruhe wenigstens etwas entschädigt war. Am Freitag wurde Köln erreicht. Dort bekam man »Wein in Hosen« geschenkt – vielleicht in Schläuchen? Von Köln ging es wieder zu Pferd nach Düren, wo der Gruppe ein Gesandter des Königs entgegenkam. Am Sonntag, dem 26. Juli, erreichte man Aachen, wo man einen Tag Rast machte. Dann ging es weiter nach Maastricht, wo der König den Sachsen mit Gefolge vier Meilen entgegenritt. Inzwischen war es der 31. Juli. Für die etwa 445 Kilometer von Gelnhausen nach Maastricht hatte man also 10 Tage gebraucht, eine durchschnittliche Tagesleistung von über 44 Kilometern.

In Maastricht allerdings musste Friedrichs Reisegruppe drei Wochen mehr oder weniger untätig ausharren, weil Maximilian auf einem Kriegszug in den Niederlanden war. Das Frauenzimmer, also Maximilians Ehefrau Bianca Maria Sforza mit ihren Zofen, hatte der König zurückgelassen – ihnen konnte Friedrich in der Zwischenzeit »aufwarten«. Mit der Königin Bianca konnte er sich allerdings nur per Dolmetscher unterhalten, weil sie kein Deutsch verstand. Man vertrieb sich die Zeit bei einer Einladung des Bischofs von Lüttich, bei Ausflügen nach Hasselt und Diest (beide heute Belgien) und bei einem Besuch Herzog Philipps von Österreich und Burgund (Philipps des Schönen) und seiner Schwester Margarethe, den Kindern Maximilians. In der Stadt Maastricht herrschte angesichts der hohen Gäste Feierstimmung. Alles war geschmückt. Interessant ist die Bemerkung, dass Kurfürst Friedrich die Zeit nutzte, um zwei Tage auf Wallfahrt nach »Hal« zu gehen, worunter das belgische Halle zu verstehen ist, ein damals bekanntes Marienheiligtum.[251] Ein Festmahl bei der Familie Maximilians und ein »welsches Stechen« sorgten für Abwechslung. Wie üblich gab es bei solchen gefährlichen Ritterspielen auch Verletzte. Dann zog man nach Antwerpen, blieb dort drei Nächte, kehrte anschließend nach Mecheln zurück, wo nun auch wieder der König zu ihnen stieß.

Am Sonntag Bartholomaei (24. August) besuchte die königliche Entourage eine feierliche Messe, wobei Friedrich einen Platz in der Nähe Maximilians erhielt, eine hohe Ehre. Am Montag ging es nach Löwen, wo Maximilian einen Landtag abhielt, währenddessen er aber noch die Zeit fand, mit dem

Junger König, junger Kurfürst

Kurfürsten einige Tage auf die Jagd zu gehen. Am 6. September, dem Sonntag vor Nativitatis Mariae, gab es in Löwen eine Kirchweih mit großem Ablass, Prozession und einem Spiel, bei dem ein Marienleben aufgeführt wurde. Dann ging es wieder um Politik, denn am 9. September übertrug Maximilian seinem Sohn Philipp feierlich die Herrschaft über Brabant. Einige Tage später kehrte man nach Mecheln zurück, wo eine Hochzeit gefeiert und mit einem Turnier abgeschlossen wurde. Dabei trat am 18. September auch Kurfürst Friedrich an und maß sich mit dem Ritter Sebastian von Mistelbach. Der Chronist bemerkt zum Ausgang lapidar: »Haben swind gerannt, beid wol troffen und sehr gefallen.«[252] Heute würde man wohl sagen: unentschieden.

Der unbekannte Tagebuchschreiber gibt sich größte Mühe, alle ritterlichen Zweikämpfe zu schildern, die an diesem und den folgenden Tagen ausgefochten wurden. Politik, Sport und Geselligkeit mischten sich. Von der Indienstnahme des Kurfürsten durch den König am 27. September sagt der Autor aber kein Wort. Ihn interessierte viel mehr, dass Friedrich sich mit dem Herzog von Jülich traf und sich mit diesem auf das Feld zur Falkenjagd begab.[253] Es folgten weitere Festivitäten in Antwerpen zur Herrschaftsübernahme Philipps in Brabant. Solche farbigen Einblicke in das Leben Friedrichs des Weisen, das sicher nicht immer so vergnüglich war wie bei dieser langen Reise in die Niederlande, sind selten. Zugleich machen sie deutlich, wie wichtig persönliche Beziehungen waren und dass man sie pflegen musste bei Spielen, Banketten und bei der Jagd.

Obwohl es damals höchst beschwerlich war, sollte das Reisen in den nächsten Jahren zur Normalität für den Kurfürsten Friedrich werden, denn jetzt gehörte er an die Seite König Maximilians als dessen Rat. Wann Friedrich die Niederlande wieder verlassen hat, ist unbekannt. Am 30. November war er jedenfalls noch immer in Antwerpen und bezeugte einen Vertrag zwischen dem König und Herzog Albrecht von Sach-

Im Dienst von Kaiser und Reich

sen, in dem die Bezahlung von ausstehenden Dienstgeldern und Darlehen geregelt wurde.[254] Dabei handelte es sich um die enorme Summe von über 300.000 rheinischen Gulden. Die Machtpolitik Maximilians verschlang Unsummen. 1495 begann er einen neuen Krieg mit Frankreich. Der römische König befand sich jetzt in einem Zweifrontenkrieg in Burgund und in Italien. Er hätte es gern gesehen, wenn nun alle Kräfte auf die Bekämpfung Frankreichs konzentriert worden wären – die des Reiches, der oberitalienischen Staaten und der spanischen Königreiche. Aber das Interesse der Reichsstände lag eher auf den inneren Problemen.

Die Reichsreform, für die sich Friedrich der Weise seit seinem Herrschaftsantritt eingesetzt hatte, war seit dem Reichstag von 1487 nicht wesentlich vorangekommen. Dies sollte sich 1495 mit dem großen Wormser Reformreichstag ändern.[255] Friedrich kam am 9. April 1495 in der Reichstagsstadt an und wurde vom König und den Fürsten feierlich eingeholt.[256] Sein Bruder Johann war nicht in seiner Begleitung, wurde aber über die Reichstagsverhandlungen auf dem Laufenden gehalten. Am 26. April, gut zwei Wochen nach seiner Ankunft, teilte ihm Friedrich mit, dass die Verhandlungen zwar schon begonnen hatten, dass aber noch nichts beschlossen wurde.[257] Der Krieg in Geldern war auf Vermittlung der sechs Kurfürsten »gutlich angestellt«, das heißt, sie hatten einen Waffenstillstand erreicht. In den ewigen Kriegen Maximilians ist Friedrich von Sachsen immer wieder für Waffenruhen eingetreten.

Am 14. Juli 1495 lief die einjährige Bestallung Friedrichs als königlicher Rat aus. An diesem Tag wurde eine Urkunde des Königs ausgestellt, mit der Maximilian den Kurfürsten Friedrich mit dem Herzogtum Sachsen, dem Erzmarschallamt, der Kurwürde und anderem belehnte.[258] Ob man dies wirklich als »Routineangelegenheit«[259] bezeichnen sollte, darf bezweifelt werden. Sicher standen Absprachen im Hintergrund, denn das königliche Privileg schloss die anderen beiden wettinischen

Junger König, junger Kurfürst

Herrscher, Friedrichs Bruder Johann und Herzog Albrecht von Sachsen, mit ein und belehnte alle drei Wettiner »besonders und insgesamt« mit allen ererbten Ländern. Die Einheit des wettinischen Territoriums blieb also erhalten. Wenn die Linie Kurfürst Friedrichs ausstarb, sollte die Kurwürde auf die Linie Herzog Johanns übergehen. Starb auch diese Linie aus, erbte die Linie Herzog Albrechts. Wichtig dürfte dies vor allem für Johann gewesen sein, da sein älterer Bruder noch immer unverheiratet war und keine legitimen Nachkommen hatte. Auch Johann war um diese Zeit noch unverheiratet – ein Zustand, den die Ernestiner möglichst bald ändern mussten, wenn nicht die albertinische Linie zum Zuge kommen sollte. Noch am selben Tag bestätigte der König allen drei Wettinern ihre alten Privilegien.[260]

Doch das wichtigste Thema der Wormser Verhandlungen war die Reichsreform. Eine als »Traum des Hans von Hermansgrün«[261] kursierende Reformschrift war dem Kurfürsten Friedrich von Sachsen gewidmet.[262] Der Verfasser war Gesandter des Erzbischofs Ernst von Magdeburg zum Wormser Reichstag, wo die Schrift offensichtlich ihre Wirkung entfalten sollte. Die Interpretation der in einen Traum eines Kaisers Friedrich gekleideten Reformideen ist allerdings umstritten, da sie sowohl als Unterstützung der kriegerischen Außenpolitik Maximilians als auch als Kritik am König, weil er sich zu wenig um die Reichsinteressen und zu wenig um innere Reformen kümmerte, verstanden werden können. Den Kurfürsten Friedrich sah Hermansgrün als einen Fürsten an, der selbst mit Ideen »zum Schutz, zur Erhaltung und zur Erweiterung des Römischen Reiches«[263] umging. Diese »weisen und gewichtigen Ratschläge«[264] des sächsischen Kurfürsten wollte Hermansgrün vortragen. Ihn hielt er nämlich für den beweglichsten, geeignetsten, weisesten und mächtigsten unter allen Reichsfürsten. In den Kreisen der Reformer galt Friedrich als Hoffnungsträger.

Der Kurfürst von Sachsen ist diesen Erwartungen in Worms wenigstens teilweise gerecht geworden. Die Reichsfürsten hatten kein Interesse, die europäische Machtpolitik Maximilians I. engagiert mit Geld und Truppen zu unterstützen. Der König hatte zwar in seinem Reichstagsausschreiben vom 24. November 1494 die außenpolitischen Aspekte: Türkengefahr, Italien und Romzug zu den Hauptverhandlungspunkten erklärt und die anderen Anliegen des Reiches wie die Herstellung von innerem Frieden, Recht und Gericht eher nebenbei erwähnt,[265] doch bei den Reichsfürsten lagen die Prioritäten genau umgekehrt. Deswegen wollten sie zuerst die Reformfragen behandeln und dann über Italien reden. In den Kurienberatungen, aus denen der König zu seinem Verdruss ausgeschlossen war, ging es um die Errichtung des Reichskammergerichts, um ein ständisches Regiment und den Landfrieden. Diese zentralen Reformvorhaben richteten sich nicht direkt gegen Maximilian, der ja kein Reformverweigerer war, aber die Stände nutzten seine außenpolitische Zwangslage aus.

Protokolle wurden damals noch nicht geführt, so dass sich der Anteil Friedrichs des Weisen nicht konkretisieren lässt. Deutlich wird aber, dass er bei aller Reformoffenheit seine Interessen als Kurfürst nicht vergaß. Als es um die Errichtung des Reichskammergerichts ging, bestand er zusammen mit dem Kurfürsten von Brandenburg darauf, dass das Gericht die Privilegien der Kurfürsten nicht einschränken durfte. Dass auch ein Kurfürst vor das Reichskammergericht gezogen werden konnte, lag natürlich nicht in seinem Interesse. So ist es kein Wunder, dass er sich von Maximilian in Worms die alten Privilegien bestätigen ließ, worunter auch das *Privilegium de non appellando* und das *Privilegium de non evocando* zu verstehen sind, die den Kurfürsten schon in der Goldenen Bulle zugesichert worden waren. Wie wichtig dem Kurfürsten dieser Punkt war, kann daran abgelesen werden, dass er sich am 19. Februar 1512 von König Maximilian das *Privilegium Saxo-*

nicum de non appellando et non evocando noch einmal bestätigen ließ.[266] Damit war sichergestellt, dass der gerichtliche Instanzenzug innerhalb Kursachsens gehalten wurde und nicht über den Kurfürsten hinweg an das Reichskammergericht oder den Kaiser appelliert werden durfte.

Auch wenn das 1495 errichtete Reichskammergericht nicht über den Kurfürsten stand, wurde damit eine zentrale Forderung der Reichsreform erfüllt. Der Reichstag verabschiedete im August 1495 eine Reichskammergerichtsordnung,[267] die nach vielen gescheiterten Anläufen erstmals ein geregeltes Streitverfahren festlegte und damit die Fehde zurückdrängte. Dass Kurfürst Friedrich die Wormser Reformprojekte unterstützte, wird man annehmen dürfen, auch wenn seine genaue Rolle undeutlich bleibt. Die Verhandlungen standen lange Zeit unter dem Eindruck schlechter Nachrichten aus Italien, wo die Franzosen erfolgreich waren. Das setzte Maximilian unter Druck, der sich von den Ständen erpresst fühlte. Diese hielten die Italienhilfe als Trumpf in der Hand. Wie eigentlich immer auf Reichstagen gab es keinen anderen Weg als den des Kompromisses. Besonders hart umstritten war das Reichsregiment, das der König auf keinen Fall akzeptieren wollte.[268] Schließlich ließen die Stände diesen Punkt fallen und bewilligten 100.000 Gulden als »eilende Hilfe« an den König. Im Gegenzug einigte man sich in den Fragen des Ewigen Landfriedens, der Handhabung von Frieden und Recht und des Gemeinen Pfennigs. »Die Verweigerung einer schon beschlossenen Steuer galt den Ständen als selbstverständliches Mittel des Verfassungskampfes.«[269] Friedrich der Weise aber schrieb schon am 14. August 1495 an seinen Bruder Johann, dass man den Gemeinen Pfennig beschlossen habe, und bat ihn, bis zum Jahresende nach Möglichkeiten zu suchen, wie man die Steuer eintreiben könne.[270] Kursachsen scheint dann auch eines der wenigen Territorien gewesen zu sein, die sich ernsthaft um die Aufbringung der Gelder bemühten. Bei einer Umfrage königlicher Kommissare 1497 konnte der Kurfürst angeben, dass er den Pfennig zum größten Teil bereits eingenommen habe und bald auszahlen werde.[271] Damit war klar, dass es Friedrich ernst meinte mit der Reichsreform, die ohne die geplante Steuer nicht zu finanzieren war.

Zwischen Königssreue und Standesinteresse

Das 1494 begründete Dienstverhältnis zwischen Friedrich dem Weisen und König Maximilian I. schloss unterschiedliche Vorstellungen über die Reichsreform nicht aus. Dass sich die Reformer 1495 in vielen Punkten gegen den König durchsetzen konnten, bedeutete noch lange nicht, dass die weltlichen Kurfürsten und Fürsten das Ziel verfolgten, eine oligarchisch gestaltete Reichsverfassung zu etablieren. Die Behauptung: »Reform bedeutete für sie [die Fürsten] Übergabe der Reichsgewalt an die Kurfürsten und Fürsten«[272] verkennt das eigentliche Motiv. Es ging den Befürwortern des Reichsregiments – Berthold von Mainz ebenso wie Friedrich von Sachsen – nicht darum, den König zu entmachten, sondern darum, die Beteiligung insbesondere der Kurfürsten an der Regierung des Reiches abzusichern. Reichsregiment und regelmäßige Reichstage waren die Mittel. Man darf Friedrich nicht unterstellen, er habe sich gegen die monarchische Ordnung als solche gewandt. Er stand treu zum König, opferte dafür aber nicht seine Standesinteressen.

In habsburgischen Diensten

Durch seine enge Bindung an das Königtum geriet Friedrich immer wieder in Loyalitäts- und Interessenkonflikte. Maximilian machte es ihm auch nicht leicht, denn er betrachtete die Reichsstände letztlich als Finanziers und Erfüllungsgehilfen seiner europäischen Machtpolitik gegen Frankreich. Mit den daraus erwachsenden Kriegen in Burgund und in Oberitalien war Friedrich aber nicht einverstanden. Er bemühte sich um die Vermittlung von Frieden, nicht nur wegen seines ausgleichenden Naturells, sondern vor allem aus Rücksicht auf die Kosten, die mit der Politik Maximilians für die Reichsstände verbunden waren.[273] Seine Loyalität zum Königtum wurde dadurch nicht erschüttert. Das Verhältnis blieb eng, zumindest bis zum Jahr 1498. Am Ende dieses Jahres hat man jedoch eine »ziemlich scharfe Zäsur« im Verhältnis des Kurfürsten zum König sehen wollen.[274] Doch trifft das wirklich zu?

Vor allem der König konnte mit dem Ausgang des Wormser Reichstags von 1495 nicht zufrieden sein, da seine zentralen Anliegen, die Unterstützung gegen die Franzosen und der Romzug, unerfüllt geblieben waren. Die Geldnot Maximilians blieb groß, obwohl ihm Friedrich nach dem Ende des Reichstags noch einmal 3.000 Gulden lieh.[275] Bei einem Treffen gegen Jahresende 1495 in Nördlingen ging es um einen Geldtransport, den Maximilian mit Friedrichs Hilfe organisieren wollte.[276] Auf eine kriegerische Aktion in Oberitalien, auf die der König hoffte, ließ sich der Kurfürst aber weder jetzt noch später ein. Im Juli und August 1496 schrieb Maximilian zweimal persönlich nach Sachsen. Besonders ein Schreiben vom 11. Juli 1496 ist von Interesse, denn hier antwortete der König auf einen eingelegten Zettel in einem Brief Friedrichs, in dem der Kurfürst Zweifel an der Liebe, Treue und Freundschaft Maximilians geäußert hatte, weil der Habsburger die Nördlinger Vereinbarungen so zögerlich umsetzte.[277] Der König entschuldigte sich wortreich und schob die Schuld auf andere. Im August folgte ein dringender Appell an den Kurfürsten zur Hilfe in Italien.[278] Aber auf diesem Ohr war Friedrich taub. Zwar gingen Botschaften hin und her, aber zu einer militärischen Unterstützung kam es nicht.

Während der Abwesenheit des Königs in der Lombardei beanspruchten der Kurfürst von Sachsen und der Pfalzgraf bei Rhein das Reichsvikariat. Darüber informierte Friedrich am 29. September 1496 die Reichsstände, denen er versprach, in Stellvertretung des Königs für die Einhaltung von Frieden und Recht im Rahmen seiner Zuständigkeit zu sorgen.[279] Eigentlich war das Vikariat ja nur auszuüben, wenn es keinen König gab, nicht wenn er sich außerhalb des Reiches aufhielt. Im letzteren Fall konnte es nur die Funktion eines Reichsstatthalters geben

In habsburgischen Diensten

– eine rechtliche Grauzone, die 1496 allerdings ohne Belang war, da »das sächsische Vikariat praktisch bedeutungslos«[280] blieb. Allzu lange übte es Friedrich auch nicht aus, denn am Jahresanfang 1497 trafen er und sein Bruder Johann in Innsbruck mit dem König zusammen, womit die Stellvertretung erloschen war.[281] Die Frage des Reichsvikariats und der Rechte der Kurpfalz und Kursachsens blieb in der Schwebe.

Die Reichstage von 1497 in Lindau und Worms besuchte Friedrich nicht persönlich. Er hielt sich mit seinem Bruder am Hof in Innsbruck auf. Etwa ein Jahr dauerte diese Phase, von April 1497 bis Ende März 1498.[282] Er blieb in dieser Zeit ständig an der Seite König Maximilians, ging mit ihm auf die Jagd, feierte Feste und Turniere,[283] empfing Gesandte Venedigs, der Osmanen und der Eidgenossen.[284] Nie war das Verhältnis enger und persönlicher. Die leidigen finanziellen Angelegenheiten ließen sich freilich nicht völlig übergehen. Am 14. August 1497 erhielten Friedrich und Johann für ihre Dienste Schuldverschreibungen auf die Stadtsteuern von Nürnberg, Augsburg und Lübeck.[285] Höhepunkt dieser Verpfändungspolitik Maximilians war im August 1498 die Übertragung der Schlösser und Herrschaften Cormòns, Belgrado und Castelnuovo in Friaul als Pfänder an die Brüder Friedrich und Johann, bei denen der König inzwischen mit 65.334 Gulden in der Kreide stand.[286] Solche Pfandschaften waren jedoch für Kursachsen von zweifelhaftem Nutzen. Was sollte Friedrich mit Herrschaften in Oberitalien anfangen, die seine Ansprüche schwerlich akzeptierten? 1506 gab Friedrich die Pfandschaften teilweise weiter[287] oder – wie Spalatin es formulierte[288] – er hat sie »fahren lassen«, wohl aber nicht, weil er sich, wie Spalatin meinte, mit seinen Erblanden begnügte, sondern weil diese Gebiete für ihn kaum zu beherrschen und deshalb wertlos waren.

Finanziell nicht unbedingt lukrativer war die Ernennung Friedrichs und seines Bruders Johann zum Statthalter bzw. Hofrat durch die Hofratsordnung Maximilians vom 13. Dezember 1497.[289] Diese Ordnung bedeutete den Abschluss der inneren Reformen des Königs, der eine Zentralverwaltung für die Erbländer errichtete. Aber nicht nur für diese, auch für das Reich und für Burgund sollte der Hofrat das oberste Regierungs-, Verwaltungs- und Gerichtsorgan sein.[290] Im Einzelnen bestimmte die Ordnung die Befugnisse und Pflichten der jetzt »Regenten« genannten Hofräte, des Kanzlers, des Hofmeisters, des Hofmarschalls, der Sekretäre und der anderen Bediensteten. Der Hofrat konnte weitgehend selbständig agieren, nur bei besonders wichtigen Angelegenheiten war die Entscheidung des Königs einzuholen. Kurfürst Friedrich wurde Statthalter, ohne dass dieser Titel in der Ordnung ausdrücklich vorgesehen war. Er hatte Beschlüsse im Namen des Königs abzuzeichnen,[291] war bei »großen Händeln« an erster Stelle für die Kommunikation mit dem König zuständig[292] und verfügte über einen von vier Schlüsseln zu der Truhe, in der die Geschäftsunterlagen und Siegel verwahrt wurden.[293]

Problematisch war diese Ordnung, die 1499 teilweise für die Hofratsordnung Friedrichs und Johanns übernommen wurde,[294] in mehrerlei Hinsicht. Die Vertrauensstellung eines Landfremden als Statthalter des Königs war an sich schon heikel, aber auch gegenüber seinen Standesgenossen im Reich geriet der Kurfürst von Sachsen in eine missliche Lage. Denn der königliche Hofrat stellte allzu offensichtlich ein Gegenmodell und eine Konkurrenzbehörde zu dem von den Ständen geforderten Reichsregiment dar. Hatte Friedrich der Weise also die Partei Bertholds von Mainz verlassen, war er vom König aus der reformgesinnten Ständegruppe herausgelöst worden? 1498 war jedenfalls das Jahr, in dem die Kooperation von Kurfürst und König am engsten war. Friedrich war jetzt der zweite Mann im Reich. Er unterzeichnete im Juni den Horber Vertrag, in dem Herzog Eberhard II. von Württemberg seines Amtes enthoben und sein Land an den noch minderjährigen Herzog Ulrich übertragen wurde: »Per Regem, Fridericus Sax.

D. Elector«, lautete die Unterschrift, der noch die des Kanzlers Dr. Konrad Stürtzel beigefügt war.[295] Dieser Horber Vertrag kam wenige Tage vor Eröffnung des Freiburger Reichstags[296] zustande, den Maximilian monatelang verschoben hatte. Am 18. Juni 1498 zog Friedrich zusammen mit dem König und seinem Bruder Johann in der Breisgaustadt ein.[297] Wieder ging es um Fragen der Reichsreform, vor allem aber um das Geld, das der König dringend gegen Frankreich und die Türken benötigte, das ihm die Stände aber nur zögerlich bewilligten. So verlief der Reichstag schleppend und nur mit kleinen Beschlüssen wie einer Kleider- und einer Weinordnung. Maximilian war so klamm, dass er nicht einmal seine Zeche bezahlen konnte. Er ließ seine Frau Bianca als Pfand zurück, die drei Jahre in Freiburg ausharren musste, bis wenigstens ein Teil der Schulden abbezahlt war.

Nach dem Ende des Freiburger Reichstags brach Friedrich zu Friedensvermittlungen zwischen Maximilian und Ludwig XII. von Frankreich auf.[298] Mitte November wurde ein Waffenstillstand erzielt.[299] Dieser ist nur ein Beispiel dafür, wie Friedrich als Friedensvermittler auf der Seite des römischen Königs agierte.[300] Seine Rolle war allerdings äußerst undankbar, da ihn sowohl Maximilian als auch dessen französischer Kontrahent letztlich nur als Figur in ihrem kriegerischen Spiel benutzten. Der Waffenstillstand wurde von beiden Seiten gebrochen. Die Reisestrapazen, die Friedrich für sein Vermittlungswerk auf sich nahm, waren enorm. Allein im Herbst und Winter 1498 war er in Villersexel (früher Sechsweiler) und Besançon in der Freigrafschaft Burgund,[301] dann reiste er über Metz[302] nach Gronendael in Brabant in der Nähe von Brüssel.[303] Von dort ging es über Maastricht nach Köln, wo er in einem Konflikt des Erzbischofs mit der Stadt Bonn vermittelte.[304] Anschließend kehrte er zurück nach Sachsen. Berücksichtigt man, dass Friedrich im Frühjahr 1498 noch am Hof Maximilians in Innsbruck gewesen und mit diesem gemeinsam über Ulm zum

Reichstag nach Freiburg gezogen war,[305] dann kommt man allein für dieses Jahr auf einen Reiseweg von etwa 1.800 Kilometern. Dabei sind mögliche kürzere Strecken gar nicht eingerechnet.

Den König traf er noch einmal Mitte November 1498 in Maastricht, dann zog er nach Hause und besuchte bis Mai 1500 keinen Reichstag mehr. Das bedeutete aber nichts anderes, als dass er sein Statthalteramt stillschweigend aufgab – stillschweigend jedenfalls für uns, denn eine Begründung ist nicht erhalten. Dementsprechend umstritten sind Friedrichs Motive. Wiesflecker legte sich die Dinge wie folgt zurecht: »Differenzen über die Frankreichpolitik und persönliche Spannungen mit einflußreichen Hofleuten, vor allem mit Lang und Sernteiner, mögen seinen Abschied veranlaßt haben; außerdem wohl das stille Einvernehmen mit seinen kurfürstlichen Standesgenossen, die auf eine Beseitigung des königlichen Regiments hinarbeiteten. Auch dürfte die sehr eigenwillige Geschäftsführung Maximilians einem Mann vom Selbstbewußtsein Herzog Friedrichs zu wenig Spielraum gelassen haben.«[306] An anderer Stelle heißt es: »Mag sein, daß der kluge Kurfürst von Sachsen auch deshalb vorzeitig den Hofrat verließ, um sich von seinen Standesgenossen nicht völlig trennen zu lassen. Die geheimen Verhandlungen, die er mit dem Mainzer führte, betrafen außer politischen Gegensätzen während des letzten Krieges auch Meinungsverschiedenheiten mit den königlichen Räten.«[307] Demnach wären es vier Gründe gewesen, die Friedrich zu diesem Rückzug veranlasst hätten: die Frankreichpolitik Maximilians, die Konflikte unter den Hofräten, die Verbindungen zu den anderen Kurfürsten und die Spannungen mit dem König.

Auch Ludolphy diskutiert diese Frage.[308] Sie nennt als weitere Gründe: einen Streit mit Herzog Georg von Bayern-Landshut, der am Hof Maximilians ebenfalls eine wichtige Rolle spielte, sowie die Abneigung gegen die Verfahrensweise am Hof, wo Intrigen und Bestechung an der Tagesordnung waren.

Aber auch dies sind nur Vermutungen. Ziemlich offensichtlich ist, dass sich zum Jahresende 1498 viel Unmut im Kurfürsten aufgestaut haben muss: über die Kriegspolitik des Königs und das Scheitern seiner Friedensvermittlung, über die ständigen Geldforderungen und die Schuldenmacherei des Habsburgers, über die Zeit und das Geld, das Friedrich ohne erkennbaren Nutzen in die Reichspolitik investiert hatte, über das Klima am Hof, über die Behandlung durch den sprunghaften König. Nicht plausibel erscheint hingegen, dass irgendwelche gegen den König gerichteten Verbindungen mit den Kurfürsten eine Rolle gespielt haben sollen, dass Friedrich also erneut die Seite wechselte. Berthold von Mainz bedauerte jedenfalls den Weggang Friedrichs vom Hof, denn er habe dort Schlimmeres verhütet.[309] Statt ständige Seitenwechsel anzunehmen, sollte man Friedrichs vermittelnde Haltung ernstnehmen. Er suchte den Ausgleich zwischen den Interessen des Königs, den Interessen der Stände und seinen eigenen Interessen als Kurfürst.

Schon deshalb darf die Zäsur des Jahresendes 1498 nicht überbewertet werden. Die reichspolitische Abstinenz des Kurfürsten dauerte schließlich nur ein gutes Jahr, von Ende 1498 bis zum Frühjahr 1500.

 ## In Opposition zum König?

Was folgte, überschreibt Ludolphy mit »Friedrich in Opposition zum König«.[310] Von Opposition kann jedoch keine Rede sein, denn der Kurfürst hielt sich für einige Zeit einfach fern von den Angelegenheiten des Reiches und kümmerte sich um sein eigenes Land – von der Hofratsordnung des Jahres 1499, die in diese Phase fiel, war schon die Rede.[311] Der Kontakt zu Maximilian brach auch in diesem Abstinenzjahr 1499 nicht ab. Am 3. April schrieb der König einen eigenhändigen Brief an den Kurfürsten und berichtete über den Verlauf des Schweizerkrieges und die Verlegung des Reichstags nach Überlingen[312] – aber Friedrich ließ sich vorläufig nicht wieder ins Reich locken. Anfang März 1500 fand die glänzende Vermählung seines Bruders Johann mit Sophia von Mecklenburg in Torgau statt, die einen festlichen Glanzpunkt im Leben des Kurfürsten setzte.[313] Elfeinhalbtausend Gäste wurden während der Festtage verpflegt. Am Turnier nahm Friedrich persönlich teil.

Wenige Wochen später beendete er seine kurzzeitige reichspolitische Abstinenz und besuchte den Reichstag in Augsburg – nach dem großen Wormser Reichstag von 1495 der zweite, der die Weichen für die Reichsreform stellte. Die Ausgangsposition Maximilians I. für die Verhandlungen mit den Reichsständen war im Frühjahr und Sommer 1500 denkbar ungünstig. Im Schweizerkrieg war der König unterlegen und hatte die Eidgenossen für das Reich verloren geben müssen. Im September 1499 wurde zudem Mailand, der ewige Zankapfel in Oberitalien, von den Franzosen erobert. Und Maximilian stand ohne neue Finanzhilfen der Reichsstände mehr oder weniger mittellos da. Der Geldbedarf des Monarchen war ein Verhandlungsvorteil, den die Stände nutzten, um in der Reichsreform voranzukommen. Jetzt schlug die Stunde des Berthold von Mainz, der endlich den 1495 gescheiterten Plan einer Reichsregierung unter Beteiligung der Stände durchsetzen wollte. Die Kurfürsten sollten nach seinen Vorstellungen ein Gegengewicht sowohl gegen das Königtum als auch gegen den Partikularismus der kleineren Stände bilden. Das Reichsregiment wurde zum großen Thema des Augsburger Reichstags. Daneben ging es wie in den vergangenen Jahren um den Landfrieden, um die Exekutionsordnung, um das Reichskammergericht, um die Reichswehrverfassung und um die Reichssteuer.[314]

Gedacht war das Reichsregiment als »ständig tagender Reichstagsausschuss mit Sitz in Nürnberg, der Regierungsvollmacht besaß«.[315] Dem Ersten Reichsregiment – vom Zweiten

In Opposition zum König?

Reichsregiment in den 1520er-Jahren wird noch die Rede sein – stand der König vor, der aber kein Stimm- und auch kein Vetorecht besaß.[316] Im Falle seiner Abwesenheit konnte er einen Stellvertreter ernennen. Das Regiment selbst bestand aus 20 Vertretern von Kurfürsten, Fürsten, Städten und Reichskreisen, unter denen die sechs Kurfürsten (ohne Böhmen) mit Abstand das größte Gewicht hatten. Einer der Kurfürsten sollte immer persönlich am Regiment sein, die anderen Vertreter entsenden. Die Fürsten wechselten sich vierteljährlich ab. Zuständig war das Reichsregiment für alle Fragen, für die auch ein Reichstag zuständig war. Natürlich bedeutete dies eine Beschränkung der Entscheidungsfreiheit des Königs. Aber die Behauptung, die Stände hätten in Augsburg nur ein einziges Ziel gehabt, nämlich »die Entmachtung des Königs und die Übernahme der Regierungsgewalt im Reich«,[317] ist übertrieben. Dass eine solche Entmachtungs-Rhetorik über das Ziel hinausschießt, belegt allein schon die Tatsache, dass der König immer noch mächtig genug war, das Erste Reichsregiment zu hintertreiben und es 1502 schließlich ganz zu beerdigen.

Wie Friedrich der Weise sich in den Beratungen, die zu diesem Reichsregiment führten, verhalten hat, lässt sich den Quellen nicht entnehmen. Sicher ist allerdings, dass seine Politik ihm nicht die Gunst des Königs entzog. Maximilian ernannte ihn am 8. August 1500 wegen seiner Verdienste zum »Hofmeister des heiligen Laterans und unseres Hofes und des kaiserlichen Rats«.[318] Was auch immer dieser Ehrentitel bedeutete und welche konkreten Rechte mit ihm verbunden waren, zeigte er doch klar genug das Werben des Königs um die Erneuerung der Bindung Kursachsens an das Königtum. Das Einvernehmen wurde tatsächlich hergestellt, denn der König gewann Friedrich für die Übernahme der Statthalterschaft am Reichsregiment. In der Bestallungsurkunde vom 31. August 1500 wurde dem Kurfürsten ein Jahressold von 6.000 Gulden zugesichert.[319] Damit kehrte er nach nur wenigen Monaten in den Dienst Maximilians zurück. Eine oppositionelle Haltung ist weit und breit nicht zu erkennen, es sei denn, man wollte in jedem, der in Verbindung mit Berthold von Mainz stand und das Reichsregiment unterstützte, einen Oppositionellen sehen. Friedrich versuchte auch jetzt wieder, zwischen König und Ständen zu vermitteln. Die Position als königlicher Statthalter am Reichsregiment in Nürnberg war freilich längst nicht so eng an den Herrscher gebunden wie eine Stellung am Hof. Man gewinnt den Eindruck, als hätte es Friedrich vermieden, sich noch einmal so tief wie in den zurückliegenden Jahren in die habsburgische Politik hineinziehen zu lassen.

Am 31. Oktober 1500 traf der Kurfürst in Nürnberg ein, wo Berthold von Mainz und König Maximilian bereits auf ihn warteten. Mit Friedrich kam sein Bruder Ernst, Erzbischof von Magdeburg, der als erster geistlicher Fürst seinen Platz am Regiment einnehmen sollte.[320] Aber der Beginn des Reichsregiments stand unter keinem guten Stern. Wie immer, wenn Zeit und Geld investiert werden mussten, ließen es die Fürsten an Eifer für die Reichspolitik mangeln, verspäteten sich oder blieben ganz aus. Friedrich der Weise war es leid, seinerseits Ressourcen in Nürnberg zu verschwenden – Ende November legte er sein Amt nieder und verließ die Reichsstadt aus gesundheitlichen Gründen, wie es hieß. Ludolphy nennt dies den »ersten uns bekannten Fall von ›morbus diplomaticus‹ bei Friedrich«.[321] Der König war bereits am 7. November abgereist. Ohne Monarch und ohne Statthalter war die Arbeit des Reichsregiments erschwert, wenn nicht fruchtlos. An welchen Entscheidungen der Kurfürst in seinen wenigen Nürnberger Wochen beteiligt war, lässt sich nicht sagen. Am 30. November richtete Maximilian den dringenden Appell an ihn, seinen Posten am Regiment wieder einzunehmen. Friedrich folgte diesem Aufruf und kehrte Ende Dezember 1500 nach Nürnberg zurück.[322] Konkret beschlossen wurde jetzt das Verbot der Verkündigung des anlässlich der Jahrhundertwende ausgelobten Jubelablasses im Reich durch den Kardinallegaten Raimund Peraudi.[323] Man sollte dies nicht als Zeichen einer Skepsis des Kurfürsten und des Reichsregiments gegen den Ablass als solchen werten, auch nicht als eine Distanzierung vom Papsttum verstehen, sondern als finanzpolitische Maßnahme, die den Abfluss von Geld nach Rom verhindern sollte.

Der zweite Aufenthalt Friedrichs am Nürnberger Reichsregiment dauerte mit Unterbrechungen bis in den September 1501. Immerhin also kam er seinen Verpflichtungen nach – ob mit zunehmender Lustlosigkeit oder »fortschreitender innerer Distanzierung gegenüber Reichsangelegenheiten«[324] sei dahingestellt. Der König blieb dem Regiment fern und verließ sich auf seinen Statthalter. Allzu bedeutend waren die Diskussionen in Nürnberg ohnehin nicht. Außenpolitisch verfolgte der König seine machtpolitischen Ziele, ohne sich allzu sehr um die Meinung der Nürnberger Regenten zu kümmern. Auch in der Frage der Ablass-Predigt des Kardinals Peraudi folgte Maximilian seinen eigenen Interessen, als er den Ablass nun doch zulassen wollte, weil er sich finanzielle Vorteile davon versprach.[325] So wurde das Reichsregiment von zwei Seiten aufgerieben: durch das mangelnde Engagement der Reichsstände und durch die Eigenmächtigkeit des Königs, der an dieser Institution ohnehin kein großes Interesse hatte.

Deshalb muss man sich eher darüber wundern, warum sich Friedrich unter diesen Umständen so lange für das Regiment engagierte und nur zweimal nach Hause fuhr. Andere hätten vermutlich schon früher resigniert. Dass es auch Spannungen zwischen dem Kurfürsten und dem König gegeben haben muss, geht aus einem von Spalatin überlieferten eigenhändigen Schreiben Maximilians an Friedrich hervor,[326] in dem der König zwar die Entschuldigungsgründe des Kurfürsten für seine Abreise aus Nürnberg akzeptierte und ihn für seine Weigerung lobte, das Regiment an den Rhein zu verlegen, jedoch auch wissen wollte, wann Friedrich nach Nürnberg zurückzukommen gedenke und wie sich der Weggang auf seine Besoldung auswirken solle. Weil Friedrich offenbar Zweifel geäußert hatte, ob er noch in der Gunst des Königs stand, versicherte ihn Maximilian seiner Gnade, kam aber auch auf einige heikle Punkte zu sprechen wie die Schulden, die er bei Kursachsen hatte. Erstaunlicherweise hatte ihm Friedrich im Frühjahr 1501 noch einmal 300 Gulden geliehen.[327] Jetzt verlangte der König eine Zusammenstellung aller Außenstände und versprach die Bezahlung »ohn länger Aufhalten«, aber auch nur »so fürderlich es immer sein mag«.[328] Im Übrigen beklagte er sich über das Verhalten des Reichsregiments – Friedrich scheint sich seinerseits zuvor über die widerwillige Kooperation des Königs beschwert zu haben.

Der Kurfürst kehrte, nachdem er im September 1501 noch an einem Regimentstag teilgenommen und dafür vom König eine Instruktion und Geheimartikel erhalten hatte,[329] nicht mehr nach Nürnberg zurück. Wieder verließ er seinen Posten, ohne dies publik zu machen oder eine öffentliche Begründung abzugeben. Über seine Motive lässt sich erneut nur spekulieren. Einen Ersatz fand der König nicht. Nachdem auch Berthold von Mainz seiner Schöpfung den Rücken gekehrt hatte, war das Ende des Reichsregiments besiegelt. Im März 1502 forderte der König vom Erzbischof von Mainz das Reichssiegel zurück.

Aus alledem ist noch keine Oppositionshaltung des Kurfürsten zum König herauszulesen, eher Frustration über die immer gleichen Auseinandersetzungen und die ausbleibenden Erfolge seines reichspolitischen Engagements. Einen Bruch mit dem König hat es auch nach dem unrühmlichen Ende des Ersten Reichsregiments nicht gegeben. Die folgenden Jahre waren jedoch weniger von reichspolitischen Themen erfüllt. Auch wenn sich der Kurfürst nun stärker auf sein eigenes Territorium konzentrierte, war er im Reich nicht abstinent. Das Problem, dass der König versuchte, die Fürsten für seine außenpolitischen Interessen einzuspannen, blieb jedoch beste-

In Opposition zum König?

hen. Jetzt war es der Türkenzug, für den sie Maximilian Hilfe leisten sollten. Ende Juni/Anfang Juli 1502 trafen sich die Kurfürsten zu einem Kurfürstentag in Gelnhausen. Auch Friedrich nahm daran teil.[330] Die Versammlung lehnte die Türkenhilfe ab und forderte die Einberufung eines Reichstags. Am 5. Juli schlossen die Kurfürsten einen Beistands- und Freundschaftspakt, der sich nicht gegen den König und das Reich richtete, aber am König vorbei agierte. Einmal jährlich wollte man sich künftig treffen.[331] Diese Kurfürsteneinung wollte auch die übrigen Reichsstände mit einbeziehen, über Türkenabwehr, Reichsregiment und Kammergericht, Polizei und Landfrieden verhandeln, aber auch die Beschwerden des gemeinen Mannes, der allzu sehr belastet sei, berücksichtigen.

Man sollte diesen Vorgang wiederum nicht dramatisieren und ihn zu einem Akt des Widerstands gegen den König erklären.[332] Gewiss: Maximilian witterte sofort Hochverrat und verfiel in eine hektische Diplomatie, um die Bildung einer Kurfürstenfront gegen sich zu verhindern. Erfahrungsgemäß stellte dieser König die habsburgischen Hausmachtinteressen oft genug über die Reichsinteressen – sollten die Kurfürsten als die Säulen des Reiches in dieser Situation nicht selbständig handeln dürfen? Sollte es illegitim oder hochverräterisch sein, den König unter Druck zu setzen, jetzt, wo die Reichsreform am Ende zu sein schien, wo es eine institutionalisierte Mitregierung der Stände nicht mehr gab? Versuche des Königs, sich wieder ins Spiel zu bringen und dabei die Kurfürsten zu übergehen, wollte man diesmal nicht so einfach hinnehmen. Gegen Jahresende 1502 trafen sich die Kurfürsten in Würzburg.[333] Auch Friedrich der Weise war dabei.

Wie immer bei reichsständischen Initiativen fehlte aber auch diesmal der lange Atem. Kann man das Jahr 1502 tatsächlich als ein Jahr bezeichnen, in dem Friedrich der Weise sich deutlicher in kurfürstlicher Solidarität übte als früher, verpuffte die Kraft des Kurvereins, der ohnehin nichts Konkretes unternommen hatte, schon wenig später. Friedrich sah sehr bald den Punkt erreicht, an dem er sich wieder auf den König zubewegen musste. Sichtbar wurde dies zuerst in einer Distanzierung von weiteren Aktionen des Kurvereins. Die Kurfürstenversammlungen des Jahres 1503 besuchte er nicht mehr.[334] Als sich die außenpolitische Lage Maximilians 1504/1505 aufzuhellen begann und zudem Berthold von Mainz am 21. Dezember 1504 starb, war die Lage ohnehin völlig verändert. Das Haupt der Fürstenopposition und der wichtigste Verfechter der Reichsreform war damit abgetreten, der zweite Gegner Maximilians, Kurfürst Philipp von der Pfalz, wurde im Landshuter Erbfolgekrieg rücksichtslos ausgeschaltet. Der Versuch der Kurfürsten, die Reichspolitik in die Hand zu nehmen, erwies sich als Strohfeuer. Friedrich und sein Bruder Johann sandten Zeichen ihres guten Willens an den Habsburger, indem sie sich zu seiner Unterstützung mit Geld und Truppen bereit erklärten.[335] Am Ende behauptete sich Maximilian. Das Verhältnis Friedrichs zum König blieb unbeschädigt.

Aber Friedrich hielt sich erst einmal zurück. In den zurückliegenden beiden Jahrzehnten hatte er einen schwierigen Balanceakt zwischen Königs- und Reichstreue auf der einen Seite und kurfürstlichem Standes- und Eigeninteresse auf der anderen vollbracht. Sein Verhältnis zu Maximilian I. unterlag Veränderungen, die man aber nicht dramatisieren sollte – es ist eher von Schwankungen als von Brüchen zu reden. Auch wenn er sich phasenweise enger an seine kurfürstlichen Standesgenossen anschloss, sollte man ihn nicht zum Oppositionellen gegen das Königtum stempeln.

Balancepolitik und Generalstatthalterschaft

Die Balancepolitik des Wettiners, die Ausschläge nach der kaiserlichen wie nach der reichsständischen Seite auszugleichen versuchte, setzte sich auch in den nächsten Jahren fort. Es lag in der Natur eines solchen Verhaltens, dass der Eindruck von Unentschlossenheit, Unklarheit oder Wankelmütigkeit entstehen konnte. Doch Friedrich fehlte es nicht an Durchsetzungsvermögen, wenn es darauf ankam.

Auf dem Kölner Reichstag von 1505, den Friedrich zusammen mit seinem Bruder Johann besuchte, wollte der König das Reichsregiment wieder errichten und den Kurfürsten von Sachsen erneut als Statthalter gewinnen.[336] Maximilian war kein Gegner eines Reichsregiments an sich, sondern lehnte ein ständisch dominiertes Reichsregiment ab, wie es Berthold von Mainz vorgeschwebt hatte. In Köln rechnete der Habsburger mit seinem verstorbenen Gegner ab, den er bisher angeblich nur aus Rücksicht auf Kurfürst Friedrich und Herzog Albrecht von Bayern verschont hatte.[337] Doch an einem vom König dominierten Regiment hatten die Reichsstände kein Interesse, auch der Kurfürst von Sachsen nicht. Balancepolitik kann man auch in dem Umstand erkennen, dass sich Friedrich und Johann in Köln als einzige Fürsten an die Seite des Pfalzgrafen Philipp stellten,[338] der sich dem König zu Füßen werfen musste. Im Kölner Schiedsspruch[339] wurde die Kurpfalz deutlich geschwächt und Bayern gestärkt, aber der eigentliche Gewinner war Maximilian selbst, der sich auf Kosten der Kriegsparteien territorial bereicherte.

Dass Friedrich der Weise »jetzt und in der Folgezeit mindestens passiven Widerstand geleistet«[340] habe, ist unzutreffend. Den Kurfürsten von der Pfalz in dieser Situation nicht fallen zu lassen, lag in Friedrichs Standesinteresse und war ein Akt der kurfürstlichen Solidarität. Einen totalen Triumph des

Königs konnte der Sachse nicht wollen. Wie er sich zum letztlich gescheiterten Projekt eines neuen Reichsregiments verhielt, ist unklar. Worin also soll sein passiver Widerstand gelegen haben? Dass er von neuen Geldzahlungen an den König, wie sie der Abschied des Kölner Reichstags den Reichsständen auferlegte, nicht begeistert war, ist kein Wunder, waren die Schulden des Habsburgers bei Kursachsen für Dienste und Darlehen inzwischen doch auf 67.400 Gulden angewachsen;[341] 1498 waren es noch 65.334 Gulden gewesen.[342] Die Summe hatte sich in den letzten sieben Jahren zwar nur um gut 2.000 Gulden erhöht, war aber immerhin gewachsen und nicht weniger geworden. Jetzt sollte sie durch Verpfändung der Stadtsteuern von Nürnberg und Lübeck sowie durch Verpfändung der Reichsstädte Mühlhausen, Nordhausen und Goslar beglichen werden.[343] Fehlende Bereitschaft, noch mehr Zeit und Geld aufzuwenden für einen König, der zur Begleichung seiner Verbindlichkeiten nicht in der Lage war, ist noch kein passiver Widerstand. Auch Maximilian rechnete nicht mit weiteren Geldzahlungen, wenn er den Kurfürsten im September 1506 aufforderte, statt Geld seinen Bruder Johann mit 100 Pferden zur Unterstützung zu schicken.[344]

Seit April 1507 fand ein Reichstag in Konstanz statt, zu dem auch Friedrich anreiste, wenngleich erheblich verspätet erst Mitte Juni.[345] Dieser Reichstag erneuerte das 1495 errichtete Reichskammergericht, das bisher noch nicht auf einer soliden finanziellen Grundlage stand, jetzt aber die Unterstützung der Reichsstände erhielt. Aus der Sicht Maximilians war ein anderer Punkt aber wichtiger: Sein Romzug zur Kaiserkrönung sollte endlich verwirklicht werden. Dazu benötigte er Geld und Truppen, denn Venedig würde ihm im Verein mit den Franzosen nicht einfach den Weg nach Rom freigeben. Der Konstanzer Reichstag bewilligte tatsächlich eine Hilfe für den König – leistete sie dann aber nur zum kleineren Teil. 1508 brach Maximilian seinen Romzug in Trient ab und deklarierte

Balancepolitik und Generalstatthalterschaft

sich am 4. Februar 1508 im dortigen Dom zum Kaiser. Künftig führte er den Titel »Erwählter Römischer Kaiser«.[346] Die Krönung durch den Papst sollte nachgeholt werden, erfolgte dann aber nie.

Für Friedrich den Weisen war die Frage des Romzugs auch deshalb von Belang, weil sie sein Reichsvikariat berührte. 1496 hatten die beiden Reichsvikare Kursachsen und Kurpfalz die Vertretung des Königs bei dessen Italienzug beansprucht.[347] Doch jetzt war die Situation eine andere, da Kurfürst Philipp von der Pfalz in der Reichsacht war. Am 8. August 1507 wurde Friedrich der Weise vom König als »des Reichs Stadthalter-Generall« (Generalstatthalter des Reichs) eingesetzt,[348] und zwar beginnend zu Weihnachten 1507. Er erhielt vollkommene Macht und Gewalt, entweder zusammen mit anderen Fürsten und Räten oder allein den Frieden und das Recht im Reich zu schützen und auch in anderen Dingen an der Stelle des Königs zu handeln. Beigeordnet wurden dem Kurfürsten die Erzbischöfe Jakob von Trier und Ernst von Magdeburg, die Bischöfe von Bamberg, Würzburg und Augsburg, Herzog Albrecht von Bayern, die Äbte von Salmannsweiler (Salem am Bodensee) und Kaisersheim (Kaisheim bei Donauwörth) sowie Vertreter der Reichsstädte Augsburg und Nürnberg. Sie sollten Friedrich bei Bedarf unterstützen. Interessanterweise wurde auch der Fall geregelt, dass Friedrich sein Amt niederlegen würde – dann sollte eine Kündigungsfrist von zwei Monaten gelten. Am 17. Dezember 1507 folgte eine Vereinbarung über die Bezahlung des Kurfürsten,[349] der für seine Dienste mit 1.000 rheinischen Gulden entlohnt werden sollte, zuzüglich eines monatlichen »Liefergelds« bei Reisen ins Reich im Umfang von 60 Pferden à 8 Gulden, also 480 Gulden gleichsam als Auslandszulage.[350]

Diese Generalstatthalterschaft sollte, so wurde auf Friedrichs Wunsch beurkundet,[351] seinen Vikariatsrechten nicht nachteilig sein – es wurde also unterschieden zwischen dem

Generalstatthalteramt, das ihm vom König übertragen wurde, und dem Reichsvikariat, das ihm als Kurfürst von Sachsen ohnehin zustand.[352] In seiner ersten Funktion lud Friedrich die ihm beigeordneten Stände auf den 6. Januar 1508 zu einem Beratungstag nach Nürnberg ein.[353] Das Scheitern des Romzugs Maximilians machte der Episode der Generalstatthalterschaft dann ein rasches Ende, doch war das Amt für den Kurfürsten offenbar so ehrenvoll, dass er Münzen und Medaillen prägen ließ, auf denen er sich als Generalstatthalter titulierte (→ Abbildung 5).[354] Die seit 1507 geprägten, in unterschiedlichen Versionen umlaufenden »Locumtenententaler« (Statthaltertaler) wurden wohl weniger als ordentliches Zahlungsmittel verwendet, sondern waren Repräsentationsstücke, die man als Geschenke ausgab. Der König hat dem Kurfürsten 1507 in Konstanz das Privileg erteilt, Gold- und Silbermünzen unterschiedlichen Gewichts prägen und dabei auch den Titel eines Statthalters verwenden zu dürfen.[355] Es war aber keine Rede davon, dass Friedrich diese mit seinem Porträt versehen sollte – was der Kurfürst im Interesse einer Selbstinszenierung offenbar aber für wichtig hielt. Dabei übernahm er Vorbilder aus der italienischen Renaissance. Die Vorlage für die Portraits lieferte Lucas Cranach. Die technische Ausführung der seit 1513 entstandenen Medaillen mit starkem Hochrelief war kompliziert – Friedrich suchte in Nürnberg und anderswo lange nach versierten Kunsthandwerkern, die die nötige Technik des Gießens und Prägens beherrschten.[356]

Den Titel eines Generalstatthalters führte Friedrich über das Jahr 1507/8 hinaus, und zwar bis zum Tod Maximilians I. 1519.[357] Man hat angenommen, dass der König ihm diesen Titel ehrenhalber belassen hat, auch nachdem seine eigentliche Funktion bereits 1508 mit der Rückkehr vom Romzug erloschen war. Friedrich hat sich mit seiner Funktion als Generalstatthalter geschmückt, seine eigene Bedeutung durch das besondere Verhältnis zum König unterstrichen und damit

Eigenwerbung betrieben. Mehrfach hat er die Locumtenententaler nachprägen lassen und hat sie auf Reichstagen verteilt, auch bei der Königswahl Karls V. 1519; die Humanisten Erasmus von Rotterdam und Beatus Rhenanus erhielten sie als Geschenk, ebenso Martin Luther 1522.[358]

Das Jahr 1508 verlief für den Kaiser desaströs. Er musste nicht nur seinen Romzug abbrechen, sondern auch der Krieg in Oberitalien endete mit schmerzhaften Gebietsverlusten. Im Mai trafen sich kaiserliche Gesandte mit den Kurfürsten in Mainz, wo sie dringend um Hilfe baten.[359] Die Kurfürsten lehnten es aber ab, eine solche Hilfe außerhalb eines Reichstags zu bewilligen – sehr zum Ärger des Kaisers, der seine Wut am Kurfürsten Friedrich ausließ und ihm Landesverrat vorwarf. Seltsam war das schon, dass der Kaiser, der Sonderbünde der Kurfürsten immer abgelehnt hatte, nun mit diesen am Reichstag vorbei agieren wollte. Aber die Kurfürsten, allen voran Friedrich von Sachsen, bestanden auf einem Reichstag, der dann 1509 in Worms zusammentrat.[360] Hier erhielt Maximilian erneut eine Absage hinsichtlich seiner Hilfsforderungen – inzwischen hatte er mit dem Papst, mit Frankreich und mit Aragón ein Bündnis gegen Venedig geschlossen, die Liga von Cambrai. Sein Hauptgegner war nun Venedig. Es lag offen, dass es in der Außenpolitik Maximilians nicht mehr um Reichsinteressen, sondern um die ureigensten Interessen der Habsburger in Oberitalien ging. Friedrich der Weise durchschaute dies; durch einen schönen Titel wie den des Generalstatthalters ließ er sich nicht vor den Karren des Habsburgers spannen.

Von den Reichsständen war somit keine Unterstützung der Italienpolitik Maximilians zu erwarten. Friedrich kam zwar nach Worms zum Reichstag, aber er reiste so spät an, dass der Kaiser bereits wieder aufgebrochen war. Verspätung als diplomatisches Mittel gehörte zum politischen Repertoire Friedrichs, der sich auf diese Weise nicht nur unangenehmen Situationen entzog, sondern auch deutlich machte, dass die anderen ihn mehr brauchten als er sie. Denn er wusste durch seine Räte in Worms schon vorab, dass Maximilian wieder einmal darauf aus war, ihn in die Reichspolitik hineinzuziehen – angeblich sollte er oberster Feldhauptmann des Reiches werden oder, falls er das nicht wollte, noch einmal Statthalter wie 1507 in Konstanz.[361] Aber da der Kaiser nicht mehr in Worms war, seine Räte keine Vollmacht hatten und die Stände eine neue Statthalterschaft ablehnten, verlief die Sache diesmal im Sande.[362]

Im folgenden Jahr fand ein großer Reichstag in Augsburg statt, zu dem Friedrich diesmal pünktlich erschien. Hier traf er nach längerer Zeit wieder einmal persönlich mit dem Kaiser zusammen. Die Meinungsverschiedenheiten der letzten Jahre schienen zunächst vergessen. Man verstand sich wieder, wohl auch, weil Friedrich die Hilfe des Kaisers in verschiedenen Angelegenheiten brauchte. Dies betraf vor allem den Konflikt mit der Stadt Erfurt, die seit 1483 in einem Schutzverhältnis mit den Wettinern stand.[363] Daraus leitete Sachsen das Recht ab, in die inneren Angelegenheiten der Stadt eingreifen zu dürfen, obwohl sie eigentlich dem Erzbischof von Mainz unterstand. 1508/9 brach ein Konflikt zwischen Kursachsen und Erzbischof Uriel von Mainz über Erfurt aus, in dem Friedrich der Weise kurz davor stand, einen Krieg zu beginnen. Immer wieder ersuchte er den Kaiser, die Reichsacht über Erfurt zu verhängen, was im Februar 1512 tatsächlich geschah. Doch wenn Friedrich geglaubt hatte, dass Maximilian in dieser schwersten außenpolitischen Krise in Friedrichs Regierungszeit auf seiner Seite stehen und die Reichsacht exekutieren würde, hatte er sich getäuscht. Der Habsburger vermittelte und drängte den Kurfürsten, von kriegerischen Aktionen abzusehen. Friedrich, der eine Blockade gegen die Stadt verhängt und bereits Vorbereitungen für einen militärischen Schlag getroffen hatte, fügte sich am Ende.

Doch selbst die 1512 offen zutage tretende mangelnde Unterstützung Maximilians in der Erfurter Sache und die

Balancepolitik und Generalstatthalterschaft

Weigerung des Kaisers, die kursächsischen Erbansprüche auf das Herzogtum Jülich-Berg zu unterstützen,[364] führten nicht zu einem Bruch des Sachsen mit dem Habsburger. Die Zeit der intensiven Kooperation auf Reichsebene war aber vorbei. In Ämter hat sich Friedrich, der inzwischen das 50. Lebensjahr erreicht hatte und bei dem sich die ersten Altersbeschwerden bemerkbar machten, nicht mehr bringen lassen. Der Kontakt brach zwar niemals ab, zweimal lieh der Kurfürst sogar noch einmal Geld an Maximilian,[365] näher kam man sich vorläufig aber nicht mehr.

Das änderte sich schlagartig, als die Frage der Nachfolge Maximilians am Horizont auftauchte. Der Kaiser war inzwischen 60 Jahre alt und musste sein Haus bestellen.

Friedrich privat

Das Privatleben Friedrichs des Weisen muss aus verstreuten Notizen in unterschiedlichen Quellengattungen rekonstruiert werden. Briefe, Rechnungen und beiläufige Bemerkungen in der Aktenüberlieferung können Aufschlüsse darüber geben, wie das Alltagsleben dieses Kurfürsten ausgesehen, wie er sich gekleidet und seine Freizeit verbracht hat, wie sein Nahumfeld aussah und wie ihn die Zeitgenossen als Menschen wahrnahmen. Die Grenze zwischen »privat« und »öffentlich« war bei Personen seines Standes fließend. Auch das Private, auch Spiele und Feste konnten zu einer öffentlichen Demonstration von sozialem Rang werden oder der Pflege von politischen Kontakten dienen, wenn sie etwa im Rahmen von Reichstagen oder im Verkehr mit anderen Fürsten stattfanden.

 ## Der Mensch Friedrich

Friedrich war ein eher bedächtiger Charakter, was Spalatin wie folgt umschreibt: »Ich hab wol Leut davon hören reden, als sollte dieser Churfür[st] nie haben können schließen [einen Beschluss fassen können]. Sie aber hätten vielleicht, wenn sie die Sachen in ihren Händen gehabt hätten, allzubald geschlossen«.[366] Dann erinnerte Spalatin an den edlen Römer Quintus Fabius Cunctator, den Zauderer, der gerade durch seine Hinhaltetaktik den gefürchteten Hannibal besiegte. Der Vergleich war treffend, denn auch Friedrich beherrschte die Kunst des Hinhaltens. Dies war kein Zeichen von Entscheidungsschwäche, sondern zeugte von der Kunst, auf den richtigen Zeitpunkt zu warten und den Gegner sich müde laufen zu lassen. Dazu bedurfte es der Geduld und der Selbstbeherrschung. Beides hatte Friedrich in hohem Maße. Luther sagt in einer Tischrede einige Jahre nach dem Tod des Kurfürsten, zum Regieren sei nicht jeder geeignet, sondern nur Menschen, denen man vertrauen könne, die auf den allgemeinen Nutzen schauten, die

Friedrich privat

nicht ihrem Verlangen folgten und die nach Gerechtigkeit strebten. Man dürfe, so Luther, nicht das Regieren als Handwerk betrachten wie die Juristen es tun, sondern müsse nach Spr 16,32 seinen Sinn beherrschen, also Impulskontrolle üben. »Herzog Friderich war ein solcher furst [...] der konnte viel verdauen und ihm selbs steuren, ob er gleich von Natur zornig war, aber er hielt an sich.«[367]

Seine Milde und Großzügigkeit[368] pries Spalatin ebenso wie seine Weisheit,[369] seine Liebe zu Gelehrten und Künstlern,[370] zu seinen Geschwistern,[371] zu armen Leuten,[372] zu seinen Freunden,[373] zur Musik,[374] zu Kindern,[375] außerdem seine Güte und sein Mitleid (Spalatin habe ihn in 18 Jahren nicht einmal fluchen hören), seine Geduld,[376] sein tadelloses Verhalten gegenüber Frauen und Jungfrauen,[377] seine Wahrheitsliebe,[378] seine Beständigkeit,[379] sein gutes Gedächtnis[380] und vieles mehr. Auch Negatives verschweigt Spalatin nicht, etwa wenn es heißt, Friedrich sei gegenüber seinen Hofdienern zu Hause (nicht aber auf Reisen ins Reich) »hart« gewesen und dass er sie mit Schweigen bestrafen konnte,[381] oder wenn er zur Aufzählung der Freunde des Kurfürsten hinzusetzte: »Denn die Herren Fürsten und Bischofen, die nach den Berührten [den befreundeten Fürsten] kamen, machtens also daß er ihrer müde ward.«[382] Daraus lässt sich schließen, dass der Kurfürst seine persönlichen Freunde in der eigenen Fürstengeneration hatte, aber nicht in der nachfolgenden. Mit den Jüngeren konnte er offenbar weniger anfangen.

In finanziellen Dingen war Friedrich korrekt. Der Kurfürst bezahlte seine Rechnungen, war sparsam, oder – wie Luther es ausdrückte: Er sammelte ein mit Scheffeln und gab aus mit Löffeln.[383] Das heißt nicht, dass Friedrich geizig war, er konnte vielmehr großzügig sein, verlieh Geld, auch wenn er wusste, dass er es nicht zurückbekommen würde.[384] Spalatin lobte Friedrichs Milde und Freigiebigkeit beim Schenken,[385] wofür auch goldene und silberne Münzen mit seinem Konterfei, Wild-

Der Mensch Friedrich

bret oder Singvögel Verwendung fanden. Friedrich lebte und schenkte aber nicht über seine Verhältnisse, wie es andere Fürsten taten, sondern blieb in seinem persönlichen Lebensstil und in seiner Hofhaltung bescheiden. Ruhm, Ehre und Status spielten in seiner Außendarstellung zwar eine große Rolle, zu Hause aber gab er sich eher paternalistisch bieder und behandelte das Hofgesinde gut.[386]

Mit dem Vorwurf, Friedrich sei menschenscheu gewesen, setzte sich schon Spalatin auseinander, als er über dessen »Nachrede« räsonierte: »Diesem Churfürsten wollten etliche Leut nicht zum besten deuten, daß er nicht gern Leute höret.«[387] Spalatin musste zugeben, dass dies tatsächlich der Fall war, und er vermutete, dass Friedrich diesen Zug von seiner mütterlichen bayerischen Verwandtschaft geerbt hatte. Als verschlossen und wortkarg nahm den Kurfürsten auch der päpstliche Nuntius Hieronymus Aleander 1520 wahr.[388] Doch sollte man dabei bedenken, dass Friedrich Verschlossenheit und Unzugänglichkeit auch als politische Taktik einsetzte. Und von den letzten durch Krankheiten und Krisen gekennzeichneten Lebensjahren, als sich dieser introvertierte Charakterzug verstärkte, sollte nicht vorschnell auf den jungen Friedrich zurückgeschlossen werden. Im Alter zog er sich tatsächlich von gesellschaftlichen Events zurück. Als ihm in Worms 1521 ein Chor von 200 Männern, darunter Fürsten, Grafen und Herren, ein Ständchen darbrachte, tat er so, als höre er sie nicht, und ignorierte diese Ehrbezeugung.[389] In jüngeren Jahren war Friedrich aber durchaus gesellig und kein Einzelgänger. Unter den Fürsten seiner Generation hatte er zahlreiche Freunde. Neben den Erzbischöfen und Kurfürsten Berthold von Mainz, Hermann von Köln und Johann von Trier zählte Spalatin[390] den Bischof Friedrich von Utrecht aus dem Haus Baden, den Friedrich seinen »Gesellen« nannte, den Bischof Lorenz von Würzburg, etliche Bischöfe von Bamberg sowie Gabriel von Eyb, Bischof von Eichstätt zu den Freunden des Kurfürsten Friedrich.

Friedrich privat

Wieviel Energie dieser Kurfürst gehabt haben muss, zeigt nicht zuletzt seine intensive und kraftraubende Reiseherrschaft. Hier ist nicht nur an die zahlreichen Fernreisen zu Reichstagen oder Gesandtschaften im Auftrag des Königs zu denken, sondern auch an die ständigen Ortswechsel in Friedrichs Alltag. Torgau, Lochau und Wittenberg, aber auch Weimar, Altenburg, Colditz und Coburg waren immer wieder aufgesuchte Residenzen. Eine akribische Auswertung von Reise-, Lager- und Küchenbüchern allein für den April 1513 hat ergeben, dass das Hoflager Friedrichs des Weisen innerhalb von 16 Tagen etwa 250 Kilometer zurücklegte und dabei die folgenden Orte berührte: Lochau, Wittenberg, Torgau, Eilenburg, Borna, Zeitz, Naumburg und Weißenfels.[391] Von September 1501 bis September 1502 legte der Kurfürst zwischen 3.300 und 3.500 Kilometer zurück und wechselte dabei über 70 Mal den Aufenthaltsort.[392] Körperliche Robustheit und Ausdauer insbesondere beim Reiten waren Voraussetzungen, um diese Strapazen auszuhalten. Mit zunehmendem Alter nahm die Mobilität des Kurfürsten zwar etwas ab, sie blieb bis kurz vor seinem Tod und ungeachtet zunehmender Altersgebrechen aber beeindruckend genug.

An Friedrichs Hof lebte man »fürstlich, doch offenbar nicht maßlos«.[393] Zwar kannte der Kurfürst die höfische Kultur Burgunds von seinen Reisen, und auch mit den Verhältnissen am Hof Maximilians in Innsbruck war er vertraut – seine eigene Hofhaltung war jedoch viel bescheidener. Doch er legte Wert auf guten Geschmack. Im Unterschied zu seinen Vorgängern benötigte der unverheiratete Friedrich kein eigenes Frauenzimmer, was seinem Nahumfeld den Charakter einer Männerwirtschaft verlieh. Dennoch achtete man auf das äußere Erscheinungsbild. Die Hofkleidung, die zweimal im Jahr wechselte, folgte der aktuellen Mode. Friedrich und Johann sprachen die Einzelheiten der Entwürfe, Farben und Stoffe miteinander ab – mit welcher Akribie dies geschah, zeigen Briefe aus dem

Der Mensch Friedrich

Herbst 1522, als die Brüder über die Frage diskutierten, wie die auf den Ärmeln anzubringende Devise *Verbum Domini Manet In Eternum* [das Wort Gottes bleibt in Ewigkeit] abzukürzen war: VDMI oder VDMIE?[394] Spalatin erkundigte sich bei Melanchthon über die richtige Schreibweise von »in aeternum«.[395] Eingekleidet wurde das gesamte Hofpersonal, zu dem Edelknaben, Kanzleibeamte, Knechte und viele andere bis hin zum Hofnarren zählten. Sie alle wurden auch am Tisch des Kurfürsten verköstigt.

Zum Hofstaat Friedrichs gehörten etwa 125 Personen, zu denen weitere hinzukamen, die ebenfalls verpflegt werden mussten, insgesamt etwa 150 bis 200 Personen täglich.[396] Andere Berechnungen gehen von 130 bis 230 Personen aus, die zu Beginn des 16. Jahrhunderts zum Hof des Kurfürsten gehörten.[397] Die Hofhaltung verschlang die Hälfte, wenn nicht zwei Drittel der Gesamteinnahmen des Territoriums.[398] Einer Tischordnung von 1522 ist zu entnehmen, dass in der Hofstube zu Lochau 14 Tische für jeweils bis zu zehn Personen aufgestellt waren, an denen die Tischgenossen nach Standesgruppen saßen. Am Tisch des Kurfürsten nahmen am Sonntag Kantate 1522 nur Georg Spalatin und der Hofnarr Albrecht Platz.[399] Dies mag eine Ausnahmesituation gewesen sein, die jedoch zeigt, dass der Kurfürst am wesentlichen Hof im Kreis einer zahlreichen Dienerschaft speiste, zu der auch der Hofnarr gehörte. Vier seiner Hofnarren sind namentlich bekannt: Hänsel, Claus, Albrecht und Fritz. Besondere Bekanntheit erlangte Claus Narr, den Luther mehrfach erwähnte.[400] Der Kurfürst respektierte und umsorgte diese Männer, die nicht nur für Späße zuständig waren, sondern als Antipoden der Autorität die Wahrheit aussprechen durften.

Neben dem Reise- und Regierungsalltag gab es Phasen der Erholung und der Freizeitbeschäftigung. In jüngeren Jahren nahm Friedrich an vielen Turnieren teil und trat mehrfach gegen König Maximilian an. Große Feste, insbesondere die

Friedrich privat

beiden Hochzeiten Herzog Johanns, wurden mit erheblichem Aufwand gefeiert. Doch blieben solche glanzvollen, aber kostspieligen Höhepunkte die Ausnahme und nicht die Regel am ernestinischen Hof. Die meisten Vergnügungen bewegten sich auf viel bescheidenerem Niveau, etwa bei Maskeraden zu Fastnacht, beim Kartenspiel oder beim Armbrustschießen. Friedrichs Freude am Drechseln wird immer wieder erwähnt; dabei stellte er auch Bolzen für die Armbrust her. Vermutlich stand dieses Hobby im Zusammenhang mit seiner größten Leidenschaft, der Jagd. Friedrichs Jagdpassion zog sich durch sein gesamtes Leben. Er teilte sie mit vielen Fürsten seiner Zeit. Gemeinsam auf die Jagd zu gehen war nicht nur eine sportliche Leistung, sondern eine Form der Beziehungspflege und außerdem mit einem praktischen Nutzen verbunden, der Beschaffung von Wildbret für die Mahlzeiten des Hofes.

Dass Friedrichs Ernährungsgewohnheiten nicht die gesündesten gewesen sein können, belegen seine Krankheiten, die zum Teil mit seiner zunehmenden Körperfülle zu tun hatten. Turnierunfälle und ständiges Reiten waren vermutlich ebenso belastend. Schon im Alter von 40 Jahren musste Friedrich viel Geld für Ärzte aufwenden.[401] Seit etwa 1503 hört man immer wieder von Krankheitsphasen, gehäuft dann seit 1519. Spalatin spricht sogar von lebenslang den Kurfürsten quälenden Krankheiten und nennt »harte Fieber, item den Stein, deßgleichen die Colica, auch das Podagra«.[402] Dies weist auf Gichtanfälle hin, die Friedrich immer wieder ans Bett fesselten oder zumindest reiseunfähig machten. Gewiss setzte er hin und wieder seine schlechte Gesundheit auch als diplomatisches Mittel ein, um unangenehmen Situationen aus dem Weg zu gehen; aber meist waren die Krankheiten nicht vorgetäuscht. Starke Schmerzen gehörten zu seinem Leben. Entsprechend war er ständig in ärztlicher Behandlung. Seine Leibärzte waren neben dem schon erwähnten Martin Pollich auch Dr. Simon Pistoris, Dr. Pasca (Dr. Pascha Alvensleben) aus Magdeburg, Dr. Heinrich Stromer von Auerbach und Dr. Caspar Lindemann. Auf Reichstagen betreute ihn der Leibarzt Maximilians Dr. Johann Baptista. Hinzu kamen Dr. Ulrich Pinder aus Nürnberg und Dr. Stocker aus Ulm.[403] Seit spätestens 1516 benötigte Friedrich außerdem eine Brille.[404] Trotz gesundheitlicher Probleme bewältigte er jedoch bis ins hohe Alter ein Arbeits- und Reisepensum, das nur ein äußerst disziplinierter, sich selbst alles abfordernder Mensch ertragen kann.

»Ach, mein Vetter Herzog George«

Zu seinem albertinischen Vetter, dem etwa acht Jahre jüngeren Herzog Georg,[405] unterhielt Friedrich ein besonderes Verhältnis. 37 Jahre lang regierten sie, wenn man Georgs Regierungsantritt 1488 beginnen lässt, nebeneinander im wettinischen Sachsen. Friedrichs Stoßseufzer »Ach, mein Vetter Herzog George«[406] ist bezeichnend für seine Sicht auf den Verwandten, den er einmal einen »groben Mann« genannt haben soll.[407] In der Tat waren die beiden Fürsten von ziemlich unterschiedlichem Charakter: Der Ernestiner eher abwartend, ausgleichend, abwägend; der Albertiner eher zupackend, jähzornig und polternd, gebildet, durchsetzungsstark und rücksichtslos, vielleicht auch etwas neidisch auf den Kurfürsten, der ein höheres Prestige hatte als er selbst. Für die charakterlichen Unterschiede sind auch die Devisen der beiden Fürsten kennzeichnend: Friedrichs Wahlspruch *Tantum quantum possum* [»so viel ich kann«][408] deutet auf Realitätssinn und Selbstbeschränkung hin. Georgs Devise: »Geradeaus macht gute Renner«[409] betont sein Draufgängertum. Doch die charakterlichen Unterschiede waren nicht ausschlaggebend für das fast vier Jahrzehnte lang angespannte Verhältnis. Natürlich besuchte man sich gelegentlich. Friedrich und Johann nahmen an der

Friedrich privat

glanzvollen Hochzeit Georgs mit Barbara von Polen am 21. November 1496 in Leipzig teil,[410] Georg an der Torgauer Hochzeit Johanns.

Bei allen Unterschieden, die sich auch in der Außen- und Finanzpolitik sowie in den Frömmigkeitsstilen aufzeigen ließen, gab es dennoch viele Gemeinsamkeiten zweier Renaissancefürsten, die miteinander kooperierten und konkurrierten. Die wettinischen Fürsten waren durch die Leipziger Teilung zur Zusammenarbeit verdammt, blieben nach 1485 doch zahlreiche konflikträchtige Schnittmengen. So lag die Verantwortung für die Bergwerke bei beiden Linien gemeinsam, was in Münzprägungen mit dem Konterfei aller drei regierender Wettiner ihren Ausdruck fand. Dies lieferte immer wieder Anlass für Streitigkeiten, die bei Treffen der gegenseitigen Räte, seltener bei persönlichen Zusammenkünften der Fürsten beigelegt werden mussten. Auch die Verzahnung der ernestinischen und albertinischen Gebietsanteile führte zu Konflikten, zum Beispiel über die Straßennutzung oder die Lehnszugehörigkeit einzelner Adliger, die in beiden Landesteilen begütert waren. Die Frage der Straßennutzung war insofern von Belang, als Herzog Georg versuchte, den Verkehr von der »Niederen Straße«, die von Liebenwerda über Torgau nach Leipzig führte, auf die »Hohe Straße« (Großenhain, Riesa, Oschatz, Grimma/Eilenburg, Leipzig) umzuleiten, weil letztere eine größere Strecke über albertinisches Gebiet führte. Dies bedeutete für die ernestinische Seite einen Ausfall an Geleits- und Zolleinnahmen, der sich schnell auf einige Tausend Gulden summieren konnte.[411] Die Streitigkeiten, die von beiden Seiten mit erstaunlicher Beharrlichkeit ausgetragen wurden, eskalierten zu Beginn des 16. Jahrhunderts in einer Weise, dass es seit 1504 sogar zu Vermittlungsversuchen kam, um eine militärische Konfrontation zu verhindern.[412]

Diese Konflikte fielen in eine Zeit, als das Verhältnis zwischen den Vettern bereits ziemlich zerrüttet war. Man muss die Schuld nicht einseitig bei Herzog Georg suchen, dem man »Raffinesse« vorwarf, mit der er das Vertrauen seiner Vettern verspielt habe.[413] Dass der impulsive Georg über die bedächtige Art Friedrichs, der ihn ein ums andere Mal ins Leere laufen ließ, aufgebracht war, ist ebenso verständlich wie das Seufzen des Kurfürsten über seinen ungestümen Verwandten. 1508 musste sogar Kaiser Maximilian in die ernestinisch-albertinischen Streitigkeiten eingreifen, um Schlimmeres zu verhüten. Er gebot beiden Seiten, die Zwistigkeiten nicht gewaltsam auszutragen, sondern ihr Recht vor ihm zu suchen, wenn sie sich nicht einigen konnten.[414] Zu einer Übereinkunft mit seinem Vetter kam es zu Lebzeiten Friedrichs tatsächlich nicht mehr. »Letztlich gewinnt man den Eindruck, dass die Jahr für Jahr stattfindenden Verhandlungen der fürstlichen Räte gar nicht zu einer Lösung der Probleme führen sollten, sondern diese Form des permanenten Konfliktaustrags die eigentliche Lösung war.«[415]

Dabei war das Verhältnis Friedrichs zu Georg früher einmal freundschaftlich gewesen.[416] In seinen Privatbriefen an Georg zeigte der Kurfürst Seiten, die man bei ihm so nicht erwarten würde. Er war fähig zur Selbstironisierung, etwa wenn er dem Vetter im August 1498 von einer Einladung des Landgrafen Wilhelm von Hessen zu einer Hochzeit nach Frankfurt berichtete und dabei feststellte: »do Ich mich ouch gerne olß ayn buller welt sehen lassen ob Ich yndert ayner geffyl domit Ich ouch woß aigens bekumen mocht dan es were schir zceydt doß ich mich oynß frun seczete.«[417] Als Buhler, als Liebhaber auf Brautschau wollte er sich also auf der Hochzeit präsentieren, um endlich eine Frau zu finden, denn es sei höchste Zeit, dass er sich aufs Freien verlege. Man hat nicht den Eindruck, dass Friedrich wegen seiner Ehelosigkeit besonders betrübt gewesen wäre. Er fand es eher lustig, dass er in seinem Alter – er war immerhin 35 – noch keine hatte. In seiner Korrespondenz mit Herzog Georg wird immer wieder auch Georgs Ehefrau Barbara von Polen erwähnt, zu der Friedrich ein besonders inniges Verhältnis gehabt zu haben scheint. Er nannte sie »seine liebe Muhme« [»mein libe mümhe«][418] und hatte offenbar Freude daran, seinen Vetter damit aufzuziehen, dass er unter der Fuchtel seiner Gattin stand. Nach einem Treffen Friedrichs mit Georg im Juni 1512 schrieb der Kurfürst an den Vetter, er habe auf eine Antwort Georgs gewartet, aber keine erhalten. Entweder bereue Georg den Kauf (offenbar eines Turnierpferdes samt Rennzeug) oder seine Hausfrau »hobe ewer libe ein Rechten text geleßen mit an zcaygung dos e[ure] l[iebd] dye kinder ansehen wolld vnd euch allßo sthellen ols eynen erbern eheman wol zcu sthe vnd geczymhe dan sßullche leichtfertigkaid alß Renen vnd dergleichen cerymonia gehoren bullern zu etc.«[419] Hat Barbara ihrem Mann also eine Standpauke gehalten, weil er sich wie ein Buhler mit leichtfertigem Zeug wie einem Turnier abgab, wo er sich doch mit Rücksicht auf seine Kinder wie ein ehrbarer Ehemann aufführen sollte? Man hat den Eindruck, dass Friedrich seinen Status als Junggeselle und die damit zusammenhängende Freiheit von derartigen häuslichen Verpflichtungen genoss und dies seinem Vetter gern unter die Nase rieb.

Grüße an Barbara ließ Friedrich immer wieder ausrichten, aber auch an die Hofmeisterin und andere Damen aus der Umgebung der Herzogin.[420] Er konnte durchaus galant sein. Die Grüße sollten nicht einfach bestellt, sondern von Georg »mit ordentlichen Worten feierlich geziert« werden.[421] Das albertinische Frauenzimmer hatte er stets im Blick, manchmal auch scherzhaft wie am 11. November 1512, als er an Herzog Georg schrieb, er hätte seine liebe Muhme Barbara zu Allerheiligen gerne bei sich in Wittenberg gesehen, denn sie würde ohne Zweifel mehr Ablass als er gelöst haben.[422] Das war Ausdruck der Selbstironisierung Friedrichs, der damit sagen wollte, dass Georgs Frau frömmer sei als er selbst, vielleicht aber auch andeutete, dass sie Ablass nötiger habe als er.

Überhaupt hatte Friedrich eine humorvolle Seite, was gerne übersehen wird, weil man häufig nur den mürrischen alten Herren der späten Jahre vor Augen hat. Aber der Kurfürst verstand es durchaus, seine Briefe mit Witz und feiner Ironie zu würzen, etwa wenn er am Ende eines Briefes an Herzog Georg schrieb, er habe ihn in Eile verfasst, »alls dye schone schrifft woll ouß weysset«, wie seine schöne Schrift wohl zeige.[423] Er wusste selbst, dass er eine Sauklaue hatte. Manche Scherze waren so subtil, dass man sie nicht beim ersten Lesen versteht. Am 17. November 1512 etwa antwortete Friedrich auf einen Brief Herzog Georgs, er habe das, was Georg über einen Kuchen geschrieben habe, nämlich dass er und seine Frau Barbara davon gegessen hätten, zur Kenntnis genommen. Dann folgt der Satz, den auch der Herausgeber des Briefes nicht verstanden hat und in dem Friedrich darauf anspielte, dass der Kuchen ein Potenzmittel sein könnte, auf das Georgs Gemahlin nicht mehr verzichten wollte.[424]

Doch dieses scherzhafte und ein wenig anzügliche Element in der Beziehung der Vettern trat im Laufe der Jahre zunehmend hinter einen politischen Dauerkonflikt zurück, der sich durch das Auftreten Luthers und die konträre Haltung der beiden Fürsten zur aufkommenden Reformation dramatisch zuspitzte.

 ## Auf Freiersfüßen

Verheirateten Männern wird manche Verschrobenheit durch die Ehefrau ausgetrieben. Dem Kurfürsten fehlte dieses Korrektiv. Als Fürst hatte er die Aufgabe, den Fortbestand seiner Dynastie zu sichern, also eine rechtsgültige und standesgemäße Ehe einzugehen. Der Kurfürst hat entsprechende Versuche unternommen,[425] so dass man nicht sagen kann, er habe die Nachfolge freiwillig an seinen Bruder fallen lassen. Johann trat

Friedrich privat

in die Nachfolge ein, weil die Versuche seines Bruders, eine Frau zu finden, erfolglos blieben und ab einem bestimmten Zeitpunkt tatsächlich aufgegeben wurden.

Wie intensiv Friedrich auf Brautschau ging, ist eine andere Frage. Man hat den Eindruck, dass seine Werbungen kaum jemals über die Anfänge hinaus kamen und nie richtig konkret wurden. Deshalb gibt es so gut wie keine verlässlichen Quellen dazu, sondern lediglich Gerüchte und Indizien. Als potentielle Ehefrauen im Gespräch waren angeblich: eine Tochter des Dänenkönigs; Anna, die Tochter Kurfürst Johann Ciceros von Brandenburg; die polnische Prinzessin Elisabeth und Maria, die Tochter Herzog Wilhelms III. von Jülich-Berg. Keiner dieser im Anbahnungsstadium steckengebliebenen Pläne ist auch nur so weit gediehen, dass Friedrich sich mit den Kandidatinnen persönlich getroffen hätte.

Ernster zu nehmen hat man die Gerüchte, Friedrich habe sich für Margarethe, die Tochter König Maximilians I., interessiert. 1494, als Friedrich in den Niederlanden war und in den Dienst des Königs eintrat, traf er auch mit Margarethe zusammen. Sie war damals noch unverheiratet. Ob die beiden sich mochten und eine Verbindung in der Luft lag, ist schwer zu sagen. Friedrich war 17 Jahre älter als Margarethe, doch wichtiger als der Altersunterschied oder die Zuneigung war die Tatsache, dass Maximilian längst über die Doppelheirat seiner Kinder Margarethe und Philipp mit Johann und Johanna von Spanien verhandelte – sicherlich viel attraktivere Partner im Sinne der habsburgischen Großmachtpolitik als ein Kurfürst von Sachsen. 1496 heiratete Margarethe Johann von Aragón und Kastilien. Dieser Johann ist bereits 1497 gestorben. Kam nun die zweite Chance für den Kurfürsten Friedrich? 1501 gab es entsprechende Gerüchte, aber Margarethe wurde doch dem Herzog Philibert von Savoyen gegeben, der altersmäßig besser zu ihr passte und vermutlich auch dem Brautvater genehmer war. Auch mit diesem Ehemann hatte sie wenig Glück, denn

Auf Freiersfüßen

der Herzog starb schon 1504. Jetzt redete man wieder über Friedrich. Ob er überhaupt ein Interesse hatte, bleibt offen. Der Kurfürst hatte inzwischen das 40. Lebensjahr überschritten, erste Krankheiten machten sich bemerkbar.[426] Weil seine angebliche Werbung um die Tochter Maximilians so schwer einzuschätzen ist und weil es an verlässlichen Quellen fehlt, sollte man diese Frage nicht vorschnell dazu verwenden, das Verhältnis Friedrichs zum König mit der Enttäuschung über zerschlagene Heiratspläne erklären zu wollen. Der Rückzug des Sachsen vom Königsdienst Ende 1498 fiel zwar in die Zeit, als Margarethe zum ersten Mal Witwe war, aber ob das irgendeine Rolle für Friedrich gespielt hat und ob er gekränkt war, weil er bei Margarethe nicht zum Zuge kam, ist reine Spekulation. Nach außen drang davon jedenfalls nichts.

Seine gescheiterten Versuche, eine passende Ehefrau zu finden, bedeuteten nicht, dass Friedrich weibliche Gesellschaft nicht zu schätzen wusste. Er hatte eine Lebensgefährtin, die in der Literatur seit langem Anna Weller von Molsdorf heißt.[427] Allerdings entstammt dieser Name einer unsicheren Quelle des 18. Jahrhunderts. Heute dürfte es Konsens sein, dass sich dieser Name mit keiner historischen Person sicher verknüpfen lässt. Luther spricht in einer Tischrede von einer »Wantzlerinne« oder Watzlerin, mit der der Kurfürst liiert gewesen sei.[428] Der Reformator nennt sie eine Konkubine oder (man muss ergänzen: heimliche) Ehefrau des Kurfürsten, bescheinigt dem Kurfürsten jedoch, er sei von erstaunenswerter Keuschheit und Schamhaftigkeit gewesen und habe diese Frau wirklich geliebt, was bei Fürsten und Königen keineswegs die Regel sei. Auch von den drei Söhnen Friedrichs mit Namen Fritz, Bastel und Hieronymus sowie von einer Tochter, deren Name nicht genannt wird, weiß Luther. Der Reformator bringt für diese Form des außerehelichen Verhältnisses ein gewisses Verständnis auf, weil Fürsten bei der Eheschließung eingeschränkt waren und

Friedrich privat

nicht diejenige heiraten durften, die ihnen gefiel und die sie liebten.

Auch wenn die Unsicherheit bleibt, wer die Gefährtin des Kurfürsten war, ist doch sicher, dass sich Friedrich zu seinen illegitimen Kindern bekannte und diese auch versorgte. 1525 setzte er Fritz und Bastel ein Legat aus, und auch deren Mutter sollte eines erhalten.[429] Vom Sohn Hieronymus ist hier nicht mehr die Rede, vielleicht war er schon gestorben. Auch ein dreizehnjähriges Mädchen wurde in diesem Testament erwähnt und erhielt eine Geldsumme, so dass man vermuten kann, dass es sich um Friedrichs Tochter handeln könnte. Sie wäre dann um das Jahr 1512 geboren worden. Friedrichs Bruder Erzbischof Ernst von Magdeburg warf dem Kurfürsten 1506 vor, er wolle seine »pübin« [Mätresse] heiraten, was Friedrich abstritt.[430] Das Verhältnis zu seiner Geliebten hätte demnach zwischen 1506 und 1512 bestanden, vielleicht deutlich länger. Es war innerhalb der Familie nicht unumstritten. Aus einer Tischrede Luthers geht hervor, dass die Watzlerin mit ihrer Tochter irgendwann weggeschickt wurde.[431] Ob irgendeine Verbindung zu dem im Jahr 1518 unter den Dienern Friedrichs genannten »N. Watzler«[432] besteht, muss ebenfalls offenbleiben.

Über die Söhne Friedrich (Fritz) und Sebastian (Bastel) ist nur wenig bekannt. Bastel, auch von Jessen genannt, war beim Tod des Kurfürsten zugegen. Beide Söhne lebten wenigstens zeitweise am Hof, erhielten eine Erziehung und wurden zur Familie gezählt. Fritz überbrachte 1519 die Nachricht von der Wahl Karls V. in das habsburgische Lager und erhielt dafür 300 Gulden Botenlohn.[433] Bastel kam 1535 ums Leben, als er auf einem Kriegszug von den eigenen Leuten ermordet wurde.[434]

In der Kunstgeschichte wird diskutiert, wo Friedrichs Gefährtin abgebildet sein könnte, so dass er sich wenigstens chiffriert zu ihr bekannt hätte. Man hat ihr Porträt auf den Cranachschen Altarretabeln in Borna und in Neustadt an der Orla erkennen wollen, doch ist dies nicht plausibel zu machen.

Auf Freiersfüßen

Allerdings gibt es zwei Bildquellen, die die Mutter von Friedrichs vier Kindern zeigen könnten. In einem undatierten, wohl um 1510 entstandenen Holzschnitt Cranachs, der »Leiter des Bonaventura« genannt wird (→ **Abbildung 6**), wird der Weg der Seele zu Gott beschrieben. Friedrich der Weise ist zwischen den Sprossen der Leiter deutlich zu erkennen und außerdem durch die Wappen am oberen Bildrand klar zu identifizieren. Neben ihm ist eine weibliche Figur zu sehen, die aufgrund ihrer Nähe zum Kurfürsten und der dadurch entstehenden Paarbildung seine Gefährtin sein könnte.[435] In Wien sind außerdem zwei in das Jahr 1525 zu datierende hölzerne Kapseln erhalten (→ **Abbildung 7**). Friedrich ist durch die Inschrift eindeutig benannt. Doch wer ist die auf der zweiten Kapsel dargestellte Frau? Die Umschrift lautet: »Anna Kasper Dornle Stieftochter.« Mit welcher Frau sollte sich Friedrich im Stile eines Ehepaars darstellen lassen, wenn nicht mit der Mutter seiner Kinder? Damit wäre zumindest der Vorname seiner Gefährtin, Anna, belegt. Von Kaspar Dornle weiß man, dass er ein angesehener Nürnberger war.[436] Vielleicht haben sich Friedrich und Anna in dieser Stadt kennengelernt. Der Nachname der Frau bleibt unbekannt, so dass man nicht sagen kann, in welcher Beziehung die auf der Kapsel dargestellte Frau zu Anna Weller von Molsdorf oder zu Luthers Watzlerin/Wanzlerin steht. Die Anonymisierung seiner Gefährtin, für die der Kurfürst selbst gesorgt hat, ist bis heute erfolgreich gelungen.

Der spätmittelalterliche Laienchrist

Auch wenn es der Rollenerwartung an einen Fürsten des ausgehenden Mittelalters entsprach, sich als guter Christ zu erweisen, war die Frömmigkeit des Kurfürsten Friedrich keineswegs Fassade, sondern kam von Herzen. Spalatin pries Friedrichs Gottesfurcht,[437] die er mit folgenden Einzelheiten illustrierte: In Kirchenbau, Kirchenschmuck, Heiltum und Wallfahrten kamen Friedrich nicht nur keine Fürsten, sondern auch keine Könige gleich. Allein für das Allerheiligenstift in Wittenberg gab er an die 200.000 Gulden aus. Die gestifteten Stellen erhöhte er von 20 auf 80. An keinem Tag versäumte er die Messe, nicht einmal bei der Jagd oder im Feld. Stifte und Klöster förderte er, insbesondere in Torgau, wo er die Kapelle zum Heiligen Kreuz errichten ließ. Auch nachdem das Evangelium durch Luther wieder angefangen hatte, wollte er nicht, dass Mönchen und Nonnen etwas Böses geschah. Schon vor der Reformation hatte Friedrich eine besondere Liebe zum Gotteswort.[438] Gerne hörte er Predigten und las in der Bibel, mit Vorliebe in den Evangelien, aus denen er sich Sprüche merkte wie diesen: »Ohne mich könnt ihr nichts tun« (Joh 15,5). Lange vor dem Luther-Erasmus-Streit hielt der Kurfürst nichts von einer Willensfreiheit des Menschen. Dass er keine Änderungen in den kirchlichen Zeremonien mochte, verschwieg Spalatin gleichfalls nicht – Friedrichs Frömmigkeit war spätmittelalterlich-konservativ.

 Pilger im Heiligen Land

Zu den spätmittelalterlichen Frömmigkeitsformen gehörten Wallfahrten selbstverständlich hinzu. Auch Friedrich begab sich regelmäßig auf Wallfahrt, nach St. Wolfgang im Salzkammergut (1488), nach Eicha bei Leipzig (1489), nach Vierzehnheiligen bei Jena (1489) oder nach Wilsnack in Brandenburg (1490).[439] Dass Fürsten die weite Reise nach Palästina unternahmen, um die heiligen Stätten der Christenheit zu besuchen, war nicht selten.[440] Friedrichs Onkel Herzog Albrecht zog 1476 nach Jerusalem,[441] sein albertinischer Vetter Herzog Heinrich besuchte 1498 das Heilige Land und Ägypten.[442] Friedrich trat seine große Pilgerfahrt im Jahr 1493 an. Spalatin erwähnt sie nicht nur,[443] sondern gibt außerdem einen Reisebericht wieder, der von einem anonymen Begleiter des Kurfürsten stammt,[444] von Spalatin aber bearbeitet wurde.[445] Ergänzende Informationen sind dem Rechnungsbuch des im Gefolge des Kurfürsten reisenden Landvogts Hans Hundt zu entnehmen,[446] in dem die Ausgaben, einige Namen von Mitreisenden und die Reisestationen verzeichnet sind. Zu der großen Reisegruppe Friedrichs gehörten auch Fürsten und Adlige[447] – zusammen etwa 100 Personen, unter ihnen sein Leibarzt Martin Pollich von Mellrichstadt.[448] Sein wichtigster fürstlicher Reisebegleiter war Herzog Christoph von Bayern, dessen angeblicher Reisebericht als Fälschung entlarvt wurde.[449] Dass sich im Gefolge des Bayernherzogs auch der Maler Lucas Cranach befand, ist wohl ebenso eine spätere Erfindung[450] wie die, dass Friedrich von seinem Hofmaler Jan begleitet wurde.[451] Die nur in einem Exemplar erhaltene Heiligland-Karte Cranachs von ca. 1515 kann deshalb kaum ein Reflex seiner Jerusalemreise sein.[452]

Für derartige Pilgerreisen stand schon um 1500 eine ausgefeilte Infrastruktur bereit, modernen Pauschalreisen nicht unähnlich.[453] Seine Jerusalemreise und seinen Ritterschlag am Heiligen Grab betrachtete Friedrich als Lebenshöhepunkte, an die er sich noch nach genau 30 Jahren, am St. Peter- und Paulstag (29. Juni) 1523, erinnerte.[454] Bei einer solchen Fernwallfahrt bestand, trotz eingespielter Organisation, ein erhebliches Risiko für Leib und Leben, schließlich reiste man auch über das offene Meer in ein von den Osmanen beherrschtes Gebiet. Deshalb lag es nahe, Vorkehrungen für den Fall des eigenen Todes zu treffen. Friedrich war damals 30 Jahre alt, also im besten Mannesalter und bei guter Gesundheit. Über die Maß-

Pilger im Heiligen Land

nahmen im Vorfeld der Pilgerreise berichtet Spalatin, der 1493 noch nicht am Hof war, sich aber auf die Augenzeugen Degenhart Pfeffinger und Jakob Vogt berufen konnte. Der Jurist Pfeffinger[455] war der als besonders sparsam geltende Kämmerer Friedrichs, der Franziskaner Vogt[456] sein Beichtvater. In der Woche nach Lätare (17. März 1493) wurde der Kurfürst in der Kirche Unser Lieben Frauen zu Torgau im Beisein seiner Brüder Ernst und Johann feierlich verabschiedet.[457] In einer Prozession begleitete ihn die Einwohnerschaft vor die Stadt, wo man den Grundstein zu einer Heilig-Kreuz-Kapelle legte. Sie lag nach dem Reisebericht Hans Herzheimers von 1519 nordwestlich vor dem Spitaltor an dem Weg, der von Torgau über Eilenburg nach Leipzig führte.[458]

Es war ein naheliegender Gedanke, die bevorstehende Wallfahrt zum Heiligen Grab mit der Stiftung einer Heilig-Kreuz-Kapelle zu verknüpfen, die den Menschen, die sich selbst nicht auf die weite Reise begeben konnten, die Möglichkeit bot, an der Verehrung des Kreuzes Christi teilzuhaben. Mit dem Bau der Kapelle wurde nach der Rückkehr des Kurfürsten 1494 begonnen; 1499 wurde sie von Erzbischof Ernst von Magdeburg geweiht. Hier entstand eine lokale Wallfahrtsstätte, wobei neben der Kapelle ein Nachbau eines Heiligen Grabes nach dem Vorbild des Heiligen Grabes in Jerusalem errichtet wurde. Kreuzkapelle und Heiliges Grab in Torgau waren von einer Mauer umgeben, so dass man annehmen darf, dass die Anlage dem heute noch erhaltenen Heiligen Grab in Görlitz ähnelte.

Auch die Errichtung des ersten Testaments Friedrichs des Weisen steht im Zusammenhang mit dem Aufbruch in das Heilige Land. Es datiert vom 19. März 1493.[459] Hier ist von Friedrichs Entschluss die Rede, über das Meer zu ziehen und das Grab Jesu Christi sowie andere heilige Stätten zu besuchen. Da der Tod gewiss ist, nicht aber die Stunde, wollte Friedrich rechtzeitig für sein Seelenheil vorsorgen. Denn wer dies bei

Lebzeiten nicht tut, wird bald vergessen sein und im jenseitigen Leben nichts Tröstlicheres und Besseres finden als das, was er in diesem Leben mit Gottesdiensten und guten Werken gesammelt hat. Die spätmittelalterliche Jenseitsvorsorge durch gute Werke ist hier deutlich zu greifen. Auch die Wallfahrt nach Jerusalem war für den Kurfürsten eine fromme Leistung, die ihm gleichsam auf sein Ewigkeitskonto gutgeschrieben wurde.

Für den Fall seines Todes wollte Friedrich nach Hause überführt und im Benediktinerkloster Reinhardsbrunn bei Gotha zur Erde bestattet werden. Die Grabplatte sollte aus Messing oder aus gehauenem Stein bestehen und über den Boden erhoben sein. Das Grab sollte also in etwa so aussehen wie das des Kurfürsten Ernst in der Meißner Fürstenkapelle. In Reinhardsbrunn sollte nach Friedrichs Willen für seine Seele gebetet werden – andere Begräbniszeremonien wie fürstliche Botschaften, »pferd ziehen« [Pferde am Zügel durch die Kirche führen] oder anderes Gepränge sollten unterbleiben. Friedrich wollte also keine pompöse Bestattung, wie sie bei Fürsten damals üblich war. Auf der Grabplatte wollte er sein Bildnis mit allen Wappen haben, aber nicht als Kurfürst, sondern als Pilger wollte er dargestellt werden. Die Inschrift[460] sollte nur sein Todesjahr nennen. 1.000 Gulden stellte er bereit, um in Reinhardsbrunn die strenge Regeleinhaltung aufrechtzuerhalten und sein ewiges Gedächtnis abzusichern. Sollte das Kloster allerdings von der Observanz abfallen, erhielt es nichts. In diesem Fall wollte er in Meißen beigesetzt werden, wohin dann auch die 1.000 Gulden und alle seine Gewänder und Kleider gingen, die man zu Messgewändern und anderen »göttlichen Zierungen« umarbeiten sollte.

Friedrich versuchte hier, die Mitte zu halten zwischen der einem Kurfürsten angemessenen Würde und christlicher Demut. Spätmittelalterliche Frömmigkeit spricht aus jeder seiner weiteren Bestimmungen – seine Altarstiftung in der Marien-

Pilger im Heiligen Land

kirche zu Torgau sollte aufrechterhalten werden, und in der Torgauer Schlosskapelle sollten »die sieben gezeit von unnser lieben frauen«[461] künftig von vier Priestern, sieben Chorschülern und einem Organisten täglich gesungen werden. Neben Marienmessen war für die Torgauer Schlosskapelle auch eine Messe für die Heilige Anna vorgesehen, eine Modeheilige des späten 15. Jahrhunderts. Friedrich hat die Mutter Mariens besonders verehrt und ließ den Annentag, den 26. Juli, seit 1494 als hohen Festtag feiern.[462] Außerdem stiftete er in seinem Testament Stipendien für sechs arme Schüler, die, solange in den Ländern Friedrichs und Johanns noch keine Universität errichtet war, von diesem Geld sieben Jahre lang in Leipzig oder Erfurt studieren sollten. Sobald es eine ernestinische Universität geben würde, sollten diese Schüler, die aus den unterschiedlichen Teilen des ernestinischen Territoriums stammen mussten, dort mindestens zwei Jahre lang weiter studieren. Drei von ihnen sollten sich auf die Theologie, zwei auf die Jurisprudenz und einer auf die Medizin verlegen.

Noch am Tag der Errichtung seines Testaments brach Friedrich auf. Über Eilenburg ging es zunächst in Richtung Leipzig.[463] Am 6. April erreichte er Linz, wo ihn der schwer erkrankte Kaiser Friedrich III. empfing und ungern weiterziehen ließ, weil er ahnte, dass sie sich zum letzten Mal sahen. Die nächste wichtige Station war Venedig, wo Friedrich, bis hierher begleitet von seinem Bruder Johann,[464] am 29. April eintraf.[465] Hier brachte man etwa drei Wochen zu, bis sich der Kurfürst am 21. Mai in einem nahegelegenen Kloster erneut den Reisesegen erteilen ließ,[466] denn jetzt stand der gefährliche Seeweg bevor. Seine Galeere folgte der östlichen Küstenlinie der Adria, so dass die Reisegruppe einige Male die Nacht an Land verbringen konnte. Man steuerte zunächst die venezianischen Stützpunkte an: Über Zadar und Ragusa (Dubrovnik) erreichte man die osmanisch beherrschte Welt: Korfu, Methoni auf der Peloponnes und Chania an der Nordküste Kretas waren Stationen. Von hier ging es weiter zum Johanniterstützpunkt Rhodos. Man vermied die Überfahrt über das offene Meer und bevorzugte die längere, aber sicherere Route von Insel zu Insel. Über Paphos auf Zypern erreichte man schließlich Palästina bei Jaffa (Tel Aviv). Am 24. Juni, dem Johannistag, setzte man erstmals den Fuß auf den heiligen Boden.[467]

Die Hinreise, die von Venedig ziemlich genau einen Monat dauerte, verlief reibungslos. Der einzig bemerkenswerte Zwischenfall ereignete sich, als man ein Schiff mit aus Spanien geflohenen Juden aufbrachte, das ohne venezianisches Geleit unterwegs war.[468] Kontakt mit den Osmanen konnte man bis Jaffa vermeiden; dann allerdings brauchte man ein Geleit, um sich im Heiligen Land bewegen zu können. Friedrich hielt seine Identität geheim, was sicher eine kluge Vorsichtsmaßnahme war, weil ein so prominenter Pilger eine potentielle Geisel war, zumindest aber ein ideales Opfer für Wucherpreise. Natürlich versuchten die lokalen osmanischen Behörden, die Identität der Pilger festzustellen, doch erfolglos. Von Franziskanern wurde die Reisegruppe nach Jerusalem begleitet, wo sie am 27. Juni ankam.[469]

Gemessen an der langen Anreise erscheint der eigentliche Aufenthalt im Heiligen Land als ausgesprochen kurz, denn schon am 2. Juli, nach nur einer Woche, verließ man Jerusalem wieder. Am 4. Juli war man schon wieder auf dem Schiff. Als Reiseführer dienten die Franziskanerbrüder, die den Pilgern die Sehenswürdigkeiten zeigten – leider ist der Bericht gerade an dieser Stelle äußerst wortkarg: Als besuchte Sehenswürdigkeiten werden nur die Stelle, an der Maria zu Grabe getragen wurde, und das Loch, in dem Petrus seine Sünde beweinte, nachdem er den Herrn verleugnet hatte, ausdrücklich erwähnt.[470] Beide Orte waren legendarisch.[471] Außer Jerusalem stand nur Bethlehem auf dem Programm. Mehrfach und länger aufgesucht wurde hingegen die Grabeskirche – hier wurde Friedrich am Sonnabend, dem 29. Juni 1493, dem Peter-und-

Pilger im Heiligen Land

Pauls-Tag, von Heinrich von Schaumburg zum Ritter geschlagen. Anschließend gab er den Ritterschlag an die Fürsten, Grafen, Herren und Edelleute seines Gefolges weiter. Ob die 1517 bis 1522 geprägten sächsischen Münzen mit Kreuz und Devise CCNS [Christi Crux Nostra Salus, das Kreuz Christi ist unser Heil][472] auf die Würde Friedrichs als Grabesritter hinweisen sollten,[473] ist zweifelhaft. Warum sollte der Kurfürst die ritterliche Würde erst so spät auf einer Münze verewigen lassen und nicht unmittelbar nach seiner Rückkehr in die Heimat?

Kurz vor der Abreise aus Jaffa kam es zu einem Zwischenfall, weil inzwischen bekannt geworden war, dass es sich nicht um einfache Pilger handelte, sondern dass zwei Fürsten unter ihnen waren.[474] Die osmanischen Behörden behielten den Schiffspatron für einige Zeit als Geisel, um Geld zu erpressen. Auf dem Schiff in Sicherheit, gaben die Fürsten ihr Incognito auf und ließen ihre Fahnen wehen. Die Rückreise verlief auf ähnlicher Route wie der Hinweg, das heißt über Zypern nach Rhodos, wo Friedrich diesmal als Kurfürst in Erscheinung trat und von den Johannitern respektvoll behandelt wurde. Er hörte Messen und betrachtete das dortige Heiltum. Hier erkrankte Herzog Christoph von Bayern mitsamt einigen Edelleuten und konnte die Weiterfahrt nicht antreten – tatsächlich starb er nach wenigen Wochen auf der Insel. Mit der Ankunft Friedrichs in Venedig endet der Reisebericht, der für die letzte Strecke aus dem Rechnungsbuch Hans Hundts ergänzt werden muss. Über Innsbruck, München und Nürnberg ging es zurück nach Torgau, wo der Kurfürst am 30. Oktober eintraf. Siebeneinhalb Monate war es her, dass er von hier aufgebrochen war.

Friedrich unternahm seine Pilgerreise vor allem aus religiösen Gründen. Er wollte zum Heiligen Grab und den Ritterschlag empfangen, er wollte die Orte der Heilsgeschichte mit eigenen Augen sehen und nutzte insbesondere auf dem Rückweg alle Möglichkeiten, Messen zu hören und fromme Übungen zu vollziehen. Von München aus besuchte er die Wallfahrtsorte Altötting und Andechs.[475] Bei einer solchen Reise war immer auch Abenteuerlust im Spiel, und natürlich spielte auch touristische Neugier eine Rolle. Geld wurde nicht nur für Transport, Übernachtungen und Verpflegung ausgegeben, sondern auch für Opfer, Almosen, Geschenke, Trinkgelder, Kartenspiel, Musik, Tanz und Souvenirs wie türkische Teppiche.[476] Auch der Kauf von Jordanwasser und von Rosenkränzen ist durch das Hundtsche Rechnungsbuch belegt.[477] Friedrichs Pilgerreise soll zwischen 30 und 40 Prozent der gesamten kursächsischen Jahreseinnahmen verschlungen haben.[478] Wichtiger als das, was Friedrich an Geld in fremden Landen ließ, war allerdings, was er in die Heimat mitbrachte.

In der Wittenberger Schlosskirche hing später eine zweiteilige Tafel des Heiligen Landes mit seinen heiligen Stätten, außerdem eine »Länge Christi«. Der Kurfürst hatte am Grab die Körpergröße Christi messen und diese auf eine Leinwand übertragen lassen, die man an der nördlichen Kirchenwand zur Schau stellte.[479] Was heute als skurril oder abergläubisch erscheint, war für die spätmittelalterliche Frömmigkeit nichts Ungewöhnliches. Die Körpergröße Christi war eine »Heilige Länge« wie die Länge der Geißelsäule, des Kreuzes oder der Füße Mariens.[480] Solche heiligen Längen wurden im katholischen Bereich noch lange nach der Reformation als Amulette verwendet.[481] Auch erscheint Friedrich auf einem Panoramabild der heiligen Stätten, das heute in Schloss Friedenstein in Gotha hängt – es wurde wohl vom Nürnberger Bürger Wolf Ketzel in Auftrag gegeben, der sich in Begleitung des Kurfürsten befand. Das 80 cm breite und 70 cm hohe Gedächtnisbild (→ **Abbildung 8**) zeigt Friedrich im Pilgergewand und in Gebetshaltung im Vordergrund; er ist durch Inschrift und Wappen eindeutig zu identifizieren. Die heiligen Stätten sind bezeichnet und werden mit der biblischen Geschichte oder frommen Legenden in Verbindung gebracht.[482] Auch die Heilig-

Kreuz-Kapelle und das Heilige Grab in Torgau waren Souvenirs der Pilgerreise, wurden sie doch an einer Stelle errichtet, die von der Pfarrkirche St. Marien so weit entfernt lag, wie es dem Kreuzweg Jesu entsprach. Hier lag ebenfalls eine heilige Länge vor, die in der Karfreitagsprozession zurückgelegt wurde.[483]

All die lieben Heiligen

Den Überresten verstorbener Heiliger, die aus Partikeln ihrer Körper oder aus Gegenständen bestanden, die ihnen gehört oder mit denen sie Umgang hatten, wurde im Spätmittelalter eine Kraft zugeschrieben, die auf die Gläubigen durch Betrachtung und noch mehr durch Berührung übertragen wurde.[484] Kurfürst Friedrich stand solchen magischen Vorstellungen keineswegs fern. Gegen die Auffassung, Friedrichs Verhältnis zu Reliquien sei »distanziert« oder »spirituell-rational« und nicht »ekstatisch-magisch« gewesen,[485] ist Skepsis angebracht. Man sollte Friedrich nicht moderner machen als er war. Er und sein Bruder Johann ließen sich mit Reliquien bestreichen.[486] Als Friedrichs Neffe Johann Friedrich 1505 im Alter von zwei Jahren schwer erkrankte, wurde er zum Heiligen Kreuz in Torgau »gelobt«; man schrieb der dortigen Kreuzesreliquie also besondere heilende Kräfte zu.[487] Spätmittelalterliche Frömmigkeit legte auf physische Präsenz, Massenhaftigkeit und Sichtbarkeit des Heiligen größten Wert, das galt auch für den Kurfürsten. Luther wandte sich 1522 in einer Predigt gegen die veräußerlichte Form der Kreuzesverehrung in Torgau, bei der das Holz und nicht der Gekreuzigte verehrt wurde.[488] Ähnliches konnte man in Wittenberg beobachten.

Schon die askanischen Kurfürsten nutzten Wittenberg als Residenz und ließen dort ein Kollegiatstift mit einer kleinen Klerikergemeinschaft errichten.[489] 1346 bestätigte der Papst die Gründung, die allen Heiligen geweiht und aus der Zuständigkeit des Bischofs von Brandenburg herausgelöst (exemt) war. Nach der Ordnung von 1353 bestand das Stift aus sechs Kaplänen und einem Propst. Deren wichtigste Aufgaben waren die Feier der Messe und die Verwahrung des damals noch bescheidenen Heiltums, darunter ein Dorn aus der Dornenkrone Christi, ein Geschenk des französischen Königs an die Askanier. Die Wettiner nutzten Wittenberg nach 1423 eher sporadisch als Aufenthalt. Friedrichs Vater schenkte der Kirche zwar vor 1486 ein vergoldetes Kreuz mit einer Kreuzesreliquie,[490] aber erst Friedrich machte Wittenberg nach 1500 zu einem sakralen Zentrum des ernestinischen Sachsen. Es übernahm die Funktion des im albertinischen Landesteil gelegenen alten Kultzentrums Meißen. Der Kurfürst trat damit zugleich in einen Wettbewerb mit Halle, wo sein Bruder Erzbischof Ernst um diese Zeit ebenfalls ein Heiltum errichtete.[491]

Friedrichs Konzept beruhte auf drei Säulen: Ausbau der askanischen Burg zum spätgotischen Schloss und der bei der Burg gelegenen Kapelle zu einer prächtigen und mit liturgischem Leben gefüllten Schlosskirche, Vermehrung des dort verwahrten Reliquienschatzes und Gründung einer Universität. Die bauliche Ausgestaltung von Schloss und Schlosskirche[492] war die Voraussetzung dafür, dass das Heiltum angemessen präsentiert werden konnte. Spalatin zählt dies unter den großen Leistungen des Kurfürsten auf: »zu Wittenberg haben seine Churfürstl. Gnaden Schloß, Allerheiligenstift und Universität von Grund auf erbaut, den Stift mit großem Einkommen, auch merklicher Anzahl der Personen gebessert [...]. So strich dieser Churfürst diesen Stift mit Heilthum, gülden Stücken, Heilthum Kleinatern [Kleinodien] von Gold und Silber, auch sammeten und andern seiden Ornaten also heraus, daß gewißlich dazumal wenig Stiftkirchen in allen Deutschen Landen also, bevor mit solcher Ordnung und Vergleichung geziert gewest.«[493] Die Weihe des noch nicht ganz fertiggestellten Kirchenbaus erfolgte im

All die lieben Heiligen

Februar 1503. Auch danach gab es noch bauliche Ergänzungen durch die Errichtung eines Kleinen Chors an der Westseite und einer Heiltumskammer, in der der Reliquienschatz aufbewahrt wurde. Ihre volle Funktion erreichte die Kirche erst in den Jahren vor der Reformation. Diese neue Kirche, von der die früheste Ansicht aus dem Jahr 1509 vorliegt (→ **Abbildung 11**), wurde zum Gehäuse für Friedrichs wichtigstes Frömmigkeitsprojekt, das Wittenberger Heiltum.

Vor 1500 ist nur eine Stiftung an das Heiltum sicher belegt, eine Statuette der Heiligen Anna mit ihrem Daumen aus dem Jahr 1496, eine Erwerbung Friedrichs auf der Insel Rhodos.[494] Der mit Friedrich reisende Pfeffinger legte nach seiner Rückkehr aus dem Heiligen Land eine Reliquiensammlung in Salmanskirchen bei Mühldorf am Inn an, nutzte also die Reise zur Reliquienbeschaffung.[495] Ob dies auch auf den Kurfürsten Friedrich zutrifft, bleibt unsicher.[496] Später befand sich ein Reliquiar mit Heilig-Land-Reliquien in der Wittenberger Sammlung. Andreas Meinhardi beschrieb es um 1507 wie folgt: »Im zweiten Gang wird ein goldenes Kreuz, das mit sehr wertvollen Juwelen verziert ist, ausgestellt. Der Kirche schenkte es der berühmte Fürst und Herr, Herr Friedrich. Es enthält Partikel von der Leinwand, mit der Christus bekleidet war, als er seinen Jüngern die Füße wusch, außerdem Teile der Geißelsäule, vom Grabe des Herrn, vom Ort, wo Christus betete, vom Ort, wo Christus geboren wurde, vom Ort der Auffindung des heiligen Kreuzes, vom Holz des heiligen Kreuzes, vom Grabe der Jungfrau Maria, Reste vom heiligen Johannes dem Täufer, vom Ölberg, vom Stein, wo Christus gefangengenommen wurde, von der Krippe des Herrn, vom Berg Golgatha.«[497] Ob Friedrich diese Orte auf seiner Pilgerreise besuchte, ist nicht bekannt.

Nach der Kirchweihe von 1503 begann eine Zeit intensiver Sammlung und Vermehrung von Heiligenreliquien, die jährlich am Montag nach Misericordias Domini (2. Sonntag nach Ostern) den Gläubigen gezeigt wurden. Friedrich investierte erhebliche Energie und finanzielle Mittel in den Ausbau des Heiltums. Geld kosteten nicht die Partikeln selbst, denn Reliquien zu kaufen oder zu verkaufen war im Kirchenrecht verboten. Geld kostete aber ihre Beschaffung und ihre angemessene Verwahrung in Reliquiaren, die teilweise aus kostbaren Materialien wie Gold und Silber gearbeitet waren. 1505 unterstützte Papst Julius II. den Kurfürsten in seiner Absicht, den Wittenberger Heiltumsschatz zu vergrößern, indem er zur Abgabe von Reliquien nach Wittenberg aufforderte.[498] Damals entstand das Heiltumsverzeichnis des Andreas Meinhardi, mit dem Werbung für einen Besuch der Wittenberger Sammlung gemacht wurde,[499] die den Gläubigen einmal jährlich öffentlich gezeigt wurde.[500] Die Reihenfolge der Heiltumsweisung folgte einer Systematik von Heiligenkategorien, die in der kurfürstlichen Kanzlei festgelegt wurde. Seit 1516 war Georg Spalatin für das Heiltum zuständig.

Zwischen 1504 und 1509 stieg die Zahl der Partikeln von 1.001 auf 5.005. Die Anzahl der Reliquiare erhöhte sich von 84 auf 117.[501] Diese Verfünffachung innerhalb weniger Jahre hing wohl damit zusammen, dass man die Drucklegung des Wittenberger Heiltumsbuchs vorbereitete, das 1509/10 in zwei Auflagen mit zahlreichen Holzschnitten Lucas Cranachs und seiner Werkstatt erschien.[502] Man wollte darin möglichst viele Reliquien in Text und Bild präsentieren, um die Reichweite und die Attraktivität der Sammlung zu vergrößern. Programmatisch ließen sich Friedrich und Johann auf dem Vorsatz zur zweiten Auflage in einem Kupferstich von Cranach als Förderer des Heiltums darstellen (→ **Abbildung 12**) – der erste Kupferstich überhaupt, der einem Buch beigegeben war.[503] Ganz am Ende des Buches stand das Wappen der wettinischen Fürsten, die sich damit als Förderer des Heiltums präsentierten.

Das Wittenberger Heiltumsbuch könnte von Friedrich selbst angeregt worden sein, kannte er doch sehr wahrscheinlich das um 1500 verbreitete Genre aus Nürnberg und Bamberg.

All die lieben Heiligen

An Nürnberger Heiltumsweisungen nahm er in den Jahren 1487 und 1496[504] und an den Bamberger Heiltumsweisungen in den Jahren 1485, 1487, 1493, 1497 und 1500 teil.[505] Das ausführliche Vorwort zum Wittenberger Heiltumsbuch[506] war wohl nicht von Friedrich selbst formuliert, verknüpfte den Reliquienschatz aber ganz eng mit der Person des Kurfürsten und seines Bruders. Den beiden Fürsten ging es um die Bewahrung und Weiterführung eines Erbes, da schon ihre askanischen und wettinischen Vorfahren als Stifter von Reliquien aufgetreten waren. Das Engagement für die Klerikergemeinschaft, die Allerheiligenkirche und das Heiltum, sodann die Universitätsgründung und die Errichtung des Augustinereremitenklosters in Wittenberg wurden als besondere Verdienste der Brüder gerühmt, dienten sie doch der Ehre Gottes, Marias und der Heiligen. Diese Ehre auf jede erdenkliche Weise zu fördern, war eine wichtige Aufgabe der Fürsten. Damit dienten sie nicht nur dem eigenen, sondern auch dem Seelenheil der Untertanen. Die Menschen sollten Ablässe erwerben können, um ihre Sünden zu tilgen. Der Ablass für die Teilnahme an der Reliquienweisung betrug 100 Tage pro Gang und 100 Tage pro Reliquienpartikel. Weitere Ablässe gab es für den Besuch der Allerheiligenstiftskirche. Ein Plenarablass, also ein vollständiger Ablass nach dem Vorbild der Portiuncula-Kapelle bei Assisi, wurde jährlich zwei Tage vor und nach Allerheiligen (1. November) verkündigt. Allerheiligen wurde so zum großen Wittenberger Ablassfest.

Auch nach Veröffentlichung des Heiltumsbuches wuchs die Wittenberger Sammlung weiter. Bis 1516 sind 38 Reliquiare und 8.400 Partikeln hinzugekommen.[507] Die letzte Zahl liegt aus dem Jahr 1520 vor: 18.970 Partikeln umfasste das Heiltum bei der letzten belegten Zählung.[508] Auch danach kamen noch Reliquien nach Wittenberg, bis das Sammeln um 1521/22 unter dem Eindruck der Reformation abgebrochen wurde. Dieses Wachstum war vor allem der Reliquienerwerbspolitik des Kurfürsten Friedrich zu verdanken. Das Mittelalter kannte viele Formen der Reliquienvermehrung: durch Fälschung, Diebstahl oder Teilung. Friedrich hielt alle in seine Wittenberger Sammlung aufgenommenen Partikeln für echt und erwarb sie rechtmäßig. Von kirchlicher Seite gab es viele Bemühungen, dem Missbrauch im Umgang mit Reliquien Einhalt zu gebieten. Dem blühenden Reliquienhandel tat dies freilich keinen Abbruch. Auch wenn man Reliquien nicht kaufen oder verkaufen durfte, konnte man sie gegen andere Reliquien oder gegen Wertgegenstände eintauschen oder sie verschenken. Da der Kurfürst sich 1505 die päpstliche Unterstützung beim Erwerb von Reliquien gesichert hatte, konnte er alle legalen Wege nutzen, um seine Sammlung zu vergrößern.

Der größte Teil der erworbenen Reliquien stammte aus kursächsischen oder mitteldeutschen Klöstern.[509] Das Benediktinerkloster Bosau bei Zeitz im Hochstift Naumburg zum Beispiel schuldete dem Kurfürsten Dienste, für die dem Konvent Holz aus dem Kammerforst zustand. Weil sie dieses Holz nicht erhalten hatten, wandten sich die Mönche 1517 an Friedrich, der die Gelegenheit nutzte, um seinen Beichtvater Jakob Vogt nach Bosau zu schicken.[510] Die Mönche öffneten ihm ihren Reliquienschatz, von dem er nehmen durfte, was er wollte.[511] Vogt wählte 241 Partikeln für das Wittenberger Heiltum aus. Die Mönche wiederholten ihre Bitte wegen des Holzes, woraus man schließen kann, dass sie den Kurfürsten durch die Reliquienschenkung gnädig stimmen wollten. Das Holz und die Gnade des Kurfürsten waren den Mönchen offenbar mehr wert als die abgegebenen Reliquien. Oder hat Friedrich eine Notlage des Klosters ausgenutzt, um Reliquien zu erhalten? Das Beispiel des im Kurfürstentum gelegenen Nonnenklosters Weida vom Jahresende 1517 belegt, dass ein Kloster die Sammelleidenschaft Friedrichs ausnutzen konnte, um Reliquien für materielle Vorteile einzutauschen. Im Falle Weidas hatte die Priorin bereits Reliquien an Vogt übergeben und verband dies

All die lieben Heiligen

nun mit der Bitte an den Kurfürsten um finanzielle Unterstützung für ein Bauvorhaben.[512] Gabe und Gegengabe bestimmten das Verhältnis, wobei sich nicht immer sagen lässt, wer den größeren Vorteil daraus zog. Die Nonnen von Weida haben auch später gelegentlich ihre Bitten an den Kurfürsten mit der Beilage von Reliquien gewürzt, weil sie offenbar davon ausgingen, dass dies ihren Wünschen Nachdruck verleihen könnte.[513] Das Nonnenkloster Sornzig im albertinischen Sachsen öffnete seinen Reliquienschatz ebenfalls für Vogt, der im Frühjahr 1517 60 Stücke entnahm, darunter ein großes Stück von der Haut, dem Kopf und dem Nacken des Heiligen Bartholomäus.[514] Die Nonnen verbanden dies mit der Bitte an den Kurfürsten, ihnen in einem Rechtsstreit beizustehen. Geschickt erinnerten sie in diesem Zusammenhang an Friedrichs Patron, den Apostel Bartholomäus.[515]

An viele andere Klöster aus dem mitteldeutschen Raum wandte sich Friedrich mit der Bitte um Schenkung von Reliquien: Stadtilm, Pforta, Zinna oder Halle wurden kontaktiert.[516] Auf der einen Seite konnten sich die Klöster der Bitte nicht verweigern, wenn sie es sich mit dem Kurfürsten nicht verderben wollten. Auf der anderen Seite weigerten sich die Wittenberger Stiftsherren im November 1513, dem Befehl des Kurfürsten nachzukommen und einige Stücke aus dem Wittenberger Heiltum an den Grafen von Solms abzugeben.[517] Die Kleriker argumentierten damit, dass sie ohne päpstliche Genehmigung keine Reliquien herausgeben dürften, da die Stiftskirche exemt sei, also dem Papst direkt unterstehe. Außerdem würde durch die Abgabe der 272 vom Grafen erbetenen Partikeln der in Wittenberg zu erwerbende Ablass um 272 mal 100 Tage reduziert. Schließlich würde die Abgabe dazu führen, dass das gedruckte Heiltumsbuch nicht mehr stimme, wodurch der Andacht des Volkes geschadet werde. Anderswo würden die Reliquien außerdem nicht von so vielen Menschen verehrt wie in Wittenberg. Wenn man anfange, etwas abzugeben, schade das dem Ruf des Heiltums, und andere könnten auch auf die Idee kommen, etwas zu fordern. Offenbar fiel den Klerikern nicht auf, dass das Heiltum nur durch Abgabe von Reliquien durch andere zustande gekommen war. Die Abgabe von Reliquien nach Wittenberg wurde so zur Einbahnstraße.

Die Reliquienerwerbspolitik des Kurfürsten griff weit über den mitteldeutschen Raum hinaus. In solchen Fällen wurde die Reliquienerwerbung zu einem Aspekt der kursächsischen Diplomatie. 1511 fragte Kurfürst Friedrich den Bischof von Basel wegen Reliquien im Heiligkreuzkloster in Colmar an,[518] und auch in Augsburg[519] oder in Frauenchiemsee[520] sondierte er, ob man von dort Reliquien erhalten konnte. Nicht immer ist klar, ob wirklich etwas nach Wittenberg abgegeben wurde. Es kam auch einmal vor, dass ein Kloster sich weigerte, wie im Falle des Kanonissenstifts St. Ursula in Köln, Reliquien der Elftausend Jungfrauen herauszurücken.[521] Friedrichs Reliquienerwerbspolitik hatte durchaus eine europäische Dimension. Ende 1517 und Anfang 1518 entspann sich ein Briefwechsel mit dem Markgrafen von Mantua, den Friedrich um Reliquien bat.[522] Ob wirklich etwas nach Wittenberg geliefert wurde, ist nicht sicher, da Friedrich ja in einem solchen Fall nur mit den guten Beziehungen für sein Anliegen werben konnte, der Markgraf von Mantua ihm aber nichts schuldig war, obwohl eine entfernte Verwandtschaft bestand. Vom Papst wurden tatsächlich Reliquien nach Wittenberg geliefert.[523] Viele der Anfragen kamen vom Kurfürsten selbst, der viel Zeit und Energie darauf verwandte. Als Georg Spalatin 1516 für das Heiltum zuständig wurde, liefen viele der Reliquienanfragen über ihn. Er führte auch Buch über die nach Wittenberg eingelieferten Partikeln. Angesichts der Masse an Einzelstücken und der Notwendigkeit, sie genau zu kennzeichnen und einem der Gänge zuzuweisen, kann man sich vorstellen, welcher enorme Aufwand mit der Reliquienerwerbung verbunden war.

All die lieben Heiligen

Die Reliquienerwerbungen betrafen manchmal auch die großen politischen Fragen wie die Königswahl von 1519. Im Vorjahr wandte sich der Kurfürst an Margarethe von Österreich, Statthalterin der Niederlande. Zu dieser Zeit war der Wahlkampf um die Nachfolge Kaiser Maximilians voll entbrannt. Margarethe entsprach der Bitte des Kurfürsten und übersandte Reliquien, jedoch nicht ohne den Hinweis, dass Friedrich bedenken solle, ob er nicht in einer größeren Sache dem Kaiser behilflich sein könnte.[524] Dies war nun zweifellos eine Anspielung auf die Königswahl, bei der sich Friedrich für den Habsburger entscheiden sollte. Friedrich nutzte die Gunst der Stunde, um Reliquien zu erwerben, weil er wusste, dass man sie ihm nicht abschlagen würde; er wollte aber nicht den Verdacht der Bestechung durch wertvolle Einfassungen aufkommen lassen und bat um die Reliquien ohne Fassung in Gold oder Silber. Ob die Reliquien selbst schon ein Bestechungsversuch waren, kann man so oder anders deuten.

Friedrich jedenfalls sah sich durch ein Reliquiengeschenk nicht in seiner Wahlfreiheit eingeschränkt und wandte sich auch an den Konkurrenten der Habsburger bei der Königswahl, an den König von Frankreich. Es ergab sich ein intensiver Briefwechsel, in dem von französischer Seite mit der Reliquienschenkung ziemlich unverblümt die Absicht verknüpft wurde, sich den Kurfürsten in der Wahlfrage geneigt zu machen.[525] Friedrich, der die gute Gelegenheit nutzte, versuchte aber den Eindruck, er erbringe in der Wahlfrage irgendeine Gegenleistung, zu vermeiden. Er luchste den konkurrierenden Bewerbern um das römische Königtum Reliquien ab, ohne irgendeine Zusicherung in der Wahlfrage zu geben – oder: Er nahm die von den Schenkern als Bestechungsversuch gemeinten Reliquien an, ohne sich bestechen zu lassen.

Besonders am Herzen lag Friedrich der Erwerb von Reliquien seines Namensvetters, des Heiligen Friedrich von Utrecht. Dafür nahm er große Mühen auf sich.[526] Eine besonders reich fließende Quelle für Reliquien war Venedig, das beste Beziehungen in das Heilige Land und nach Kleinasien hatte. Friedrich unterhielt in Venedig einen Reliquienagenten, den Franziskaner Burkhard Schenk von Siemau, mit dem eine große Zahl von Briefen gewechselt wurde.[527] Siemau wurde von Friedrich nicht nur als Reliquienbeschaffer benutzt, sondern lieferte auch Bücher und Nachrichten nach Sachsen. Besonderes Interesse hatte der Kurfürst an den Reliquien der Heiligen Rochus, Lucia und Helena, die in Venedig vorhanden waren. Allerdings waren die speziellen Wünsche des Kurfürsten schwer zu erfüllen, weil die Venezianer mit Reliquien nicht so großzügig waren wie die sächsischen Klöster. Die Verhandlungen zogen sich hin und kosteten viel Geld, weil ohne Bestechung in Venedig nichts zu haben war. Siemau musste die Brüder Vergerius als Helfer einspannen, die offenbar erfolgreicher als er an Reliquien herankamen. Als die erbetenen Reliquien 1521 endlich in Sachsen ankamen und von Spalatin in Empfang genommen wurden, hatte die Reformation bereits alles verändert. Spalatin dankte den venezianischen Agenten für ihre jahrelange Arbeit bei der Reliquienbeschaffung, fügte aber hinzu, dass sie sich um keine weiteren Reliquien mehr zu bemühen brauchten.[528] In Venedig war die Bestürzung groß, aber es kam noch schlimmer, denn im Juli 1522 schrieb Spalatin, dass er die gelieferten Reliquien zurückgeben wolle, damit man sie in Venedig weiterverkaufen könne.[529] Damit war klar, dass der Kurfürst an weiteren Reliquien aus Venedig kein Interesse mehr hatte. Luther hatte im Februar 1522 einen ziemlich dreisten Brief an ihn geschrieben und sich über seine Reliquienfrömmigkeit lustig gemacht,[530] doch muss das Ende der Reliquienerwerbspolitik noch nicht als Beweis für Friedrichs Zustimmung zu Luthers Theologie genommen werden. Ein Hinweis, dass sich in der Frömmigkeit des Kurfürsten etwas veränderte, ist es aber allemal.

Der fromme Stifter

Zu den hohen Ausgaben des Kurfürsten für das Wittenberger Allerheiligenstift trugen nicht nur die Baukosten für die Kirche, die Aufwendungen für die Kirchenausstattung, für die Beschaffung von Reliquien und für die Vermehrung der Pfründen der Stiftsgeistlichen und Chorknaben bei, sondern auch die zahlreichen Stiftungen zur liturgischen und künstlerischen Umrahmung des Wittenberger Heiligenkultes. Rechnungsbücher belegen, dass Friedrich viel Geld für Textilien, *Vasa sacra* und anderen gottesdienstlichen Bedarf aufwandte.[531]

Die Verehrung Marias war im Spätmittelalter zwar allgemein verbreitet, beim Kurfürsten war sie aber besonders ausgeprägt.[532] Das Wittenberger Heiltum verwahrte eine Madonnenstatuette mit 61 Reliquien.[533] Acht Marienfeste und an die 1.000 Marienmessen wurden alljährlich in der Allerheiligenstiftskirche zelebriert. 1506 errichtete Friedrich für sein Seelenheil und sein Gedächtnis sowie für das seiner Eltern und Nachkommen eine Mess- und Liturgiestiftung »von den Festen der heiligen Jungfrau Maria«.[534] Auch an der Marienkirche und der Schlosskapelle in Torgau förderte er die Marienverehrung durch Stiftungen.[535]

Seine Herrschaft stellte der junge Kurfürst um 1490 programmatisch unter den Schutz Marias, indem er sich kniend vor einer Schutzmantelmadonna darstellen ließ.[536] Der Dessauer Fürstenaltar, der ursprünglich in der Wittenberger Stiftskirche stand,[537] zeigte die Brüder Friedrich und Johann um 1509/10 in anbetender Haltung vor drei Frauen: Maria mit dem Kind sowie die Heiligen Katharina und Barbara.[538] Friedrich auf dem linken Seitenflügel wird empfohlen von seinem Patron, dem Heiligen Bartholomäus, der ihm die Hand auf die Schulter legt.[539] Bartholomäus ist auch Friedrichs Begleiter auf einem Cranach-Gemälde von etwa 1515, auf dem der Kurfürst die apokalyptische Muttergottes verehrt.[540] Weitere Beispiele ließen sich aus Gemälden, Altarretabeln und illuminierten Handschriften beibringen. Ein zur Massenverbreitung geeigneter Holzschnitt Cranachs von 1513 zeigt den Kurfürsten in Anbetung Marias und des Jesusknaben.[541] 1522 schlüpfte Friedrich bildlich in die Rolle des Alphäus, der als Gatte der Maria Kleophas galt, sein Bruder Johann übernahm die Rolle des Zebedäus, des Gatten der Maria Salomas, und wurde so Teil der »Heiligen Sippe«, wie sie in der kirchlichen Tradition verehrt wurde.[542] Zur Familie Jesu zählte auch die von Friedrich sehr verehrte Anna, die legendarische Mutter Marias. »Der Heiligenkult in der Wittenberger Schlosskirche kreiste um die Feste Marias und Annas«.[543]

Doch Friedrichs Verehrung beschränkte sich nicht auf die Mitglieder der Familie Jesu. Mit den Heiligen Ursula und Genoveva ließ er sich um 1512 darstellen.[544] Den Aufenthalt zum Reichstag in Köln 1505 nutze er zum Besuch des Heiltums der Heiligen Drei Könige und zu einem Abstecher zu Unser Lieben Frauen in Aachen.[545] So typisch diese extensive Marien- und Heiligenverehrung für einen Fürsten des Spätmittelalters gewesen sein mag, so sehr Spenden an Klöster oder Opfer für Priester und Sänger zum Spektrum seiner guten Werke gehörten, ist doch auffällig, dass der Kauf von Ablass für ihn keine herausragende Rolle spielte. Zum großen Wittenberger Ablassfest an Allerheiligen hielt er sich zwar öfter in der Stadt auf,[546] aber Hinweise auf den Kauf von Ablässen finden sich kaum.[547]

Friedrich förderte das Wittenberger Allerheiligenstift aber durch zahlreiche Stiftungen. Man hat von einem »Kultboom« gesprochen,[548] der ganz wesentlich auf die Initiative des Kurfürsten zurückging und zu beeindruckenden Quantitäten führte: Um 1519 standen etwa 20 Altäre in der Wittenberger Allerheiligenstiftskirche. Das liturgische Personal bestand aus 81 Personen, darunter zwölf Stiftsherren und zahlreiche Priester. Die jährlich in der Kirche gesungenen oder still gelesenen Messen summierten sich auf bis zu 10.000. Verglichen damit

Der fromme Stifter

spielten Predigten eine untergeordnete Rolle; Prädikaturen stiftete Friedrich nicht, auch wenn er nach Spalatins Beobachtung Predigten gerne hörte.[549] Stattdessen wurde im Allerheiligenstift rund um die Uhr zelebriert, gebetet und gesungen. Allein der Verbrauch an Kerzen betrug 1517 etwa 40.000 Stücke, der Wachsbedarf belief sich auf 66 Zentner.[550]

Dahinter stand die Auffassung, dass ein massenhaftes rituelles Aufgebot einen massenhaften Gnadengewinn absichere.[551] Der Kurfürst trug zu diesem Aufwand finanziell bei: Ende 1513 stiftete er die Sequenz »O adoranda trinitas«, die jeden Sonntag in der Stillmesse gesungen werden sollte. Dabei sollten drei Kerzen brennen, was ihn neun Gulden kostete.[552] 1514 stiftete er fünf ewige Lichter vor dem Hochaltar sowie eine große Kerze. Allein diese bescheidene Stiftung kostete ihn jährlich 23 Gulden.[553] Für Gesänge, die der Verehrung der Himmelskönigin Maria dienten, gab er sogar 104 Gulden jährlich aus.[554]

Mit deutlich höheren Kosten war eine Stiftung des Jahres 1506 verbunden, als Friedrich neben dem bestehenden »Großen« einen »Kleinen«, in der Westwand der Kirche untergebrachten Chor unter dem Patrozinium Marias mit zugehöriger Klerikergemeinschaft aus vier Priestern und vier Chorschülern errichtete.[555] Deren besondere Aufgabe war es, für das Seelenheil der verstorbenen, lebenden und künftigen Mitglieder der ernestinischen Dynastie einzutreten.[556] Die 1510 beginnenden Bauarbeiten verfolgte er vor Ort.[557] Auch in einer Stiftung des Jahres 1514 kommt diese Funktion der Allerheiligenstiftskirche als Memorialort des ernestinischen Herrscherhauses zum Ausdruck. Friedrich bestimmte, dass künftig jeden Freitag und Samstag von den Knaben des Großen und des Kleinen Chors Vigilien gesungen und durch den diensthabenden Priester Seelenmessen gelesen werden sollten. Diese kamen insbesondere den verstorbenen Fürsten von Sachsen zugute. Den regierenden Fürsten sollte dadurch Gnade und Friede von Gott erbeten werden. An 39 Freitagen im Jahr wurde so verfahren, und zwar zusätzlich zu der schon länger bestehenden Stiftung von zwölf monatlichen Fürstenbegängnissen und vier weiteren großen Festen, die ebenfalls der Fürstenmemoria dienten.[558] Damit war sichergestellt, dass in Wittenberg einmal in der Woche Messen und Gesänge für das Fürstenhaus zelebriert wurden.

1517 folgte eine Stiftung der Kreuzabnahme und Grablegung Christi, mit der die Osterliturgie ausgestaltet wurde.[559] Dafür gab Friedrich jährlich 80 Gulden aus. Wie wichtig es ihm war, dass einmal eingerichtete Stiftungen über seinen Tod hinaus Bestand hatten, macht sein zweites Testament vom 4. Oktober 1517 deutlich, in dem er nicht nur seine Beisetzung in der Allerheiligenstiftskirche zu Wittenberg regelte, sondern auch die dort bestehenden Stiftungen sowie diejenigen in der Pfarrkirche zu Torgau und den Schlosskapellen zu Weimar und Torgau bestätigte.[560] Die Stifte in Meißen und Altenburg sollten je 200 Gulden erhalten, aus deren Zinsen ein Jahresgedächtnis für den Kurfürsten finanziert werden musste. 1.000 Gulden stiftete er an 47 Klöster und die Wallfahrtskirche in Eicha für sein Gedenken. Für seinen Bruder, den 1513 gestorbenen Erzbischof Ernst von Magdeburg, errichtete er 1517 am Wittenberger Allerheiligenstift eine Anniversarstiftung.[561] Auch 1519 wurde noch einmal eine große Stiftung an dieser Kirche eingerichtet, eine Betrachtung des heilsamen Leidens Christi.[562] Diese letzte große Stiftung Friedrichs des Weisen fiel bereits in eine Zeit, als diese Form der Frömmigkeit durch die Reformation in Frage gestellt wurde. Darauf weisen die Schwierigkeiten hin, die nötigen Priester für die Stiftungsaufgaben zu finden.[563] Im November 1521 kam es im Allerheiligenstift zum ersten greifbaren Akt des Widerspruchs gegen das kurfürstliche Stiftungswesen, als der Propst Justus Jonas in einer Predigt dazu aufrief, die Stiftungen und Seelenmessen, da sie unnütz und Gotteslästerung seien, abzuschaffen.[564] Fortan führte der Kurfürst einen Kampf um die Aufrechterhaltung

Der fromme Stifter

seiner Stiftungen im reformatorischen Epizentrum Wittenberg. Leichter fiel es ihm, seit 1522 die Ablassverkündigung einzuschränken, die in seiner Frömmigkeit ohnehin nicht tief verwurzelt war.

Der Universitätsgründer

Neben dem Ausbau des Schlosses, der Schlosskirche und des Allerheiligenstifts beruhte Friedrichs Idee eines geistig-geistlichen Zentrums Wittenberg auf der Errichtung einer Universität, die den Verlust Leipzigs an die albertinischen Vettern wettmachen sollte. An Wittenberg und dem Kurkreis hing Friedrichs vornehmste, die kurfürstliche Würde. Ohne die Annahme, dass er bei der Wahl Wittenbergs als Standort der »Alma Leucorea« (griechisch für »weißer Berg«, Wittenberg) ein Gesamtkonzept verfolgte, lässt sich diese Entscheidung kaum erklären. Denn das Landstädtchen an der Elbe war mit etwa 2.100 Einwohnern[565] von sehr überschaubarer Größe. Die Bewohner lebten hauptsächlich von der Landwirtschaft; überregionaler Handel spielte kaum eine Rolle.

»Unter meiner Regierung hat die Universität Wittenberg zu lehren begonnen«

Beim Aufbau moderner Herrschafts- und Verwaltungsstrukturen wurde zu Friedrichs Lebzeiten akademische Bildung immer wichtiger. Juristen, Ärzte und Theologen wurden gebraucht. Bisher hatte sich Friedrich seine Rechtsgutachten von auswärtigen Universitäten einholen müssen, so in Erfurt, Mainz, Heidelberg, Ingolstadt oder Köln.[566] Expertise und Geld im Land zu halten, förderte die heimische Wirtschaft und nützte der territorialstaatlichen Entwicklung. Erste Schritte zu einer Professionalisierung der Verwaltung war der Kurfürst in der Hofratsordnung von 1499 bereits gegangen. Mit Dr. Johann Mugenhofer übernahm 1501 der erste gelehrte Jurist das Amt des Kanzlers.[567] Prestige- und Konkurrenzdenken werden bei der Gründung der Universität ebenfalls eine Rolle gespielt haben, denn hinter dem albertinischen Sachsen mit der Universität Leipzig und Kurbrandenburg, wo 1506 eine Universität in Frankfurt an der Oder eingerichtet wurde, wollte Friedrich nicht zurückstehen.

Seit 1493 trug sich der Kurfürst nachweislich mit dem Plan einer Universitätsgründung. Da die letzten Jahre des 15. Jahrhunderts für ihn eine Zeit des intensiven Reichsdienstes waren, verzögerte sich die Ausführung. Die Gründung der Universität Wittenberg[568] war eher ein langgestreckter Prozess als ein punktueller Akt. Sie war nicht das Werk des Kurfürsten alleine, aber er hielt die Fäden in der Hand und traf die wichtigen Entscheidungen.

In Friedrichs Umfeld gab es Personen genug, die ein Interesse an einer Universitätsgründung hatten. Zu ihnen zählte sein Bruder Ernst von Magdeburg,[569] zu ihnen zählte auch Friedrichs Leibarzt Martin Pollich von Mellrichstadt, der 1502 noch in Leipzig lehrte.[570] Da er hier in eine Gelehrtenfehde verwickelt war, wird ihm ein Wechsel nach Wittenberg willkommen gewesen sein. Bereits im April traf er dort ein, noch bevor die Universität offiziell eröffnet war. Pollich bemühte sich sogleich um die Gewinnung geeigneter Professoren für die Leucorea. Von großer Bedeutung für die Gründung war auch Johann von Staupitz, der dem Augustinereremitenorden angehörte und wie Pollich noch vor der Eröffnung der Universität nach Wittenberg übersiedelte.[571] Woher und wie lange der Kurfürst und Staupitz sich kannten, ist nicht geklärt, aber Friedrich räumte ihm sogleich erheblichen Einfluss auf die Gestaltung seiner Universität ein. Staupitz' frühere Wirkungsstätte, die Universität Tübingen, diente in manchem als Vorbild. Staupitz erhielt eine Professur an der Theologischen Fakultät, die er als Generalvikar des Augustinereremitenordens aber bald nicht mehr ausfüllte und 1512 ganz aufgab.

Die maßgeblichen Schritte zur Universitätsgründung erfolgten zwar im Jahr 1502, aber einen vorläufigen Abschluss fand die Gründungsphase erst 1507. Am 6. Juli 1502 vollzog

»Unter meiner Regierung hat die Universität Wittenberg zu lehren begonnen«

König Maximilian I. auf Bitten des Kurfürsten Friedrich die Gründung eines Generalstudiums in Wittenberg.[572] Die Königsurkunde enthält keine Überraschungen. Die Förderung der Wissenschaften und Künste und die bessere Verwaltung des Gemeinwesens wurden als Gründe hervorgehoben. Der Kurfürst wurde verpflichtet, Statuten zu erlassen. Den in Wittenberg kreierten Doktoren wurde die Lehrerlaubnis überall im Reich zugesichert, wie dies bei älteren Universitäten auch der Fall war. Die Doktorpromotion wurde einer Erhebung in den Adelsstand gleichgesetzt. Die neue Universität erhielt die akademische Gerichtsbarkeit, wodurch die Universitätsangehörigen ausschließlich der Rechtsprechung des Rektors unterstellt wurden.

Friedrich und sein Bruder Johann verkündeten am 24. August aus Weimar in einem gedruckten Ausschreiben[573] den Beginn der Lehrveranstaltungen am Lukastag, dem 18. Oktober 1502. Um gelehrte Leute und Studenten anzulocken, verzichteten die Brüder für die kommenden drei Jahre auf Promotionsgebühren, die üblicherweise zu zahlen waren, wenn akademische Grade erworben wurden. Sie versprachen außerdem, die Freiheiten der Professoren und Studenten zu respektieren. Bei der feierlichen Eröffnung in der Stadtpfarrkirche St. Marien war der Kurfürst nicht persönlich zugegen. Dass man für diesen Akt in die Pfarrkirche ausweichen musste, war dem Umstand geschuldet, dass es Universitätsgebäude in Wittenberg noch nicht gab und dass die Schlosskirche noch nicht ganz fertiggestellt war. In der Sakristei der Pfarrkirche wurde Martin Pollich zum ersten Rektor gewählt. Zuvor hatte der Humanist Hermann von dem Busche[574] im kurfürstlichen Schloss eine festliche Ansprache gehalten.

Die Urkunde des Königs war nur eines von mehreren Dokumenten, mit denen Friedrich seine Gründung absicherte. Im Januar und Februar 1503 verlieh Kardinal Raimund Peraudi, Bischof von Gurk, der am 1. Februar 1503 auch die Allerheiligenstiftskirche weihte, der Universität weitere Vorrechte.[575] Papst Julius II. selbst erteilte seine Zustimmung in den Jahren 1506 und 1507, als er die Freiheiten und Güter der Leucorea unter seinen Schutz stellte und das Wittenberger Allerheiligenstift in die Universität inkorporierte.[576] Für die Finanzierung war diese Einverleibung ein entscheidender Schritt, denn dadurch wurden die Pfründen der zwölf Kanoniker mit Lehrverpflichtungen an der Universität verknüpft. Die Stiftsherren waren künftig zugleich Professoren an der Universität, und diese hatte bei der Besetzung der Kanonikerstellen ein Wort mitzureden. Die Allerheiligstiftskirche war fortan nicht mehr nur Hof- oder Schlosskirche für den Kurfürsten, Memorialort für die ernestinische Familie und Stätte der Aufbewahrung des Heiltums, sondern auch Universitätskirche. Sie war Ort der Rektorwahlen, Ort für universitäre Feierlichkeiten und Promotionen, Hörsaal und seit 1512 Standort der Schloss- und Universitätsbibliothek, die über dem Gewölbe untergebracht wurde. Die am Allerheiligenstift zugleich als Kanoniker tätigen Professoren mussten nicht vom Kurfürsten besoldet werden, sondern lebten von den Einkünften ihrer Pfründen. Wenn Spalatin davon schwärmte, dass unter Friedrich acht Doktoren (das heißt Professoren der Universität) und mehrere Lizentiaten und Magister gleichzeitig an der Stiftskirche tätig waren,[577] verweist dies auf die bemerkenswert enge Verflechtung von Universität und Allerheiligenstift.

Nicht nur durch die Inkorporation des Allerheiligenstifts schonte Friedrich seinen Säckel: Eine weitere universitäre Professur wurde vom Franziskanerorden, sogar zwei Professuren von den Augustinereremiten finanziert.[578] Dass es gelungen ist, die Augustinereremiten nach Wittenberg zu holen, die jetzt mit dem Bau eines Klosters begannen, war das Verdienst von Staupitz. Die nicht aus dem Allerheiligenstift oder von den Bettelorden finanzierten Professoren erhielten ihr Gehalt aus der kurfürstlichen Kammer, aus Geleitsgeldern oder aus Einkünften aus den Ämtern. Ein eigenes Stiftungsgut in Form von Landbesitz übertrug der Kurfürst seiner Gründung nicht. Trotz mancher Probleme blieb dieses Finanzierungsmodell über den Tod Friedrichs hinaus bestehen und wurde erst 1536 grundlegend geändert.

Die Leucorea war von Beginn an eine Vier-Fakultäten-Universität, wie sie damals nach dem Vorbild älterer Hochschulen, vor allem Paris, an vielen Orten des Reiches und Europas bestanden. Die Artistenfakultät[579] diente als Eingangsstufe und nahm die meisten Studenten auf, von denen viele die Universität ohne Abschluss verließen. Diejenigen, die den Grad eines Magisters der freien Künste erwarben, konnten ihr Studium in einer der drei höheren Fakultäten fortsetzen und dort den Titel eines Doktors erwerben. Über dieser Gemeinschaft der Lehrenden und Lernenden – die eigentliche Bedeutung von *universitas* – stand Kurfürst Friedrich als Gründer und Geldgeber, dessen Bild das erste erhaltene Universitätssiegel von ca. 1514 zierte. Es trug die Umschrift: »Unter meiner Regierung hat die Universität Wittenberg zu lehren begonnen« (→ **Abbildung 9**).[580]

 ## Markt der edlen Wissenschaften und Orakel

Die innere Ordnung der Leucorea wurde durch Statuten geregelt, die erst aus dem Jahr 1508 für die Gesamtuniversität und alle vier Fakultäten erhalten sind.[581] Auch wenn der Kurfürst diese in seinem Namen ausgehenden Ordnungstexte, die vermutlich auf den Juristen Christoph Scheuerl[582] zurückgingen, nicht selbst formulierte, gaben sie seine Auffassung treffend wieder, dass seine Gründung an erster Stelle dem Lob Gottes diente. Die Universität bezeichnete er als einen Markt der edlen Wissenschaften,[583] von dem seine Besucher ebenso etwas mitnehmen sollten wie der Kurfürst selbst. Auch die Bevölkerung

Der Universitätsgründer

sollte sich zu diesem Markt wie zu einem Orakel[584] flüchten, um in zweifelhaften und unsicheren Fragen mit einer gewissen und sicheren Antwort zurückzukehren. Dem Kurfürsten halfen diese Antworten, um sein Land gut zu regieren. Besonders von den Juristen erwartete er, dass sie die Funktion eines Landesorakels[585] erfüllten.

So sehr der Kurfürst bereit war, die Freiheiten der Universität zu respektieren, gab er die Kontrolle doch nicht ganz aus der Hand.[586] Er setzte ein Kollegium von vier »Reformatoren« ein, das als Aufsichtsgremium diente. Außer dem amtierenden Rektor gehörten dieser Gruppe im Jahr 1508 mit Mugenhofer, inzwischen Professor der Rechte und Propst an der Stiftskirche, Staupitz und Pollich drei Männer an, die Friedrichs Vertrauen besaßen.[587] Statuten mussten immer vom Fürsten genehmigt werden. Neben der Verfestigung der Strukturen galt es vor allem, Professoren und Studenten anzulocken. Diesem Zweck diente eine Werbeschrift des Andreas Meinhardi von 1508.[588] Sie pries nicht nur die Stadt und die Universität Wittenberg in den höchsten Tönen, sondern auch den Helden, den Jupiter, den Landesherrn Friedrich. An ihn richtete Meinhardi seine Vorrede, ihm setzte er ein Denkmal. Diesem Fürsten war es zu verdanken, dass so viele gelehrte Professoren dort lehrten, dass selbst die Bauern in und um Wittenberg Latein sprechen konnten, hieß es in maßlos übertreibender Panegyrik.

Dass der Kurfürst persönlich auf die universitären Angelegenheiten Einfluss nahm, ließe sich an vielen Einzelheiten demonstrieren. 1503 äußerte er sich zum Beispiel zu dem Ansuchen, in Wittenberg eine Druckerei einzurichten, um Bücher in der »via Scoti« drucken zu können, im Prinzip zustimmend, aber mit dem Hinweis, nicht nur diese philosophische Richtung, sondern auch andere Fakultäten und Künste zu berücksichtigen.[589] Man kann daraus schließen, dass Friedrich eine Offenheit gegenüber allen intellektuellen Strömungen des ausgehenden Mittelalters bewahren wollte, die sich an den Leittheologen der Scholastik wie Duns Scotus oder Thomas von Aquin orientierten. In den Anfangsjahren der Leucorea waren die Lehrstühle und Lehrveranstaltungen noch in die mittelalterlichen Schulrichtungen des Thomismus und des Scotismus geteilt, wobei die letztere Richtung dominierte. »Wittenberg war eine Universität der via antiqua skotistischer Richtung«[590]. Die bekanntesten Gelehrten aus der Frühzeit der Leucorea, Pollich, Staupitz, von dem Busche, Spalatin und Scheuerl standen jedoch bereits für das moderne humanistische Bildungsideal, das in Wittenberg von Anfang an ebenfalls vertreten war, aber noch nicht die Herrschaft übernommen hatte. Hier standen nicht die großen Schultheologen des Spätmittelalters als Autoritäten im Hintergrund, sondern Orientierung gab die klassische Antike, an die man in Sprache, Kultur und Ästhetik anzuknüpfen versuchte. Auch wenn man eine Affinität des Kurfürsten zu diesen Personen und ihrem Bildungsideal vermuten kann, ließ er das alte scholastische System unangetastet, behinderte aber auch die humanistische Bewegung nicht, die sich mit der Universitätsreform von 1518 in Wittenberg durchsetzte.

Direkte Eingriffe des Kurfürsten in Personalangelegenheiten sind in nur wenigen Fällen nachweisbar. 1510 verweigerte er seine Zustimmung zu der Ernennung des Ulrich von Denstedt als Nachfolger des verstorbenen Mugenhofer im Amt des Propstes des Allerheiligenstifts mit der Begründung, Denstedt sei zur Wahrnehmung seiner Lehrverpflichtungen nicht in der Lage.[591] Friedrichs bekannteste Personalentscheidung war die Berufung Melanchthons im Jahr 1518.[592] Der Kurfürst achtete sehr auf das satzungsgemäße Funktionieren seiner Gründung. Sonst wurde er regelmäßig dann eingeschaltet, wenn es Probleme gab: im Juli 1512 anlässlich studentischer Unruhen,[593] im September 1513, als die Studenten sich über die schlechte Ausstattung der Bibliothek und einen fehlenden beständigen Drucker bei ihm beschwerten.[594] 1516 addierten sich die Schwierigkeiten bereits in einer Weise, dass sich Friedrich genauen Bericht über die Erfüllung der Vorlesungspflichten, die Besoldung der Professoren und andere finanzielle Fragen erstatten ließ.[595] Die Nichterfüllung der Lehrverpflichtungen an der Juristenfakultät war Anlass für einen Tadel an die Adresse der vier »Reformatoren«, die ihrer Aufsichtspflicht nicht nachgekommen waren.[596] Von Studenten verursachte Konflikte und »Unfleiß« der Professoren, insbesondere der Juristen, veranlassten den Kurfürsten gelegentlich zum Eingreifen.[597] Ein Dauerproblem war das Verhältnis zwischen der Universität, die ihre Freiheiten verteidigte, und dem Rat der Stadt Wittenberg, der seine Gerichts- und Steuerhoheit zu behaupten versuchte. Zwischen Bürgern und Studenten kam es immer wieder zu gewalttätigen Auseinandersetzungen, in die der Kurfürst eingreifen musste.[598] Der Streit eskalierte 1523 über der Frage der Veranlagung der universitären Güter zur Landessteuer.[599]

Auch wenn es Anlaufschwierigkeiten gab, nahm die Leucorea in den ersten eineinhalb Jahrzehnten dank der Förderung des Kurfürsten eine positive Entwicklung. Die Immatrikulationszahlen stiegen, die Qualität der Professoren war gut genug, um für ältere Universitäten wie Leipzig und Erfurt eine ernsthafte Konkurrenz darzustellen. Dass mit Martin Luther und Philipp Melanchthon nach 1512 beziehungsweise 1518 zwei professorale »Stars« in Wittenberg lehrten, ist dem Kurfürsten nicht entgangen. Sein Interesse, sie in Wittenberg zu halten und ihnen möglichst gute Bedingungen und Entfaltungsmöglichkeiten zu verschaffen, ist deutlich zu greifen. Im März 1524 gab er auf einen Antrag Luthers seine Zustimmung, dass Melanchthon künftig theologische Vorlesungen übernehmen durfte,[600] was ihn in eine Zwitterstellung zwischen Artistischer und Theologischer Fakultät versetzte. Die Reform des Jahres 1525, durch die Luther und Melanchthon mit einem Sonderstatus ausgezeichnet wurden, der ihnen nicht nur ein höheres Gehalt, sondern auch völlige Lehrfreiheit bescherte, fiel dann allerdings schon in die Regierungszeit des Kurfürsten Johann.

Auch um Studenten kümmerte sich der Kurfürst. Schon in seinem ersten Testament hatte er Stipendien eingerichtet.[601] Hinweise auf die kontinuierliche Unterstützung eines Studenten für einen Studienabschluss in Wittenberg finden sich dann erst im Jahr 1515, als der gleichnamige Sohn des Nürnberger Arztes Ulrich Pinder, der bis 1493 Friedrichs Leibarzt gewesen war, ein Studienstipendium des Kurfürsten erhielt.[602] Ein Einzelfall scheint dies nicht gewesen zu sein. Zu solchen sporadischen Stipendien für Einzelpersonen kamen einmalige Zahlungen an bedürftige Studenten und zweckgebundene Unterstützungen, etwa für Chorschüler an der Allerheiligenstiftskirche, unter denen sich mehrere Studenten befanden. Sie hatten für ihre Studienförderung liturgische Dienste zu leisten.[603] Dieses rudimentäre Stipendiensystem, durch das nur wenige gefördert werden konnten, blieb bis zum Tod Friedrichs des Weisen bestehen.

Bauherr für die Universität

Kurfürst Friedrich betrachtete, so berichtet es Spalatin, das Bauen als eine Form der Wirtschaftsförderung, von der vor allem die armen Leute profitierten, weil sie auf den Baustellen in Lohn und Brot kamen: »denn er war ein friedlicher Fürst und der es dafür hielt, daß man viel armen Leuten damit dienet, wenn man bauet.«[604] Frieden zu halten war also die Voraussetzung einer kurfürstlichen Baupolitik, die sicher auch der Repräsentation und dem Nachruhm diente, die aber auch einen sozialen Aspekt beinhaltete. Bei aller persönlichen Bescheidenheit war Friedrich nicht frei von Eitelkeit und wollte Spuren in der Geschichte hinterlassen, aber seine Bauprojekte waren niemals übertrieben prunkvoll und dienten immer auch einem praktischen Zweck. Das galt besonders für Wittenberg und das dort an der Stelle der alten askanischen Burg errichtete Schloss, eine spätgotische Dreiflügelanlage im Westen der Stadt.

Was heute noch davon zu sehen ist, hat nach den Zerstörungen im Siebenjährigen Krieg, dem preußischen Kasernenumbau 1815 bis 1819 und den Neu- und Umbauten im Zusammenhang mit dem Reformationsjubiläum 2017 mit dem Schloss, das Friedrich der Weise errichten ließ, nicht mehr viel zu tun. Mit dem Neubau des Wittenberger Kernschlosses wurde 1489/90 begonnen; abgeschlossen war dieses Bauprojekt im Jahr 1508.[605] Die askanische Burg ist dabei ebenso spurlos verschwunden wie die ursprüngliche Burgkapelle durch den 1497 begonnenen Neubau der Schlosskirche. Das Schloss war wie die Schlosskirche ein multifunktionales Gebäude und diente auch der Universität. Es bot Wohnräume für den Kurfürsten im ersten bis vierten Obergeschoss des Südturms, darunter eine Stammstube mit der Darstellung der Sachsenherrscher an den Wänden.[606] Die vom Kurfürsten genutzten Räumlichkeiten waren kunstvoll ausgestattet, auch gab es ein »heimliches Gemach«, das heißt eine Toilette mit Wasserspülung, und einen Durchgang zur Empore der Kirche.[607] Im dritten Stock des Südturmes befand sich eine Drechselstube, in der Friedrich seinem Hobby nachgehen konnte, im Stock darüber ein »Studiolo«, das mit Turnier- oder Jagdmotiven ausgemalt war.[608] Im Keller des Südturms war das Gefängnis untergebracht, in dem Straftäter aus der Stadt und in schweren Fällen auch Studenten einsaßen.[609] Aber die Hauptverwendung war doch eine andere: Spalatin und Friedrichs Bruder Ernst von Magdeburg hatten eigene Zimmer im Schloss, es gab Gelehrtenwohnungen und eine Malerstube, die von Künstlern wie Jacopo de' Barbari und Lucas Cranach genutzt wurde. Auch eine Druckerei war im Schloss untergebracht,[610] und lange nach Friedrichs Tod (1536) wurde die Bibliothek hierher verlegt. Mehrfach wurden Prinzenhöfe im Schloss eingerichtet, so 1511 bis 1515 für die jungen Herzöge von Braunschweig-Lüneburg, die Neffen des Kurfürsten, die an der Universität studierten und im Schloss unterrichtet wurden.[611]

Dass der Kurfürst durch die räumliche Nähe zu Malern, Druckern und Gelehrten »unmittelbar am Schaffensprozess seiner Eliten«[612] teilhaben wollte, ist zu bezweifeln, denn Friedrich hielt sich seltener in Wittenberg auf, als man früher angenommen hat. Als Dauerresidenz hat das Wittenberger Schloss ihm nie gedient, sondern seine Aufenthalte verteilten sich über das ganze Jahr und dauerten meistens nur einige Tage.[613] Nachdem 1508 die Kirche und das Kernschloss mit einem Turnier eingeweiht worden waren, sind das Hoflager, häufiger noch der Kurfürst und sein Bruder Johann mit kleinerem Gefolge vornehmlich zu den christlichen Hochfesten (Ostern, Weihnachten) sowie zur Weisung der Reliquien in der Schlosskirche und zum Ablass an Allerheiligen in Wittenberg nachzuweisen.[614] Ein ausgedehnteres Hoflager im Frühjahr war bis 1521 üblich. In seinen letzten Lebensjahren hat Friedrich das Wittenberger Schloss gemieden, was mit Luther zu tun hatte und mit Friedrichs Bemühen, nicht den Eindruck allzu großer räumlicher Nähe zu seinem gebannten und geächteten Professor aufkommen zu lassen.

Nicht nur durch die tiefgreifende Umgestaltung von Schloss und Schlosskirche – bis 1509 betrugen die Gesamtkosten für den Umbau rund 32.500 Gulden[615] – veränderte Friedrich der Weise das Stadtbild Wittenbergs, sondern seine Förderung ermöglichte auch die Errichtung eines universitären Zentrums mit Hörsälen und studentischen Unterkünften im östlichen Stadtgebiet, wo ein regelrechter Universitätscampus entstand.[616] 1504 schenkte der Kurfürst einen größeren Bauplatz ganz im Osten der Stadt an die Augustinereremiten, die hier ihr Kloster errichten konnten, in dem auch universitäre Lehrveranstaltungen stattfanden.[617] Das Kloster der Augustinereremiten war

Der Universitätsgründer

zugleich das erste mit Hilfe des Kurfürsten errichtete Universitätsgebäude. Es folgten drei weitere universitäre Bauprojekte: Die Errichtung des alten und des neuen *Collegium Fridericianum* sowie die Errichtung des Juristenkollegs nach 1519.

Am wichtigsten für die Zeit Friedrichs war die Errichtung des alten und des neuen *Collegium Fridericianum* auf einem Gelände im Elsterviertel direkt an der heutigen Collegienstraße. Mit dem Bau des alten Kollegs wurde 1503 angefangen, mit dem Bau des neuen Kollegs, das dieses Universitätsquartier zur Collegienstraße hin abschloss, wurde 1509 begonnen – das Grundstück und die Gelder kamen vom Kurfürsten. Bauleiter war der Wittenberger Amtsschosser Anton Niemeck, der den Kurfürsten über die Fortschritte stets auf dem Laufenden hielt.[618] Diese Kollegien waren das Zentrum der jungen Universität, wobei das alte Kolleg mit seinen drei oder vier Hörsälen und zwei Stuben vor allem durch die Artisten und die Mediziner genutzt wurde. Friedrich genehmigte 1504 auch die Einrichtung einer Mensa im alten Kolleg.[619] Im neuen Kolleggebäude gab es zwei Hörsäle, von denen der große durch die Theologische Fakultät genutzt wurde.[620] Hier hielt Martin Luther seine Vorlesungen. Beide Hörsaalgebäude waren dreigeschossig und boten auch Studentenkammern und Toiletten. Kurfürst Friedrich engagierte sich auch beim Bau eines dritten Kolleggebäudes, dem Juristenkolleg, mit dessen Errichtung im Jahr 1519 begonnen wurde.[621] Hier scheinen die landesherrlichen Gelder allerdings nicht in dem Umfang geflossen zu sein, wie es für einen schnellen Baufortschritt nötig gewesen wäre.

Der Renaissancefürst

Als Universitätsgründer, Finanzier und Bauherr der Leucorea trug Friedrich der Weise viel zur Hebung von Bildung und Wissenschaft im ernestinischen Sachsen bei. Die »Gnade und Liebe« des Kurfürsten für alle »Gelehrten und Kunstreichen« betonte Spalatin, der zu diesem Personenkreis nicht nur einige kurfürstliche Räte und Wittenberger Professoren zählte, sondern auch die Ärzte Dr. Simon Pistoris und Dr. Ulrich Pinder sowie den Maler Lucas Cranach.[622] Friedrich schätzte Gelehrsamkeit und Kunstfertigkeit bei anderen, was ihn aber noch nicht selbst zu einem Humanisten machte. Als Mensch der Renaissance hatte er aber einen Sinn für die Bedeutung der schönen Wissenschaften, er schätzte die Architektur, die Kunst und die Musik und wollte Spuren hinterlassen, die sein Lebensende überdauerten.

Friedrich, der Humanist?

In der Forschung wurden Friedrich und der Humanismus teilweise zu eng zusammengerückt.[623] Bernd Stephan hat jedoch in vorsichtig abwägender Argumentation davor gewarnt, Friedrich als Förderer des Humanismus zu überschätzen oder ihn gar selbst zum Humanisten zu stempeln.[624] Er hatte keine humanistische Bildung genossen, die über einige Lateinkenntnisse und ein Interesse für die Geschichte des wettinischen Hauses hinausging. Bei der Gründung der Universität Wittenberg handelte er nicht etwa aus Liebe zur Wissenschaft, sondern für ihn waren »durch und durch praktische Erwägungen die ausschlaggebenden Motive seiner Wissenschaftspolitik«.[625] Auch lassen sich keine Belege dafür finden, dass der Kurfürst gegenüber humanistischem Gedankengut besonders aufgeschlossen gewesen wäre.[626] Die Förderung von Humanisten, die es durchaus gegeben hat, ist eher auf das fürstliche Streben zurückzuführen, sich Ruhm und Ehre zu erwerben und die eigene Bedeutung ins rechte Licht zu rücken.[627]

Unter Friedrichs Ratgebern gab es jedoch zahlreiche Personen, die humanistisch geprägt waren. Hier ist an Georg Spalatin zu denken, der für die Prinzenerziehung und das Heiltum zuständig war, der die Wittenberger Bibliothek betreute, der dem Kurfürsten als Chronist und Biograph diente, der aber auch Sekretärsaufgaben wie die Übersetzung lateinischer Texte für ihn übernahm. Er personifizierte die humanistische Bildung in Friedrichs Nahumfeld, war aber kein Einzelfall unter dessen Ratgebern. Mit Heinrich von Bünau zu Teuchern, Dr. Johann Mugenhofer, Hans von der Planitz, Dr. Henning Göde,[628] Dr. Gregor Brück,[629] Johann Stabius[630] und Dr. Johann Pfeffinger[631] stützte Friedrich seine Regierung auf eine Reihe weiterer akademisch-humanistisch gebildeter Männer,[632] auch wenn es sich wie im Falle von Stabius wohl nur um eine lockere Beratertätigkeit gehandelt haben dürfte.[633]

Dass viele Humanisten und Theologen ihre gelehrten Werke dem Kurfürsten Friedrich widmeten und dass sie dabei seine Wissenschaftsförderung priesen,[634] ist zwar ein Beleg für seine Aufgeschlossenheit gegenüber den *Studia humanitatis* und der Theologie, aber Fürstenlob hatte meist sehr eigennützige Motive, vor allem die Hoffnung auf finanzielle Förderung. Friedrich war für Schmeicheleien zweifellos empfänglich, er übernahm gerne die Rolle des Gönners, weil es seinem Streben nach Bekanntheit und Nachruhm entgegenkam. Die zahlreichen Dedikationen stammten teilweise von Männern, die an der Leucorea tätig waren und damit in einem Dienstverhältnis zu ihm standen.[635] Unter ihnen ist auch Luther zu nennen, der Friedrich gleich mehrere Schriften widmete: 1519 die »Operationes in Psalmos«, 1520 die »Tessaradecas consolatoria« und 1521 die lateinische Adventspostille.[636] Auch die Wittenberger Professoren Martin Pollich, Andreas Karlstadt, Philipp Melanch-

Friedrich, der Humanist?

thon und Johannes Bugenhagen widmeten ihrem Landesherrn einzelne Werke.[637]

Unter den Autoren, die ihr Gehalt nicht vom Kurfürsten bezogen und ihm Schriften widmeten, finden sich die berühmtesten Namen des deutschen Humanismus: Konrad Celtis, Jakob Wimpfeling, Johannes Reuchlin, Erasmus von Rotterdam, Petrus Mosellanus und Beatus Rhenanus.[638] Sie alle erwarteten eine Gegenleistung finanzieller oder anderer Art, die Friedrich in der Regel auch erbrachte. Erasmus erhielt für die Dedikation seiner Sueton-Ausgabe vom Kurfürsten eine Porträtmedaille, Celtis, der ihm schon als Kurprinz seine »Ars versificandi« zugeeignet hatte, erhielt einen Druckkostenzuschuss für seine Ausgabe der Werke der Roswitha von Gandersheim. Dass Celtis 1487 zum Dichter gekrönt wurde, soll auf Friedrichs Empfehlung zurückgegangen sein.[639] Nicht immer wurden die mit einer Dedikation verbundenen Erwartungen erfüllt. Als Petrus Mosellanus dem Kurfürsten 1518 eine Rede des Isokrates widmete, bemühte er sich zeitgleich um die Berufung auf die in Wittenberg neu eingerichtete Griechisch-Professur. Doch der Kurfürst entschied sich nicht für ihn, sondern auf Empfehlung Johannes Reuchlins für Philipp Melanchthon.[640]

Ein besonders freundschaftliches Verhältnis pflegte Friedrich zu dem Humanisten Konrad Mutianus in Gotha, mit dem er Briefe wechselte.[641] Mutianus war es, der dem Kurfürsten den jungen Georg Spalatin als Prinzenerzieher empfahl. Man machte sich gegenseitig Geschenke, Friedrich besuchte ihn sogar.[642] Aber Friedrichs Wunsch, ihn nach Wittenberg zu holen, lehnte Mutianus ab, um seine Unabhängigkeit zu bewahren. Friedrichs Bemühungen, diesen berühmten Gelehrten für seine Universität zu gewinnen, können also nicht einfach als selbstlose humanistische Freundschaftspflege betrachtet werden, sondern waren mit der Absicht verbunden, die Leucorea aufzuwerten und damit auch den eigenen Ruhm zu steigern. Friedrich zog Humanisten, die nicht in seinen Diensten standen, generell gerne als Ratgeber und Gutachter heran. Er behandelte auswärtige Gelehrte in ähnlicher Weise, wie er mit seinen eigenen Räten und den Wittenberger Professoren umging: Er erwartete kompetente Ratschläge, denen er nicht selten auch folgte.[643]

Es gab auch Schnittmengen, die man als humanistische Züge am Kurfürsten identifizieren könnte. Dazu zählte die Hochschätzung der Bibel, die Friedrich mit den Bibelhumanisten teilte. Wie viele Humanisten legte Friedrich Wert auf eine innere Frömmigkeit und hegte eine Abneigung gegen bloße Dogmen. Mit vielen Humanisten teile er auch einen Reichspatriotismus. Sein Interesse für die Geschichte war ebenfalls ein humanistischer Zug.[644] Dies alles bedeutete aber noch nicht, dass Friedrich humanistische Gelehrsamkeit um ihrer selbst willen gefördert oder dass er dieser Form der Bildung irgendeine Exklusivität eingeräumt hätte. Die Frage, ob er in Wittenberg eine humanistische Akademie errichten wollte, wird man so beantworten müssen: »das war sicher nicht der Fall«.[645] Die Leucorea war in ihren Anfangsjahren keine vom Humanismus besonders geprägte Universität, sondern sie wurde es erst nach 1518, als die Fraktion der Humanisten durch Philipp Melanchthon verstärkt und entsprechende Reformen eingeleitet wurden. Immerhin war Friedrich an der Berufung Melanchthons beteiligt; aber der Anstoß zu humanistischen Reformen, die vor allem in einer Stärkung des Studiums der klassischen Sprachen bestanden, kam nicht vom Landesherrn, sondern aus der Universität. Auch in dieser Hinsicht sollte Friedrichs persönliche Bedeutung für den Wittenberger Humanismus »nicht allzuhoch« veranschlagt werden.[646]

Förderer von Architektur, Kunst und Musik

Nicht nur in Wittenberg, sondern auch in vielen anderen ernestinischen Städten trat Friedrich als Bauherr auf.[647] »S[eine] Churf[ürstliche] G[naden] haben auch das Schloss Eilenburg gebauet, die Lochau, da s[eine] Churf[ürstliche] G[naden] wunder gern waren, ihr Leben auf Erden auch daselbst beschlossen, die Neu Lochau, zu Liebenwerda, zu Coburg ein herrliche Kemnaten, zu Grimm schier das ganze Schloß, Weimar, Colditz und Altenburg alle drey Schlösser, wahrlich herrliche schöne Häuser, deren sich auch ein römischer Kaiser gewißlich nicht schämen durft. Und also, dass s[eine] Churf[ürstliche] G[naden] zuweilen wol an dreien oder vier Enden auf einmal bauet«.[648] In Lochau ließ der Kurfürst nicht nur das Schloss erneuern, sondern eine ausgedehnte Gartenanlage mit Lusthäusern, exotischen Pflanzen, Fischteich, Weinberg, Tiergehege und Vogelvolieren errichten. Um 1520 besaß kein anderer deutscher Territorialfürst einen derart aufwendigen und kostspieligen Gartenkomplex.[649]

Von Friedrichs Bautätigkeit profitierte neben Wittenberg besonders Torgau. Er ließ nach 1514 Teile des Schlosses Hartenfels erneuern, 1518 einen gedeckten Gang vom Schloss in die Stadtkirche anlegen, und für die Schlosskapelle stifteten er und sein Bruder Johann eine Geldsumme.[650] Besondere Mühe verwandte der Kurfürst auf die Errichtung einer steinernen Brücke über die Elbe, die eine baufällige Holzbrücke ersetzen sollte. Dieses große Bauprojekt wurde 1496 begonnen, ging aber nur schleppend voran. Zur Finanzierung erwirkte Friedrich vom Papst eine Fastendispens. Seit 1490 war es erlaubt, gegen entsprechende Bezahlung in der Fastenzeit Butter und andere Milchspeisen zu verzehren; von diesen Einnahmen sollten die Brücke und eine der Heiligen Anna geweihte Brückenkapelle gebaut werden. Nach 20 Jahren hatte diese besondere Einnahmequelle noch immer nicht zum Abschluss der Bauarbeiten geführt; lediglich die Kapelle wurde um 1500 fertiggestellt. Deshalb mussten 1512 und 1513 neue Dispense in Rom eingeholt werden.[651] Aber das Geld reichte noch immer nicht, weshalb man letztlich den Plan einer steinernen Brücke aufgab und in Holz weiterbaute. Das Gemälde »Hirschjagd« des jüngeren Cranach von 1544 zeigt diese Brücke mit dem 1518 errichteten Brückenhaus (→ **Abbildung 10**). Deutlich erkennt man die am Schlossufer in Stein ausgeführten ersten Pfeiler sowie den Weiterbau in Holz. Der gedeckte Gang vom Schloss in die Stadtkirche ist im Hintergrund ebenfalls zu sehen.

In Eilenburg, Lochau, Liebenwerda, Grimma, Weimar und Altenburg ließ Friedrich die Schlösser zwar nicht neu errichten, aber die bestehenden Anlagen renovieren. Schloss Colditz, das weitgehend im Zustand des 16. Jahrhunderts erhalten ist, war ein beliebter Aufenthalt in seinen letzten Lebensjahren.[652] Durch einen Stadtbrand im Jahr 1504 wurden auch Teile des Schlosses in Mitleidenschaft gezogen. 1519 begannen umfangreiche Erneuerungsarbeiten, an denen Friedrich persönlichen Anteil nahm. Er drängte auf einen raschen Baufortschritt und überwachte die architektonische Gestaltung. Immer wieder griff er ein, so bei der Anfertigung einer »welschen« Vertäfelung in der kurfürstlichen Stube. Auch die Ausmalung folgte Vorgaben des Kurfürsten.[653] Wie in Wittenberg gab es auch in Colditz eine Drechselstube.[654] Auf der Veste Coburg ließ er nach einem Brand im Jahr 1500 die von Spalatin als »herrlich« gepriesene »Steinerne« oder »Hohe Kemenate« errichten, die die beiden Burghöfe trennte. Im unteren Geschoss lagen die Küche und die Räume für die Bediensteten. In der großen Hofstube im ersten Stock, die Platz für 200 Menschen bot, wurden Feste gefeiert. Die Wände waren mit Jagdszenen geschmückt.

Friedrichs Vorliebe für Lochau, aber auch seine Bautätigkeit an anderen Residenzschlössern belegen, dass er keineswegs prunksüchtig war, aber auf eine standesgemäße, geschmack-

Förderer von Architektur, Kunst und Musik

volle und bequeme Unterbringung Wert legte. Bei seinen Bauprojekten handelte es sich oftmals um bloße Reparaturarbeiten wie im Falle der Schlösser in Eilenburg, Grimma, Torgau, Plauen, Voitsberg und Treffurt; in anderen Fällen ließ er Erweiterungsbauten errichten wie in Coburg, Grimma, Colditz, Lochau, Torgau und Weimar.[655] Komplette Neubauten waren eher die Ausnahme oder besonderen Umständen geschuldet: So wurde das Schloss in Altenburg nach einem Brand ab 1518 neu errichtet. Manche der Neubauten Friedrichs waren reine Zweckbauten ohne hohen künstlerischen Anspruch wie die Universitätsgebäude in Wittenberg. Muss man Friedrich deshalb aber die Qualität einer »renaissancehaften« Bautätigkeit absprechen und in Abrede stellen, dass er ein Renaissancefürst war?[656] So berechtigt die Warnung vor einer Überzeichnung der humanistischen und renaissancehaften Züge am Kurfürsten ist, so deutlich sind die Hinweise, dass Friedrich diesen zeitgenössischen Strömungen nicht fern stand, sondern ihnen im Rahmen seiner Möglichkeiten Raum gab. Er war als Bauherr vielleicht kein Renaissancefürst wie Kaiser Maximilian oder Kardinal Albrecht von Mainz, aber er war allemal ein biederer sächsischer Renaissancefürst.

Auch hinsichtlich seiner Förderung von Kunst und Musik ist vor einer Überschätzung der Leistungen Friedrichs und vor einer falschen Beurteilung seiner Motive zu warnen.[657] Die Liste der für Friedrich tätigen Künstler und Handwerker ist jedoch beeindruckend genug. Friedrich hatte Geschmack und Kunstsinn, umgab sich gern mit schönen Dingen und liebte die Musik. Damit war er keine Ausnahme unter den Fürsten seiner Generation, denen er aber voraushatte, dass er auf seinen zahlreichen Reisen Eindrücke an großen Renaissancehöfen sammeln konnte. Lang genug hat er sich bei König Maximilian aufgehalten, um von ihm kulturelle Anregungen zu erhalten. Auch in seiner näheren Umgebung gab es kunstsinnige Fürsten wie seinen Bruder Erzbischof Ernst von Magdeburg, bei dem er sich etwas abschauen konnte.[658] Friedrich sah sich nicht nur als Nachahmer, sondern er wollte selbst imponieren. Konkurrenzdenken, Repräsentationsbedürfnis und Sorge für den eigenen Nachruhm dürften bei seiner Kunstförderung eine deutlich größere Rolle gespielt haben als rein ästhetische Gesichtspunkte.

Schon der junge Kurfürst beschäftigte Hofmaler. In den 1480er Jahren wird ein Maler Kunz erwähnt.[659] Von 1491 bis 1503 wirkte ein Niederländer Jan in Kursachsen und bezog ein außerordentlich hohes Jahresgehalt.[660] Für die Meißner Fürstenkapelle und die Wittenberger Schlosskirche schuf er Altaraufsätze (»Dreikönigsaltar« und Mittelbild des »Dresdner Altars«). 1494 begleitete er Friedrich in die Niederlande. In diesem unbekannten Meister Jan hat man den berühmten Jan Gossaert sehen wollen, eine unzutreffende Identifizierung.[661] 1504/5 wirkte der Italiener Jacopo de' Barbari am kursächsischen Hof, wohin er aus den Diensten König Maximilians gewechselt war.[662] Barbari hatte in einem kunstvollen italienischen Brief Kontakt mit dem Kurfürsten Friedrich aufgenommen, wohl als dieser 1500 oder 1501 in Nürnberg war,[663] und hatte ihm die Malerei als achte der freien Künste empfohlen. In der kurzen Zeit seines Dienstes für den Kurfürsten Friedrich war Barbari in Torgau, Wittenberg und Lochau tätig. Friedrich hat italienische Kunst und italienische Künstler durchaus zu schätzen gewusst. 1507 bat er den Markgrafen Francesco II. Gonzaga von Mantua in einem eigenhändig verfassten Brief um eine Malerei des mantuanischen Hofkünstlers Andrea Mantegna.[664] Selbstbewusst bot er eine gleichwertige oder bessere Gegengabe an. Dachte er dabei an ein Werk des älteren Cranach, seines Hofmalers?[665]

1504 wurde Cranach vom Kurfürsten angestellt, im folgenden Jahr siedelte er nach Wittenberg über. Sein Jahresgehalt betrug großzügige 100 Gulden.[666] Dazu kam eine Bezahlung für die ausgeführten Arbeiten – gute Voraussetzungen also, um reich zu werden. Allerdings konnten die zahlreichen Aufträge nicht von Cranach allein erledigt werden. Er beschäftigte eine große Werkstatt mit Gesellen, Gehilfen und Lehrlingen, die die Standardarbeiten ausführten. Zu tun gab es genug, denn Friedrich stiftete Bilder und Altäre für die Wittenberger Schlosskirche; Bedarf gab es auch an Holzschnitten, wie im Wittenberger Heiltumsbuch, oder an Raumausmalungen, wie im Wittenberger Schloss. Nicht zuletzt benötigte Friedrich auch Porträts von sich selbst. Das früheste Cranach-Porträt stammt aus der Zeit kurz nach seiner Anstellung als Hofmaler (→ **Abbildung 13**). Cranach hatte auch die Aufgabe, Personen aus dem Umfeld Friedrichs zu porträtieren, was ebenfalls der Repräsentation und der Reputationssteigerung des Kurfürsten diente. Cranach begleitete Friedrich bis zu seinem Tod und blieb seinen Nachfolgern treu. Das Bild, das sich der Nachwelt vor allem eingeprägt hat, ist der Cranach-Friedrich der letzten beiden Lebensjahrzehnte.

Dass Cranach fest in den Diensten des Kurfürsten stand, bedeutete nicht, dass Friedrich nicht auch andere Künstler beschäftigte. Berühmtheiten wie Albrecht Dürer aus Nürnberg, Hans Burgkmair aus Augsburg und Michael Wolgemut aus Nürnberg arbeiteten gelegentlich für den Kurfürsten. Während sich der Bildhauer Conrad Meit aus Worms, der eine Doppelmadonna für die Wittenberger Schlosskirche schuf, nur kurz in Kursachsen aufhielt, ist der Gießer Adriano Fiorentino, der 1498 eine Büste Friedrichs schuf, wohl nie in Sachsen gewesen. Es kam auch vor, dass ein in fremden Diensten stehender Künstler für eine vorübergehende Beschäftigung am kursächsischen Hof freigestellt wurde, so im Falle des Baumeisters Konrad Pflüger, der 1496 auf Friedrichs Bitten vom Görlitzer Rat Urlaub erhielt, um in Wittenberg arbeiten zu können.[667]

Friedrich war nicht nur qualitäts-, sondern auch kostenbewusst. Vielleicht war dies ein Grund, warum es ihm vor der Anstellung Cranachs nicht gelungen ist, erstklassige Künstler für längere Zeit an seinen Hof zu binden. Cranach wurde nicht nur mit Geld, sondern auch mit Ehrungen entlohnt. 1508 verlieh ihm Friedrich ein Wappen mit geflügelter Schlange. Der Hofmaler wurde vom Kurfürsten auch in diplomatischer Mission eingesetzt, so 1508 zu Maximilian I. in die Niederlande. 1520 erhielt Cranach von Friedrich ein Apothekenprivileg, das ihm in Wittenberg ein Monopol auf Arzneien sicherte, ihn aber auch mit anderen Produkten wie Gewürzen, Zucker oder Wein Geld verdienen ließ.

Friedrich war nicht nur ein Förderer der Malerei, sondern hatte auch »Lust und Willen zur Musica«.[668] Er unterhielt sowohl Instrumental- als auch Vokalmusiker. Nach Meinung Spalatins beschäftigte er einen Altisten, wie ihn weder der Kaiser noch andere Fürsten vorweisen konnten. Für die Sängerknaben finanzierte er einen eigenen Schulmeister. Den Kapellmeister Conrad von Ruppisch erwähnte Spalatin namentlich. Wie bei der Förderung der Malerei, des Allerheiligenstifts und der Universität war Friedrich auch auf musikalischem Feld bemüht, das ernestinische Sachsen aus seiner Randstellung herauszuführen und Anschluss an die kulturell führenden Räume Europas zu gewinnen.[669] Der praktische Nutzen, die Liturgie am Allerheiligenstift mit feierlichem Gesang auszugestalten, ging Hand in Hand mit dem Repräsentationsbedürfnis des Kurfürsten, der seine »Singerei« des öfteren auf Reichstage mitnahm,[670] sie also im Kreis seiner Standesgenossen vorführte. »Friedrich liebte seine Kapelle und war stolz auf sie.«[671] Doch die reine Liebe zur Musik war nicht das einzige Motiv, diese doch recht kostspielige Einrichtung über Jahrzehnte zu unterhalten. Die Kapelle war vielmehr auch ein »Repräsentationsinstrument«.[672] Als Friedrich und sein Bruder Ernst 1500 nach Nürnberg kamen, ließ der Kurfürst seine Sänger in mehreren Kirchen auftreten.[673] Dass ein in Jena erhaltenes, prächtig illuminiertes Chorbuch, das wohl von Friedrichs Singerei genutzt wurde, ein Bestechungsgeschenk Kaiser

Maximilians im Zusammenhang mit der Königswahl von 1519 gewesen sein soll,⁶⁷⁴ ist eine haltlose Spekulation. Eine so kostspielige Anschaffung wäre dem Kurfürsten selbst, dem für seine musikalische Liebhaberei nichts zu teuer war, durchaus zuzutrauen. Seinem Bruder Johann gefiel dies offenbar nicht; die Kapelle passte auch nicht zu Johanns reformatorischer Frömmigkeit, so dass er sie gleich nach Friedrichs Tod auflöste.

Nürnberg, die Kulturmetropole des Reiches

Zu der Kultur- und Wirtschaftsmetropole Nürnberg⁶⁷⁵ pflegte Friedrich der Weise ein besonders enges Verhältnis. In keiner anderen Reichsstadt hielt er sich so häufig auf, ob zu Reichstagen, zum Reichsregiment oder einfach nur zum Einkaufen.⁶⁷⁶ In Nürnberg wurde er 1487 vom Kaiser mit der Kurwürde belehnt – seither pflegte er eine intensive Korrespondenz mit Vertretern des Nürnberger Rates.⁶⁷⁷ Auch wirtschaftlich waren Kursachsen und Nürnberg eng verflochten. Maximilian hatte dem Kurfürsten zur Schuldentilgung mehrfach die Nürnberger Stadtsteuern verpfändet; auch für Kredite wandte sich der Kurfürst immer wieder an die Stadt.⁶⁷⁸

Das Verhältnis zu der Kulturmetropole Nürnberg intensivierte sich seit 1500, als der Kurfürst im Streit der Reichsstadt mit den Markgrafen von Brandenburg-Ansbach ein Schutzverhältnis einging.⁶⁷⁹ Friedrich trat an der Seite Nürnbergs wiederholt als Vermittler auf. Sein wichtigster Korrespondenzpartner war der Großkaufmann und prominente Ratsherr Anton Tucher, der von 1505 bis zu seinem Tod 1524 im Nürnberger Rat für den Briefwechsel mit dem Kurfürsten zuständig war. Schätzte die Reichsstadt Friedrichs diplomatisches Talent und seinen politischen Einfluss auf den König und die Reichsstände, hatte der Kurfürst ein besonderes Interesse an Nürnberg als Finanzplatz und insbesondere an den Nürnberger Künstlern und Handwerkern. Auch nutzte er seine Kontakte zum gut informierten Nürnberger Rat als Nachrichtenbörse. Innerhalb des vielschichtigen Beziehungsgeflechts sticht der kulturelle Austausch hervor, den es in dieser Intensität mit keiner anderen Stadt gegeben hat.

Das Nürnberger Handwerk stand unter der strengen Kontrolle des Rates, weshalb es nicht selbstverständlich war, dass es dem Kurfürsten gestattet wurde, auf die Nürnberger Experten in der Bau-, Waffen- und Münztechnik zurückzugreifen. Den Baumeister Hans Beheim d. Ä. erbat sich Friedrich in den Jahren 1494, 1495 und 1496 für den Torgauer Brückenbau, was ihm aber – wenn überhaupt – immer nur für kurze Zeit gestattet wurde.[680] Noch 1512 bemühte sich Friedrich vergeblich um Steinmetze für den Brückenbau[681] – vermutlich ein Grund, warum es mit der Elbbrücke in Torgau nicht recht voranging.[682]

War es schwierig, Nürnberger Handwerker nach Kursachsen zu holen, stellte die Erledigung größerer Rüstungsaufträge durch die Nürnberger Büchsen- und Plattnermeister offensichtlich kein Problem dar. 1510 bestellte Friedrich mehrere Geschütze, 500 Harnische und ebenso viele Büchsen.[683] Einmal erhielt er eine Turnierausrüstung, die von einem Nürnberger Handwerker hergestellt worden war, von Tucher als Geschenk.[684] Auch Nürnberger Goldschmiede, Maler und Illuminatoren erhielten Aufträge des Kurfürsten. Ein 1509 bei Albrecht Dürer bestelltes Marienbild ging auf dem Transport verloren.[685] Viele Aufträge wurden nach der Anstellung Cranachs zwar nicht mehr an den Nürnberger Künstler vergeben, aber Friedrich schätzte Dürer außerordentlich und ließ 1524 ein Kupferstich-Porträt von sich anfertigen, das ihn als alten und von Krankheit gezeichneten Fürsten zeigt (→ **Abbildung 14**). Andere Nürnberger Künstler und Kunsthandwerker, die der Kurfürst beschäftigte, waren der Buchmaler Jakob Elsner sowie die Gießer Peter Vischer d. Ä. und sein Sohn Peter Vischer d. J.

Nürnberg, die Kulturmetropole des Reiches

Elsner lieferte ein illuminiertes Gebetbuch,[686] der ältere Vischer die Grabplatte des Kurfürsten Ernst im Meißner Dom.[687] Auch Gewänder und Schmuckstücke ließ der Kurfürst in Nürnberg anfertigen. Der Goldschmied Paul Müllner lieferte ihm silberne Schüsseln[688] und stellte zahlreiche Reliquiare für das Wittenberger Heiltum her.[689] Auch einige andere für das Heiltum tätige Goldschmiede kamen aus Nürnberg, so Andreas Wolfauer, der zwischen 1501 und 1519 für den Kurfürsten tätig und offenbar auf Juwelierarbeiten spezialisiert war.[690]

Auch als Münzprägestätte war Nürnberg für den Kurfürsten von großer Bedeutung. 1506 wandte sich Friedrich über seinen Kämmerer Pfeffinger an Anton Tucher mit dem Vorschlag, in Nürnberg sächsische Münzen ausprägen zu lassen.[691] Nürnberg war zwar nicht die einzige Prägestätte für das kursächsische Geld, aber die anspruchsvolleren Aufträge gab Friedrich außer Landes. Seit etwa 1507 ließ er in Nürnberg sowohl Schaumünzen, die in erster Linie als Schmuckstücke oder Geschenke gedacht waren, als auch Münzen für den gewöhnlichen Umlauf herstellen. Das Silber lieferten die Gruben im Erzgebirge, die Vorlagen für die Münzbilder erstellte in vielen Fällen Lucas Cranach. Der Kurfürst stellte sich mit diesen Prägungen, die sein Porträt trugen, in eine Reihe mit italienischen Fürsten und mit Maximilian I., bei dem er diese Form der Herrschaftspropaganda kennengelernt haben könnte. Friedrich nutzte das Mittel der Münzprägung zur Selbstdarstellung seit den Bartgroschen von 1492[692] und war damit einer der ersten Reichsfürsten, die sich dieses Propagandamittels bedienten.

Zwischen 1506 und 1523 arbeiteten drei Nürnberger Münzmeister für Kursachsen: Hans Krug der Ältere, Konrad Ebner und Hans Kraft.[693] Krug war ein weithin anerkannter Stempelschneider und Goldschmied, der bis 1509/10 für den Kurfürsten tätig war und unter anderem den erwähnten, handwerklich anspruchsvollen »Locumtenententaler« mit hohem

Relief herstellte.[694] Während Ebner nur kurz für Friedrich arbeitete, etablierte sich mit Kraft ein stabiles Arbeitsverhältnis bis 1522. In der Korrespondenz Tuchers mit dem Kurfürsten nahmen Münzfragen einen erheblichen Raum ein; um die Gestaltung der Münzbilder kümmerte sich Friedrich persönlich. 1508 zum Beispiel schickte Tucher dem Kurfürsten einige Münzen zur Ansicht und erkundigte sich dabei, ob das Münzbild, das ihn mit offenem Haar zeigte, beibehalten oder entsprechend der neuen Mode geändert werden sollte. Friedrich trug sein Haar inzwischen nämlich kürzer und mit Haube.[695] Einem anderen Brief Tuchers ist zu entnehmen, dass dem Münzmeister Krug zur Fertigung eines Prägestempels ein Tafelbild mit dem Porträt Friedrichs, das in der Nürnberger Dominikanerkirche hing, als Vorlage übergeben wurde.[696] Im April 1511 reiste der Kurfürst sogar persönlich nach Nürnberg, um mit Tucher Einzelheiten der sächsischen Münzprägungen zu besprechen.[697]

Noch einmal gab der Kurfürst in der zweiten Jahreshälfte 1522 einen Auftrag zur Prägung »ganz außergewöhnlicher Münzen« nach Nürnberg.[698] Es handelte sich um die Münzen mit dem Profil Friedrichs auf der einen und dem Kreuz mit der Devise *Verbum Domini Manet in Aeternum* auf der anderen Seite.[699] In jener Zeit haben Friedrich und Johann diese Devise auch auf der Hofkleidung anbringen lassen.[700] Ihre Verbreitung auf den 1522/23 geprägten 15.000 Schreckenbergern und 600 Guldengroschen[701] dürfte aber eine viel größere Öffentlichkeitswirksamkeit entfaltet haben, als es bei der Hofkleidung der Fall war. Einzelne Exemplare dieser Münzen ließ Friedrich sogar vergolden, wollte sie also zu Repräsentationszwecken verwenden. Auch eine Goldmünze mit dem vierzehnfachen Wert eines Guldens wurde mit dieser Devise in Nürnberg von Kraft hergestellt.[702]

Der Kurfürst hat damit zumindest billigend in Kauf genommen, dass man seine Münzen als öffentliches Bekenntnis zum reformatorischen Schriftprinzip auffassen konnte. Gegenüber seinem Nürnberger Ansprechpartner Tucher scheute er sich ohnehin nicht, Signale der Sympathie für Luther auszusenden. Tucher erhielt für seine Dienste mehrfach Geschenke des Kurfürsten, meist Wein oder Wildbret, im Februar 1521 aber auch eine lateinische Schrift Luthers gegen die Bulle des Papstes, da Friedrich ihn als einen »guten Lutherer« wahrgenommen hatte.[703] Am 4. November 1522 schickte Friedrich Luthers Septembertestament an den Nürnberger Ratsherrn.[704] Die Nachricht Tuchers, er habe es bereits zur Hälfte gelesen, erfüllte Friedrich mit Freude und beruhigte ihn, da er befürchtet hatte, die Lutherbibel sei in Nürnberg bereits verboten worden.[705] Im Oktober 1523 übersandte Friedrich Luthers Übersetzung des Pentateuch, die Tucher ebenfalls vollständig zu lesen gedachte.[706] Der kulturelle Austausch zwischen Kursachsen und Nürnberg war also keine Einbahnstraße. Friedrich der Weise selbst versorgte seinen Korrespondenzpartner mit reformatorischen Schrifttum.

Abbildung 1: Wandritzzeichnungen auf Schloss Rochlitz, Belagerungsszene, Laibung D

Abbildung 2: Unbekannter Nürnberger Meister, Jugendbildnis Friedrichs des Weisen, um 1486/90

Abbildung 3: Kurfürst Friedrich und Herzog Georg, Bartgroschen, 1492

Abbildung 4: Albrecht Dürer, Kurfürst Friedrich der Weise, 1496

Abbildung 5: Locumtenententaler, 1507

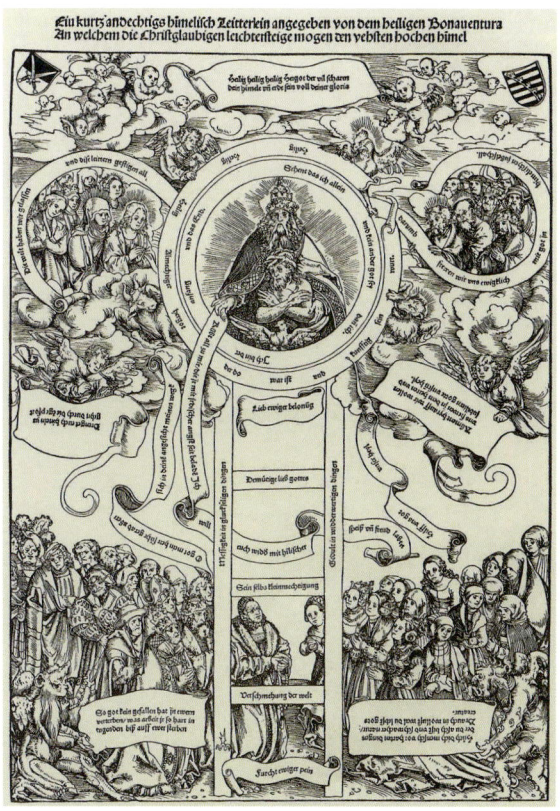

Abbildung 6: Lucas Cranach d. Ä., Leiter des Bonaventura, um 1510

Abbildung 7: Holzkapseln mit Porträts Friedrichs des Weisen und seiner Gefährtin (?), um 1525

Abbildung 8: Unbekannter Künstler, Gedächtnisbild an die Pilgerreise Friedrichs des Weisen nach Jerusalem, um 1493

Abbildung 9: Typar des Wittenberger Universitätssiegels, um 1514

Abbildung 10: Lucas Cranach d. J., Hirschjagd (Ausschnitt), um 1544

Abbildung 11: Die Wittenberger Schlosskirche nach dem Wittenberger Heiltumsbuch, um 1509

Abbildung 12: Lucas Cranach d. Ä., Kurfürst Friedrich der Weise und Herzog Johann, Kupferstich aus dem Wittenberger Heiltumsbuch, datiert 1510

Abbildung 13: Lucas Cranach d. Ä., Kurfürst Friedrich der Weise, um 1507/8

Abbildung 14: Albrecht Dürer, Kurfürst Friedrich der Weise, 1524

Abbildung 15: Hieronymus Hopfer, Kaiser Karl V., 1520

Abbildung 16: Lucas Cranach d. Ä., Kurfürst Friedrich der Weise, Porträt mit Epigramm Martin Luthers, 1532

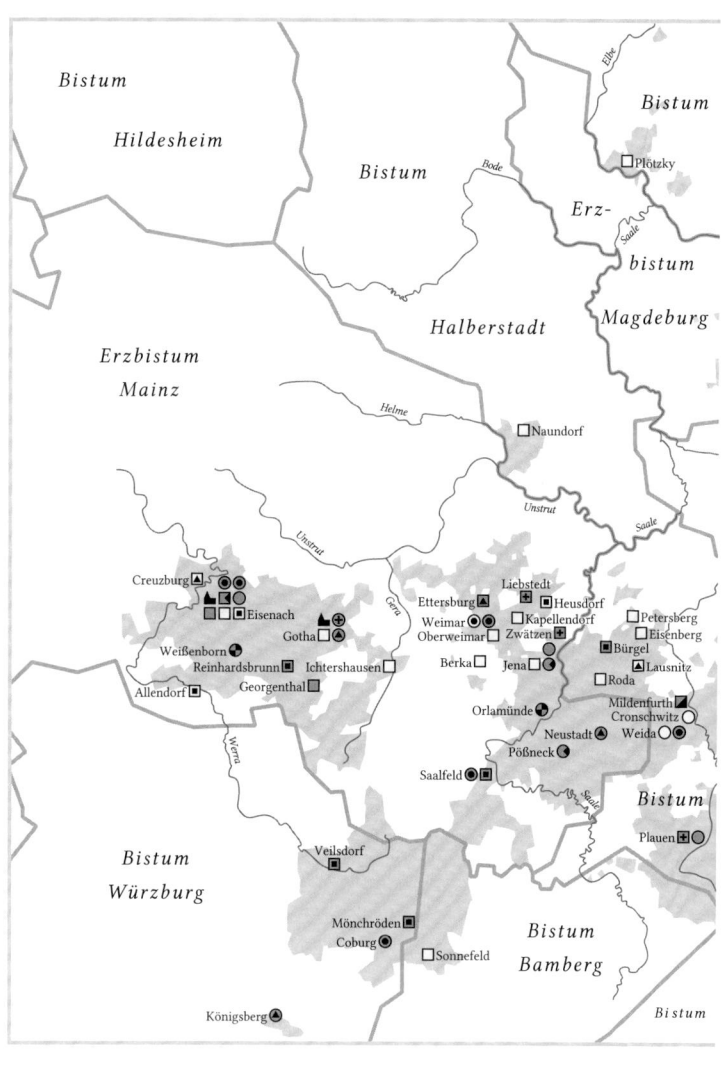

Abbildung 17: Klöster und Stifte in Kursachsen um 1520

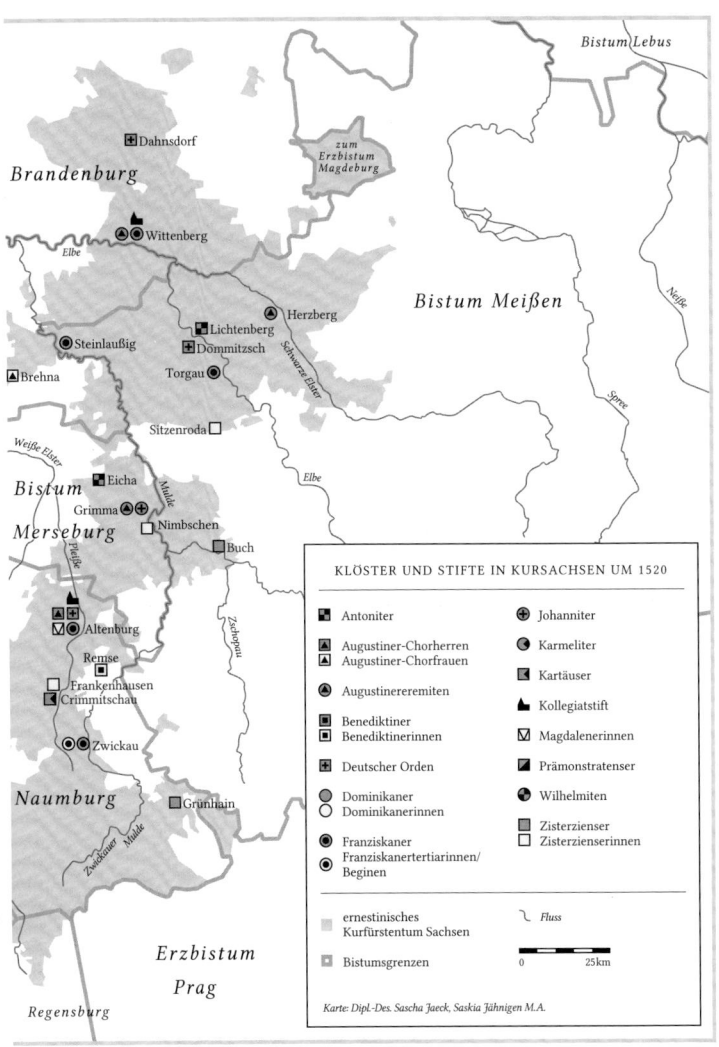

Abbildung 18: Unbekannter Künstler, Der Traum Friedrichs des Weisen, um 1617

würdiger Traum / welchen der Hoch
... auß sonderer Offenbarung Gottes / gleich jtzo für hundert Jahren /
... gehabt / Als folgenden Tages D. Martin Luther seine Sprüche wider
... Allen jetzo jubilierenden Christen nützlich zu wissen / in dieser Figur eigentlich fürgebildet.
...schen LVtherschen IVbelfest.

Abbildung 19: Epitaph Friedrichs des Weisen in der Wittenberger Schlosskirche, nach 1525

Der vor-reformatorische Kirchenpolitiker

Friedrichs persönliche Frömmigkeit ist von seiner Kirchenpolitik, also dem konkreten Umgang mit den kirchlichen Institutionen und Amtsträgern innerhalb und außerhalb des eigenen Territoriums, klar zu unterscheiden. Er war ein machtbewusster Politiker, wenn es um seine territorialen Interessen gegenüber der Kirche ging. Anders als heute war die Kirchenpolitik ein wichtiges Feld staatlichen Handelns. Dies lag nicht nur an der immensen Bedeutung des Christentums für die europäische Kultur, sondern auch an der Tatsache, dass das Geistliche vom Weltlichen nicht getrennt war. Schon vor der Reformation strebten die Landesfürsten nach Herrschaft über die Kirche, weil sie ein wichtiger Faktor im Prozess der territorialen Staatswerdung war. Dies führte zwangsläufig zu Konflikten mit den Bischöfen und rückte die Klöster in das Blickfeld.

Bischöfe und geistliche Gerichtsbarkeit

Die Zuständigkeit des Landesherrn für das Seelenheil der Untertanen bezog sich vor der Reformation in erster Linie auf die Sicherstellung einer priesterlich-sakramentalen Versorgung der Bevölkerung, aber auch auf die Aufrechterhaltung einer christlichen Ordnung und Lebensführung. Blasphemie konnte kein Landesherr dulden, da sie die Strafe Gottes nach sich zog und damit dem Land und ihm selbst schadete. Kurfürst Friedrich erließ im Sommer 1513 ein Mandat gegen Gotteslästerung gemeinsam mit seinem Bruder Johann und seinem albertinischen Vetter Georg.[707] Mit Strafe bedroht war damit nicht nur die Lästerung Gottes, Marias und der Heiligen, sondern auch das Schwören, Fluchen und Zutrinken, denn übermäßiger Alkoholgenuss wurde als Ursache gotteslästerlichen Verhaltens angesehen.

Der vorreformatorische Kirchenpolitiker

Zur Verfestigung territorialstaatlicher Strukturen gehörte auch die Besetzung benachbarter Bischofssitze. Die in der Leipziger Teilung festgelegte gemeinsame Wahrnehmung der Schutzherrschaft über das Hochstift Meißen durch die beiden wettinischen Linien wurde nicht realisiert. Dem albertinischen Herzog Georg gelang es vielmehr, sich in Meißen weitgehend durchzusetzen.[708] Friedrich versuchte nicht, sein Recht zu behaupten, wohl weil Meißen für ihn nicht dieselbe zentrale Bedeutung hatte wie für seinen Vetter. Unter den zahlreichen Diözesen, die sich über Friedrichs Territorium erstreckten (→ **Karte im Nachsatz**),[709] waren Mainz und Magdeburg die wichtigsten. Im Unterschied zu den Albertinern ist es den Ernestinern zeitweise gelungen, diese strategisch wichtigen Bischofsstühle zu besetzen. Friedrichs Bruder Ernst hatte zwischen 1476 und 1513 das Erzbistum Magdeburg inne und regierte zwischen 1479 und 1513 zugleich das Bistum Halberstadt als Administrator.[710] Zwischen 1480 und 1484 verwaltete Friedrichs Bruder Adalbert das Erzbistum Mainz.[711] Dass die Ernestiner diese Positionen an die Hohenzollern verloren, bedeutete eine erhebliche Schwächung ihrer Stellung im mitteldeutschen Raum.

Blieb also das Bistum Naumburg als wichtigstes Objekt der Bistumspolitik Friedrichs des Weisen. Er verfügte über das Präsentationsrecht auf zwei der Naumburger Domherrenstellen.[712] Seit 1492 amtierte mit Johann von Schönberg ein den ernestinischen Fürsten genehmer Bischof.[713] Das Naumburger Kapitel erhob erfolglos Einspruch gegen seine Ernennung. Friedrich und sein Bruder Johann wohnten der von Erzbischof Ernst von Magdeburg vorgenommenen Amtseinführung Schönbergs in Zeitz persönlich bei.[714] Diese Nähe zu den Ernestinern schlug sich 1496 in einem Vertrag nieder, in dem der Naumburger Bischof die Vertretung gegenüber Kaiser und Reich auf den Kurfürsten Friedrich übertrug. Naumburg wurde damit zum ernestinischen Landesbistum. Friedrich sicherte seinen

Einfluss zusätzlich ab, indem er 1512 den Pfalzgrafen Philipp, der bereits Bischof von Freising war, mit päpstlicher Unterstützung in Naumburg zum Koadjutor (Bischofshelfer) mit Nachfolgerecht bestellen ließ.[715] Das Naumburger Kapitel war mit dieser Entscheidung nicht einverstanden und wählte 1517 Vinzenz von Schleinitz, den treuen Gefolgsmann Herzog Georgs, zum Bischof.[716] Durchgesetzt hat sich mit kursächsischer Hilfe aber der Wittelsbacher Philipp, der sein Naumburger Bistum in einer fast 25-jährigen Amtszeit nur zweimal persönlich aufsuchte. Sollte Friedrich darauf spekuliert haben, dass ihm diese Personalentscheidung freie Hand in Naumburg lassen würde, behielt er Recht. Denn die Stiftsregierung in Zeitz hielt engen Kontakt zum ernestinischen Kurfürsten mit der Folge, dass in den Reformationsjahren das Verhältnis zu Bischof Philipp von Naumburg nicht annähernd so problematisch war wie das Verhältnis zu den Bischöfen von Merseburg und Meißen.

Friedrich investierte viel Zeit und Energie in die zahlreichen Konflikte mit den benachbarten Bischöfen. Der Kampf gegen den Missbrauch der geistlichen Gerichtsbarkeit zog sich durch seine 40 Regierungsjahre.[717] Dabei ging es nicht nur um das geistliche Gerichtsprivileg, das Klerikern einen eigenen Gerichtsstand sicherte, sondern auch um die verbreitete Praxis, dass geistliche Zwangsmittel wie Bann und Interdikt eingesetzt wurden, um finanzielle Interessen der Kirche durchzusetzen. Nicht selten wurden geringfügige Übergriffe gegen Geistliche von den Bischöfen oder ihren Offizialen, die den bischöflichen Gerichten vorstanden, als Vorwand genutzt, um Kirchen oder Friedhöfe für entweiht zu erklären und damit den Gottesdienst oder das Begräbnis an diesem Ort unmöglich zu machen. Für eine neue Weihe wurde dann Geld verlangt. In Torgau zum Beispiel kam es im März 1500 zu einem Diebstahl in der Pfarrkirche St. Marien.[718] Nach damaliger Auffassung war die Kirche durch diesen Vorfall entweiht. Bischof Johann von Meißen verzögerte aber die Neuweihe, die er als Druckmittel gegen die ernestinischen Fürsten nutzte. Monatelang konnte in der für die Residenzstadt Torgau so wichtigen Kirche keine Messe gelesen werden.

Friedrich hielt an der Gültigkeit des kanonischen Rechts und der kirchlichen Gerichtsbarkeit grundsätzlich fest und versuchte immer nur, die Auswüchse zu beschneiden oder konkrete Konflikte zu lösen. 1487 war er empört, als man ihm zutrug, dass ein Mann, der wegen Schulden im Kirchenbann war, sein Kind statt auf dem Friedhof auf einem Feld begraben musste.[719] Den Kurfürsten erreichten immer wieder Klagen seiner Untertanen, die sich von geistlichen Gerichten drangsaliert fühlten. Einen langwierigen Streit trug er mit dem Bischof von Brandenburg wegen der Gemeinde Kuhlowitz (heute ein Ortsteil von Bad Belzig) aus, wo die Gemeinde eine Kapelle zu Ehren der Heiligen Anna errichtet hatte.[720] Statt die Gemeinde in ihrem frommen Vorhaben, an diesem Ort eine Wallfahrt einzurichten, zu unterstützen, forderte der Bischof den dritten Pfennig von allen Opfergaben. Weil die Gemeinde nicht zahlen konnte, wurden ihre Vorsteher gebannt. Diese schalteten den Kurfürsten ein, der einen Verhandlungstag einberief.[721] Im Mai 1515 traf man sich in Belzig.[722] Anwesend war auch Hans von Ziesar zu Lübnitz, der von seiner Patronatskirche ebenfalls keine Opfergelder an den Bischof von Brandenburg abgeführt hatte. Er wurde nicht nur der Unterschlagung bezichtigt, sondern es wurde ihm auch vorgeworfen, mit seiner Frau in der Kirche Geschlechtsverkehr gehabt und den Bischof beim Erzbischof von Magdeburg angeschwärzt zu haben. Dafür wurde er in den Bann erklärt. Hans von Ziesar bestritt die Vorwürfe und wies drauf hin, dass es dem Bischof letztlich nur um das Geld ging, auf das er aber keinen Anspruch habe, weil es dem Pfarrer zustehe. Die kurfürstlichen Räte versuchten zu schlichten.

Doch der Vermittlungsversuch scheiterte, denn ein halbes Jahr später kam eine neue Beschwerde in derselben Sache vor den Kurfürsten; wieder ging es um das Opfergeld und den Bann. Diesmal schrieb Friedrich selbst an den Bischof, der keine weiteren Forderungen an die Gemeinden von Lübnitz und Kuhlowitz mehr richten und den Bann aufheben sollte.[723] Bischof Hieronymus Schulz von Brandenburg beharrte aber auf seinem Standpunkt.[724] Friedrich vermittelte weiter, bat wieder um Aufhebung des Banns und bot Verhandlungen an.[725] Mehr als eine vorläufige Aufhebung erreichte er nicht.[726] Wieder wurde ein Verhandlungstag angesetzt, der erst im Juni 1516 in Wittenberg stattfand.[727] Aber auch dieser Tag brachte keine endgültige Lösung – noch im März 1519[728] kam die Sache Kuhlowitz zum wiederholten Mal auf den Tisch des Kurfürsten, weil der Brandenburger Bischof den Bann über Jahre immer wieder als Druckmittel einsetzte. Vermutlich hat erst die Reformation die Sache stillschweigend erledigt.

Aufgrund der umfangreichen Akten ist leicht zu ermessen, wie viel Zeit und Energie Friedrich in diesen an sich unbedeutenden Konflikt um eine kleine Kirche und ein Opfergeld, das nur wenige Gulden betrug, investiert haben muss. Solche Streitigkeiten gehörten aber zu seinem Regierungsalltag. Es ist erstaunlich, mit welcher Hartnäckigkeit und Ausdauer über Jahre gerungen wurde. Bischof Schulz von Brandenburg war beim Einsatz geistlicher Zwangsmittel besonders skrupellos. 1512 belegte er die Stadt Wittenberg mit dem Interdikt wegen Verletzung des geistlichen Gerichtsstands. Konkret ging es darum, dass ein gewisser Glorius Schwan, angeblich ein Kleriker, für dessen Weihe es aber keinen Beweis gab, in Wittenberg wegen Totschlags inhaftiert worden war.[729] Der Forderung des Bischofs, ihn nach Brandenburg zu überstellen, wurde von Seiten der Stadt nicht nachgegeben, sondern man appellierte an den Erzbischof von Magdeburg.[730] Im August 1513 goss der Bischof Öl ins Feuer, als er das Interdikt auf die um Wittenberg liegenden Orte Zahna, Elster und Seyda ausdehnte.[731] Im Wittenberger Allerheiligenstift und in den Pfarreien ignorierte man dies,⁷³² trotzdem war der Kirchenfrieden gestört. Der Kurfürst reagierte am 16. August 1513 mit einem Auftrag an die Universität Wittenberg, nach rechtlichen Möglichkeiten zu suchen, wie man die Angriffe des Bischofs abwehren konnte.⁷³³ Dabei äußerte er den Verdacht, dass es dem Bischof nicht nur um Glorius Schwan ging, sondern dass er von der Wittenberger Priesterschaft Geld erpressen wollte. Den Bischof ließ er um Aufhebung des Interdikts bitten,⁷³⁴ was aber immer nur zweitweise geschehen ist. So zog sich der Streit hin. Nach vielen gewechselten Briefen wurde er im Juni 1516 endlich beigelegt.⁷³⁵ Der Kurfürst hatte der Wittenberger Geistlichkeit längst verboten, das Interdikt zu beachten.⁷³⁶

Friedrichs Politik gegen die geistliche Gerichtsbarkeit war ein Kampf gegen Windmühlen, der nicht zu gewinnen war. Wenn Spalatin meinte, die »starcken Helden«, die Bischöfe von Mainz, Magdeburg, Meißen oder Merseburg hätten sich an diesem Kurfürsten »matt abgerannt«, so dass sie letztlich »daheim blieben«,⁷³⁷ sah er die Situation zu optimistisch. Bis zur Reformation endeten die Konflikte zwischen Kurfürst und Bischöfen meist mit einem Patt.

Klöster und Klosterreform

Auf Friedrichs Herrschaftsgebiet lagen etwa 100 Klöster und Stifte (→ **Abbildung 17**).⁷³⁸ In seiner Regierungszeit sollen 30 Klöster einer Reform unterzogen worden sein.⁷³⁹ Mehr als 1.500 Aktenstücke haben sich zu seiner Klosterpolitik erhalten.⁷⁴⁰ Paul Kirn und nach ihm Ingetraut Ludolphy haben es als einen Charakterzug dieser Politik bezeichnet, dass der Kurfürst überall die Reformrichtungen in den monastischen Orden unterstützte. Diese hätten den größeren religiösen Ernst versprochen, was nicht nur der Frömmigkeit Friedrichs, sondern auch den Leistungen der Klöster für den Landesherrn entgegengekommen sei.⁷⁴¹ Doch welche Leistungen erbrachten die Klöster für den Kurfürsten? Sie schlossen ihn in ihr Gebet ein und lieferten ihm Reliquien für das Wittenberger Heiltum. Als Zahler von Steuern und Abgaben oder durch sonstige Dienste fielen sie in Friedrichs Regierungszeit aber weitgehend aus, denn sie waren wirtschaftlich schwach, manchmal geradezu notleidend und mit zahlreichen inneren und äußeren Problemen belastet. Dass das Klosterwesen in Friedrichs Territorium in Blüte stand, wird man insgesamt wohl nicht behaupten können.

Tatsächlich waren die Klöster für den Kurfürsten ein Zuschussgeschäft. Immer wieder half er mit Geldzahlungen oder Sachleistungen. Das Nonnenkloster Weida, zwischen Gera und Greiz gelegen, erhielt allein zwischen 1513 und 1517 vom Kurfürsten 545 Gulden, außerdem erhebliche Mengen an Getreide.⁷⁴² An diesem Konvent von Dominikanerinnen kann man besonders gut erkennen, wie sich Friedrich um die Klosterreform bemühte. Im April 1513 erhielt das Kloster über 78 Gulden zur Durchführung der Reform.⁷⁴³ Die neue Priorin Margaretha von Hutten, die man eigens dafür geholt hatte, klagte im Mai 1514 beim Kurfürsten über die untragbaren Zustände in Weida, das sie verarmt und verschuldet vorgefunden habe. Die Konventsgebäude seien baufällig, das Dach undicht. Die nötigen Reparaturen überstiegen die Mittel des Klosters, die ohnehin nicht ausreichten, um täglich 30 Personen mit Essen und Trinken zu versorgen oder die Löhne der Bediensteten zu bezahlen. Ohne einen Zuschuss des Kurfürsten sah sie die Reform in Weida als zum Scheitern verurteilt an.⁷⁴⁴

Aber Margaretha war eine durchsetzungsstarke Dame, die nicht nachließ, dem Kurfürsten die Nöte ihres Klosters zu klagen. Im Oktober 1514 unternahm sie einen neuen Anlauf.⁷⁴⁵ Immerhin gewährte der Kurfürst 50 Gulden und ein Fuder Korn.⁷⁴⁶ Die Reform in Weida wurde mit Hilfe der von auswärts geholten Priorin und einiger auswärtiger Nonnen vorangetrieben, was allerdings zu Konflikten im Konvent führte. Einige einheimische Nonnen verließen im Mai 1515 das Kloster und begaben sich zu ihrer Verwandtschaft. Die Verwandten übten ihrerseits Druck auf Herzog Johann aus, in dessen Zuständigkeit Weida lag. Johann verlangte auch im Namen seines Bruders eine Untersuchung der Vorgänge, denn er wollte nicht, dass die einheimischen Nonnen vertrieben wurden.[747] So sehr der Herzog auch eine Reform befürwortete, wollte er keine Reform mit der Brechstange, die zu Verwerfungen im Kloster führte. Friedrich äußerte sich schärfer als sein Bruder zugunsten der reformierten Nonnen, war verärgert über den Ungehorsam der Geflohenen. Er bestand auf der Erhaltung der Reform.[748] Margaretha von Hutten hatte den Eindruck, dass sie mit ihrem strengen Reformkurs beim Kurfürsten mehr Anklang fand als bei Johann, bei dem sie Gegnerschaft witterte.[749] Sie wollte die vier entlaufenen Nonnen keinesfalls wieder in ihren Konvent aufnehmen, ja sie nicht einmal mehr mit Essen versorgen müssen; andernfalls bat sie um ihre Entlassung.

Diese kompromisslose Haltung gefiel nun wiederum dem Herzog nicht. In seinem Bericht an den Kurfürsten über die Vorgänge in Weida ergriff Johann insofern die Partei der vier geflohenen, inzwischen sogar gebannten Nonnen, als er ihren Ausschluss aus dem Konvent nicht hinnehmen wollte.[750] Er konnte sich sogar vorstellen, dass die Priorin und die Reformnonnen wieder in die Klöster zurückgeschickt wurden, aus denen sie nach Weida gekommen waren. Die Drohung der Priorin mit ihrem Weggang verfing bei Johann also nicht, sondern ihm war wichtiger, dass die einheimischen Nonnen wieder ihren Platz im Konvent fanden. Aber die Priorin bestand am Ende erfolgreich auf deren Versetzung.[751] Damit war zwar der Reformkurs in Weida vorerst gesichert, aber die finanziellen Nöte waren nicht abgestellt.[752] Noch in der Reformationszeit wirkten diese Konflikte nach; bei Herzog Johann stand das Kloster in so schlechtem Ansehen, dass die Berufung auf die erfolgte Klosterreform bei ihm nichts fruchtete.[753]

Kurfürst Friedrich verschrieb sich in den Jahren vor der Reformation deutlicher der Klosterreform als sein Bruder Johann, wie man am Beispiel des Klosters Weida sehen kann. Aber sein Reformwille endete dort, wo sein territorialpolitisches Interesse begann. Dies zeigt ein Blick auf das kleine Nonnenkloster Sitzenroda bei Torgau, wo Bischof Johann VI. von Meißen 1515 den Tod der Äbtissin nutzen wollte, um die Klosterreform durchzusetzen.[754] Dafür sollte eine von außen kommende Äbtissin eingesetzt werden. Die Nonnen beschwerten sich aber beim Kurfürsten, der nicht etwa die vom Bischof beabsichtigte Einführung der Observanz unterstützte, sondern diesen aufforderte, die Nonnen bei ihrer Gewohnheit und ihrem Herkommen zu belassen.[755] Dies passt nicht zu der oft konstatierten reformfördernden Haltung des Kurfürsten, der sich vielmehr durch das eigenmächtige Vorpreschen des Bischofs als Landesfürst und Schutzherr des Klosters herausgefordert fühlte und die Klosterreform nicht zu Lasten seiner landesherrlichen Interessen unterstützen wollte.

An der Wahl einer Äbtissin in Sitzenroda entzündete sich ein schwerer Konflikt, in dem es bald nicht mehr allein um die Klosterreform in Sitzenroda, sondern um einen Machtkampf zwischen Kurfürst und Bischof über die Grenzen geistlicher und weltlicher Zuständigkeit ging. Friedrich war gewiss nicht gegen die Klosterreform, aber er argwöhnte, dass der Bischof sie dazu nutzen wollte, um seine Position gegenüber dem Kloster und damit auch gegenüber dem Landesherrn zu stärken. Personal- und Reformfragen, Finanzen und Güterverwaltung waren für Friedrich keine rein geistlichen Angelegenheiten, sondern fielen auch in seine Zuständigkeit. Um dies gegenüber dem Bischof deutlich zu machen, griff er sogar zu drastischen Maßnahmen wie der Zinssperrung und Zwangsverwaltung. Johann VI. verschärfte den Konflikt seinerseits durch Verhängung geistlicher Strafen. Für beide Seiten ging es jetzt um etwas Grundsätzliches, was einen Ausgleich jedenfalls zu Lebzeiten des streitbaren Bischofs Johann (April 1518) unmöglich machte. Dessen Nachfolger Bischof Johann VII. sah sich viel schwerwiegenderen Problemen ausgesetzt, denn jetzt ging es um die Existenz der Klöster überhaupt. Davon war auch Sitzenroda betroffen, wo es im Mai 1523 zu einer spektakulären Klosterflucht kam, die das Ende des Konvents einläutete. Auch im Falle Sitzenrodas löste die Reformation den Konflikt zwischen Bischof und Kurfürst, der unter den vorreformatorischen Bedingungen unlösbar war.

Päpste und Kardinäle

Anders als sein Vater Ernst ist Friedrich der Weise nie in Rom gewesen. Als Kurfürst erlebte er sieben Päpste: Innozenz VIII., Alexander VI., Pius III., Julius II., Leo X., Hadrian VI. und Clemens VII. Vor Luthers Auftreten stand der fromme Friedrich hoch im Ansehen der römischen Bischöfe. Von Innozenz VIII. erwirkten die Brüder Friedrich und Johann 1490 eine Fastendispens zur Finanzierung des Torgauer Brückenbaus.[756] Julius II., der Friedrich auch bei der Gründung der Universität Wittenberg unterstützte und 1507 das Allerheiligenstift in die Universität inkorporierte, verlieh ihm 1505 das Recht, von den Erzbischöfen von Mainz, Köln und Trier und anderen Bischöfen sowie Welt- und Regularklerikern Reliquien für die Allerheiligenstiftskirche in Wittenberg zu erbitten.[757] Dieser Papst gewährte der Wittenberger Allerheiligenstiftskirche 1510 auch ein Ablassprivileg[758] und erneuerte 1512 die Fastendispens für Torgau, was Friedrich und Johann so wichtig war, dass sie die Papsturkunde ins Deutsche übersetzen und im Druck verbreiten ließen.[759] Die Einnahmen kamen nicht nur der Elbbrücke zugute, sondern zu einem Viertel auch dem Bau der Peterskirche in Rom. Gegen diese Vermischung von Geld und Frömmigkeit hatte der Kurfürst offensichtlich nichts einzuwenden.

Ein ähnlich intensives Verhältnis unterhielt Friedrich zu dem Medici-Papst Leo X. Leo zeigte dem Kurfürsten seine Wahl an[760] und war ihm auch sonst lange Zeit sehr gewogen. Wiederholt griff er zugunsten des Kurfürsten in Konflikte ein, so im Juli 1513, als er auf Bitten Friedrichs und Johanns einige Prälaten anwies, geistliche Strafen gegen Ratsherren und Bürger der Stadt Erfurt zu verhängen, wenn sie weiterhin Geldzahlungen an Kirchen verweigerten.[761] Diese päpstliche Initiative fiel in die Hochzeit des Konflikts Friedrichs des Weisen mit Erfurt,[762] in dem ihm offensichtlich auch geistliche Zwangsmittel recht waren, um die Gegenseite unter Druck zu setzen. Auch Leo X. gewährte eine Fastendispens zur Finanzierung des Torgauer Brückenbaus; er wies sogar die Bischöfe von Meißen und Naumburg an, den Kurfürsten bei der Eintreibung der fälligen Gelder zu unterstützen, notfalls unter Anwendung der Exkommunikation.[763] Auch gewährte dieser Papst den sächsischen Fürsten und weiteren Personen die freie Wahl eines Beichtvaters, den Besitz eines Tragaltars, besondere Rechte an unter dem Interdikt stehenden Orten, beim Erwerb von Ablässen und beim Verzehr von Eiern und Milchspeisen in der Fastenzeit.[764] Gerne wüsste man, inwieweit der Kurfürst von diesen Vorrechten Gebrauch machte. Der Papst wiederum bat den Kurfürsten um Unterstützung im Kampf gegen die Türken.[765]

Um die Kontakte zum Papst zu pflegen und derartige Vergünstigungen zu erwirken, unterhielt der Kurfürst Prokuratoren in Rom, unter anderen Wolfgang Reißenbusch, Kanzler der Universität Wittenberg, und Georg Pusch, der auch für die Beschaffung von Reliquien aus Rom zuständig war.[766] Solche kostspieligen Mittelsmänner vor Ort zu haben, war von größter Bedeutung, wenn man in Rom etwas erreichen wollte. Seit

Der vorreformatorische Kirchenpolitiker

1512 bemühte sich Friedrich intensiv darum, die von Kardinal Peraudi 1503 gewährten Ablassprivilegien für die Wittenberger Allerheiligenstiftskirche erweitern zu lassen.[767] Die Verhandlungen zogen sich über Jahre hin, worüber Papst Julius II. starb. Dessen Nachfolger kam den Wünschen des Kurfürsten im März 1516 in zwei Bullen nach, indem er nicht nur die von Peraudi gewährten Ablässe erneuerte, sondern sie auf 100 Jahre und 100 Quadragenen (Vierzigtageszeiträume) pro Reliquie erweiterte.[768] Auch vermehrte dieser Papst die älteren Ablassprivilegien der Wittenberger Allerheiligenstiftskirche, indem er den Ablass zum Beispiel auf die Seelen Verstorbener im Fegefeuer erstreckte.[769] So bezeichnend diese Ablassprivilegien für die Frömmigkeit und die guten Beziehungen des Kurfürsten zu den Päpsten auch sein mögen, waren sie für die Ausgestaltung des Wittenberger Reliquienkults doch wirkungslos. Obwohl bereits 1516 erbeten, wurden die päpstlichen Urkunden erst 1518 ausgefertigt und erreichten den Kurfürsten sogar erst im September 1519 zusammen mit der Goldenen Rose, einem von den Päpsten an besonders verdiente Fürsten überreichten Ehrengeschenk. Um diese Zeit waren die Beziehungen Friedrichs zum Papst durch Luthers Ablasskritik, das römische Ketzereiverfahren und die kursächsische Lutherschutzpolitik aber bereits so schwer belastet, dass Ablassprivilegien und Goldene Rose eher als Bestechungsversuche denn als Auszeichnungen wahrgenommen wurden.

Einen besonderen Aspekt der Verbindungen Friedrichs zum Papsttum liefert die Heiligsprechung des Bischofs Benno von Meißen, um die sich sein Vetter Herzog Georg über viele Jahre und unter Einsatz erheblicher finanzieller Mittel bemühte.[770] Benno, Bischof von Meißen im späten 11. Jahrhundert und Parteigänger des Papstes gegen den Kaiser im Investiturstreit, wurde in Meißen seit dem 13. Jahrhundert verehrt, doch Herzog Georg wollte den Kult offiziell etablieren. Dazu brauchte er den Kurfürsten, der das Projekt seit etwa 1515 unterstützte.⁷⁷¹ Am 13. Mai 1518 wandte sich das Meißner Domkapitel in dieser Sache erneut an den Friedrich,⁷⁷² der aber mehr Informationen über die Person Bennos verlangte.⁷⁷³ Als er diese erhalten hatte, sagte er Empfehlungsschreiben zu.⁷⁷⁴ Am 9. August 1518 wurde im Konsistorium ein entsprechendes Schreiben des Kurfürsten verlesen.⁷⁷⁵ In diesen Zusammenhang gehört auch die Ernennung von Prokuratoren in Rom zur Förderung des Kanonisationsverfahrens.⁷⁷⁶ Zwei undatierte Schreiben Friedrichs an Papst und Kardinalskollegium, bei denen es sich um die im August 1518 im Konsistorium verlesenen handeln dürfte, haben sich erhalten.⁷⁷⁷ Im Wesentlichen führte Friedrich drei Gründe für seine Bitte an: Bennos Wunder, die ihn als Heiligen qualifizierten; seine Abstammung aus einem sächsischen Grafengeschlecht und die positiven Auswirkungen einer Heiligsprechung auf die Frömmigkeit des sächsischen Volkes. Im Brief an die Kardinäle wurde dies dahingehend präzisiert, dass Meißen mit einem heiligen Benno zu einem Schild des Glaubens gegen das benachbarte Böhmen werden würde.

Im Februar 1519 wandte sich die Meißner Kirche erneut an den Kurfürsten, der an den Papst schreiben und außerdem seinen Rat Hans von Minckwitz für eine Gesandtschaft nach Rom in der Kanonisationssache abstellen sollte; der Entwurf für einen befürwortenden Brief an Papst und Kardinäle wurde bei dieser Gelegenheit gleich mit übersandt.⁷⁷⁸ Aber Friedrich lehnte dieses Mal die Bitte um die Entsendung seines Rates rundweg ab; und einen Brief an den Papst wollte er im Augenblick auch nicht schreiben.⁷⁷⁹ Nach dem Grund für diese Zurückhaltung wird man nicht lange suchen müssen. Ein Empfehlungsschreiben nach Rom war wegen Luther, den er in seinen Schutz genommen hatte und der sich von der römischen Kirche und ihrer päpstlichen Spitze immer weiter distanzierte, gerade nicht opportun.

Der vorreformatorische Kirchenpolitiker

In Rom durchschaute man diese Zusammenhänge. Als Herzog Georg am 9. August 1519 seinen Vetter erneut drängte, durch ein Schreiben an den Papst die Sache Bennos zu fördern, versicherte er Friedrich, er sei beim Papst hoch angesehen, nur wundere man sich, warum nicht auch der Kurfürst zugunsten Bennos schreibe.[780] Friedrich bezweifelte in seiner Antwort sein hohes Ansehen beim Papst, weil er nicht immer habe tun können, was dieser von ihm verlangte.[781] Nur wenn der Kaiser schreibe, werde er es auch tun. In der Verlegenheit, weder seinen Vetter verärgern noch sich gegenüber der Kurie zu sehr exponieren zu wollen, versteckte sich Friedrich also hinter Karl V. Tatsächlich ging ein neues Empfehlungsschreiben[782] erst aus, nachdem der Kaiser an den Papst geschrieben hatte.[783] Viel vorsichtiger als in den früheren Schreiben schloss sich Friedrich der Bitte Karls V. um eine rasche Heiligsprechung Bennos an. In den Konsistorialsitzungen vom 6. Februar und 5. März 1520 wurden insgesamt elf Petitionen zugunsten Bennos verlesen; der Brief Friedrichs des Weisen war nur einer unter vielen.

Herzog Georg war enttäuscht, weil nicht einmal die Fürsprache des Kaisers zu einem schnellen Abschluss des Heiligsprechungsverfahrens führte. Schon im Oktober bat er den Kaiser und die Kurfürsten erneut um Empfehlungsschreiben.[784] Ende 1521, als aus Rom wieder einmal gemeldet wurde, dass die Heiligsprechung unmittelbar bevorstehe,[785] und ein letztes Mal Anfang 1523 bestürmte Georg den Kaiser und die Fürsten in dieser Angelegenheit.[786]

Was auf Leo X. offenbar wenig Eindruck gemacht hatte, zeigte unter seinem Nachfolger Hadrian VI. dann endlich die erhoffte Wirkung. In der Kanonisationsbulle Bennos von Meißen vom 31. Mai 1523 wurde neben den Bittschreiben der sächsischen Fürsten Georg und Heinrich auch die Fürsprachen Karls V., der Kardinäle Albrecht von Mainz und Matthäus von Gurk sowie der Erzbischöfe Richard von Trier und Hermann von Köln ausdrücklich vermerkt.[787] Bezeichnenderweise fehlte Kurfürst Friedrich in dieser Aufzählung. Tatsächlich gibt es seit dem Schreiben vom 21. November 1519 keinen Hinweis mehr auf eine Unterstützung Friedrichs für die Bemühungen seines Vetters. Die letzten Schritte bis zur feierlichen Heiligsprechung Bennos verliefen ohne kursächsische Beteiligung.

Beschützer Luthers und erwählter Kaiser

Der 31. Oktober 1517, der Tag des Thesenanschlags Martin Luthers, war für Friedrich den Weisen ein Tag wie jeder andere. Er war an diesem Tag nicht in Wittenberg, sondern in Altenburg, wohin er Ende Oktober aus Torgau[788] aufgebrochen war.[789] Selbst wenn er das Hämmern gehört hätte, wäre ihm die Bedeutung dieses Aktes mit Sicherheit nicht bewusst gewesen, denn an der Tür der Wittenberger Schlosskirche wurden häufig Disputationsthesen Wittenberger Professoren angeschlagen. Dass sich aus Luthers 95 Thesen über die Kraft der Ablässe mehr entwickeln würde als ein akademisches Streitgespräch, konnte niemand ahnen.

Die Anfänge der Lutherschutzpolitik

Bis zum Herbst 1517 spielte Luther in der Kirchenpolitik des Kurfürsten Friedrich keine Rolle. Friedrich kannte ihn zwar, aber die Interna der akademisch-theologischen Auseinandersetzung brauchten den Landesherrn nicht zu interessieren. Für ihn war entscheidend, ob seine Universität blühte und ob sie Studenten anzog. Und das war der Fall, auch und gerade wegen Luther.

Die Politik Friedrichs des Weisen in den ersten Reformationsjahren wird üblicherweise als »Lutherschutzpolitik« bezeichnet,[790] worunter man die Gesamtheit aller Handlungen versteht, mit denen er versuchte, eine Verurteilung Luthers durch die Papstkirche abzuwenden und, als dies nicht gelang, Luther vor den Konsequenzen dieser Verurteilung in Schutz zu nehmen. Diese Politik konnte nicht auf eine bloße Verweigerungshaltung hinauslaufen, denn das hätte den Kurfürsten selbst gegenüber Papst und Kaiser in Bedrängnis gebracht. Vielmehr bedurfte es der feinen Diplomatie, für die der Kurfürst die Unterstützung kompetenter Ratgeber benötigte. Unter ihnen ist an erster Stelle Georg Spalatin zu nennen, der ihm als Verbindungsmann zu Luther diente. Zu Friedrichs Beraterkreis gehörten auch der kursächsische Kanzler Gregor Brück, die Räte Fabian von Feilitzsch[791] und Hans von der Planitz sowie der Sekretär Hieronymus Rudloff. Sie alle waren Luther wohlgesonnen. Herzog Johann zeigte zunächst kein besonderes Interesse an der Luthersache. Dies änderte sich Ende 1519, als er von Cranach ein Porträt Luthers erbat, allerdings zusammen mit anderen Porträts wie dem des Narren Hans.[792] In den nächsten Jahren sollte sich Johann dann deutlicher als sein Bruder auf Luthers Seite schlagen – was für ihn auch weniger gefährlich war, weil er im Schatten Friedrichs stand und Repressalien eher nicht zu befürchten hatte.

Doch was bewog den Kurfürsten dazu, sich für Luther einzusetzen? In der seit über hundert Jahren geführten Forschungsdebatte wurden individual-psychologische ebenso wie politisch-pragmatische und frömmigkeitsgeschichtliche Motive angeführt. Friedrichs eigensinniger Charakter, seine Gegnerschaft gegen die Habsburger wegen der letztlich gescheiterten habsburgisch-wettinischen Heiratsprojekte, seine Verärgerung über den Verlust der Bischofssitze Magdeburg, Halberstadt und Mainz an die Hohenzollern oder sein durch das römische Verfahren gegen Luther gekränktes Gerechtigkeitsgefühl wurden ins Feld geführt. Verbreitet ist auch die Meinung, Friedrich sei es hauptsächlich um die Aufrechterhaltung seines landesherrlichen Herrschaftsanspruchs gegenüber dem Kaiser oder um den Schutz seiner jungen Universität Wittenberg gegangen. Für sich allein genommen ist keines dieser Argumente hinreichend, um Friedrichs Haltung zu erklären. Auch wenn man davon ausgeht, dass Friedrichs Lutherschutzpolitik durch mehr als ein Motiv veranlasst war, wird häufig das entscheidende Motiv übersehen, seine Frömmigkeit, die Elemente enthielt, die ihn mit Luther verbanden.[793] Unter dem Eindruck Luthers wandelte sich Friedrichs Frömmigkeit. Deshalb ist die

Die Anfänge der Lutherschutzpolitik

Frage, ob der Kurfürst von Luther unbeeindruckt, ob er von Anfang an ein überzeugter Jünger Luthers oder ob er ein neutraler Fürst war, letztlich falsch gestellt, weil sie nicht mit Entwicklungen rechnet. Mit dem Kurfürsten verhielt es sich so, wie Spalatin es ausdrückte: Friedrich näherte sich »dem Evangelium« langsam aber stetig an.[794]

Den Namen Luthers könnte Friedrich im Herbst 1512 zum ersten Mal gehört haben, denn damals sollte Luther zum Doktor der Theologie promoviert werden, konnte die dafür fälligen Gebühren aber nicht aufbringen. Deshalb wandte sich der Generalvikar der Augustinereremiten, Luthers Ordensvorgesetzter und väterlicher Freund Johann von Staupitz, an den Kurfürsten, um ihn um eine Übernahme der Kosten zu bitten. Friedrich stimmte zu. Luther und Staupitz konnten in Leipzig 50 Gulden aus der Hofkammer in Empfang nehmen.[795] Diese Zahlung sollte nicht als Zeichen einer engeren Beziehung Friedrichs mit Luther gedeutet werden, sondern als eine Subvention für seine junge Universität. Immerhin scheint der Kurfürst den jungen Luther für eine gute Investition gehalten zu haben.

Luther beobachtete ziemlich genau und kritisch, was sich am kursächsischen Hof abspielte. Was Spalatin dem Kurfürsten über Luther berichtete, wissen wir nicht im Einzelnen. Luthers Äußerungen über den Kurfürsten sind aus seinen Briefen jedoch gut bekannt. Am 8. Juni 1516 – Luther war inzwischen als Professor an der Theologischen Fakultät fest installiert – schrieb er an Spalatin folgende bezeichnende Sätze: »Deinem Fürsten gefällt vieles und glänzt in seinen Augen mit hohem Schein, was Gott missfällt und hässlich ist. Nicht als ob ich leugnen wollte, dass er in weltlichen Unternehmungen von allen der Klügste ist, aber was die Dinge angeht, die Gott und das Seelenheil betreffen, halte ich ihn für siebenfach blind zugleich mit deinem Pfeffinger.«[796] Der klügste Fürst in weltlichen Regierungsdingen, religiös aber ein siebenfach Blinder! Dass Luther damit die Frömmigkeit Friedrichs meinte, insbesondere seine Reliquiensammelei, ist deutlich – auch der kurfürstliche Kämmerer Pfeffinger war ein Reliquiensammler[797] und wurde von Luther in die Kritik eingeschlossen.

Luther nahm seinem Landesherrn gegenüber kein Blatt vor den Mund. Das zeigt ein Brief aus der zweiten Jahreshälfte 1518, den Luther direkt an den Kurfürsten richtete. Er erinnerte Friedrich daran, dass er ihm vor einem Jahr durch einen seiner Räte ein neues Kleid versprochen, aber nicht geliefert hatte.[798] Daran ist nicht nur bemerkenswert, dass Luther keine Scheu trug, seinen Landesherrn an ein nicht gehaltenes Versprechen zu erinnern, sondern Luther setzte hinzu, dass wenn Pfeffinger ihm dieses Kleid verschaffen solle, der Kurfürst doch bitte dafür Sorge tragen möge, dass dieser es mit der Tat und nicht nur mit Versprechungen ausrichte. Denn Pfeffinger könne ziemlich gute Worte spinnen, aber daraus werde noch kein gutes Tuch. Einen der einflussreichsten Hofbeamten derart als knauserig und schwatzhaft hinzustellen, muss man sich erst einmal trauen! Und Luther versuchte in diesem Brief nicht nur, ein Missverständnis zwischen Friedrich dem Weisen und Staupitz auszuräumen, sondern riet dem Kurfürsten sogar, auf eine geplante neue Steuer zu verzichten, weil sie seinem Ruf schade. Luther hatte keine Bedenken, sich durch allzu große Offenheit oder Einmischung in Dinge, die ihn nichts angingen, Schwierigkeiten einzuhandeln.

Im Ablassstreit nahm Luther auf Friedrich den Weisen ebenfalls keine Rücksicht, obwohl er wusste, dass seine 95 Thesen sich auch gegen das Wittenberger Heiltum richteten. Auf die Anzeige Luthers in Rom durch Albrecht von Mainz und den beginnenden Ketzerprozess reagierte Friedrich zunächst nicht. Am 15. Februar 1518 bedauerte Luther gegenüber Spalatin, dass einige vermuteten, er sei vom Kurfürsten gegen Erzbischof Albrecht aufgestachelt worden.[799] Luther wollte nicht, dass der Landesherr in seine Sache hineingezogen wurde; gleichzeitig erklärte er sich aber bereit zu einer Disputation, wenn der

Die Anfänge der Lutherschutzpolitik

Kurfürst dies wollte. Etwa um diese Zeit muss Friedrich aus eigenem Antrieb, wie Luther betonte, seine angegriffenen Wittenberger Professoren Luther und Karlstadt in seinen Schutz genommen und versprochen haben, dass er eine Auslieferung nach Rom nicht zulassen werde.[800] Man nannte dies »den ersten deutlich greifbaren Akt des Lutherschutzes«,[801] hinter dem man noch keine inhaltliche Identifizierung mit Luthers theologischem Anliegen zu vermuten braucht, sondern eher die Absicht erkennt, sich schützend vor zwei prominente Wittenberger Universitätsprofessoren zu stellen.

Als Luther zur Disputation nach Heidelberg aufbrechen wollte, um seine Theologie zu verteidigen, legte ihm Spalatin nahe, beim Kurfürsten um Geleit nachzusuchen.[802] Friedrich bat Staupitz, für eine zügige Rückkehr Luthers nach Wittenberg zu sorgen, wobei er betonte, dass er Gefallen an Luther habe und diesen nicht für längere Zeit von der Universität und seinen Aufgaben entfernt sehen wollte.[803] Das von Luther für die Reise nach Heidelberg erbetene Geleit stellte Friedrich aus.[804] Er war um die Sicherheit Luthers auf dem Hin- und Rückweg sowie während seines Aufenthalt in Heidelberg außerordentlich besorgt und unterstützte ihn mit mehreren Empfehlungsschreiben.[805] Friedrich ging es um seine Universität, aber auch um die Person Luthers, die er für Wittenberg erhalten wollte.

Im Sommer 1518 musste sich Friedrichs Politik bewähren, als Luther nach Rom zitiert wurde, wo er sich für seine Ketzerei verantworten sollte. Schon am folgenden Tag schrieb Luther an Spalatin und bat ihn, darauf hinzuwirken, dass der Kurfürst sich bei Kaiser und Papst für eine Verhandlung seiner Sache in Deutschland einsetzte.[806] Angesichts der realen Gefahr, den Rest seiner Tage in einem römischen Kerker verbringen zu müssen, suchte Luther jetzt doch die Hilfe des Kurfürsten, den er eigentlich in seine Sache nicht hineinziehen wollte. Friedrich reagierte, indem er Spalatin mit dem kaiserlichen

Rat Johannes Renner Kontakt aufnehmen ließ. Der sollte Kaiser Maximilian I. bitten, den Papst zu einer Rücknahme der Vorladung und zu einer Übertragung der Luthersache an eine deutsche Instanz zu bewegen.[807] Als Schiedsrichter schlug Friedrich die Bischöfe Lorenz von Würzburg oder Philipp von Freising vor, außerdem eine unverdächtige Universität. Spätestens jetzt war der Kurfürst in die Luthersache direkt verwickelt. Wenig später muss er ein Breve Papst Leos X. erhalten haben, in dem ihm die Entsendung des päpstlichen Legaten Kardinal Cajetan nach Deutschland angekündigt und er aufgefordert wurde, den »Sohn der Bosheit« Luther an den Papst auszuliefern.[808]

Luther steckte in einem Dilemma. Auf der einen Seite sah er keine andere Möglichkeit, den drohenden Kirchenstrafen zu entrinnen, als durch die Hilfe des Landesherrn; auf der anderen Seite betonte er immer wieder, dass er nicht wollte, dass der Kurfürst seinetwegen in irgendeinen Verdacht geriet.[809] Luther verstieg sich sogar zu dem Vorschlag, Friedrich solle sein Gesuch um Geleit nach Rom ablehnen, damit er einen Vorwand hätte, nicht in Rom erscheinen zu müssen. Friedrich ließ sich auf diese durchsichtige Finte verständlicherweise nicht ein.[810] Stattdessen sorgte er dafür, dass Luther mit dem zum Augsburger Reichstag angereisten Kardinal Cajetan zusammentreffen konnte. Das Mitte Oktober 1518 durchgeführte Augsburger Verhör Luthers durch den Kardinal war zumindest ein Teilerfolg für Friedrich, weil es in Deutschland stattfand. Aber Cajetan war ein vom Papst bestellter Richter und nicht der unvoreingenommene Vermittler, den man in Kursachsen wünschte. Der Kardinal wollte keinen Austausch von Argumenten, sondern einen Widerruf Luthers. Luther, dem der Kurfürst zwei seiner Räte als Unterstützung an die Seite stellte,[811] ließ sich darauf nicht ein und floh aus Augsburg. Deshalb richtete Cajetan am 25. Oktober 1518 ein Gesuch an den Kurfürsten, Luther nach Rom auszuliefern oder ihn zumindest aus

Kursachsen zu vertreiben.[812] Dieses Gesuch erreichte über Spalatin auch Luther, der in einem Brief an den Kurfürsten seine Sicht des Verhörs durch den Kardinal darlegte.[813] Die Universität Wittenberg bat den Kurfürsten ebenfalls, nicht zuzulassen, dass Luther unwiderlegt verurteilt wurde.[814]

So schrieb Friedrich am 8. Dezember 1518 an den Kardinal und teilte ihm mit, dass Luther nach seiner Überzeugung bisher keine Ketzerei nachgewiesen wurde.[815] Solange Luther nicht überführt war, wollte ihn der Kurfürst nicht ausliefern. Mit dieser klaren Stellungnahme, die in Basel sogar gedruckt wurde,[816] fand die erste Phase der Lutherschutzpolitik Friedrichs des Weisen einen Abschluss. Ein gehorsamer Sohn der römischen Kirche war der Kurfürst, allen anderslautenden Beteuerungen zum Trotz, nicht mehr. Eine inhaltliche Zustimmung zu Luther wird man aus alledem zwar noch nicht ablesen dürfen, eine Parteinahme für seinen von der Papstkirche verfolgten Wittenberger Professor aber durchaus.

»Zum Keisar ward erkorn ich«: die Königswahl von 1519

Doch der römische Prozess gegen Luther wurde vorläufig auf Eis gelegt, denn am 12. Januar 1519 starb Kaiser Maximilian I. Im Wahlkampf um seine Nachfolge spielte Friedrich der Weise eine Schlüsselrolle. Dessen Verhältnis zum alten Kaiser war kompliziert, aber keineswegs so schlecht, wie man behauptet hat. Friedrich führte mit Einwilligung Maximilians noch immer den Titel eines Generalstatthalters.[817] Der Habsburger titulierte ihn als Rat und Statthalter, als er ihn im Februar 1518 beauftragte, dem Bischof Philipp von Freising für das Stift Naumburg den Lehnseid auf Kaiser und Reich abzunehmen.[818] Auch in der Sache Luthers gab es Kontakte. Im März 1518 war Degenhart Pfeffinger im Auftrag des Kurfürsten in Innsbruck, wo

Maximilian ihn freundlich aufnahm und ihm drei wertvolle Bücher als Geschenke an Friedrich mitgab.[819] Wahrscheinlich wird bei dieser Gelegenheit auch über Luther gesprochen worden sein, denn Friedrich erwähnte in einem späteren Brief an Pfeffinger, dass er ihn schon mehrfach zum Kaiser und zum kaiserlichen Rat Johann Renner in der Angelegenheit Luthers geschickt habe, um die Sache beizulegen oder von einer unverdächtigen Instanz in Deutschland entscheiden zu lassen.[820]

Friedrich hat seine nach wie vor guten Kontakte zum Kaiser also genutzt, um in Luthers Sache zu vermitteln. Maximilian seinerseits forderte schon im November 1517 von den Kurfürsten eine schriftliche Wahlzusage zugunsten seines Enkels Karl. Friedrich antwortete erst am 6. März 1518 und lehnte kategorisch ab.[821] Auch während des Augsburger Reichstags von 1518 ließ er sich nicht darauf ein, sich durch Geldzahlungen oder Eheversprechungen auf den Habsburger als künftigen römischen König festlegen zu lassen, obwohl Maximilian bereits fünf der sieben Kurstimmen eingekauft hatte.[822] Friedrich bestand auf einer freien Wahl nach den Regeln der Goldenen Bulle, was eine Wahl zu Lebzeiten Maximilians ausschloss.[823] Der Sachse konnte bockig sein, wenn man Druck auf ihn ausübte. So war es auch in diesem Fall. Ein »Führer der Opposition«[824] war er deshalb aber noch lange nicht, denn es stand niemand auf seiner Seite. Friedrichs Freund Richard von Trier trat für den französischen König ein, was den Prinzipien des Sachsen ebenso widersprach wie der Verkauf der Wahlstimme an die Habsburger. Wieder einmal beurteilte Spalatin das Verhalten seines Herrn richtig, wenn er feststellte, Friedrich habe sich in der Wahlsache »wohl, ehrlich und fürstlich« erzeigt und allen Beeinflussungsversuchen widerstanden.[825] Auch trat Spalatin Gerüchten entgegen, dass es wegen Friedrichs Weigerung zu einem Zerwürfnis mit Maximilian gekommen sei.[826] Letztlich hat sich Friedrich mit seiner Weigerung durchgesetzt und verhindert, dass es bereits zu Lebzeiten des alten Kaisers zu einer Festlegung auf einen Nachfolger oder gar zu einer Wahl kommen konnte.

Mit dem Tod Maximilians waren alle Absprachen ohnehin obsolet. Vom Tod des Kaisers erfuhr Friedrich offiziell durch einen Sondergesandten mit Namen Johann Kesinger, einen Sekretär Maximilians, wohl erst Ende Januar 1519 in Torgau.[827] Allerdings hatte ihn die Nachricht schon vorher auf anderen Wegen erreicht.[828] Der Bote überbrachte zugleich die letzte Bitte Maximilians, der Kurfürst solle gut für seine Enkel Karl und Ferdinand sorgen.[829] Die Vertrauensstellung Friedrichs beim Reichsoberhaupt war bis zuletzt also ungebrochen, von einem Zerwürfnis keine Spur. Friedrich kündigte an, durch seine Geistlichen für den Verstorbenen gute Werke tun zu lassen.[830] Am 8. Februar erging ein Ausschreiben an alle geistlichen und weltlichen Stände des Kurfürstentums Sachsen, in dem Friedrich Trauerfeierlichkeiten für den verstorbenen Kaiser anordnete und alle weltlichen Vergnügungen für vier Wochen untersagte.[831] Dass der Wahlkampf jetzt von Neuem beginnen würde, war absehbar. Bei einem Treffen in Naumburg am 3. Februar 1519 mit den beiden hohenzollernschen Kurfürsten von Mainz und Brandenburg versuchte Friedrich, die freie Königswahl sicherzustellen. Er schlug eine Zusammenkunft aller Kurfürsten und ein gemeinsames Ausschreiben vor, das die freie Wahlentscheidung einschärfen sollte.[832]

Doch mit seiner strikt rechtskonformen Haltung stand der Sachse unter seinen Standesgenossen alleine. Die anderen Kurfürsten verfolgten ihre persönlichen, vor allem finanziellen Interessen. Aus der von Friedrich gewünschten Zusammenkunft wurde nichts. Der Druck auf ihn nahm zu, wie ein langes Schreiben des Herzogs Heinrich von Braunschweig-Lüneburg vom 23. Februar belegt, in dem Friedrich einige weitreichende Vorschläge unterbreitet wurden.[833] Er sollte römischer König in den deutschen Teilen des Reiches werden, wenn Franz I. von Frankreich das Kaisertum in den welschen, das heißt den französisch- und italienischsprachigen Teilen erhielt. Aber Friedrich lehnte es ab, seine Wahlfreiheit in irgendeiner Weise einschränken zu lassen.[834] Er empfing Ende März eine französische Gesandtschaft, die ihm die Vorteile eines französischen Kaisertums in den hellsten Farben ausmalte und behauptete, die Franzosen hätten einen deutschen Ursprung, nämlich aus Frankfurt, weshalb sie »Franci« hießen.[835] Auch diesen Versuch der Wahlbeeinflussung lehnte er unter Hinweis auf die Goldene Bulle ab.[836]

Natürlich versuchte auch die habsburgische Seite, auf ihn einzuwirken. Bei einer Gesandtschaft des Grafen Hoyer von Mansfeld erhielt er einen Brief König Karls, der ihn unter Hinweis auf sein deutsches Blut um seine Wahlstimme bat.[837] Darauf antwortete Friedrich lediglich mit dem Hinweis, er wolle bei seiner freien Wahlentscheidung bleiben und vorher keine Verpflichtung eingehen.[838] Im April versuchte es Karl noch einmal, doch Friedrich blieb bei seiner Antwort.[839] Der Kurfürst wünschte sich zwar einen Deutschen als Kaiser[840] – das war Karl aber ebenso wenig wie Franz, auch wenn beide immer wieder die deutsche Karte spielten. Geld wurde dem Sachsen zu keiner Zeit angeboten. Vermutlich wussten die Thronbewerber, dass auf diese Weise bei ihm nichts zu erreichen war. Friedrich nutzte die Gunst der Stunde, um Reliquien für das Wittenberger Heiltum zu erwerben, was von den Habsburgern wie von den Franzosen mit der Erwartung verknüpft wurde, Friedrichs Wahlverhalten dadurch beeinflussen zu können.[841] Der gab jedoch keine Versprechungen ab, oder mit Spalatins Worten: »Aber dieser Churfürst, Gott lob, hielt fest wie ein Maur.«[842]

Den Druck spürte er aber sehr wohl. Am 7. April schrieb er an seinen Vetter Herzog Georg, dass er hoffe, bei seiner bisherigen Haltung zu bleiben[843] – offenbar fürchtete er, doch noch schwach zu werden. Erstaunlich wäre das nicht gewesen, wenn man bedenkt, dass alle Seiten – auch der spät in den Wahl-

»Zum Keisar ward erkorn ich«: die Königswahl von 1519

kampf eingetretene König Heinrich VIII. von England – mit Schmeicheleien und Versprechungen auf ihn einstürmten. Dazu gehörte auch das von habsburgischer Seite an den Kurfürsten herangetragene Angebot, seinen Neffen Johann Friedrich mit Katharina, der Schwester Karls von Spanien, zu vermählen. Darüber wurde sogar eine lateinische Urkunde ausgestellt, die Spalatin als »Verschreibung und Ehestiftung« bezeichnete.[844] Das war zwar mehr als nur eine vage Versprechung, die Friedrich, sein Bruder Johann und dessen Sohn Johann Friedrich grundsätzlich als verbindlich ansahen. Aber Friedrich war klug genug um zu wissen, »wie es mit denen Welschen heirathen zugeht«, und dass es sich um einen weiteren Versuch handelte, seine Wahlstimme zu ergattern.[845] Das eine mit dem anderen zu verknüpfen, lehnte er ab. Man sollte bei aller Verärgerung insbesondere Herzog Johanns[846] die Bedeutung dieses am Ende gescheiterten Heiratsprojekts für die Beziehung Friedrichs zum späteren Kaiser Karl V. nicht überbewerten; Wortbruch war ein Teil des diplomatischen Spiels, und Friedrich wusste das.

Bisher hatte der Kurfürst sein Amt als Reichsvikar in den Ländern sächsischen Rechts, das beim Tod des Kaisers automatisch in Kraft trat, noch nicht öffentlich zur Geltung gebracht. Er setzte zunächst auf ein gemeinsames Vorgehen aller Kurfürsten. Erst am 9. Mai 1519, also fast vier Monate nach dem Tod Maximilians, veröffentlichte er sein Vikariatsausschreiben,[847] mahnte zum Frieden und warnte vor Versuchen, eine ordentliche Durchführung der Wahl zu gefährden. Zwei Wochen später brach er von Altenburg nach Frankfurt am Main zur Königswahl auf. Dort traf er am 11. Juni als letzter der Kurfürsten ein.[848] Nichts weist bis zu diesem Zeitpunkt darauf hin, dass er sich bereits festgelegt hatte, wen er wählen würde – jedenfalls ließ er nichts darüber nach außen dringen.

Aus der Wahlhandlung ging Maximilians Enkel König Karl I. von Spanien als Sieger hervor. Karl, damals ein junger

Beschützer Luthers und erwählter Kaiser

Mann von 19 Jahren,[849] war als Erzherzog von Österreich, Herzog von Burgund und König von Kastilien und Aragón schon vor seiner Wahl im Reich der mächtigste Herrscher Europas (→ **Abbildung 15**). Von den spanischen Kolonien in Mittel- und Südamerika abgesehen, reichten seine Länder von der Atlantikküste bis an die Grenze zu Böhmen und Ungarn, von der Nordsee bis nach Süditalien und Sizilien. Der englische und der französische König waren gegen ihn letztlich chancenlos. So schien die Wahl des Habsburgers eine reine Formsache zu sein. Dieses in der Literatur noch immer verbreitete Bild ist jedoch zu korrigieren. Tatsächlich war die Situation im Juni 1519 offener, als sie häufig dargestellt wird.

Dies lag an Friedrich dem Weisen, der seine Stimme bisher keinem der Kandidaten versprochen und der keine Bestechungsgelder angenommen hatte,[850] der außerdem von mehreren Seiten selbst als Königskandidat ins Spiel gebracht worden war.[851] Schon seit Ende 1518 wurde sein Name in kurialen Quellen genannt, wenn es um mögliche Kandidaten für das Königtum aus dem Kreis der Kurfürsten ging.[852] Es war nicht allein Papst Leo X., der lieber den Kurfürsten von Sachsen als den gefürchteten Habsburger als König sehen wollte. Friedrich hatte auch Anhänger unter seinen Mit-Kurfürsten, die ihn dem landfremden Karl vorzogen. Kurfürst Richard von Trier bat ihn in Frankfurt inständig, er solle das Reich annehmen, dann werde er sich um alles Weitere kümmern.[853] Dies bedeutete wohl, dass der Trierer andere Kurfürsten – zu denken ist an Pfalz und Brandenburg – für die Wahl Friedrichs gewinnen wollte. Anders als es die von Karl Brandi[854] geprägte Forschung darstellt, war Friedrich kein im letzten Augenblick aufgebauter, chancenloser Gegenkandidat. War es aber so, wie es Paul Kalkoff[855] im Jahr 1925 zu beweisen versuchte, dass der Kurfürst von Sachsen am 27. Juni 1519 tatsächlich zum römischen König gewählt wurde und demnach als Kaiser Friedrich IV. in die Reihe der deutschen Könige und Kaiser aufzunehmen wäre?

»Zum Keisar ward erkorn ich«: die Königswahl von 1519

Brandi und mit ihm die neuere Forschung haben Kalkoffs These ziemlich einhellig abgelehnt; dieser hat es seinen Kritikern durch Übertreibungen und Einseitigkeiten aber auch leicht gemacht. In einem Punkt hatte er jedoch recht: Am 27. Juni 1519 fand eine förmliche Wahl statt, bei der auf Friedrich den Weisen eine Mehrheit der Stimmen entfiel. Georg Spalatin der Hauptzeuge,[856] der an mehreren Stellen davon spricht, Kurfürst Friedrich sei mit drei Kurstimmen zum römischen König gewählt worden, habe »dennoch das heilig römische Reich mit mehrern Ehren nicht angenommen denn etliche darnach getrachtet hatten«.[857] Eine erst jüngst zugängliche Quelle, der Zeitzeugenbericht Hans Herzheimers, bestätigt diese Darstellung im Wesentlichen.[858] Nach Herzheimer fand der zeremonielle Auftakt der Wahlhandlung am 17. Juni in der Stiftskirche St. Bartholomäus statt, wo eine Messe vom Heiligen Geist gelesen und die Kurfürsten vereidigt wurden. Auch von einer ersten Zusammenkunft der Kurfürsten in der Wahlkapelle ist hier die Rede. Friedrich der Weise war durch die Gicht in den Frankfurter Tagen zwar erheblich eingeschränkt, aber mobil genug, um an den entscheidenden Akten teilzunehmen. Am 27. Juni fand erneut ein Gottesdienst in der Bartholomäuskirche statt. Anschließend wurde Friedrich – nach Herzheimer einstimmig – von den Kurfürsten zum römischen König und künftigen Kaiser gewählt, lehnte jedoch unter Hinweis auf sein Alter und seine Krankheit noch in der Wahlkapelle ab, so dass die Wahl auf den folgenden Tag verschoben wurde, aus der dann der Habsburger Karl als König hervorging.

Dieser zeitlich und persönlich im engsten Umfeld Friedrichs entstandene Bericht bestätigt also, was man von Spalatin ohnehin schon wusste: Kurfürst Friedrich hätte König werden können, er war gewählt, aber er wollte nicht, sondern machte Platz für den Habsburger Karl. Über die Zahl der Stimmen, die auf ihn entfielen, und über die Frage, ob Friedrich sich Bedenkzeit erbat, sind die Quellen zwar nicht in Einklang zu bringen, aber an der Tatsache, dass Friedrich am 27. Juni 1519 zum König gewählt wurde, ist nicht zu rütteln. Dass ein rechtskonformes Königtum dadurch nicht zustande kam, ist zu Recht betont worden.[859] Man muss Friedrich also nicht in die Liste der deutschen Herrscher aufnehmen. Mag die Wahl vom 27. Juni 1519 für die politische Geschichte des Reiches letztlich unerheblich sein, war sie es für das Bild des Kurfürsten im eigenen Land keineswegs. Luther wies schon 1521 auf die Wahl Friedrichs zum Kaiser hin.[860] In der kursächsischen Friedrich-Memoria erhielt die Wahl zum Kaiser ihren festen Platz. Der bekannteste Ausdruck dieser Memoria war das Friedrich-Portrait Cranachs[861], das mit einer längeren, auf Luther zurückgehenden Bildunterschrift versehen war (→ **Abbildung 16**). Die letzten vier Zeilen lauten:[862]

> Zum Keisar ward erkorn ich
> Des mein alter beschweret sich.
> Dafur jch Keisar Carl erwelt
> Von dem mich nicht wand gonst noch gelt.

Friedrich entschied sich klug und in realistischer Einschätzung seiner Möglichkeiten gegen ein eigenes Königtum und für den Habsburger Karl V. als künftigen Kaiser. Wenn er dafür im Unterschied zu den anderen Kurfürsten auch kein Bestechungsgeld nahm, ließ er sich doch immerhin die Schulden von annähernd 70.000 Gulden erstatten, die sich aus der Zeit Maximilians I. angesammelt hatten.[863]

Miltitz und kein Ende

Am 4. Juli 1519 verließ der Kurfürst die Wahlstätte Frankfurt. Jetzt stand einer energischen Fortsetzung des römischen Prozesses gegen Martin Luther nichts mehr im Wege. Noch hoffte Friedrich, den Kirchenbann abwenden zu können. Eine wich-

Miltitz und kein Ende

tige Rolle spielte der päpstliche Kammerherr Karl von Miltitz,[864] der eine emsige Vermittlertätigkeit entfaltete, die man als »Miltitziade« bezeichnet hat. Sein eigentlicher Auftrag war es, dem Kurfürsten die goldene Tugendrose und weitere Gunstbezeugungen des Papstes zu überbringen.[865] Ob Miltitz darüber hinaus zu einer Vermittlung in der Luthersache bevollmächtigt war, ist umstritten.[866] Man hat Miltitz als Hochstapler und Wichtigtuer abgetan, den man in Kursachsen nur benutzt habe, um Zeit zu gewinnen und die Lutherschutzpolitik abzusichern. Aber so einfach liegen die Dinge nicht. Friedrich der Weise und seine Berater nahmen Miltitz zumindest am Anfang durchaus ernst.

Ende Dezember 1518 war Miltitz erstmals mit dem Kurfürsten in Altenburg zusammengetroffen. Friedrich vermutete schon damals, dass ihm die Goldene Rose nicht übergeben würde, wenn er Luther nicht aus dem Land jage.[867] Der Zusammenhang von Miltitz-Mission und Luthersache lag auf der Hand, und Friedrich wusste, dass man ihn zu ködern versuchte. Miltitz hatte vom Papst das Recht erhalten, zwei Personen vom Makel ihrer Geburt zu dispensieren,[868] was auf die beiden illegitimen Söhne Friedrichs des Weisen gemünzt gewesen sein könnte. Ob man dem Kurfürsten tatsächlich Angebote in dieser Richtung unterbreitet hat, ist nicht bekannt. Friedrich ging zu diesem Zeitpunkt davon aus, dass Miltitz in der Luthersache bevollmächtigt war.[869] Dem Schreiben des Papstes, das ihm Miltitz übergab, konnte man das durchaus entnehmen.[870] Es legitimierte den Gesandten in den Augen der kursächsischen Politik zumindest so weit, dass für Anfang 1519 ein Treffen mit Luther anberaumt wurde, das am 5. und 6. Januar 1519 in Altenburg stattfand.[871] Der Kurfürst beauftragte seinen Rat Fabian von Feilitzsch und wurde von Luther schriftlich über den Verlauf unterrichtet.[872] Miltitz und Luther vereinbarten ein Stillhalten; Miltitz wollte sich beim Papst mittlerweile für die Übertragung des Falls an einen gelehrten deutschen Bischof einsetzen, der Luther seine Irrtümer anzeigen sollte. Mehr als dieser Plan kam bei der Altenburger Zusammenkunft nicht heraus, denn ein verabredetes Entschuldigungsschreiben Luthers an den Papst wurde am Ende doch nicht abgesandt.[873]

Der Kurfürst und seine Ratgeber erwogen noch kurz nach dem Ende des Altenburger Treffens, Miltitz durch ein Schreiben an den Papst in seinem Bemühen zu unterstützen, die Luthersache beizulegen.[874] Ein solches Schreiben hätte zudem den Vorteil gehabt, dass man dem Papst noch einmal Luthers Standpunkt, ohne biblische Beweise nicht zu widerrufen, hätte vortragen können. Man empfand es aber doch als untunlich, den Kurfürsten auf diese Weise zu exponieren und in die Sache Luthers zu verwickeln, denn man legte größten Wert darauf, Friedrich als möglichst unbeteiligt an Luthers Angelegenheit erscheinen zu lassen. Schon in seinem nicht abgeschickten Schreiben an den Papst argumentierte der Kurfürst, er habe nach Cajetans Brief vom 25. Oktober 1518 beschlossen, sich künftig von der Luthersache fernzuhalten.[875] Auch Miltitz gegenüber betonte Friedrich, er wolle künftig mit der Sache Luthers nichts mehr zu tun haben, um nicht in den Verdacht zu geraten, etwas zu fördern, was der christlichen Kirche zum Nachteil gereichen könnte.[876] In der nach außen gerichteten Argumentation wurde diese Form der Distanzierung zu einer tragenden Säule der kursächsischen Lutherschutzpolitik, die deshalb aber nicht aufgegeben, sondern hinter der Fassade des vermeintlichen Unbeteiligtseins des Kurfürsten versteckt wurde.

Man darf also die Position, die der Kurfürst nach außen vertrat, nicht mit seiner wahren Haltung verwechseln. Das kann man schon daran sehen, dass die Verbindung zu Luther nicht abriss. Am 12. Februar 1519 zum Beispiel übersandte Luther an Spalatin die Auslegung einer Stelle des Johannesevangeliums, um die der Kurfürst ihn gebeten hatte.[877] Friedrich vermied zwar jeden direkten Kontakt mit Luther, hatte aber keine Bedenken, die exegetische Kompetenz seines Professors in Anspruch zu nehmen. Nach außen durfte allerdings nichts dringen, was den Kurfürsten kompromittieren konnte.

Nach dem Altenburger Gespräch konzentrierte sich die Lutherschutzpolitik auf das bischöfliche Schiedsgericht in Deutschland. Unterschiedliche Namen kursierten, bis sich die Pläne auf den Trierer Erzbischof Richard von Greiffenklau konzentrierten.[878] Allerdings hat man in Rom die Schiedsgerichtsidee ignoriert. Dies war die Zeit, in der der Wahlkampf um die Nachfolge Maximilians tobte. Am 23. Januar 1519 war Cajetan angewiesen worden, die Wahl des Habsburgers Karl unbedingt zu verhindern und den Kurfürsten von Sachsen oder den von Brandenburg wählen zu lassen, wobei der Sachse nach Ansicht des Papstes leichter durchzusetzen war.[879] Kurfürst Friedrich ließ sich aber nicht vor den päpstlichen Karren spannen. Er lehnte es ab, sich mit einem Gesandten des Papstes, der ihn im April eindringlich ermahnte, die Kandidatur Karls nicht zu unterstützen, auch nur zu treffen.[880]

Im Mai wurde der Plan eines Schiedsgerichts dann plötzlich doch konkreter, was anscheinend vor allem auf Cajetan zurückging.[881] Ob diese neue Initiative als ernsthafter Versuch zu werten ist, zu einer Lösung zu kommen, oder ob es sich um ein reines Ablenkungsmanöver unmittelbar vor der Königswahl handelte, ist schwer zu sagen. Die Sache geriet jedenfalls bis zu dem Punkt, an dem der Erzbischof von Trier dem Kurfürsten Friedrich gegenüber seine Bereitschaft erklärte, sich mit Luther zu treffen und die Sache zu schlichten.[882] Als dieses Angebot bei Friedrich ankam, war dieser aber bereits auf dem Weg zum Wahltag nach Frankfurt, wo er sich mit dem Erzbischof beraten wollte.[883] Über dieses Gespräch ist nur bekannt, dass Friedrich der Weise und Richard von Trier sich verständigten, Luther zum nächsten Reichstag mitzubringen.[884] Eine Reise Luthers zum Erzbischof war damit obsolet. Auch Miltitz verwarf um diese Zeit den Plan eines Verhörs vor dem Erzbischof und versprach dem Kurfürsten stattdessen die schnelle Übergabe der Goldenen Rose.[885] Hoffte man, sich das Verhör sparen zu können, weil die Goldene Rose und das Angebot der Kaiserkrone den Kurfürsten doch noch zur Auslieferung Luthers bewegen würden?[886] Auch Cajetan setzte die Rose noch einmal als Lockmittel ein, um den Kurfürsten an seine Treue gegenüber der römischen Kirche zu erinnern.[887] Friedrich antwortete etwas verschnupft, sprach von dem Misstrauen, das gesät wurde, und davon, dass er die Rose noch nicht erhalten hatte. Es sei immer seine Absicht gewesen, ein treuer Sohn des Papstes und der Kirche zu bleiben.[888]

Im Wirrwarr der Verhandlungen und gewechselten Briefe ist ein Urteil darüber schwierig, wer es womit ernst meinte und wer nur taktische Spielchen spielte. Bis zur Jahresmitte 1519 war die Luthersache jedenfalls seit einem halben Jahr keinen Schritt vorangekommen. Das war eher ein Erfolg der kursächsischen Seite, die wertvolle Zeit gewann, in der Luther seine Lehre entwickeln und verbreiten konnte. Der Versuch, die Reformation im Keim zu ersticken, war damit bereits gescheitert. Zugeständnisse hatte der Kurfürst an den Papst und seine Vertreter in keiner Weise gemacht, nicht hinsichtlich der Königswahl und auch nicht hinsichtlich der Auslieferung Luthers. Die römische Taktik, den Sachsen auf unterschiedliche Weise gefügig zu machen, hat ihr Ziel jedenfalls weit verfehlt.

Während Kurfürst Friedrich in Frankfurt zur Königswahl weilte, wurde in Leipzig die Disputation zwischen Johannes Eck aus Ingolstadt, Martin Luther und Andreas Bodenstein von Karlstadt aus Wittenberg durchgeführt.[889] Luthers Distanzierung von der spätmittelalterlichen Papstkirche wurde in Leipzig offensichtlich. Er bestritt das göttliche Recht des Papsttums und bewegte sich hin zum reformatorischen Schriftprinzip, während es Eck gelang, ihm seine Nähe zu Johannes Hus nachzuweisen und ihn so zum hussitischen Ketzer zu stempeln. Herzog Georg von Sachsen hat sich im Verlauf der Disputation von Luthers Ketzerei überzeugen lassen und war fortan einer der schärfsten Gegner Luthers und der Reformation. Für Friedrich den Weisen bedeutete dies alles, dass seine Situation noch schwieriger wurde, denn zu den vielen älteren Konflikten mit seinem albertinischen Vetter kam nun auch noch die Reformation als Differenzpunkt hinzu. Diese Konstellation sollte die kommenden Jahre bestimmen. Einfacher wurde seine Situation auch hinsichtlich des Lutherschutzes nicht, denn je größer die Distanz Luthers zum bestehenden Kirchenwesen wurde, desto schwieriger war es für Friedrich, seine Linie durchzuhalten. Luther nahm auf ihn nach wie vor keine Rücksicht. Weder die Teilnahme an der Leipziger Disputation noch die Absage des Trierer Verhörs[890] waren mit dem Kurfürsten abgesprochen. Luthers Eigenmächtigkeit und seine mangelnde Vorsicht in der Öffentlichkeit, die einen Reformator aber ausmachten, waren für die Politiker sicher schwer zu ertragen.

Mit den Ergebnissen der Leipziger Disputation wurde Friedrich konfrontiert, als sich Johannes Eck an ihn wandte und ihn gegen Luther und Karlstadt einzunehmen versuchte.[891] Aber der Kurfürst besorgte sich unabhängig davon Informationen über den Verlauf des Leipziger Streitgesprächs, indem er den Leipziger Medizinprofessor Simon Pistoris d. Ä. um einen Bericht bat.[892] Pistoris wiederum wandte sich an seinen Sohn, den Leipziger Juristen Simon Pistoris d. J., der die gesamte Disputation verfolgt hatte und dessen Eindrücke der Vater an den Kurfürsten weitergab. Demnach war Luther in der Disputation seinem Gegner in der Sache überlegen, wenngleich Eck mit seiner Rhetorik Eindruck schinden wollte. In vielen Punkten seien sie sich einig gewesen außer in dem einen: der Gewalt des Papstes. Hier seien die Leipziger Theologen Ecks Meinung gewesen, und im Übrigen habe man den größten Streit über die Frage gehabt, ob Johannes Hus in einigen Stücken zu Unrecht verdammt worden sei. Knapp und zutreffend war dieser

Bericht, aus dem der Kurfürst den Eindruck gewinnen musste, dass Luthers Lehre von Eck nicht widerlegt wurde. Einen weiteren Bericht erhielt der Kurfürst von Matthäus Hitzscholdt, Mönch aus dem Kloster Bosau, der im Auftrag des inzwischen verstorbenen kurfürstlichen Kämmerers Degenhart Pfeffinger den Verlauf der Disputation aufzeichnete.[893] Eck, so heißt es hier, sei schreierisch und anmaßend aufgetreten und habe keine Kenntnisse in der Heiligen Schrift gezeigt. Auch in Hitzscholdts Augen haben Karlstadt und Luther in der Disputation die bessere Figur gemacht, Luther vor allem wegen seines Bemühens um das richtige Verständnis der Heiligen Schrift.

Die Reaktion Friedrichs des Weisen war typisch für seine Methode, mit solchen Dingen in der Öffentlichkeit umzugehen. Er antwortete Eck mit dem lapidaren Hinweis, er habe seinen Bericht an Karlstadt und Luther weitergegeben, aber noch keine Antwort erhalten.[894] Also nicht die Spur einer Stellungnahme, sondern der Kurfürst verteilte lediglich die Post, so als gingen ihn die inhaltlichen Fragen nichts an. Wenige Tage später erreichte ihn dann auch die Reaktion Karlstadts auf Ecks Bericht. Karlstadt wies die Darstellung Ecks über den Verlauf der Disputation zurück und beanspruchte für sich, Eck in einigen Punkten widerlegt zu haben.[895] Der wichtigste Bericht aber stammte von Luther und Karlstadt gemeinsam.[896] Es ist bemerkenswert, dass die Debatte, die von den Kontrahenten vor dem Kurfürsten im Nachgang zur Leipziger Disputation geführt wurde, eine öffentliche war, da sowohl die Berichte Ecks und Hitzscholdts als auch die Verteidigung Luthers und Karlstadts sogleich im Druck erschienen. Friedrich reichte die Antwort der Wittenberger Theologen erneut ohne jede inhaltliche Stellungnahme an Eck weiter.[897] Auch Ecks umfangreiche Entgegnung erschien wieder im Druck.[898]

Die Kontrahenten von Leipzig versuchten demnach, den Kurfürsten von ihrer Sicht des Verlaufs und des Ergebnisses der Leipziger Disputation zu überzeugen, doch Friedrich verhielt sich nach außen neutral. Er bezog in keiner Weise Stellung. Dass ihn die während der Disputation verhandelten theologischen Fragen interessiert haben müssen, ist dennoch klar, sonst hätte er sich nicht um Informationen aus Leipzig bemüht. Wir wissen aber nicht, inwieweit der Kurfürst die eingehenden Berichte zur Kenntnis genommen hat – hat er alles gelesen, was an ihn gerichtet war, oder hat er sich den Inhalt von Spalatin zusammenfassen lassen? Sicher ist allerdings, dass er nicht nur von einer Seite, sondern von beiden Seiten Informationen erhalten hat. An der in aller Öffentlichkeit ausgetragenen Streitschriftendebatte lässt sich ablesen, dass die Möglichkeiten des Landesherrn, den theologischen Streit zu kontrollieren oder einzudämmen, sehr begrenzt waren. Er hätte seinen Wittenberger Theologen Schreib- oder Druckverbot erteilen können, aber das tat er nicht. So blieb ihm nichts anderes übrig, als zu versuchen, selbst keinen Schaden zu nehmen, um Luther vor Schlimmerem zu bewahren. Obwohl Luther ihm nur Schwierigkeiten machte, blieb das Verhältnis gut. Auf der einen Seite tat es Luther leid, dass er den Kurfürsten so tief in seine Sache hineinzog,[899] auf der anderen Seite richtete Luther aber immer wieder Briefe an Friedrich, widmete ihm seine Psalmenauslegungen[900] und seine Schrift von den Vierzehn Nothelfern.[901] Selbst mit Kleinigkeiten wie dem Kauf zweier Kutten auf dem Leipziger Jahrmarkt behelligte er ihn,[902] und dieser ließ es sich gefallen. Ja, Friedrich bedachte Luther und Karlstadt einmal sogar mit Geschenken.[903]

Um den päpstlichen Nuntius Karl von Miltitz war es über den Sommer 1519 ruhig geworden. Ende September erhielt Kurfürst Friedrich endlich die lange angekündigte Goldene Rose, die er durch seine Räte entgegennehmen ließ,[904] also nicht einmal persönlich in Empfang nahm. Bei dieser Gelegenheit wandte sich Miltitz erneut in einem Brief an ihn und trug ihm vor, dass er sich noch immer an die Altenburger Abmachungen aus dem Januar 1519 gebunden fühlte. Miltitz schlug ein Treffen mit Luther in Liebenwerda vor. Im Anschluss daran wollte er erneut versuchen, die Angelegenheit durch den Erzbischof von Trier beilegen zu lassen.[905] Da Cajetan inzwischen aus Deutschland abberufen und Miltitz' eigentliche Aufgabe mit der Übergabe der Rose erledigt war, ist kaum davon auszugehen, dass er zu dieser zweiten Vermittlungsrunde speziell autorisiert war.

Aber Kurfürst Friedrich und Luther gingen auf das Angebot trotzdem ein. Friedrich ließ Luther auffordern, einen Termin für die Besprechung in Liebenwerda zu bestimmen.[906] Luther gegenüber spielte Miltitz dunkel auf die drohenden Gefahren an, die durch das Treffen abgewendet werden könnten.[907] Er machte sich wichtiger, als er war. An dem von Luther vorgeschlagenen Tag, dem 9. Oktober,[908] fand die Unterredung von Liebenwerda statt. Nach Luthers knappem Bericht an Spalatin ging es vor allem um eines: Miltitz wollte wissen, ob Luther an der Altenburger Abmachung, den Erzbischof von Trier als Richter zu akzeptieren, festhalte. Luther bejahte dies, worauf Miltitz seine baldige Abreise nach Rom ankündigte, weil sein Auftrag erfüllt sei.[909] Die nun folgenden Verwicklungen ruinierten sein Ansehen als Vermittler aber vollständig. Denn Miltitz präsentierte dem Kurfürsten als Ergebnis der Unterredung von Liebenwerda, dass Luther einverstanden gewesen sei, nach Trier zu reisen, um den Streit zu beenden.[910] War Miltitz also der Meinung, Luther wolle vor dem Erzbischof einen Widerruf leisten, oder bedeutete dies nur, dass man den Konflikt schlichten lassen wollte? Luther bestand darauf, dass man nur vom Richter, nicht von der Reise geredet habe.[911] Miltitz blieb auch auf ein tadelndes Schreiben des Kurfürsten[912] hin bei seiner Version.[913] Die Frage einer Reise Luthers nach Trier war von besonderer Bedeutung, weil sie die zwischen dem Kurfürsten und dem Trierer Erzbischof in Frankfurt beim Wahltag getroffene Vereinbarung, Luther zum nächsten Reichstag mitzubringen, unterlaufen hätte. Miltitz wusste durch

Miltitz und kein Ende

Luther von diesem Plan⁹¹⁴ und versuchte offenbar, ihn zu vereiteln. Dass ihn dabei ein anderer Gedanke geleitet hätte als der, seine Vermittlerrolle zu retten, für die er eine Bezahlung erwarten durfte, muss man nicht annehmen.

Doch Luther und Friedrich der Weise waren inzwischen auf das Projekt eines Verhörs durch den Erzbischof auf dem kommenden Reichstag festgelegt. Luther erklärte Mitte Oktober 1519 seine Bereitschaft dazu,⁹¹⁵ was Kurfürst Friedrich wenig später an Richard von Trier weitergab.⁹¹⁶ Dass Miltitz einen Befehl hatte, neben dem Erzbischof zu handeln, hielt der Kurfürst jetzt für unglaubwürdig. Doch Miltitz brachte sich selbst nachdrücklich in Erinnerung, als er sich Anfang Dezember mit neuen Nachrichten aus Rom an den Kurfürsten wandte.⁹¹⁷ Er berichtete über die Verärgerung des Papstes, weil sich die Sache so lange hinziehe, und er deutete an, dass sich etliche Bischöfe in Rom beschwert hätten, dass man schärfer gegen Luther vorgehen müsse. Deshalb sei zu befürchten, dass, wenn ein anderer mit der Sache betraut würde, dem Kurfürsten und seinem Land das Interdikt und andere geistliche Zensuren drohten. Miltitz bot seine Vermittlung an, ohne klar zu sagen, wie er sich eine, wie er sagte, der *Concordia* zuträgliche Lösung vorstellte.

Damit stand erstmals die Drohung im Raum, dass kirchliche Strafen nicht nur gegen Luther, sondern auch gegen den Kurfürsten von Sachsen und sein Land verhängt werden könnten. Die kursächsischen Räte, die keinen Zweifel daran äußerten, dass Miltitz tatsächlich entsprechende Nachrichten aus Rom erhalten hatte, suchten in einer Reihe von Gutachten das Verhalten Friedrichs in den vergangenen eineinhalb Jahren zu rechtfertigen.⁹¹⁸ Zentrale Bedeutung kam dem seit Anfang 1519 zum Repertoire gehörenden Argument zu, der Kurfürst habe mit Luthers Sache nichts zu tun, und Luther sei nur auf Miltitz' Bitte hin nicht weggeschickt worden. Zu Luthers Lehre bemerkte der Kurfürst, dass viele Gelehrte sie für eine rechte und begründete Meinung hielten. Wenn sich herausstellen sollte, dass sie falsch sei, werde der Kurfürst nicht im Wege stehen, wenn sie unterdrückt werde. Auch für die Verzögerung in der Luthersache übernahm Friedrich nicht die Verantwortung. Er verwies darauf, dass der Erzbischof von Trier bewilligt habe, die Sache auf dem nächsten Reichstag zu verhören und beizulegen. Bei einem Treffen der Räte, vermutlich Spalatins und Rudloffs, mit Miltitz in Torgau am 11. Dezember scheint die kursächsische Seite auf dieses Argument besonderes Gewicht gelegt zu haben. Die Luthersache wurde als ein vor dem Erzbischof von Trier anhängiges, schwebendes Verfahren behandelt. Die Androhung von Kirchenstrafen sei deshalb unbillig.[919]

Die Vermittlungsversuche des Karl von Miltitz hatten bislang also vor allem eines erbracht: Sie hatten der kursächsischen Politik geholfen, ihre argumentative Basis zu finden. Friedrich der Weise erklärte sich für unbeteiligt, fällte kein Urteil über Luthers Lehre und betrachtete die Angelegenheit als schwebendes Verfahren.[920] Alles Weitere musste der kommende Reichstag ergeben, wenn nicht der Papst vorher handelte. Doch in Rom trieb man den Abschluss des Prozesses jetzt energisch voran. Am 9. Januar 1520 wurden im Konsistorium schwere Vorwürfe gegen Luther und seinen Beschützer Kurfürst Friedrich laut.[921] Auf die Vermittlungsbemühungen in Deutschland nahm man keine Rücksicht. In Kursachsen stellte man sich Mitte April 1520 auf die baldige Verhängung kirchlicher Zensuren ein.[922] Gewissheit über das in Rom wiederaufgenommene Verfahren hatte man aber erst, als am 6. Juli 1520 zwei Schreiben eintrafen, die zwar nicht vom Papst selbst stammten, die Stimmung an der Kurie aber treffend wiedergaben. Kardinal Raffael Riario[923] und der Bevollmächtigte des Mainzer Erzbischofs in Rom, Valentin von Tetleben,[924] ermahnten Friedrich nachdrücklich, seine Unterstützung für Luther aufzugeben. Friedrichs Lutherschutzpolitik wurde als Politik der Ketzerbegünstigung bezeichnet. Der Kurfürst berief sich in seinen

Miltitz und kein Ende

Antwortschreiben[925] darauf, dass er sich nie unterstanden habe, Luthers Schriften oder Predigten zu verteidigen. Er könne sie nicht beurteilen, obwohl er von gelehrten und erfahrenen Leuten gehört habe, dass sie durchaus christlich seien. Luther habe sich immer bereit erklärt, vor neutralen Richtern an einem sicheren Ort zu erscheinen, um sich eines Besseren belehren zu lassen. Der Erzbischof von Trier sei als Kommissar eingesetzt, und Luther sei bereit, vor ihm zu erscheinen. Dass Luther nicht des Landes verwiesen worden sei, sei nur auf Bitten des Karl von Miltitz geschehen, der nicht gewollt habe, dass er anderswo noch freier schreiben und handeln könne als bisher.

Tatsächlich war die Situation, von der man in Kursachsen offiziell noch ausging, dass es sich nämlich um ein schwebendes Verfahren handle und dass über Luthers Lehre erst noch befunden werden müsse, durch den Abschluss des römischen Prozesses überholt. Jetzt wurde der Kurfürst mit der Forderung konfrontiert, das päpstliche Ketzerurteil gegen Luther zu vollstrecken.[926]

Gegen den Strom

Die kursächsische Lutherschutzpolitik, die begünstigt durch den Wahlkampf um die Nachfolge Kaiser Maximilians Zeit gewonnen hatte, stieß an ihre Grenze, als man in Rom einsah, dass alle Versuche der Einflussnahme auf den Kurfürsten vergeblich waren. Am 15. Juni 1520 wurde Luther von Papst Leo X. in der Bulle »Exsurge Domine« mit dem Kirchenbann bedroht, wenn er nicht binnen 60 Tagen nach Veröffentlichung der Bulle in Rom und an den Türen der Domkirchen von Brandenburg, Meißen und Merseburg einen schriftlichen Widerruf leistete oder in Rom zur Verantwortung erschien. Luthers Schriften sollten öffentlich verbrannt werden. Zu Überbringern der Bulle wurden Hieronymus Aleander und Johannes Eck bestellt. Eck war es auch, der für den Inhalt der Bannandrohungsbulle maßgeblich verantwortlich war. Es war seine Aufgabe, die Bulle an die Bischöfe von Brandenburg, Meißen und Merseburg sowie an Kurfürst Friedrich und Herzog Johann von Sachsen zu überbringen.[927] Eck entledigte sich dieser Aufgabe, indem er die Bulle am 3. Oktober 1520 an die Universität Wittenberg und am 6. Oktober an Herzog Johann übersandte.[928] In Kursachsen wurde die Bulle jedoch nie veröffentlicht.

Von Köln nach Worms

Kurfürst Friedrich war seit Ende September 1520 fast ständig außer Landes.[929] Der Krönung Karls V. am 23. Oktober in Aachen[930] wohnte er nicht persönlich bei, sondern blieb aus gesundheitlichen Gründen in Köln zurück. Als er dort eintraf, war die Bannandrohungsbulle schon im Umlauf.[931] Die Kölner Tage wurden richtungsweisend für den weiteren Kurs der kursächsischen Lutherschutzpolitik, die nun in verstärktem Maße eine Beteiligung des Kaisers und der Reichsstände auf dem kommenden Reichstag betrieb. Gleich nach der Rückkehr von der Krönungsfeier in Aachen, bei der sie Friedrich nicht angetroffen hatten, bemühten sich die päpstlichen Nuntien Hieronymus Aleander und Marino Caracciolo um eine Audienz, die der Kurfürst aber verweigerte. Am 4. November konfrontierten sie ihn deshalb im Anschluss an eine Messe mit der Forderung des Papstes, er solle nach dem Beispiel seiner Vorfahren und zum Schutz der römischen Kirche Luthers Schriften vernichten und diesen, sollte er nicht widerrufen, nach Rom ausliefern oder ihn selbst bestrafen.[932] Doch Friedrich zog keinen Augenblick in Erwägung, Luther unter dem Druck der Bannandrohungsbulle fallen zu lassen. Friedrichs schriftliche Antwort[933] war ein diplomatisches Glanzstück. Er stellte seine eigene Rolle als die eines christlichen Fürsten und gehorsamen Sohns der heiligen katholischen Kirche dar. Mit Luthers Sache habe er nichts zu tun. Er missbillige es, wenn Luther den Papst angegriffen oder anders gelehrt haben sollte, als es einem christlichen Theologen zukomme. Friedrich selbst habe Kardinal Cajetan eingeschaltet, um die Sache friedlich beilegen zu lassen; Luther sei bereit gewesen, vor dem Erzbischof von Trier als päpstlichem Kommissar zu erscheinen, wenn er unter genügendem Geleit gerufen worden wäre. Dann wagte der Kurfürst eine deutliche Stellungnahme. Er sei nicht unterrichtet, weder vom Kaiser noch von jemand anderem, dass Luthers Schriften in der Weise widerlegt seien, dass ihre Verbrennung gerechtfertigt wäre. Die Nuntien sollten deshalb den bisher eingeschlagenen Weg aufgeben und dafür sorgen, dass Luther vor gelehrten und unverdächtigen Richtern und unter entsprechenden Sicherheitsgarantien verhört werde und dass seine Bücher, solange er nicht gehört und nicht widerlegt sei, nicht verbrannt würden.

Am 5. November, einen Tag vor dieser Antwort, hatte der Kurfürst eine kurze Unterredung mit Erasmus von Rotterdam. Erasmus sprach Latein, das der Kurfürst verstand, die Antworten musste Spalatin aber ins Lateinische übersetzen. Friedrich wollte wissen, ob Luther in seiner Lehre irre, was Erasmus mit der Bemerkung beantwortete, Luther habe in zwei Stücken Unrecht getan, nämlich dass er dem Papst an die Krone und den Mönchen an die Bäuche gegriffen habe. Seine Vorstellungen in der Angelegenheit Luthers hielt Erasmus in einigen Sätzen, den »Axiomata«, fest, die er dem Kurfürsten zur Verfügung stellte.[934] Darin kritisierte Erasmus vor allem die Gegner Luthers, dessen Sache möglicherweise von Gott sei. Die Kölner Tage waren der Höhepunkt der Ausgleichsbemühungen des Erasmus und des eng mit ihm zusammenarbeitenden Augsburger Dominikanerpriors Johann Faber.[935] Friedrich konnte dies als Bestätigung seiner Haltung und als Anregung zur erneuten Forderung eines Gelehrtenschiedsgerichts verstehen.[936] Nach der Veröffentlichung der Bulle bedeutete dies nichts anderes als die Nichtanerkennung der päpstlichen Lehrentscheidung im speziellen Fall Luthers. Unter gleichzeitiger Versicherung seiner kirchlichen Loyalität – den offenen Bruch mit Rom wollte der Kurfürst nicht – bat er um ein neues, von einer neutralen und gelehrten Instanz zu fällendes Urteil.[937]

Noch in Köln gewann Friedrich dem Kaiser die Zusage ab, Luther die Gelegenheit zu einem Verhör zu verschaffen. Über das Gespräch drang lediglich das Versprechen Karls V. nach außen, »man solle dem münch rechts, wie er sich erpiett, gestatten«[938] und *non damnabitur Lutherus nisi auditus* [Luther solle nicht ungehört verurteilt werden].[939] Erasmus berichtete über die Antwort des Kurfürsten an die Nuntien, Friedrich habe für eine Verschiebung der Sache auf den Wormser Reichstag plädiert.[940] So lässt sich wahrscheinlich machen, dass der Kurfürst bei der unspezifizierten Forderung eines Schiedsgerichts über Luther nicht stehenblieb, sondern schon in Köln den bevorstehenden Reichstag als Forum ins Spiel brachte. Nach einer späteren Äußerung Friedrichs hätte ihm der Kaiser zugesagt, er werde ihn nicht in die Sache verwickeln.[941] Am 7. November entzog sich der Kurfürst durch Abreise einer Reaktion der Nuntien.

Die Ermöglichung des Lutherverhörs in Worms bestimmte seine Politik in den kommenden Wochen. Was in Köln mündlich abgesprochen worden war, wurde nunmehr durch Vermittlung der einflussreichen Ratgeber Karls V., Wilhelm von Croy, Herrn von Chièvres, und Graf Heinrich von Nassau, schriftlich vereinbart. Am 28. November sagte Karl V. ein Verhör Luthers auf dem Reichstag durch gelehrte Personen zu.[942] Diese Zusage nahm er am 17. Dezember aber mit der Begründung – Ergebnis der Überzeugungsarbeit Aleanders[943] – zurück, Luther befinde sich nunmehr im Kirchenbann und müsse widerrufen; erst dann könne ihn Friedrich mitbringen, jedoch nicht nach Worms, sondern nur in die Nähe, etwa nach Frankfurt.[944] Unabhängig davon bat Friedrich den Kaiser am 20. Dezember, Luther nicht auf den Reichstag mitbringen zu müssen.[945]

Diese überraschende Wendung, mit der Friedrich sein bisheriges Ziel aufzugeben schien, hatte sich schon eine Woche zuvor angedeutet, als er in einem Schreiben an Chièvres und Nassau darum gebeten hatte, gegen Luther nicht mit Gewalt vorzugehen, ihn nicht unverhörter Sache zu verdammen oder seine Bücher zu verbrennen.[946] Dem Kaiser gegenüber begründete er seine Entscheidung, Luther zu Hause zu lassen, ähnlich: Obwohl er sich »doctor Martinus schreiben oder predigen zu vertretten oder zu verantworten nie angemast«, habe er um das Verhör gebeten, damit »die warheit, und ob Luther in seinem schreiben irre, an tag kommen moge«. Er habe gehofft, dass die Sache dadurch zu »ruhe und anstand« kommen würde, zumal die Nuntien anboten, Mittel vorzuschlagen, nach denen er sich richten wollte. Nun seien aber Luthers Bücher in Köln, Mainz und anderswo »unerhort und mit der heiligen schrift unuberwunden« verbrannt worden; er habe aber gehofft, dass man, wenn schon nicht Luther, so doch ihn selbst verschonen würde. Da aus dem Schreiben des Kaisers (vom 17. Dezember) nicht hervorgehe, ob die Bücherverbrennungen mit seiner Erlaubnis geschahen, und da Luther inzwischen vielleicht etwas dagegen unternommen haben könnte, sei es ihm beschwerlich, ihn nach Worms mitzubringen.

Wenn Friedrich die Bücherverbrennungen als Affront gegen seine Person[947] wertete, war dies sicher nicht sein einziges Motiv. Entscheidend war vielmehr, dass er, zumal in der durch das Inkrafttreten des Kirchenbanns und durch Luthers demonstrative Verbrennung der Bannandrohungsbulle am 10. Dezember 1520 vor dem Wittenberger Elstertor verschärften Situation, die Verantwortung für die Mitnahme Luthers auf den Reichstag nicht tragen wollte, sondern schon jetzt die Berufung durch den Kaiser anstrebte. Konsequent verfolgte er während des Wormser Reichstags diese Linie weiter.

Karl V. signalisierte bei einem Zusammentreffen mit Friedrich dem Weisen Anfang Januar 1521 in Worms wieder Entgegenkommen und sagte zu, die Sache an sich zu nehmen.[948] Nach anderer Quelle hätte er sogar versichert, Luther werde »gehort und unbeweldigt pleiben«.[949] Der Kaiser war offensichtlich noch nicht festgelegt, ob er Aleanders Linie einer Verurteilung oder der kursächsischen Forderung eines Verhörs auf dem Reichstag folgen sollte. Karl hatte für Luthers theologisches Anliegen nichts das geringste Verständnis,[950] aber er hatte tiefen Respekt vor dem Kurfürsten von Sachsen, den er nicht einfach vor den Kopf stoßen wollte.

Das war die Situation, in der am 27. Januar 1521 der Wormser Reichstag eröffnet wurde.[951] Zu Beginn des Reichstags war noch völlig offen, ob er sich überhaupt mit Luther beschäftigen würde. Friedrichs Kanzler Gregor Brück und der Beichtvater Karls V., Jean Glapion, verhandelten mehrere Tage über die Möglichkeit, Luther doch noch zu einem Verhör kommen zu lassen.[952] Der Beichtvater scheint im Einverständnis mit dem Großkanzler Gattinara gehandelt zu haben,[953] als er Brück – der Kurfürst selbst verweigerte sich einem Gespräch – ein Schiedsgericht vorschlug. Glapions Bedingungen waren allerdings nicht geeignet, die kursächsische Seite zu gewinnen oder den Kurfürsten aus der Reserve zu locken. Seine Vorschläge gingen dahin, dass Luther einige irrige Artikel[954] besonders aus der Schrift »De Captivitate Babylonica ecclesiae«[955] widerrufen oder im römischen Sinne interpretieren sollte, um ein Verhör vor gelehrten, frommen und unparteiischen Richtern in Deutschland zu ermöglichen, deren Urteil sich alle Seiten fügen sollten. Inzwischen sollte ein Stillstand herrschen, was für Luther ein Verbot weiterer Publikationen und die Hinterlegung seiner Schriften an neutralem Ort bedeutet hätte und für die päpstliche Seite den Verzicht auf weitere Bücherverbrennungen. Nach Glapions Vorstellung sollte dies dem Kaiser durch Friedrich den Weisen vorgeschlagen werden. Um das Projekt eines Verhörs nicht zu gefährden, sollte die Sache keinesfalls »an die partheien«[956] gelangen. Wenn damit die Reichsstände gemeint waren, wäre ein Auftritt Luthers in Worms ausgeschlossen gewesen. Glapion sah immerhin eine Chance, Teile von Luthers Lehre zu retten, indem man ihnen einen katholischen Sinn unterlegte. Zu einem derartigen Teilwiderruf wäre Luther aber kaum bereit gewesen, und die kursächsische Seite dürfte zu Recht bezweifelt haben, dass der Papst für das von Glapion projektierte Verhör den Kirchenbann suspendieren würde.

Glapions Vermittlungsversuch scheiterte an der Weigerung Friedrichs des Weisen, seine nach außen vorgeschützte Unzuständigkeit aufzugeben, und an dem mangelnden Realismus des Beichtvaters, der seine Möglichkeiten offensichtlich überschätzte. Inwieweit der Kaiser selbst Glapions Initiative unterstützte, geht aus den Quellen nicht hervor. Noch tastete man sich ab und suchten nach Optionen. Friedrich der Weise kam nicht aus der Deckung, und Karl V. war unentschlossen, ob er Luther sofort in die Reichsacht erklären oder ob er sich auf weitere Verhandlungen einlassen sollte. Hinter den Kulissen begann ein Tauziehen um die Berufung Luthers nach Worms, an dem auch der Kurfürst von Sachsen beteiligt war. Im Kurfürstenrat fand er Unterstützung beim Kurfürsten von der

Pfalz, aber auch einen erbitterten Gegner im Kurfürsten von Brandenburg, der für eine harte Linie gegen Luther eintrat. Angeblich eskalierte der Streit derart, dass es zwischen dem Sachsen und dem Brandenburger fast zu Handgreiflichkeiten gekommen wäre. Das berichtet jedenfalls der päpstliche Nuntius Aleander,[957] der sich unermüdlich für ein sofortiges kaiserliches Achtmandat gegen Luther einsetzte. Doch die Entwicklung verlief anders, weil die Reichsstände am Ende doch darauf bestanden, Luther verhören zu lassen, wenngleich unter Bedingungen. Friedrich der Weise erzielte einen Teilerfolg, denn nicht er, sondern der Kaiser berief Luther nach Worms.

Luther kam und wurde durch den Trierer Offizial Johann von der Ecken an zwei aufeinanderfolgenden Tagen (17. und 18. April) vernommen. Er verweigerte den Widerruf seiner Lehre unter Berufung auf sein in Gottes Wort gefangenes Gewissen. Nach weiteren Versuchen, ihn doch noch umzustimmen, verließ er die Reichstagsstadt am 27. April. Auf dem Rückweg wurde er in einer vorgetäuschten Entführung auf die Wartburg verbracht, während ihn der Kaiser im Wormser Edikt[958] in die Reichsacht erklärte.

Doch welche Rolle spielte Friedrich der Weise in diesen bekannten Vorgängen? Er hörte auf seine lutherfreundlichen Ratgeber, insbesondere auf Spalatin, den man als Strategen der Lutherschutzpolitik während des Wormser Reichstags bezeichnen darf.[959] Darauf weist zum Beispiel ein »Gedenkzettel« für den Kurfürsten Friedrich aus dem Januar 1521 hin, auf dem Spalatin in sechs knappen Sätzen die kursächsische Verhandlungsposition festhielt: Die Römer suchen nicht die Ehre Gottes und die Seligkeit der Christenheit, sondern nur ihren eigenen Nutzen; Luther wird seine Schriften bekräftigen; Luther hält die weltliche Gewalt, insbesondere die kaiserliche, in hohen Ehren; wenn man Luther ohne Gehör und entgegen seinem Erbieten, sich aus der Schrift belehren zu lassen, in die Acht tut, folgen daraus Gefahr, Beschwerung und Verachtung;

deshalb soll man ihn durch unparteiische, gelehrte Leute verhören und mit sicherem Geleit kommen lassen, so wie es der Kaiser schon einmal angeboten hatte; schließlich: viele ehrbare Leute halten Luthers Lehre für christlich. »Summa summarum, so Spalatin: »ich halt der pater [d. h. Luther], komm es zu ordenlicher verhor, werd allen seinen widerwertigen mit gegrundter schrift vil zu geschickt sein«.[960] Dieser Linie folgte der Kurfürst in den Wochen des Wormser Reichstags mit großer Konsequenz, sie entsprach seiner eigenen Überzeugung.

Spalatin moderierte die Verhandlungen, soweit es ihm als Sekretär des Kurfürsten möglich war. Er konzipierte, kopierte, ordnete und übersetzte wichtige Texte in der Luthersache, für die er ausschließlich zuständig war.[961] Wie in den zurückliegenden Jahren versorgte er Luther mit Informationen und Schriftstücken, so zum Beispiel mit einer vom päpstlichen Nuntius Aleander aus Luthers Schrift über die Babylonische Gefangenschaft der Kirche exzerpierten Liste von Sätzen, die Luther in Worms angeblich widerrufen sollte.[962] Spalatin handelte nicht allein, sondern innerhalb der Gruppe der kursächsischen Räte. Dies wird besonders deutlich an einem Gutachten, das Kanzler Gregor Brück für Spalatin zu der Frage entwarf, ob Luther, nachdem der Kaiser in einem Mandat gegen seine Schriften vorgegangen war, dennoch nach Worms zum Verhör kommen sollte.[963] Nach Abwägung aller für und wider Luthers Erscheinen sprechenden Gründe erteilte Brück den Rat, dass Luther kommen sollte. Dieser Linie folgten Spalatin und auch der Kurfürst.

Spalatin verfasste einen ausführlichen lateinischen Bericht über den Aufenthalt Luthers in Worms und über sein Verhör vor Kaiser und Reichsständen am 17. und 18. April 1521, der als »Acta et res gestae D. Martini Lutheri« bekannt ist und schon kurz nach den Ereignissen gedruckt wurde.[964] Vermutlich ebenfalls von Spalatin stammt ein kurzer Bericht über die Wormser Verhandlungen, in den Luthers berühmte Rede vom zweiten

Verhörstag in deutscher Übersetzung eingeflossen ist.⁹⁶⁵ Dabei ist Spalatin nicht immer Augenzeuge der Ereignisse gewesen, da er nicht zu allen Verhandlungen persönlichen Zugang hatte. Dem großen Auftritt Luthers vor Kaiser und Reich wohnte er jedoch ebenso wie der Kurfürst persönlich bei.⁹⁶⁶ Am Abend ließ ihn Friedrich zu sich rufen, nahm ihn mit in seine Unterkunft und lobte Luthers Rede, fand ihn aber »viel zu kühn«.⁹⁶⁷ Zu dem Gespräch, das Luther am 25. April mit dem Erzbischof von Trier zunächst unter vier Augen führte – der letzte Ausläufer des Trierer Schiedsgerichtsplans – wurde Spalatin als einziger unter den Freunden Luthers hinzugezogen.⁹⁶⁸

Als Historiker zeichnete Spalatin auf, was er in Erfahrung brachte, und sammelte alle Texte, die für die kursächsische Politik von Belang sein konnten.⁹⁶⁹ Als nach dem ergebnislosen Abbruch der Ständeverhandlungen mit Luther am Abend vor dessen Abreise die Frage des weiteren Vorgehens akut wurde, kam der Plan auf, Luther eine Zeitlang zu verbergen, um ihn dem Zugriff seiner Gegner zu entziehen. Spalatin gehörte neben den kurfürstlichen Räten Friedrich von Thun und Philipp von Feilitzsch zu den wenigen Eingeweihten.⁹⁷⁰ Wie stark Spalatins Einfluss auf Luther in den Tagen seines Aufenthaltes in Worms war, bezeugte der Reformator im Abstand einiger Monate, als er von der Wartburg an Spalatin schrieb: »Auch mich quält mein Gewissen, weil ich in Worms deinem und der Freunde Rat nachgegeben und meinen Geist gezügelt habe, statt jenen Götzen ein neuer Elias zu werden. Meine Worte sollten anders klingen, wenn ich ein zweites Mal vor ihnen stände!«⁹⁷¹

Auf Wunsch Spalatins richtete Luther nach seiner Abreise aus Worms einen lateinischen Brief an den Kaiser, den der Reichsherold zurück nach Worms brachte. Darin rechtfertigte Luther sein Verhalten und bedankte sich für das kaiserliche Geleit.⁹⁷² Wie Spalatin auf dem Schreiben notierte, fand sich niemand, der es wagte, diesen Brief an den Kaiser zu übergeben. Eine an die Reichsstände gerichtete deutsche Übersetzung dieses Briefes fertigte Spalatin an.[973] Dieser hielt den Kontakt zu Luther auch während dessen Wartburgaufenthaltes. Er berichtete ihm über die Vorbereitung des Wormser Edikts,[974] über dessen Ausarbeitung er auch den Kurfürsten auf dem Laufenden hielt.[975] Luther richtete seinerseits von der Wartburg aus zahlreiche Briefe an Spalatin.[976] Ihm vertraute er nicht nur Details über seinen Gesundheitszustand an, sondern auch einen fingierten Brief, mit dem seine Gegner über seinen Aufenthaltsort in die Irre geführt werden sollten.[977]

Angesichts dieser fieberhaften Tätigkeit Spalatins in Worms im Interesse des Lutherschutzes stellt sich die Frage nach dem persönlichen Anteil des Kurfürsten. Zwar wird man nicht annehmen dürfen, dass Spalatin und die anderen kurfürstlichen Räte irgendetwas gegen den Willen des Kurfürsten unternahmen, aber Friedrich hat seinen Leuten Spielräume gelassen, hat vielleicht auch gar nicht alle Einzelheiten wissen wollen. Aber die »Richtlinienkompetenz« lag bei ihm, auch war er es, der die Lutherschutzpolitik gegenüber Kaiser und Reichsständen vertreten musste. Doch war es Friedrich der Weise, der die Verbringung Luthers auf die Wartburg anordnete? Diese Frage ist nicht einfach zu beantworten, weil direkte Quellenbelege fehlen. Friedrich schrieb aus Worms zwar viele eigenhändige Briefe an seinen Bruder Johann, in denen immer wieder auch von Luther die Rede ist, aber nie von einer geplanten Entführung.[978] Die Verfolgung Luthers beobachtete er mit Unruhe. Als verantwortlich betrachtete er »die mit den roten Hütlein« und »die Römer mit ihrem Anhang«.[979] Noch bevor Luther in Worms angekommen war, unterrichtete Friedrich seinen Bruder über die ergangenen Mandate gegen ihn und versicherte: »welt got, ich kund martinum zcu der byllickaid was gutes auß richten, eß ßold an mir nicht mangel haben«.[980] Am 24. April, das Lutherverhör war gerade vorbei, Luther aber noch in Worms, schrieb er an Johann: Wäre es in meinem Vermögen, wäre ich ganz willig, »martinus was er fugk hat, zcu verhelffen«, aber man setze Luther so zu, dass sich Johann wundern würde. Man werde ihn wohl verjagen, und wer Luther etwas Gutes wünsche, gelte als Ketzer. Aber Gott werde die Gerechtigkeit nicht verlassen.[981] Das sind zwar keine Bekenntnisse zu Luther, aber mehr als neutrale Distanz. Das Wüten gegen seinen Wittenberger Professor bestürzte den Kurfürsten, doch er tröstete sich mit der Einsicht: »eß ist gots werck vnd nicht der menschen«.[982] Und schließlich am 16. Mai die Notiz an seinen Bruder: »man saget auch alhye, das doctor martinus ßolle geffangen seyn«[983], was man nicht als Beleg dafür nehmen kann, dass Friedrich völlig ahnungslos, aber wohl, dass er in Luthers Verbringung auf die Wartburg nicht direkt involviert war. Dass Friedrich irgendeine nähere Information zu Luthers »Gefängnis« hatte, von dem in Worms viel gemunkelt wurde,[984] kann man seinen Briefen nicht entnehmen. Friedrich wird wohl einverstanden gewesen sein, Luther in Sicherheit zu bringen, hielt sich aus der konkreten Umsetzung aber heraus, um nicht als direkt beteiligt zu erscheinen.

Hat er damit gegen das Wormser Edikt verstoßen, also letztlich einen hochverräterischen Akt gegen den Kaiser begangen? Aus der Perspektive des Kurfürsten nicht, denn Friedrich war der Überzeugung, dass er von der Geltung des Edikts ausgenommen war. Kurz vor seiner Abreise aus Worms bat Friedrich den Kaiser, ihn mit der Sache Luthers, mit der er nichts zu tun habe, nicht weiter zu behelligen.[985] Nach kursächsischer Lesart hat der Kaiser dies zugesagt, und für diese Sichtweise spricht, dass das Wormser Edikt nach dem Wormser Reichstag nicht an den Kurfürsten von Sachsen zur Vollziehung übersandt wurde. Warum der Kaiser sich darauf einließ, bleibt letztlich rätselhaft und ist wohl nur mit dem besonderen Verhältnis zum Kurfürsten von Sachsen und mit den Vorgängen rund um die Königswahl von 1519 zu erklären. Luther war es in der Perspektive Karls V. nicht wert, einen Konflikt mit Friedrich von Sachsen zu riskieren. Der Blick des Kaisers richtete

Lutherschutzpolitik unter äußerem Druck

sich schon in Worms ohnehin auf größere Ziele: seinen Konflikt mit Frankreich.

Seit dem Wormser Reichstag war die Luthersache nicht mehr nur eine kursächsische Angelegenheit, sondern die aller Reichsstände. Friedrich der Weise war zwar nicht der einzige Fürst, der aus dem Kirchenbann und der Reichsacht gegen Martin Luther keine rechtlichen Konsequenzen zog,[986] dennoch lastete die Verantwortung für den Lutherschutz vor allem auf seinen Schultern. Der Druck von außen wuchs, aber Friedrich war alles andere als ein Opportunist. Wenn es seiner Überzeugung entsprach, schwamm er auch gegen den Strom.

Nachdem der Kaiser das Reich in Richtung Spanien verlassen hatte, um erst zum Augsburger Reichstag von 1530 zurückzukehren, waren die Reichsstände weitgehend sich selbst überlassen. Karl V. ließ seinen erst 18 Jahre alten Bruder Ferdinand als Statthalter zurück. Vor allem aber wurde in Nürnberg ein neues Reichsregiment errichtet, das der Kaiser in seiner Wahlkapitulation hatte zusagen müssen. Dieses Zweite Reichsregiment[987] war ein ähnlich kompliziertes Gebilde wie das Reichsregiment von 1500. Friedrich der Weise übernahm nicht noch einmal eine so zentrale Aufgabe wie im Ersten Reichsregiment, aber er nahm seine Pflicht der persönlichen Anwesenheit in Nürnberg, die unter den sechs Kurfürsten (ohne Böhmen) und den anderen Fürsten reihum ging, durchaus ernst. Wenn er nicht persönlich in Nürnberg war, vertrat ihn dort sein überaus fähiger Rat Hans von der Planitz.[988] Dessen Berichte aus Nürnberg beziehungsweise aus Esslingen, wohin das Reichsregiment 1524 umzog, gehören zu den wertvollsten Quellen der Reichsgeschichte dieser Zeit und sind besonders für die

Behandlung der Reformationsfrage von Interesse. Planitz stand »ganz auf Luthers Seite«.[989]

Trotz zunehmender Krankheit hielt sich der Kurfürst vom 2. Juli bis zum 3. September 1522 zur Erfüllung seiner Sessionspflicht in Nürnberg auf.[990] Dafür hatte er Anspruch auf knapp 700 Gulden Besoldung, die er zum größten Teil auch erhielt. Noch einmal war Friedrich vom 28. November 1523 bis zum 26. Februar 1524 in Nürnberg.[991] Die Entscheidungen des Reichsregiments und der von Regiment und Statthalter einberufenen drei Nürnberger Reichstage (1522–1524) in der Religionsfrage versuchte er zu beeinflussen. Am 1. Januar 1522 erschien jedoch Herzog Georg von Sachsen am Reichsregiment, um seiner Sessionspflicht nachzukommen.[992] Seit sich der Herzog 1519 von Luthers böhmischer Ketzerei überzeugt hatte, führte er zu Hause einen Kampf gegen die religiösen Neuerungen, insbesondere gegen das Abendmahl unter beiderlei Gestalt, das Auslaufen von Mönchen und Nonnen aus den Klöstern und die aufkommenden Priesterehen. Vom Reichsregiment erwartete er, dass es gegen diese Entwicklungen einschritt.[993] Hans von der Planitz wurde in Nürnberg zu seinem Gegenspieler.[994]

Die Initiative des Herzogs mündete in einem Mandat des Reichsregiments vom 20. Januar 1522, das an einen kleineren Kreis von Reichsständen erging,[995] auch an Kurfürst Friedrich. Neuerungen gegen den kirchlichen Brauch waren notfalls mit Strenge zu unterbinden, bis die Reichsstände eine Entscheidung getroffen haben würden. Evangelische Predigt wurde nicht ausdrücklich verboten, auch berief man sich nicht auf das Wormser Edikt und nannte noch nicht einmal den Namen Luthers, aber das Mandat zog eine Grenze dort, wo konkrete Veränderungen an der hergebrachten kirchlichen Ordnung vorgenommen wurden. Außerdem eröffnete es die Möglichkeit einer erneuten Überprüfung der Religionsfrage durch die Reichsstände und schloss nicht aus, dass sich dabei die Übereinstimmung der Neuerungen mit dem Glauben herausstellen könnte. Diese dem Wormser Edikt zuwiderlaufende Tendenz, wohl ein Verhandlungserfolg des kursächsischen Vertreters Planitz, war ganz im Sinne Friedrichs des Weisen, der nicht gegen die evangelische Lehre selbst, sondern nur gegen ihre ordnungsstörenden Konsequenzen einzuschreiten bereit war. Auch das Offenlassen der Frage, ob dies alles nicht doch mit dem Wort Gottes übereinstimmen könnte, entsprach der Überzeugung des Kurfürsten. Denn das Wort Gottes war der Maßstab, den er in dieser Zeit auf der Hofkleidung und in seinen Münzen sichtbar zum Ausdruck brachte.[996]

Herzog Georg setzte das Regimentsmandat hingegen in einem eigenen, schärferen Religionsgesetz um, bedrohte den Empfang des Abendmahls unter beiderlei Gestalt mit Gefängnis und verbot das Studium an Universitäten, an denen die falschen Lehren verbreitet wurden.[997] Das richtete sich gegen Wittenberg und den Kurfürsten Friedrich. Doch Georg erreichte nicht, dass der Kurfürst aktiv gegen die Reformation vorging. Eindringlich ermahnte er seinen Vetter Anfang Februar 1522, bis zur Entscheidung eines Konzils die Neuerungen in seinem Land zu unterbinden.[998] Friedrich antwortete nur, dass er sich in diese Dinge nicht einmischen wolle und keine Verantwortung für das übernehme, was die Theologen getan hätten.[999] Damit gab sich der Herzog aber nicht zufrieden und insistierte, dass vieles nicht geschähe, würde der Kurfürst es nicht zulassen.[1000]

Das Verhältnis zwischen den Vettern verschlechterte sich zunehmend. Luther griff den Albertiner öffentlich an, was Friedrich nicht etwa zu fürstlicher oder dynastischer Solidarität mit seinem Vetter veranlasste. Er ließ den als Unterdrücker des Evangeliums beschimpften Herzog vielmehr im Regen stehen. Herzog Georg wiederum beschwerte sich beim Kurfürsten, beim Reichsregiment und bei den Reichsständen über die Beleidigungen Luthers.[1001] Doch nirgendwo konnte oder wollte man ihm helfen. Friedrich blieb bei der Haltung, die er schon 1519 eingenommen hatte, als sich Georg über Luthers »Sermon von dem hochwürdigen Sakrament« bei ihm beschwerte:[1002] Er verteidigte Luther nicht, verwies jedoch auf die Meinung vieler Gelehrter, die Luthers Lehre für christlich hielten. Der Herzog wurde nicht müde, seine Klagen über Luther und die Reformation vor den Kurfürsten oder seinen Bruder[1003] zu tragen. Georg ging dabei so weit, den Kurfürsten in die Nähe des böhmischen Königs Georg von Podiebrad zu rücken, der als hussitischer Ketzer galt.[1004] Friedrich reagierte deutlich verstimmt.[1005] Georg spielte seine Vorwürfe herunter und stellte sie als bloße Warnung hin.[1006] So gingen die Briefe hin und her, ohne dass eine Seite von ihrem Standpunkt abrückte.[1007] Im Juni 1522 erklärten Friedrichs Vertreter bei einem Rätetreffen in Naumburg, dass der Herzog in der Sache Luthers tun solle, was er für richtig halte, und dass der Kurfürst und sein Bruder künftig damit verschont bleiben wollten.[1008]

Doch Anfang 1523 schlugen die Wogen noch einmal hoch, als der Herzog sich durch Luthers Sendschreiben an Hartmann von Cronberg beleidigt fühlte.[1009] Jetzt schrieb Georg erneut an den Kurfürsten,[1010] der ihn lange warten ließ.[1011] Schließlich gab er die bezeichnende Antwort: Wenn Georg meine, Luther sei ein ausgelaufener Mönch und erklärter Ketzer, müsse er überlegen, ob er den Rechtsweg gegen ihn beschreiten wolle; wenn er sich dafür entscheide, solle er Luther wissen lassen, wo und vor wem dies geschehen solle.[1012] Aber vor wem sollte der Herzog klagen? Mit seinen Eingaben beim Reichsregiment und beim Reichstag war er bisher ja nicht weit gekommen, hatte zwar Bedauern geerntet, mehr aber nicht. Deutlicher konnte der Kurfürst nicht signalisieren, dass er von Georgs ewigen Beschwerden die Nase voll hatte.

Aber nicht nur der albertinische Vetter übte Druck auf den Kurfürsten aus. Der Zweite Nürnberger Reichstag endete Anfang 1523 mit einem Reichsabschied, in dem ein freies christliches Konzil gefordert und für die Zwischenzeit eine Predigtklausel vereinbart wurde, nach der nichts anderes als das heilige Evangelium nach Auslegung kirchlich approbierter Schriften verkündigt werden durfte.[1013] Was das konkret bedeutete, blieb offen. Bedrohlich war aus kursächsischer Sicht, dass Luther und seine Anhänger mit einem Publikationsverbot belegt werden sollten. Planitz bekämpfte im Regiment diese Bestimmung bis zuletzt,[1014] und der kursächsische Gesandte auf dem Reichstag, Philipp von Feilitzsch, legte Ende Januar 1523 sogar Protest gegen sie ein und wehrte sich gegen eine Sonderbehandlung seines Herrn.[1015] In den Abschied wurde das Publikationsverbot dennoch aufgenommen. Feilitzsch wiederholte seinen Protest am 11. Februar.[1016] Der Kurfürst billigte diese Protestation im Nachhinein.[1017] Gegen die Verbreitung des Evangeliums gerichtete Bestimmungen lehnte Friedrich ab, scherte dafür sogar aus dem Konsens der Reichsstände aus. Unter Evangelium fiel bei ihm auch das, was Luther und seine Anhänger schrieben.

Erstmals wird 1523 demnach ein Riss unter den Reichsständen erkennbar, die einen zaghaften Versuch unternahmen, den Kurfürsten von Sachsen in der Lutherfrage unter Druck zu setzen. Sehr weit ging man damit allerdings nicht. Am 6. März 1523 erließ das Reichsregiment ein neues Mandat an alle Reichsstände, die aufgefordert wurden, die Predigtregeln bis zum Konzil zu beachten, Prediger durch die Bischöfe überwachen zu lassen, Schriften zu zensieren und verheiratete Geistliche und ausgelaufene Mönche zu bestrafen.[1018] Kurfürst Friedrich erhielt eine eigene Fassung dieses Mandats, in der er aufgefordert wurde, dafür zu sorgen, dass Luther und seine Anhänger bis zum Konzil nichts mehr schrieben oder in den Druck gaben.[1019]

Damit trat die Situation ein, mit der der Kurfürst schon länger gerechnet hatte,[1020] dass er nämlich vom Reich aufgefordert wurde, konkrete Maßnahmen gegen die Reformation zu ergreifen. Schon im August 1522 hatte er Kontakt mit dem Kaiser aufgenommen und hatte ihn seines Gehorsams versichert. Er habe lediglich darum gebeten, dass man Luther ohne Verhör keine Gewalt antue.[1021] Karl V. antwortete freundlich, beklagte zwar die Ausbreitung der lutherischen Lehre in Deutschland, bat aber lediglich, der Kurfürst solle »so viel ihm möglich« dafür sorgen, dass sie sich nicht noch weiter verbreite.[1022] Auch der kaiserliche Rat Heinrich von Nassau versicherte dem Kurfürsten, dass ihm der Kaiser wohlgesonnen sei.[1023] Im Januar 1523 wiederholte Friedrich gegenüber dem Kaiser, dass er sich Luthers Sache nie angenommen habe, und erinnerte ihn, dass er ihn in Worms gebeten habe, ihn mit Luthers Angelegenheit unbehelligt zu lassen, da er nichts davon verstehe und sich der Sache »entäußert« habe.[1024] Der Kurfürst versuchte sich abzusichern und argumentierte mit seiner Inkompetenz und seiner Unzuständigkeit. Auch auf ein scharf tadelndes Breve[1025] des neuen Papstes, Hadrians VI., reagierte er wie zuvor, nämlich mit der Beteuerung, er wolle ein Christ und treuer Sohn der heiligen christlichen Kirche bleiben.[1026]

Vor diesem Hintergrund ist es nicht erstaunlich, dass der Kurfürst alles unternahm, um nach außen nicht als Förderer der Reformation aufzufallen und das Mandat vom 6. März 1523 zu befolgen. Als Luther im August 1523 mehrfach das Kapitel des Allerheiligenstifts in Wittenberg attackierte, um eine Änderung in der Gottesdienstpraxis herbeizuführen, instruierte der Kurfürst eine Kommission, um Luther bis zum geplanten Konzil von Neuerungen abzuhalten.[1027] Luther dachte nicht daran, einfach still zu sein. Er verstand das Mandat des Reichsregiments als Aufforderung, das Evangelium zu predigen, und als Erlaubnis zur Durchführung von Neuerungen, sofern sie dem Evangelium nicht widersprachen; andernfalls wollte er es nicht befolgen.[1028] Diese gewagte Interpretation teilte Kurfürst Friedrich allerdings nicht. Denn als der Dekan des Stifts sich gegen jede Änderung an der Messliturgie aussprach und sich dafür auf das Mandat vom 6. März berief, das nach seiner Interpretation einen Stillstand bis zum Konzil vorsah,[1029] folgte Friedrich der altgläubigen Minderheit unter den Stiftsherren und nicht Luther.[1030] Verbreitung der evangelischen Lehre ja, aber keine Erlaubnis für reformatorische Maßnahmen, das war seine Linie. Dem Gotteswort stellte er sich nicht in den Weg, aber zu mehr war er nicht bereit.

Anfang Mai 1523 sprach sich die kursächsische Ritterschaft auf dem Altenburger Landtag dafür aus, dass evangelische Prediger gegen die Bischöfe geschützt werden mussten, diejenigen aber, die gegen Gottes Wort lehrten und den gemeinen Mann zu Aufruhr reizten, sollten ermahnt, mit Predigtverbot belegt und notfalls bestraft werden.[1031] Die Prediger gegen die Bischöfe zu schützen, lehnten der Kurfürst und sein Bruder ab, weil das Gotteswort nicht ohne Anfechtung bleibe, die Prediger sich selbst wohl zu halten wüssten und niemand es wage, ohne Verhör Hand an sie zu legen. Bezüglich der Prediger, die gegen Gottes Wort lehrten und Irrtümer im Glauben vortrugen, habe man das kaiserliche Mandat publiziert,[1032] das hier als Anweisung zur Predigt des Gottesworts verstanden wurde und das zugleich als Argument diente, wie im Falle des Allerheiligenstifts weitergehende Forderungen nach einer die Reformation fördernden Politik abzublocken. Schloss sich der Kurfürst einerseits der proreformatorischen Auslegung des Mandats durch Luther nicht an, lehnte er es anderseits genauso ab, mit dem Mandat irgendwelche gegenreformatorischen Maßnahmen zu rechtfertigen. Strikt wies er das Ansuchen des Bischofs von Merseburg zurück, ihn gegen ungehorsame Priester zu unterstützen, da das kaiserliche Mandat nichts davon sage, dass er oder sein Bruder jemanden ohne billige Erkenntnis aus dem Fürstentum verweisen sollten.[1033]

Aufrichtige Überzeugung, eine Reichsentscheidung befolgen zu müssen, die Möglichkeit, reformatorischen Eifer im Innern zu dämpfen, ohne das Gotteswort zu behindern, und die Absicht, sich nach außen als ein dem Kaiser und dem Papst gehorsamer Fürst zu geben, müssen als Motive des Kurfürsten immer in Anschlag gebracht werden. Besonders der Konflikt über die Wittenberger Stiftskirche stürzte ihn in große Ratlosigkeit. Ihn quälte der Gedanke, etwas gegen Gottes Wort und Ehre oder gegen die Nächstenliebe befohlen oder jemanden in seinem Gewissen beschwert zu haben. Er sorgte sich auch um die möglichen Konsequenzen seiner Politik.[1034] Seine Räte, an die er sich deshalb wandte, verwiesen ihn noch einmal auf das Mandat vom 6. März, das ein Konzil in Aussicht stelle, auf dem alle Missbräuche beseitigt würden. Bis dahin seien Neuerungen verboten, und wenn sie der Kurfürst zuließe, würde es Aufruhr im Volk geben. Als einem Laien stehe es ihm nicht zu, dem Konzil vorzugreifen und Zeremonien neu zu ordnen. Luther solle Gottes Wort lauter und rein predigen, aber keine Unruhe stiften.[1035] Selbst seine evangelisch gesonnenen Räte rieten Friedrich also von konkreten reformatorischen Maßnahmen ab.

Am Dritten Nürnberger Reichstag[1036] nahm der Kurfürst noch einmal persönlich teil, reiste aber vorzeitig ab,[1037] offiziell wegen Alter, Krankheit und Fruchtlosigkeit der Verhandlungen,[1038] tatsächlich wohl, um einer Begegnung mit dem angekündigten päpstlichen Legaten aus dem Weg zu gehen.[1039] Dieser Reichstag begann mit einem Paukenschlag, nämlich der Forderung des Kaisers, dass endlich das Wormser Edikt befolgt werden musste. Im Ausschreiben war die Glaubensfrage noch nicht erwähnt gewesen. Aufgeregte Diskussionen unter den Reichsständen folgten, bei denen Kurfürst Friedrich darauf hinwies, dass ihm der Kaiser in Köln und Worms zugesichert habe, ihn mit dieser Sache unbehelligt zu lassen. Bei Befolgung des Wormser Edikts, das ihm niemals zugestellt worden sei, und bei Missachtung des letzten Nürnberger Abschieds drohte nach seiner Überzeugung Aufruhr.[1040] Wieder protestierte Kursachsen gegen die Beschlüsse des Reichstags, weil sie Fragen betrafen, die im Ausschreiben nicht angekündigt waren, weil sie zu Zerrüttung und Aufruhr im Reich führten, weil sie die Entscheidungen des Zweite Nürnberger Reichstags nicht beachteten und weil außerdem das Reichsregiment nach Auffassung des Kurfürsten gestürzt wurde.[1041] Diesmal schlossen sich mehrere Reichsstädte und Grafen dem kursächsischen Protest an – eine evangelische Ständegruppe nahm Kontur an. Der Protest gegen Reichsbeschlüsse in der Glaubensfrage war schon ein Instrument der Politik Kurfürst Friedrichs und nicht erst seines Bruders Johann 1529. Dieser Protest änderte freilich nichts an der Tatsache, dass der Dritte Nürnberger Reichstag mit der Rückkehr zum Wormser Edikt »so viel möglich« für Kursachsen eine Bedrohung darstellte. Zugleich mit dem Reichsabschied wurden Druckexemplare des Edikts an die Reichsstände verschickt. Jetzt erhielt auch Kurfürst Friedrich ein solches Exemplar; es traf am 18. Juli 1524 bei ihm ein.[1042]

Diesmal zeigte er sich erstaunlich unnachgiebig. Die Beschlüsse des letzten Nürnberger Reichstags lehnte er ab. Dem Statthalter Ferdinand gegenüber ließ er seinen Standpunkt im August mit den bekannten Argumenten noch einmal darlegen: Luthers Lehre stehe in dessen eigener Verantwortung, nicht in der des Kurfürsten, der sie auch nicht untersuchen lassen werde. In Worms habe er den Kaiser gebeten, ihn mit der Sache zu verschonen, weshalb ihm auch kein Wormser Edikt zugeschickt worden sei. Das müsse Ferdinand respektieren.[1043] Dass ihm jetzt das Edikt doch zugeschickte wurde, betrachtete Friedrich demnach als Verstoß gegen seine Absprache mit Karl V. aus dem Jahr 1521. Deshalb war er nicht bereit, auch nur irgendetwas zur Erfüllung der Reichstagsbeschlüsse zu unternehmen oder das in Nürnberg beschlossene Speyerer Nationalkonzil vorzubereiten.[1044] Dieses Nationalkonzil scheiterte dann ohnehin, weil der Kaiser es im Edikt von Burgos, datiert vom 15. Juli 1524,[1045] in schärfster Weise untersagte. Dies war die härteste Äußerung Karls gegen die Reformation seit dem Wormser Reichstag.

Als Friedrich dieses Edikt Ende September in den Händen hielt, wandte er sich direkt an den Kaiser und erinnerte ihn an seine Zusage von Köln und Worms, ihn mit der Sache Luthers zu verschonen.[1046] Ob der Kaiser sich an diese Vereinbarung erinnerte, ist ebenso ungewiss wie die Frage, ob der Brief des Kurfürsten jemals abgeschickt wurde. Den Sachsen fiel nämlich auf, dass in der an Friedrich den Weisen gerichteten Fassung des Edikts von Burgos die Strafen für Majestätsverletzung und die Reichsacht, die anderen Reichsständen angedroht wurden, ausgelassen waren. Dies ergab ein Vergleich mit einer aus Nürnberg zugesandten Abschrift.[1047] Ein Element der Schonung des Kurfürsten ist also selbst in dieser Konfliktsituation noch zu erkennen. Der Kaiser behandelte den Kurfürsten Friedrich nicht wie die anderen Fürsten, was dafür spricht, dass es die Wormser Absprachen in der Sache Luthers wirklich gegeben hat. In Kursachsen wurden sie freilich wichtiger genommen als am Hof Karls V.

Neben dem Kaiser, dem Reichsregiment und Herzog Georg waren es die benachbarten Bischöfe, die Druck auf den Kurfürsten auszuüben versuchten. Der Bischof von Meißen wandte sich im Anschluss an das Regimentsmandat vom 20. Januar 1522 an ihn, weil er in den kursächsischen Teilen seiner Diözese eine Visitation durchführen wollte.[1048] Friedrichs Argumentationsstrategie, die ihm Planitz zurecht legte,[1049] lief darauf hinaus, die Verantwortung für das Auslaufen der Mönche aus den Klöstern, für die Verehelichung von Geistlichen und für den Empfang des Abendmahls in beiden Gestalten von sich abzuwälzen und sie den kirchlichen Vorgesetzten aufzuladen.[1050] Die Bischöfe sollten selber zusehen, wie sie mit diesen Problemen umgingen. Dem Bischof von Meißen gestattete er die Visitation, die im April 1522 durchgeführt wurde. Auch gegenüber Bischof Adolf von Merseburg, der das Regimentsmandat veröffentlichen wollte, zeigte er sich kooperativ.[1051] So stellte er sich zwar nicht gegen das Reichsregiment, unternahm selbst aber nichts, um gegenreformatorische Maßnahmen zu unterstützen.

Die Visitationsreise des Bischofs von Meißen[1052] liefert ein Paradebeispiel für diese kursächsische Politik des kontrollierten Gewährenlassens. Der Kurfürst meinte es ernst, wenn er es als Aufgabe der Ordinarien, aber nicht des Landesherrn bezeichnete, das vom Regiment ausgesprochene Verbot von Neuerungen durchzusetzen. Seine Bereitschaft zum Gewährenlassen endete allerdings dort, wo die öffentliche Ruhe und Ordnung gestört wurden. So beauftragte er seinen Rat Hans von Minckwitz, den Bischof von Meißen auf der Visitationsreise zu begleiten und nur einzuschreiten, wenn jemand mit Gefängnis bedroht oder gar zur tätlichen Bestrafung geschritten werden sollte. Dann solle Minckwitz bitten, das zu unterlassen, um Aufruhr zu vermeiden.[1053] Damit war die bischöfliche Visitation aber zur Wirkungslosigkeit verurteilt. Johann von Meißen bat den Kurfürsten in seinem Abschlussbericht[1054] zwar, darauf hinzuwirken, dass seine Befehle befolgt würden, doch Friedrich lehnte dies ab und verwahrte sich gegen den Versuch, ihn die Arbeit des Bischofs verrichten zu lassen.[1055]

Ähnlich argumentierte Friedrich gegenüber Bischof Adolf von Merseburg, der gebeten hatte, ihn gegen den Pfarrer in Schönbach und die Mönche von Machern und Grimma zu unterstützen. Friedrichs Räte sollten dem Bischof vortragen, dass der Kurfürst nicht im Weg stehen werde, wenn der Bischof sich an den Befehl des Reichsregiments halten wolle; seinen Amtleuten befahl er, mögliche Störungen bei der Verkündung des Regimentsmandats durch den Bischof jedoch zu unterbinden.[1056] Aber selbst gegen Geistliche vorzugehen, lehnte Friedrich ab, und noch energischer wies er die Bitte zurück, gegen ungehorsame Laien einzuschreiten.[1057] Adolf von Merseburg sah genau, dass der Kurfürst durch ein solches Verhalten die Exekution des Regimentsmandats blockierte. Doch die kursächsische Seite beharrte auf dem Standpunkt, dass man den

Bischof nicht hindere, seine Amtspflichten zu erfüllen, dass man ihm seine Aufgaben aber auch nicht abnehmen werde.[1058]

Nicht gegen Gottes Wort

Hielt Friedrich der Weise trotz äußeren Drucks bis zu seinem Tod an seiner Politik des Lutherschutzes fest, wich er auch angesichts einer wachsenden evangelischen Bewegung im Inneren[1059] von seinem Grundsatz nicht ab, die Reformation nicht aktiv zu befördern, das Gotteswort aber auch nicht zu behindern, solange Ruhe und Ordnung nicht gefährdet waren. Mit vielen Einzelproblemen befasste sich der alte und immer gebrechlicher werdende Kurfürst persönlich.[1060] Wittenberg war nicht nur der Ausgangsort der Reformation, sondern auch die erste kursächsische Stadt, in der sich die Folgen der Theologie Luthers in Versuchen der kirchlichen und sozialen Umgestaltung niederschlugen. Die »Wittenberger Bewegung« oder »Wittenberger Unruhen«[1061] begannen am 5. Oktober 1521, als ein Bote der Antoniter aus Lichtenberg mit einigen Dienern zum Betteln in die Stadt kam, dafür wie üblich die Glocke läuten ließ und von Studenten mit Dreck und Steinen beworfen wurde.[1062] Unter Studenten und in der Stadtbevölkerung waren die Antoniter ohnehin nicht gut gelitten. Schon im Februar 1521 hatte der Kurfürst einen Befehl zu ihrem Schutz ausgehen lassen müssen.[1063] Nun aber verbanden sich die älteren Konflikte mit einem reformatorischen Impuls.

Wie Kanzler Brück an den Kurfürsten berichtete, predigte der Wittenberger Augustinereremit Gabriel Zwilling[1064] am Sonntag, dem 6. Oktober, öffentlich gegen den Missbrauch der Messe und forderte zum Boykott der traditionellen Messfeiern auf. Es gab auch Gerüchte über geplante studentische Störaktionen zum Allerheiligenfest.[1065] Hier ging es um mehr als bloßen studentischen Antiklerikalismus und Ablehnung des Ablasses. Die alten Formen begannen zu bröckeln. Die Wittenberger Augustinereremiten, Luthers Klosterbrüder, stritten über die Messe, während Luther auf der Wartburg saß. Jetzt wurde sogar das Allerheiligenstift, in das Friedrich so viel Liebe und Geld investiert hatte, zur Zielscheibe der Neuerer. Am 10. Oktober wandten sich die Stiftsherren an den Kurfürsten, um ihm ihre Pläne für das bevorstehende Allerheiligenfest vorzutragen: Alle Ämter sollten wie bisher gefeiert werden, jedoch ohne päpstliche Zeichen und ohne Ablassverkündigung.[1066] Man wollte den Kritikern also ein Stück weit entgegenkommen, um Studenten und Stadtbevölkerung nicht zu provozieren.

Der Kurfürst schickte seinen Kanzler Gregor Brück nach Wittenberg, um der Universität und den Mitgliedern des Allerheiligenstifts auszurichten, dass er wie seit jeher den christlichen Glauben fördern und sich wie ein christlicher Fürst verhalten wolle.[1067] Eine klare Handlungsdirektive gab er nicht, sondern er überließ es den Vertretern von Universität und Stift, Wege zu finden, um Zwiespalt, Aufruhr und Beschwernisse zu verhindern. Die Entscheidung der Stiftsherren, am Allerheiligentag keinen Ablass mehr zu erteilen, billigte er.[1068] Er sah also weder einen Grund, jetzt mit Härte durchzugreifen, noch bestand für ihn ein Anlass, den Forderungen der Reformationsanhänger nachzugeben. Im Gegenteil: Die Klage des Allerheiligenstifts über die Schwierigkeit, Priester und Chorschüler für die neue Stiftung zugunsten des Leidens unseres lieben Herrn zu finden,[1069] beantwortete er lapidar mit der Aufforderung, sich bei der Suche mehr anzustrengen, damit seiner Stiftung kein Abbruch geschehe.[1070]

Friedrich befürwortete keine Neuerungen, ging gegen diese aber auch nicht vor. Ähnlich verhielt er sich auf den Bericht Brücks, der inzwischen mit der Universität und dem Allerheiligenstift gesprochen und Näheres über die Vorgänge im Augustinereremitenkloster erfahren hatte.[1071] Kein Wort sagte der Kurfürst zu den Plänen der Augustinereremiten, die übliche Messfeier zu verändern und künftig das Abendmahl unter beiderlei Gestalt zu reichen. Brück erhielt lediglich die Anweisung, dafür zu sorgen, dass nichts Unziemliches, aus dem Beschwerungen folgen könnten, unternommen werde.[1072] Als er den Bericht der Delegation aus Universität und Stift über die Vorgänge im Augustinereremitenkloster erhielt,[1073] entsandte er Christian Beyer nach Wittenberg, um den Ausschussmitgliedern mitzuteilen, dass er alles für das göttliche Wort und den christlichen Glauben tun wolle.[1074] Der Ausschuss hatte sich für die Abschaffung der Missbräuche in der Messe ausgesprochen – Friedrich mahnte lediglich, nichts zu übereilen. Wenn die Veränderung im Evangelium begründet sei, werde sie sich mit der Zeit durchsetzen. Als Laie überließ er es den Fachleuten, hier das Richtige zu tun, nur dass kein Zwiespalt und Aufruhr oder sonstige Beschwerung entstehen durften.

War das Entscheidungsschwäche oder war das gar der Versuch, sich vor der Verantwortung zu drücken? Beides trifft nicht zu. Friedrich wollte nicht eingreifen, sondern er ließ den Dingen ihren Lauf. Der Rat des Gamaliel aus der Apostelgeschichte (Apg 5,38 f.) stand hier im Hintergrund: »Ist dies Vorhaben oder dies Werk von Menschen, so wird's untergehen; ist's aber von Gott, so könnt ihr sie nicht vernichten – damit ihr nicht dasteht als solche, die gegen Gott streiten wollen.« Friedrich wollte nicht als einer dastehen, der gegen Gott streitet. Was dem Evangelium entsprach, mussten aber die Fachleute, die Theologen, entscheiden. Seine Aufgabe als Kurfürst und Laie war es nur, Unordnung und Aufruhr zu verhindern. Es ging ihm nicht darum, einen bestimmten theologischen Standpunkt durchzusetzen, wie es ein Machtpolitiker getan hätte.

Diese Linie lässt sich in den Jahren 1521 und 1522 durchgehend beobachten. Der Kurfürst wurde mit Eingaben bombardiert. Der Prior der Wittenberger Augustinereremiten Konrad Helt schrieb ihm wegen der Streitigkeiten über die Messe und dass man das Messelesen im Kloster vorläufig eingestellt habe.[1075] Friedrich verwies lediglich auf die laufende Untersuchung und auf die Zuständigkeit des Generalvikars, nahm zur Frage der Messe aber keine Stellung.[1076] Als Helt wenig später von der Eskalation des Streits und vom Austritt vieler Mönche aus dem Konvent berichtete und konkrete Schritte verlangte,[1077] antwortete Friedrich gar nicht mehr. Irgendwelche Maßnahmen veranlasste er nicht. Auf diese Weise waren die Probleme nicht zu lösen, das zeigte sich schnell. Im Dezember spitzte sich die Situation in Wittenberg sogar noch zu, als Studenten und Stadtbewohner die Stadtkirche überfielen, die Priester angriffen und am Messelesen hinderten.[1078] Jetzt war für den Kurfürsten offenbar eine Grenze überschritten. Er verlangte die Bestrafung der Verantwortlichen durch ihre jeweilige Obrigkeit,[1079] das heißt durch den Stadtrat und die Universität. Wo reformatorischer Eifer in Gewalt und kriminelle Handlungen umschlug, sah sich der Kurfürst zum Einschreiten aufgefordert.

Und nicht nur in dieser Hinsicht stieß seine Politik des Laufenlassens an ihre Grenzen. Denn es stellte sich heraus, dass sich die Theologen an der Universität und am Allerheiligenstift über die Frage der Messe und ihres Missbrauchs nicht einig waren.[1080] Auch hier standen die Bewahrer des Alten und die Befürworter des Neuen gegeneinander. Selbst die Bestrafung der Aufrührer war kein Automatismus, da der Kurfürst zunächst nicht einschritt. Der Wittenberger Rat bat sogar um Unterstützung, weil er Gegenmaßnahmen der Täter befürchtete.[1081] Auf Strafen beharrte der Kurfürst, und zwar energischer als zuvor, indem er mehrere Amtleute nach Wittenberg entsandte.[1082] Jetzt wurden die Verantwortlichen tatsächlich vorgeladen – es ging nicht mehr nur um die Vorfälle in der Stadtkirche, sondern auch um eine Bedrängung des Rates durch die Bürgerschaft, die ihm reformatorische Forderungen vorlegte.[1083] Ob am Ende tatsächlich Strafen gegen die Aufrührer verhängt wurden, ist allerdings nicht bekannt.

Nicht gegen Gottes Wort

Am 19. Dezember 1521 zog der Kurfürst für sich selbst die Konsequenz aus den Erfahrungen, die er in den zurückliegenden Wochen gemacht hatte. Er beauftragte Christian Beyer, der Universität und dem Kapitel des Allerheiligenstifts vorzutragen, dass der Kurfürst wohl verstanden habe, dass sie sich in dieser für die Christenheit so wichtigen Frage nicht einigen konnten. Deshalb müsse er selbst zur Vermeidung von Zwiespalt eine Entscheidung treffen. Diese lautete: Hinsichtlich der Messe durften keine Neuerungen eingeführt oder gestattet werden, sondern es sollte alles beim alten Gebrauch bleiben, bis die Angelegenheit von anderen ausführlich geprüft wurde.[1084] Man sollte dies nicht als Entscheidung gegen die Reformation auffassen. Friedrich sah sich schlicht gezwungen, angesichts der Uneinigkeit der Theologen über die evangelische Wahrheit den Streit zu beenden, um neuen Aufruhr zu vermeiden. Dies bedeutete nicht, dass eine weitere Prüfung der mit der Messe zusammenhängenden Fragen nicht doch ergeben konnte, dass die bisherige Messtheologie nicht der evangelischen Wahrheit entsprach. Aber im Augenblick hatten es die Theologen nicht geschafft, den Kurfürsten davon zu überzeugen. Warum Friedrich allerdings der Meinung war, dass sich die Gegner der Messe mit dieser Entscheidung zufriedengeben würden, bleibt schleierhaft.

Aufruhr ließ sich auf diese Weise auch nicht verhindern. Dies zeigte sich schon zu Weihnachten 1521, als bekannt wurde, dass Andreas Bodenstein von Karlstadt, Luthers Kollege an der Theologischen Fakultät und Archidiakon am Allerheiligenstift, in einer Predigt angekündigt hatte, das Abendmahl unter beiderlei Gestalt auszuteilen und dabei keine liturgischen Gewänder zu tragen.[1085] Unter großem Zulauf der Gemeinde ist dies am Weihnachtstag 1521 tatsächlich so geschehen. Am Jahresende kamen zudem noch drei Unruhestifter aus Zwickau, wie Melanchthon sie nannte, nach Wittenberg. Melanchthon war so alarmiert, dass er sogleich den Kurfürsten informierte.[1086] Der Kirchenfrieden sei in Gefahr, man müsse jetzt Luther einschalten, denn nur er könne die Geister dieser Leute beurteilen. Der Kurfürst lud Melanchthon und den Theologieprofessor Nikolaus von Amsdorf auf den 1. Januar 1522 nach Prettin ein. Die Beschwerde über Karlstadt erreichte ihn auch über ein langes Schreiben der Reformationsgegner am Allerheiligenstift.[1087]

Das Gespräch mit Melanchthon und Amsdorf führte der Kurfürst nicht selbst, sondern er schickte Georg Spalatin und seinen Rat Haubold von Einsiedel nach Prettin.[1088] Die Theologen schilderten, mit welchen Lehren die Zwickauer Propheten, wie sie heute meist genannt werden, in Wittenberg umgingen. Es ist ziemlich deutlich, dass Melanchthon und Amsdorf überfordert waren, deren Meinungen über göttliche Offenbarungen, Glauben und Kindertaufe mit theologischen Argumenten zu begegnen. Deswegen wollten sie eine Stellungnahme Luthers einholen. Der Kurfürst spielte in seiner Antwort den Ball zurück an die Theologen, die selbst wissen müssten, wie man diese Leute mit Schrift und Vernunft überwinden konnte – er als Laie könne das nicht. Über die Theologie der Zwickauer Propheten zeigte sich der Kurfürst dabei überraschend gut informiert. Luther einzuschalten lehnte er ab, da es schlimme Folgen für diesen haben könne und der Kurfürst dem Kaiser gehorsam sein müsse. Nach dieser Auskunft blieb den Wittenberger Professoren nichts anderes übrig, als das Problem selbst zu lösen – und auf ein Eingreifen der Obrigkeit zu hoffen, falls es wirklich zu Aufruhr kommen würde.

In diesen Vorgängen bildete sich etwas ab, was bis zum März 1522 für die Situation in Wittenberg und die Politik des Kurfürsten bezeichnend war: Niemand hatte ein überzeugendes Rezept, wie man mit den immer wieder aufflackernden Unruhen umgehen sollte. Es fehlte die Leitfigur Luther, der allein die Autorität hatte, die Lage zu beruhigen. Aber der Kurfürst wollte aus nachvollziehbaren Gründen nicht, dass sich

Luther einschaltete. So versuchte Friedrich selbst, durch dauernde Vermittlungsversuche seiner Räte die Einigkeit der Wittenberger Theologen an der Universität und im Stift herbeizuführen. Im Februar machte er noch einmal klar, dass er keine Neuerungen wollte, solange die Wittenberger reformatorische Theologie nicht auch andere überzeugt hatte.[1089] Dabei kam erstmals auch die Sprache auf den Umgang mit den Bildern in den Kirchen und ob sie abgenommen oder gar verbrannt werden mussten. Dies verweist auf den sog. Bildersturm als angeblichem Höhepunkt der Wittenberger Bewegung. Doch ist über diesen Bildersturm »nahezu nichts bekannt«,[1090] und man kann Zweifel haben, ob es ihn überhaupt gegeben hat.

Ziel des Kurfürsten war es bei alledem, wie am 13. Februar bei Verhandlungen in Eilenburg festgestellt wurde, zu einer Einigung oder zumindest einer ausreichenden Begründung für die Einführung oder Ablehnung der Neuerungen zu kommen. Mit dem Sakrament sollte ordentlich und christlich umgegangen werden, die Bilder sollten bis zu einem weiteren Gutachten in der Kirche bleiben, Nützliches in der Messe war nicht abzuschaffen, und niemand durfte zum Messehalten gezwungen oder daran gehindert werden.[1091] Auch hier zeigte sich wieder, dass der Kurfürst reformatorische Neuerungen nicht grundsätzlich ablehnte, sondern dass es ihm um deren Begründung und die Aufrechterhaltung der Ordnung ging. Es zeigte sich ebenso, dass er längst die Kontrolle über die Entwicklung in Wittenberg verloren hatte, denn dort wurden die alten Messformen eben nicht mehr eingehalten.[1092] Die Reformationsanhänger hatten eine neue Messordnung ausgearbeitet,[1093] die der Kurfürst für eine Anmaßung hielt.[1094] Aber statt dies zu unterbinden, gab sich Friedrich damit zufrieden, nicht den Eindruck entstehen zu lassen, dass er in diese neue Messordnung eingewilligt habe. Es war also sein Bild nach außen, um das er besorgt war.

Der Eindruck des Kontrollverlusts verstärkt sich noch, wenn man auf den seltsamsten Aspekt der Wittenberger Bewegung schaut, die Kontakte Friedrichs des Weisen zu Luther. Luther, der seit seiner fingierten Entführung als Junker Jörg auf der Wartburg lebte, hat von den Vorgängen in Wittenberg natürlich Kenntnis bekommen. Ende Februar 1522 ertrug er es kaum noch, tatenlos zusehen zu müssen, was in seiner Abwesenheit in Wittenberg vor sich ging. Um den 24. Februar richtete er einen unverschämten Brief an den Kurfürsten und gratulierte ihm zum neuen Heiltum.[1095] Statt der Reliquien, die der Kurfürst jahrelang gesammelt hatte, schicke ihm Gott jetzt nämlich ein Kreuz. Der Kurfürst solle sich nun weise verhalten und keine Furcht haben. Luther kündigte sein baldiges Kommen nach Wittenberg an. Was hier passierte, war geradezu eine Rollenumkehr. Der gebannte und geächtete Luther, den der Kurfürst vor seinen Gegnern in Sicherheit gebracht hatte, sprach dem Kurfürsten Mut zu und fragte ihn nicht etwa, ob er sein Versteck verlassen durfte, sondern kündigte dies einfach an. Und dann der Zusatz: »Euer fürstlich Gnaden nehme sich meiner nur nichts an«. Nicht Luther war es, der Hilfe benötigte, sondern der Kurfürst brauchte Hilfe in einer Situation der Bedrängnis, in die er sich nach Luthers Meinung selbst gebracht hatte.

Friedrich der Weise reagierte nicht etwa empört über diese Unverschämtheiten, sondern instruierte einen Boten[1096] und gab offen zu: Angesichts der Situation und der Uneinigkeit an Universität und Stift über die Messe sei er ratlos. Luther solle ihm sagen, was zu tun sei. Friedrich wollte nichts unternehmen, was dem Wort Gottes entgegenstand oder Aufruhr verursachte. Er verbot Luther nicht etwa, nach Wittenberg zurückzukehren, sondern gab ihm nur die Empfehlung, dies angesichts der Gefahren nicht zu tun. Denn er hielt Luther noch immer für unüberwunden und wollte nicht gezwungen werden, gegen ihn vorzugehen. Tief verunsichert war dieser

Nicht gegen Gottes Wort

Kurfürst, irre geworden an dem Durcheinander in Wittenberg. Wenn er nur wüsste, ob die Sache aus Gott sei, dann würde er sein Kreuz gerne tragen. Denn Gottes Willen wolle er nicht behindern. So spricht kein Landesherr mit seinem Untertan, so spricht ein Beichtkind mit seinem Beichtvater. Rollenumkehr auf ganzer Linie, nur in einem Punkt noch den Abstand wahrend: Friedrich richtete sich nicht direkt an Luther, sondern schickte einen Boten.

Luther hat den Rat des Kurfürsten nicht befolgt. Er verließ die Wartburg – von Borna aus richtete er eine Antwort an Friedrich und tröstete ihn, ganz der Beichtvater.[1097] Nein, sein Evangelium habe er nicht von Menschen, sondern vom Himmel. Hier der glaubensfeste Luther, dort ein zutiefst verunsicherter Kurfürst, der in den theologischen Wirren noch keinen sicheren Standpunkt gefunden hatte, der noch nach der Wahrheit tastete. Noch einmal versicherte Luther, den Schutz des Kurfürsten nicht zu brauchen, weil er einen höheren Schutz habe, ja, weil er es jetzt sei, der den Fürsten beschützen werde: Rollenumkehr und Gewissensentlastung für den Kurfürsten, selbst für den Fall, dass er gezwungen sein würde, gegen Luther vorzugehen. Friedrich fand sich mit der Rückkehr Luthers nach Wittenberg ab und organisierte nur eine diplomatische Finte, indem er Luther einen Brief schreiben und darin begründen ließ, warum er gegen den Willen des Kurfürsten nach Wittenberg zurückgekehrt war.[1098] Luther gehorchte[1099] und begründete seine Rückkehr mit der Situation in Wittenberg, die sein persönliches Eingreifen erforderlich machte. Ganz zufrieden war der Kurfürst mit Luthers Schreiben nicht.[1100] Die Formulierung, es gebe im Himmel noch andere Dinge als die, die man in Nürnberg beschlossen habe, war dem Kurfürsten zu scharf gegen das jüngste Mandat des Nürnberger Reichsregiments gerichtet. Luther musste seinen Brief überarbeiten und tat dies auch.[1101]

Damit war Luther wieder in Wittenberg, das sich unter seinem Einfluss wenigstens vorerst beruhigte. Doch nun war es Luther selbst, der dem Kurfürsten Schwierigkeiten machte. Das Kampffeld war das Allerheiligenstift. 1523 forderten Luther und seine Anhänger konkrete Reformen am Stift und an der dort gepflegten Liturgie. Im Januar 1523 bezeichnete Luther das Allerheiligenstift gegenüber Spalatin als Stätte des Götzendienstes.[1102] Im März forderte er die Abschaffung der Messe.[1103] Diese neuen Vorstöße hatten größere Aussicht auf Erfolg, weil die altgläubige Gruppe unter den Stiftsherren durch Tod oder Wegzug inzwischen deutlich geschwächt war.[1104] Aber nach wie vor gab es altgläubige Stiftsherren, die sich wegen der Angriffe beim Kurfürsten beschwerten.[1105] Friedrich blieb dabei, dass die Liturgie unverändert wie bisher gefeiert werden sollte.[1106] Wie wenig die reformatorische Seite bereit war, eine solche Entscheidung des Landesherrn hinzunehmen, zeigt der Fortgang der Auseinandersetzungen. Luther bestand auf Reformen am Stift. Am 11. Juli 1523 griff er sogar die Kompetenz des Kurfürsten an, als er die Frage stellte: »Was geht uns der Kurfürst in dieser Sache an?«[1107] Wie 1522 war Luther bereit, sich über den Willen seines Landesherrn hinwegzusetzen, weil er dies aus theologischen Gründen für geboten hielt. Ja, Luther bedrohte die Stiftsherren in einer Predigt sogar mit dem Bann, wenn sie seinen Forderungen nicht nachgaben.[1108] Jetzt war es also Luther selbst, der die öffentlich Ordnung aufs Spiel setzte, um den Hort altgläubiger Liturgie und Theologie vor seiner Haustür endlich loszuwerden.

Friedrich machte, was er immer tat: Er schickte seine Räte zu Luther, warnte vor Aufruhr und verwies auf das kaiserliche Mandat vom 6. März 1523, das Änderungen bis zum Konzil untersagte. Luther ließ sich davon jedoch nicht beeindrucken, vertrat er doch ohnehin eine ziemlich eigentümliche Interpretation des Mandats. Sich dadurch von Reformen abhalten zu lassen, kam für ihn nicht in Frage.[1109] Durch sein rigoroses

Auftreten erreichte er tatsächlich, was er wollte: Am Allerheiligenstift begann man, über Reformen nachzudenken. Luther selbst machte Vorschläge, was man abschaffen sollte: gestiftete Messen, Vigilien, den Kleinen Chor, die Stundengebete.[1110] Diese Änderungsvorschläge wurden dem Kurfürsten vorgelegt, der aber nicht Luther und den Reformern, sondern den altgläubigen Stiftsherren beisprang und das Kapitel noch einmal anwies, bis zum Konzil alles beim Alten zu lassen.[1111]

Aber dem Kurfürsten entglitt die Kontrolle mehr und mehr. Im September 1523 wiederholte er sein Verbot und drohte den Stiftsherren bei Zuwiderhandlung mit der Sperrung ihrer Einkünfte.[1112] So geriet das Kapitel in eine missliche Lage zwischen Luther, der mit der Bannandrohung Druck ausübte, und dem Kurfürsten, der Änderungen nicht zulassen wollte. Was blieb den Stiftsherren anderes übrig, als zu versuchen, dem Kurfürsten einen Kompromiss abzuringen, um Unruhen in der Stadt zu vermeiden?[1113] Doch Friedrich ließ sich auch auf keine geringfügigen Änderungen ein und zitierte sie nach Torgau vor seine Räte, wo sie den Bescheid erhielten, dass alles bleiben musste wie es war. Wenn die Stiftsherren sich in ihrem Gewissen beschwert fühlten, hätten sie ja die Möglichkeit, ihre Pfründen aufzugeben.[1114] Bei dieser Meinung blieb der Kurfürst. Darüber wurde es Herbst 1523.

Doch wenn es nicht mit dem Kurfürsten ging, dann eben ohne ihn. Schon 1523 wurden in Wittenberg und Torgau die Fronleichnamsprozessionen unterlassen, was Friedrich nicht angeordnet hatte, aber zähneknirschend geschehen ließ.[1115] Die gemäßigten Änderungen an der Liturgie des Allerheiligenstifts wurden im Frühjahr 1524 umgesetzt, obwohl sie dem Willen des Fürsten zuwiderliefen. Natürlich erfuhr Friedrich davon, dass man seine Befehle missachtete. Seine Räte waren der Meinung, er müsse jetzt seine Drohungen wahrmachen. Aber er unternahm nichts. Die Hilflosigkeit gegenüber einer Entwicklung, die mit dem Evangelium begründet wurde, stürzte Friedrich in Rat- und Tatenlosigkeit. Das spielte den Reformern in die Hände. Diese begnügten sich nicht mit dem Erreichten, sondern forderten immer mehr. 1524 eskalierte der Konflikt erneut, jetzt wegen des in der Stiftskirche noch immer *sub una* gereichten Abendmahls. Luther wollte nicht nur das Ende dieser altgläubigen Praxis, sondern er forderte jetzt sogar, dass alles, was dem Evangelium widersprach, abgeschafft werden musste. Noch einmal drohte er den Stiftsherren mit dem Bann.[1116] Und dabei blieb es nicht. Die Mobilisierung der Straße nahm bedrohliche Ausmaße an: Nicht nur wurde die Liturgie am Stift gestört, dem altgläubigen Dekan Matthäus Beskau wurden auch die Fenster eingeworfen.[1117]

Wieder, es war inzwischen November 1524, schickte Friedrich einen Brief an das Kapitel und entsandte seine Räte zu Luther.[1118] Luther solle das Wort Gottes wirken lassen und nicht mit Drohungen und Taten die Änderungen vorantreiben. Der Kurfürst nahm jetzt also die Position ein, die Luther selbst vor nicht allzu langer Zeit gegen überstürzte Reformen vertreten hatte: Man solle das Wort Gottes nicht mit Gewalt vorantreiben. Außerdem verwies Friedrich auf das Beispiel der Reichsstadt Nürnberg, wo in der Stadtpfarrkirche die Liturgie geändert, aber die Messe in den Klöstern weiterhin geduldet wurde. Mit der Reformation in der Stadt Wittenberg hatte sich Friedrich demzufolge bereits abgefunden, am Allerheiligenstift wollte er sie aber nicht. Doch nicht mehr der Kurfürst bestimmte die Richtung, sondern Luther und seine Anhänger, die auch jetzt nicht daran dachten, sich dem Willen Friedrichs zu fügen. Im Gegenteil: Im Advent 1524 eröffnete Luther in einer Predigt eine neue Runde im Kampf gegen die altgläubigen Stiftsherren, indem er den Wittenberger Stadtrat mobilisierte.[1119] Dies bedeutete nun nichts weniger als den offenen Ungehorsam gegen die Befehle des Fürsten. Der Wittenberger Rat schloss sich Luther an, nicht Friedrich dem Weisen. Eine Delegation von Rat, Universität und Stadtgemeinde drohte den Stiftsherren mit Ausschluss aus der städtischen Gemeinschaft.[1120]

Natürlich beschwerten sich diese erneut beim Kurfürsten, dessen Interventionen aber von den Reformationsanhängern ignoriert wurden. Kontrollverlust ist vielleicht noch zu schwach ausgedrückt: Es handelte sich um Aktionen des zivilen Ungehorsams gegen einen Landesherrn, von dem man wusste, dass er nicht durchgreifen würde. Zu Weihnachten 1524 gab das Stiftskapitel dem Druck schließlich nach. Justus Jonas und Johannes Bugenhagen führten eine neue Gottesdienstordnung ein, die von Luther gebilligt wurde. Die Messen wurden eingestellt, die Liturgie im evangelischen Sinne reformiert.[1121] Der Kurfürst wurde von alledem im Januar und April 1525 durch den Wittenberger Geleitsmann Gregor Burger unterrichtet.[1122] Burger malte die chaotischen Veränderungen am Stift, den Verfall der einst prächtigen liturgischen Formen und den Rückgang des Personals in dunklen Farben aus. Von dem von Friedrich dem Weisen mit so viel Geld und Liebe ausgestatteten Stift stand nur noch eine Ruine. Der Kurfürst musste dies auf seine letzten Tage mit ansehen. Diese Ruine ganz abzureißen und das Allerheiligenstift und das Heiltum aufzulösen, blieb aber seinem Nachfolger Johann überlassen.

Friedrich der Weise, so wird man resümieren können, wurde in den Auseinandersetzungen über das Allerheiligenstift nach und nach entmachtet. Nicht nur Luther stellte sich gegen ihn, sondern auch der Wittenberger Rat, der Stadtpfarrer Bugenhagen und die evangelisch gesonnenen Stiftsherren. Sie setzten Reformen durch, die der Kurfürst bis zuletzt ablehnte. Bei allem, was ihn mit Luther und der Reformation verband, lag hier eine Grenze, die Friedrich nicht überschreiten wollte. Seine Frömmigkeit hing ein Stück weit an liturgischen Formen, deren Abschaffung er nicht mittragen konnte. Diese Beobachtungen sind noch kein Beleg dafür, dass Friedrich unbeirrt an altgläubigen Auffassungen festgehalten hätte. Seine Politik war von Unsicherheit und Konsenssuche gekennzeichnet. Gegen das Wort Gottes wollte er sich nicht stellen, aber die bestehende Ordnung auch nicht aufs Spiel setzen, solange er nicht davon überzeugt war, dass das Wort Gottes genau dies von ihm verlangte. Wenn in der Wittenberger Stadtgemeinde Konsens herrschte, reformatorische Formen einzuführen, stellte er sich nicht dagegen. Dissens unter den Stiftsherren war für ihn aber ein Zeichen, dass nicht klar war, was das Gotteswort forderte. Deshalb schien es ihm richtig abzuwarten, bis sich die Dinge geklärt haben würden. Dass alles, was Luther sagte, getan werden musste, war nicht Friedrichs Meinung. Aber das Gotteswort behinderte er nicht. Dazu passt, dass Friedrich schon im Januar 1523 auf eine Beschwerde des Georgenstifts in Altenburg, dem einige Pfarrer die Pensionen verweigerten, mit der Feststellung reagierte, die Pfarrer hätten die Aufgabe, dem gemeinen Volk das Wort Gottes zu predigen; und da ihnen nun Opfer und andere Einnahmen fehlten, müsse man sehen, ob sie noch genug für ihre Abgaben hätten.[1123]

In den letzten Regierungsjahren Friedrichs des Weisen häuften sich die Probleme, nicht nur in Wittenberg. Prediger verbreiteten im ganzen Land die Wittenberger Theologie und fanden damit Zustimmung, aber auch Ablehnung in den Gemeinden. Pfarrer wollten die Messe nicht mehr in den althergebrachten Formen zelebrieren, ließen Prozessionen und Riten aus, reichten das Abendmahl unter beiderlei Gestalt, hielten sich nicht mehr an die Fastengebote oder nahmen sich sogar Ehefrauen; Mönche und Nonnen liefen aus den Klöstern. Auch wenn längst nicht alle derartigen Fälle vor den Kurfürsten kamen, zeugt der von Jahr zu Jahr wachsende Berg von kirchenpolitischen Briefen und Akten von der enormen Arbeitsbelastung, die Friedrich trotz Alter und Krankheit täglich auf sich nahm.

Allein der Fall des Landadligen Wilhelm von Lindenau zu Polenz, der den evangelischen Prediger Johann Kress unterhielt, beschäftige den Kurfürsten über viele Monate immer wieder. Bereits 1522 waren die Herren von Lindenau, die zu den Räten des Kurfürsten gehörten, in Konflikt mit dem Bischof von Merseburg geraten, weil sie einen evangelischen Prediger in Machern angestellt hatten.[1124] Im Jahr darauf geriet Wilhelm von Lindenau wegen Johann Kress in Polenz in Streit mit dem Bischof, der den Kurfürsten einschaltete. Friedrich behandelte den Fall, wie er es in solchen Fällen immer tat: Er bat den Bischof, ihn mit der Sache zu verschonen, bestritt aber nicht dessen Rechte als geistlicher Vorgesetzter.[1125] Das, was der Bischof aber eigentlich von ihm wollte, nämlich ein aktives Eingreifen gegen Kress und seinen adligen Beschützer und die Unterstützung des altgläubigen Pfarrers von Polenz, tat der Kurfürst nicht. Er schickte den streitenden Parteien zwar jeweils die Briefe der Gegenseite zu und hörte sich deren Standpunkte an, unternahm aber nichts Konkretes. Im Sommer 1523 schickte er seinen Kanzler Gregor Brück zum Bischof, der mit einem ganzen Katalog von Beschwerden zurückkam, in dem zahlreiche in der Merseburger Diözese vorgekommene reformatorische Veränderungen aufgelistet waren.[1126] Brück sagte lediglich zu, den Bericht an den Kurfürsten weiterzugeben, erinnerte aber zugleich an die Erwartung Friedrichs, dass man ihn mit derartigen Dingen in Ruhe lassen solle.

Doch die Angelegenheit des Predigers in Polenz ging in eine neue Runde, weil der Bischof keine Ruhe gab.[1127] Der Kurfürst hinderte den Bischof nicht daran, im April 1524 in Grimma im Rahmen einer Visitation mehrere Verhöre durchzuführen, unter anderem auch mit Wilhelm von Lindenau und seinem Prediger Kress.[1128] Aber Lindenau dachte nicht daran, sich vom Bischof einschüchtern zu lassen, sondern verteidigte die reformatorischen Veränderungen offensiv. Auf den ausführlichen Bericht des Bischofs hin schickte Friedrich im Juli 1524 noch einmal eine Gesandtschaft nach Merseburg, die aus Gregor Brück und dem Wittenberger Juristen Benedikt Pauli bestand. Hatte der Kurfürst bisher immer auf seiner Unzuständigkeit beharrt, ergab sich jetzt eine interessante Verschiebung in der Argumentation. Die kurfürstlichen Vertreter wiesen den Bischof darauf hin, dass aus seinem Bericht nicht hervorgehe, dass er die Geistlichen bei der Visitation aus der Bibel unterrichtet habe, was er als Bischof aber hätte tun müssen. Weil die beschuldigten Prediger und Pfarrer sich auf die Heilige Schrift beriefen, stehe es Friedrich und Johann nicht zu, »sie mit weltlichem gewalt wider ir gewissen zu dringen«.[1129] Damit war klar, wo der Kurfürst stand: Sein Maßstab war die Heilige Schrift.

Friedrich hatte sich auch mit Klosterfluchten zu beschäftigen.[1130] Am 29. Juni 1523 teilte der Abt des Zisterzienserklosters Altzella Paul Bachmann dem Kurfürsten mit, dass zwei seiner Mönche geflohen seien und sich nach Wittenberg begeben hätten. Bachmann wollte den Kurfürsten bewegen, beim Wittenberger Rat dafür zu sorgen, dass ihm die Geflohenen ausgeliefert wurden.[1131] Friedrich verlangte nähere Informationen über diesen Fall,[1132] die der Abt ihm auch lieferte, allerdings ohne etwas zu den Motiven für die Klosterflucht sagen zu können.[1133] Friedrich wandte sich daraufhin an den Rat zu Wittenberg, befahl ihm nicht etwa, die beiden Flüchtigen aufzuspüren oder gar gefangen zu setzen, sondern wies den Rat lediglich an, er solle dem Abt, sollte er sich direkt an ihn wenden, zu seinem gebührlichen Recht verhelfen.[1134] Was das konkret bedeutete, sagte der Kurfürst nicht – er überließ dies dem Wittenberger Rat. Abt Bachmann hatte sich das Verfahren anders vorgestellt und eine direkte Intervention des Kurfürsten erwartet. In diesem Sinne schrieb er noch einmal an den Kurfürsten und wies ihn auf das Regimentsmandat vom 6. März 1523 hin, das er so verstand, dass nicht er als Geistlicher, sondern der Kurfürst verpflichtet sei, die Abtrünnigen ins Kloster zurückzuführen.[1135] Das sah Friedrich anders. Er versicherte zwar, Gottes Ehre und Wort und die Nächstenliebe fördern zu wollen, tadelte den Abt jedoch sehr deutlich, weil er sich nicht an den Wittenberger Rat gewandt, sondern ihn belästigt und auch noch auf das kaiserliche Mandat hingewiesen hatte.[1136] Der Abt scheint auf diese Rüge nicht mehr reagiert zu haben, wohl in der zutreffenden Annahme, dass er vom Kurfürsten keine Unterstützung bei der Rückführung der Mönche erhalten würde. Tatsächlich ist kein Fall bekannt, in dem Friedrich der Weise aktiv gegen den Bruch der Ordensgelübde eingeschritten ist.

Friedrichs Grundsatz, dem Wort Gottes nichts in den Weg zu stellen, aber für die Erhaltung von Ruhe und Ordnung zu sorgen, war ein idealer Nährboden für die Ausbreitung der Reformation im ernestinischen Sachsen. Wie groß die Spielräume für evangelische Theologen waren, solange die Veränderungen ohne größeres Aufsehen abliefen, zeigt das Beispiel Thomas Müntzers, der in Allstedt unbehelligt seine Vorstellungen verwirklichen konnte, bis sich Graf Ernst von Mansfeld an den Kurfürsten wandte, weil ihn Müntzer auf der Kanzel beleidigt hatte.[1137] Friedrich wies den Schosser zu Allstedt an, ihm mitzuteilen, wer Müntzer zum Pfarrer in Allstedt gemacht habe, und ihn »an- und einzunehmen«, damit der Graf zu seinem Recht komme.[1138] Der Kurfürst wollte, wie er an den Grafen schrieb, zur Ausbreitung von Gottes Wort nichts unterlassen, musste sich über den Allstedter Pfarrer aber zuerst erkundigen.[1139] Am Ende gab er sich damit zufrieden, dass Müntzer lediglich ermahnt wurde, künftig auf der Kanzel nur noch gemäß seinem Gelübde das Volk christlich zu unterweisen und niemanden zu beschimpfen.[1140] Von einer Gefangennahme Müntzers oder sonstigen Maßnahmen gegen den Allstedter Pfarrer war keine Rede mehr. Seinen Grundsatz, dem Wort Gottes nichts in den Weg zu stellen, zugleich aber Ruhe und Ordnung zu bewahren, ließ Friedrich auch für einen radikalen Theologen wie Thomas Müntzer gelten.

Gegen den Strom

Sein Bruder Johann und sein Neffe Johann Friedrich nahmen die Vorgänge allerdings zum Anlass, sich diesen Müntzer im Juli 1524 einmal näher anzusehen und eine Predigt von ihm anzuhören, Müntzers Fürstenpredigt.[1141] Johann, der längst nicht so stark unter Beobachtung stand wie sein Bruder, konnte sich einen unbefangeneren Umgang mit der Reformation und einen persönlichen Umgang mit Martin Luther leisten. Noch stand er im Schatten Friedrichs, den Blicken von Kaiser, Reich und Herzog Georg ein Stück weit entzogen. Das änderte sich schnell, als Johann seinem Bruder im Mai 1525 im kurfürstlichen Amt nachfolgte. Er ging sogleich zu einer aktiven, obrigkeitlich gelenkten Politik der Reformationsförderung über.

Tod und beginnendes Nachleben

In seinen späten Jahren suchte Friedrich der Weise vor allem die Jagdschlösser Lochau und Colditz auf und war kaum noch in anderen Residenzen anzutreffen. Er hatte sich »müde gereist«.[1142] Die meiste Zeit brachte er in Lochau zu: vom 1. Mai bis zum 26. Juni 1524, vom 1. August bis zum 11. Oktober 1524 und vom 8. Dezember 1524 bis zu seinem Tod am 5. Mai 1525.[1143] Bis zuletzt mühte er sich, die durch die Reformation entstandenen Brandherde unter Kontrolle zu halten. Ein neuer Konflikt tauchte mit dem Bauernkrieg am Horizont auf. Das ernestinische Territorium war vor allem in seinen thüringischen Anteilen betroffen, die zum Verwaltungsbereich Herzog Johanns gehörten. Kurz vor seinem Tod schrieb Friedrich an seinen Bruder, dass es eine große Sache sei, mit Gewalt gegen die Bauern vorzugehen. Vielleicht habe man den armen Leuten Ursache zum Aufruhr gegeben »mit vorbittung [Verbot] des word gotes«. Auch würden die Armen durch weltliche und geistliche Obrigkeiten vielfach beschwert.[1144] Dass Friedrich angesichts des Aufstands die Fürstenhybris anprangerte und seine Standesgenossen ermahnte, auf Gottes Willen zu achten, ist ganz typisch für ihn, ebenso dass er vor Anwendung von Gewalt warnte. Wenn Gott es will, wird der gemeine Mann regieren, schrieb er an seinen Bruder.[1145] Friedrich legte alles in Gottes Hände, auch sein eigenes Leben, das ihm im April 1525 durch Schmerzen fast unerträglich wurde. Doch er haderte nicht. Seinen Bruder ließ er wissen, er verdiene eine solche »gnädige Heimsuchung« durch seine Sünden und bitte Gott, dass er ihm helfe, sie mit Geduld zu ertragen.[1146]

Das letzte Testament

Im Laufe seines Lebens hat Friedrich drei Testamente verfasst, das erste beim Aufbruch zur Pilgerreise ins Heilige Land 1493, das zweite im Jahr 1517[1147] und sein letztes am Tag seines Todes.

Tod und beginnendes Nachleben

Nach seinem zweiten Testament wollte er in der Allerheiligenstiftskirche zu Wittenberg bestattet werden. Für das Begräbniszeremoniell traf er 1517 genauere Vorkehrungen und legte seinem Bruder und Nachfolger Johann nahe, das Allerheiligenstift und die Universität Wittenberg weiterhin zu fördern. Dies erklärt, warum Friedrich an der feierlichen Liturgie und an seinen Stiftungen gegen alle reformatorische Kritik festhielt. Jede Änderung würde sich auf sein eigenes Begräbnis und seine eigene Memoria auswirken.

In seinem letzten Testament[1148] verzichtete Friedrich jedoch darauf, irgendwelche Regelungen für sein Bestattungszeremoniell zu treffen; es enthielt auch keinen Hinweis auf die Memorialstiftungen, die er seit 1506 zugunsten der ernestinischen Familie an der Wittenberger Stiftskirche verankert hatte.[1149] Friedrichs letzter Wille begann ganz evangelisch mit der Bitte an Gott, ihm um Christi willen seine Sünden zu vergeben, und mit einem Bekenntnis: »wie ich auch nicht zweiffel, daß ich durch den theuren Todt JEsu Christi, meines lieben HErrn und Seligmachers, erlöset bin, und bevilh seiner unabgründlichen, ewigen und unermessenen Gnad und Barmherzigkeit, meine Seele in seine allmächtigen Hände, seliglich zu erhalten.«[1150] Auffällig ist, was Friedrich nicht regelte: Er stiftete keine Seelenmessen mehr und setzte anders als 1517 keine Legate für Klöster mehr aus.

Der größte Teil des Testaments beschäftigte sich mit der Schuldenbegleichung und der Verteilung von Geld, wobei seine Söhne Fritz und Bastel sowie ein 13-jähriges Mädchen, das sich damals bei Dr. Pascha Alvensleben in Magdeburg aufhielt und bei dem es sich vielleicht um eine uneheliche Tochter Friedrichs handelte, besonders bedacht wurden. Fritz und Bastels Mutter erhielt 200 Gulden. Die Passage, in der es um das Wittenberger Allerheiligenstift geht, ist für den Wandel in Friedrichs Frömmigkeit ebenfalls aufschlussreich. »Die gantze Stifftung zu Wittenberg, soll mein Bruder, als ich freundlich

Das letzte Testament

bitt, zu der Ehre GOttes gebrauchen, es sey zu der Erhaltung der Lection, oder ander Güter Christl. Weise und Wege, also, daß man in allewege, den itzigen belehnten lebendigen Persohnen nichts neme, sondern das Einkommen ihn folgen laß, und nach ihren Absterben dasselbig zu Gottes Ehre verordnen.«[1151] Friedrich bestand also nicht darauf, dass die gestifteten Messen und anderen Zeremonien an der Stiftskirche nach seinem Tod fortgeführt wurden, sondern überließ es seinem Nachfolger, wie er damit umgehen wollte. Als Möglichkeit wurde nur die Unterstützung der universitären Vorlesungen erwähnt. Die lebenden Stiftsangehörigen sollten ihr Einkommen bis zu ihrem Tod behalten – sie wurden auf den Aussterbeetat gesetzt. Der Kurfürst hatte sich damit abgefunden, dass es mit dem Allerheiligenstift nicht weitergehen würde wie bisher. Die Stiftungsmittel sollten zu Gottes Ehre verwendet werden. Dies konnte als stillschweigende Zustimmung zur Auflösung des Stifts gelesen werden.

Zwar trug dieses Testament kein Datum, aber von Spalatin ist bekannt, dass es am 5. Mai, dem Todestag Friedrichs, abgefasst wurde. Bestätigt wird dies durch ein Postscriptum[1152] der beiden Testamentszeugen, Spalatins und des Kanzleischreibers Hans Feyl, gerichtet an den neuen Kurfürsten Johann. Danach beorderte sie Friedrich etliche Stunden vor seinem Tod zu sich. Er war noch bei guter christlicher und fürstlicher Vernunft und ließ sie etliche Artikel als seinen letzten Willen aufzeichnen. Spalatin und Feyl nahmen diese Aufgabe nicht gern auf sich, aber Friedrich bestand darauf, weil er nicht wollte, dass diese Dinge an viele Leute kamen; auch befahl er, dass Spalatin und Feyl einige Artikel seines letzten Willens für sich behielten. Man wüsste gerne genauer, auf welche Artikel sich dies bezog – möglicherweise auf die, in denen die Zahlungen an Friedrichs Kinder und ihre Mutter geregelt waren. Diese privaten Dingen hatte Friedrich sein Leben lang eher unter der Decke gehalten.

285

Friedrichs Testament war also nicht in allen Teilen für die Augen der Öffentlichkeit gedacht, und er hat es auch nicht persönlich geschrieben, sondern hat es Spalatin und Feyl diktiert. Das könnte die Frage aufwerfen, ob die Aussagen des Kurfürsten Wort für Wort notiert wurden – die Testamentszeugen versicherten dem neuen Kurfürsten Johann jedoch, dass sie »fast den mehrern Theil aus unsers gnädigsten Herrn eigen Mund aufgeschrieben«[1153] hätten. Sie übersandten das Testament aus Torgau am Dienstag nach Jubilate, also am 9. Mai 1525; am 11. Mai traf es bei Kurfürst Johann ein.[1154] Alles in allem gibt es keinen Grund, redaktionelle Eingriffe in den Text anzunehmen, sondern er wird nach Formulierung und Inhalt dem letzten Willen Friedrichs des Weisen entsprochen haben. Damit ist das Testament auch ein Zeugnis seiner Frömmigkeit. Spätmittelalterliches findet sich hier nicht mehr. Der Text atmet schon ganz den reformatorischen Geist, der einzig auf die Gnade Gottes setzt. Der Friedrich des Jahres 1525 war nicht mehr der spätmittelalterliche Christ, der er vor Luthers Auftreten gewesen war.

Tod und Beisetzung

Dass der Kurfürst seinen Vertrauten Georg Spalatin bei der Niederschrift seines Testaments und in seinen letzten Stunden um sich haben wollte, verweist auf ihr besonders enges Verhältnis. Spalatin war der geistliche Berater des Kurfürsten, sein Seelsorger, mit dem er theologische Fragen besprach und der ihm Schriftstellen erklärte.[1155] In seinem letzten Willen bezeichnete Friedrich ihn als seinen »Hof-Prediger« und setzte ihm eine jährliche Vergütung von 100 Gulden aus, zusätzlich zu seinem üblichen Sold.[1156]

Spalatin prägt mit seinem ausführlichen Sterbebericht das Bild der letzten Stunden des Kurfürsten in Lochau nachhaltig.[1157] Nach seiner Darstellung[1158] war Friedrich in seinem vorletzten Lebensjahr gesund, so dass er Ende 1523 und Anfang 1524 am Nürnberger Reichstag teilnehmen konnte und nicht einmal seinen Leibarzt benötigte. Im Jahr 1525 war er aber durchgehend krank. Seit Advent 1524 hielt er sich in Lochau auf, und obwohl er nach Ostern (16. April 1525) wieder nach Colditz reisen wollte, war er dazu nicht mehr in der Lage. Zwei Wochen vor seinem Tod sagte er zu seinem Kammerdiener: »Wenn mein lieber Gott will, so will ich gern von dieser Welt, denn es gibt weder Liebe noch Wahrheit, weder Treue noch Gutes hier auf Erden«. Friedrich hatte das Leben satt, meinte Spalatin. Als Friedrichs Zustand immer schlechter wurde, ließ man Dr. Heinrich Stromer holen, der mehrere Tage beim Kurfürsten ausharrte. Er konnte ihm aber nicht mehr helfen, so dass man weitere Ärzte hinzuzog: Caspar Lindemann, den Leibarzt Herzog Johanns, und Dr. Pascha aus Magdeburg. Spalatin besuchte den Kranken am Donnerstag nach Misericordias Domini (4. Mai) – Friedrich saß auf einem Rollstuhl. Sie unterhielten sich längere Zeit unter vier Augen über den Bauernkrieg und anderes, bis Spalatin ihm vorschlug, das Abendmahl zu nehmen. Friedrich willigte ein. Für den nächsten Tag bestellte man den Beichtvater des Kurfürsten, den Pfarrer Andreas Wagner, der von Luther 1522 nach Herzberg geschickt worden war. Am 5. Mai früh legte Friedrich die Beichte ab. »Darnach empfingen auch ihre Chf. G. das hochwürdige Sacrament des wahren Leibs und Bluts unsers lieben Herrn und Heilands vermöge seiner heiligen Einsatzung ganz und gar in beider Gestalt in solcher Andacht, Ernst und Innigkeit, daß wir alle weinten, soviel unser darbei waren.«[1159] Ludolphy nannte dies »ein Siegel unter sein nie öffentlich abgelegtes Bekenntnis zur Reformation«.[1160]

Und noch andere Details hielt Spalatin fest, zum Beispiel, dass Friedrichs Sohn Sebastian von Jessen ein von Spalatin formuliertes Trostwort an seinen Vater übergab. Friedrich las es, wofür er eine Brille benötigte. Dann wurde Spalatin gerufen, um zusammen mit Feyl den letzten Willen des Kurfürsten aufzuzeichnen. Auch in der Todesstunde am 5. Mai 1525 zwischen vier und fünf Uhr war Spalatin am Sterbelager und bezeugte, dass Friedrich im rechten Glauben an Christus einen sanften Tod gestorben ist, weil er an Gottes Gnadenwort bis ans Ende fest geglaubt hat. Außer den Ärzten und den Hofbediensteten waren keine hochgestellten Persönlichkeiten anwesend. Friedrichs Bruder Johann war durch den Bauernkrieg zu Hause gebunden, und Martin Luther, nach dem man schicken ließ, war gerade im Harz unterwegs. Friedrich hatte laut Spalatin kurz vor seinem Tod noch Luthers »zum Besten« gedacht.[1161] Trotz der Differenzen über das Allerheiligenstift gab es am Ende also keine Missstimmung zwischen Kurfürst und Reformator. Auch zur Todesursache äußerte sich Spalatin. Friedrich wurde obduziert, wobei man mehrere große Steine fand. Ein besonders großer Stein blockierte den Harnweg. Man kann sich die Schmerzen vorstellen; Friedrichs letzte Worte auf Spalatins Frage nach Beschwerden waren dann auch: »Nichts denn die Schmerzen«.[1162] Friedrich starb, für einen übergewichtigen und sich wahrscheinlich viele Jahre lang ungesund ernährenden Menschen nicht ungewöhnlich, am Steinleiden, das damals nicht therapierbar war, das schmerzhafte Koliken hervorrief und das durch eine Sepsis tödlich enden konnte. Friedrichs Gichtanfälle weisen ebenfalls auf eine ernährungsbedingte Krankheit hin. Mit 62 Jahren hat er allerdings ein für die damalige Zeit durchaus beachtliches Alter erreicht.

Die genauen Umstände des Todes eines Menschen waren für die Zeitgenossen von entscheidender Bedeutung, erwies sich an ihnen doch der Glaube, mit dem man aus dem Leben schied. Die Umstände des Sterbens des Kurfürsten Friedrich waren für seine reformatorisch gesonnene Umgebung ein Zeichen, dass er als evangelischer Christ gestorben ist. In den von Lochau nach Wittenberg verschickten Schreiben hieß es, dass Friedrich mit Andacht und guter Vernunft gebeichtet, das Abendmahl nach der Einsetzung Christi genommen und sich dadurch sowie durch das Erzeigen brüderlicher Liebe zu allen Menschen »mit cristlichen worten bekennth« habe.[1163] Die Betonung, dass Friedrich noch genau wusste, was er tat, diente der Absicherung gegen den Vorwurf, man hätte den sterbenskranken Mann zu etwas gezwungen, was er nicht wollte. Tatsächlich weist nichts darauf hin, dass in Friedrichs letzten Stunden irgendetwas gegen seinen Willen geschah. Auch Luther verstand das christliche Sterben des Kurfürsten als Zeichen seiner evangelischen Frömmigkeit: »Mein gnedigst[er] herr, der Churfurst, ist des Tages, da ich von euch scheydet, zwisschen funffen vnd sechsen, fast vmb die zeyt, da Osterhusen verderbt ward,[1164] mit sanfftem mut, frischer vernunfft vnd verstand, verschieden, hat das Sacrament beider gestalt genommen vnd keine ölunge. Ist auch on messen vnd vigilien von vns«.[1165] Für Luther war entscheidend, dass Friedrich auf die üblichen spätmittelalterlichen Sterbezeremonien – Ölung, Messen, Vigilien – verzichtete. Hier einen Einfluss reformatorischer Ideen auf den Kurfürsten anzunehmen, liegt nahe.

Für seine Beisetzung enthielt Friedrichs letztes Testament keine näheren Bestimmungen außer dem Ort. Das Testament von 1517 hatte festgelegt, dass er vor dem Hauptaltar in der Wittenberger Allerheiligenstiftskirche beerdigt werden wollte und dass sein nicht erhöhtes Grab mit einer Messingplatte, die ein Bild und eine Umschrift mit Titel, Wappen und Jahreszahl zeigte, bedeckt sein sollte. Außerdem war ein gegossenes Bild seiner Gestalt an der Nordwand der Kirche vorgesehen.[1166] An diesen Vorgaben, die auch unter evangelischen Vorzeichen unproblematisch waren, konnte man sich orientieren. Für den genauen Ablauf der Beisetzung holte Spalatin Stellungnahmen Luthers und Melanchthons ein,[1167] denen ein Fragebogen vorgelegt wurde, welche Zeremonien bei der Feier beachtet und welche ausgelassen werden sollten. Da Friedrich »nach christlicher Aussatzung« gestorben war, sollte nach Spalatins Meinung auch bei seiner Beisetzung so verfahren werden, dass alles, »was unchristlich oder zu Aergernus angesehen«[1168] werden konnte, weggelassen wurde. Dazu zählten nach Luthers und Melanchthons Auffassung das Singen von Vigilien sowie das Abhalten von Toten- und Seelenmessen.

Die Details der Beisetzungsfeierlichkeiten überliefert wieder Spalatin.[1169] Die Leiche Friedrichs blieb für einige Tage in seinem Sterbezimmer in Lochau aufgebahrt, wurde dann in die Lochauer Schlosskapelle gebracht und am 10. Mai 1525 in einem feierlichen Zug nach Wittenberg überführt. Dort wurde der Leichnam vor der Stadt eingeholt. Es bildete sich ein langer Leichenzug, der aus mehreren Hundert Menschen bestanden haben muss und der unter Glockengeläut in die Allerheiligenstiftskirche einzog. Prominentester Teilnehmer war Herzog Franz von Braunschweig-Lüneburg, der 16-jährige Neffe Friedrichs, der zu dieser Zeit in Wittenberg studierte und die ernestinische Verwandtschaft repräsentierte. Sonst waren Schüler und Studenten, Stiftsangehörige, Universitätsprofessoren, der städtische Rat, die kurfürstlichen Ratgeber und eine große Menge einfacher Menschen, denen Geldspenden ausgeteilt wurden, zugegen. Wo auch immer der Leichenzug durchkam, wurde gesungen – vor allem Lutherlieder: »Mit Fried und Freud fahr ich dahin« und »Aus tiefer Not«.

Friedrich hatte sich ein einfaches Begräbnis gewünscht, ohne das bei Fürstenbeisetzungen übliche Gepränge. Die Feierlichkeiten am 10. und 11. Mai in der Kirche Allerheiligen zu Wittenberg respektierten den Wunsch des Verstorbenen nach Schlichtheit und Würde. Gebete und geistliche Lieder bildeten den liturgischen Rahmen; zwei Predigten Luthers aus dem ersten Brief des Apostels Paulus an die Thessalonicher (1Thess 4,13–18), gehalten am 10. und 11. Mai, und eine lateinische Leichenrede Melanchthons am 10. Mai waren die Höhepunkte. Luther, dessen Predigten sogleich im Druck erschienen,[1170] hob darauf ab, dass Friedrich am Ende die Gnade gehabt habe, in der Erkenntnis des Evangeliums dahingegangen zu sein.[1171] Auch erwähnte er, dass Friedrich um des Evangeliums willen vieles erduldet hatte, was im Blick auf seine Lutherschutzpolitik zweifellos zutreffend war. Melanchthons Rede, ebenfalls sofort gedruckt,[1172] würdigte Friedrich als einen Friedensfürsten, klugen Politiker und frommen Christen. Friedrichs Ringen um die Erkenntnis religiöser Wahrheit wurde von Melanchthon zutreffend als Prozess dargestellt, in dem die Liebe zur Bibel eine wichtige Rolle spielte. Die Vorsicht des Kurfürsten in religiösen Dingen und seine Scheu, gegen Gottes Willen zu handeln, beobachtete Melanchthon ganz richtig. Während der Rede und der Predigten war die Leiche in der Kirche aufgebahrt. Dem Wunsch des Verstorbenen entsprechend, war seine Grablege vor dem Altar im Großen Chor vorbereitet. Hier fand er seine letzte Ruhe. Vermutlich handelte es sich um eine begehbare Gruft, deren Eingang hinter dem Altar lag.[1173]

Friedrichs Beisetzung fand unter evangelischen Vorzeichen statt. Dass er aber erst durch das Begräbniszeremoniell »zum Fürsten der Reformation gemacht wurde«,[1174] trifft nicht zu. Vielmehr spiegelten die äußeren Formen den Glauben wider, in dem Friedrich gestorben war. Er wäre mit seiner Begräbnisfeier einverstanden gewesen.

Beginnendes Nachleben

Bald nach Friedrichs Tod entstand in der Wittenberger Schlosskirche ein »vierteiliges Grabmalensemble«,[1175] bestehend aus Grabplatte, Epitaph, Wandinschrift und Alabasterstatue. Die Alabasterstatue Friedrichs und ihr Pendant, die Statue Herzog Johanns, waren bereits um 1520 in der Augsburger Daucher-Werkstatt entstanden und zeigten die Brüder im Harnisch und in anbetender Haltung.[1176] Ihrem vorreformatorischen Entstehungskontext entsprechend, war Friedrichs Figur ursprünglich wahrscheinlich auf eine Marienstatue Conrad Meits im Altarraum hin ausgerichtet.[1177] Unter reformatorischen Vorzeichen büßte sie ihren Charakter als Votivfigur jedoch ein und wurde zum Abbild des frommen, den Glauben seiner Untertanen schützenden Fürsten. Das Motiv des Beschützers der wahren Religion wird auch in Melanchthons lateinischer Wandinschrift betont, die in deutscher Übersetzung lautet:[1178]

> Eher wird die Elbe wieder zurück nach Böhmen fließen,
> von wo sie in das Land zu Sachsen strömt,
> als dass der weitbekannte Ruhm deiner Verdienste,
> Herzog Friedrich, unter deinen Landen und Leuten vergehe.
> Denn das Volk dieses Reiches hat goldene Zeiten gehabt,
> solange du das Sachsenland regiert hast.
> Keine Jungfrau hat sich vor Krieg fürchten müssen.
> Andere kämpften mit dem Schwert,
> du aber kämpftest mit dem Verstand,
> und deine Feinde haben sich oftmals ohne Gewalt ergeben.
> Du hast sehr oft ehrliche Triumphe
> ohne alle Heereskraft erlangt.
> Dass in den Städten die friedlichen Künste blühten,
> war deiner weisen Führung, Herzog Friedrich, zu verdanken.
> Du warst der einzige,
> der die ehemals verachteten Sprachen und freien Künste
> wieder zu Ansehen gebracht und
> die Studien ehrlich entlohnt hast.
> Denn auf deine Kosten wurde die
> löbliche Elbuniversität gegründet,
> damit sie die rechte Weise zu leben schaffe.
> An diesem Ort wurde die Lehre
> des Evangeliums wiedergeboren,
> die nach Abwischen des Unflats wieder glänzt.
> Ihr wahres Gesicht und ihre rechte Farbe

> hat die Religion hier wieder angenommen.
> Und als die deutschen Tyrannen die Waffen ergriffen
> gegen das Evangelium und die heiligen Gebote Gottes,
> da hast du allein die frommen Doktoren verteidigt
> und dafür gesorgt,
> dass die Lehre Christi sich ausbreiten konnte.
> Für diese Verdienste wird dir die ganze Nachwelt,
> Jung und Alt,
> mit lauter Stimme Dank singen.
> Deine Tugenden werden niemals vergessen werden,
> und der grausame Tod wird gegen dein Lob kein Recht haben.

Auch der Text auf Friedrichs Grabplatte, eine Arbeit Peter Vischers d. J. aus Nürnberg, stammte von Melanchthon. Wie es sich der Kurfürst gewünscht hatte, handelte es sich um eine flache Messingplatte, allerdings ohne sein Bildnis, dafür aber mit dem sächsischen Vollwappen. In seinem Epigramm pries Melanchthon den Kurfürsten als Friedensfürsten:[1179]

> Wanderer, der du auch nur mit flüchtigem Auge
> das Grab schaust:
> hemm' ein wenig den Schritt hier an dem heiligen Ort.
> Friedrich bin ich genannt,
> der als Herzog des glücklichen Sachsen
> das heilige Haupt empor hoch zu den Sternen erhob;
> der, als Deutschland ganz in Kriegen der Bürger entbrannte,
> dem Volk, dem er gebot, einzig den Frieden bewahrt.
> Aber nachdem ich erlag den Jahren des greiseren Alters,
> birgt den entseelten Leib hier ein geringes Gewölb.
> Preis und Ruhm des, was ich getan, wird lange die Nachwelt,
> bleibet sie dankbar nur, wieder und wieder erneu'n.
> Er starb im Jahre Christi 1525 am 5. Mai;
> er lebte 62 Jahre, 3 Monate, 19 Tage, etwa 4 Stunden.

Das imposanteste Stück des Memorial-Ensembles in der Wittenberger Schlosskirche war jedoch das an der Nordwand des Chores angebrachte Bronzeepitaph, wie die Grabplatte eine Arbeit Vischers. Es zeigt Friedrich lebensgroß und aufrecht stehend im Kurornat und mit auf der rechten Schulter getragenem Kurschwert (→ **Abbildung 19**). Zu beiden Seiten des Kurfürsten belegen je acht Agnatenwappen die vornehme Abstammung des Verstorbenen: Zu Friedrichs rechter Seite die Markgrafen von Meißen, die Herzöge von Braunschweig, die Erzherzöge von Österreich und die Herzöge von Masowien, von Bayern, von Mailand und von Braunschweig-Lüneburg. Links von ihm die Grafen von Henneberg, die Herzöge von Pommern, die Herzöge von Mailand, die Grafen von Görz, die Herren von der Leiter, die Herzöge von Sachsen und von Jülich-Berg.[1180] Der die Figur Friedrichs umrahmende Rundbogen wird am Scheitel vom kursächsischen Wappen geziert, darüber ist das von Putten gestützte, von Friedrich seit 1522 verwendete Motto aus Jesaja 40,8: *Verbum Domini manet in aeternum* zu sehen.

War das Wittenberger Memorialensemble nur für diejenigen zugänglich, die an das Grab Friedrichs nach Wittenberg pilgerten, setzte bald nach seinem Tod eine bildpropagandistische Erinnerung mit größerer Breitenwirkung ein, für die vor allem Lucas Cranachs Altersporträt mit dem auf Luther zurückgehenden Epigramm stehen kann (→ **Abbildung 16**):[1181] Ein erstes Exemplar scheint bereits aus dem Jahr 1525 zu stammen,[1182] nach 1532 kursierte das Text-Bild-Paar dann in mehreren Varianten als illustriertes Flugblatt oder auch als Gemälde:

> Friedrich bin ich billich genand
> Schönen frid ich erhielt ym land
> Durch gros vernunfft, geduld und glück
> Widder manchen ertzbösen tück
> Das land ich zieret mit gebew
> Und stifft ein hohe Schul auffs new

> Zu Wittemberg ym Sachssenland
> Jnn der welt die ward bekand
> Denn aus derselb kam Gottes wort
> Und thet gros ding an manchem ort
> Das Bepstlich Reich störtzt es nidder
> Und bracht rechten glauben widder
> Zum Keisar ward erkoren ich
> Des mein alter beschweret sich
> Dafur ich Keisar Carl erwelt
> Von dem mich nicht wand gonst noch gelt.

Die Kaiserwahl von 1519 spielte im Text wie in mehreren bildlichen Darstellungen Friedrichs mit der Reichskrone eine wichtige Rolle für seine Memoria.[1183] Der Friedensfürst, der Bauherr, der Universitätsgründer, der Beschützer der Reformation, der erwählte Kaiser, das waren die wesentlichen Säulen, auf die Friedrichs Memoria gebaut war. Die Leucorea pflegte eine eigene Erinnerung an den Universitätsgründer, deren bekanntester Ausdruck die Deklamation Philipp Melanchthons über den Kurfürsten aus dem Jahr 1551 war.[1184] In dieser schwierigen Zeit nach dem Schmalkaldischen Krieg suchte Melanchthon den Trost in der Geschichte, die Beispiele dafür liefert, dass Gott die Menschen nicht verlässt. Friedrich ist ein solches Beispiel eines weisen und gerechten Fürsten, gerecht nicht zuletzt deshalb, weil er sich mit bedeutenden juristischen Ratgebern wie den Doktoren Mugenhofer, Göde, Schurff und Brück umgab.[1185] In der Biographie des Kurfürsten zeigte sich Melanchthon durchaus gut orientiert, wenngleich Auswahl und Gewichtung mancher Einzelheiten offenbar ganz im Dienst seines Anliegens stehen, Friedrich als vorbildlichen evangelischen Fürsten und weisen Herrscher darzustellen. Der Gründungsvater der Universität und Wegbereiter der Reformation spielte in der universitären Erinnerungskultur noch lange eine wichtige Rolle.[1186]

Tod und beginnendes Nachleben

Friedrichs Weisheit, die bald schon im Beinamen »Friedrich der Weise«, *Fridericus sapiens,* zur festen Formel wurde,[1187] gehörte ebenso zum Friedrich-Bild des frühneuzeitlichen Luthertums wie ihm ein literarischer Platz in den Anfängen der Reformation zugewiesen wurde. Zu Beginn des 17. Jahrhunderts kursierte der »Traum Friedrichs des Weisen« (→ **Abbildung 18**), der sich erstmals 1604 in einem Predigtband Matthias Hoë von Hoëneggs, bildlich und mit erläuterndem Text dann im Umfeld des ersten Reformationsjubiläums von 1617 greifen lässt.[1188] In der Nacht vom 30. auf den 31. Oktober 1517 hatte Friedrich der Weise demnach einen Traum, eine Vision in drei Teilen. Zuerst erschien ihm, als er sich auf Schloss Schweinitz zu Bett gelegt hatte, ein von Gott gesandter Mönch, umgeben von Heiligen und vom göttlichen Licht bestrahlt. Die Stimme Gottes befahl ihm, diesen Mönch eine Botschaft an die Schlosskirche zu Wittenberg schreiben zu lassen. Luthers Thesenanschlag wäre demnach ein von Gott gewollter und vom Kurfürsten zugelassener Akt gewesen. Der Mönch schrieb daraufhin die Worte »Vom Ablaß« an die Tür, und zwar in so großen Buchstaben, dass der Kurfürst sie noch in Schweinitz lesen konnte.

Friedrich war nach dieser Traumgeschichte also nicht in Wittenberg, als der Thesenanschlag stattfand, sondern auf seinem Schloss Schweinitz, heute ein Ortsteil von Jessen an der Elster im Landkreis Wittenberg. Schon das ist Legende, denn tatsächlich hielt er sich in Altenburg auf.[1189] Zum Schreiben benutzte Luther in »Friedrichs Traum« eine überdimensionierte Schreibfeder, die bis nach Rom reichte, die Ohren eines Löwen durchbohrte – Symbol für Papst Leo X. – und dem Papst die Tiara vom Kopf stieß. Ein Bischof, ein König, ein Kardinal und ein Kurfürst versuchten, die Tiara zu stützen. Da wachte Friedrich auf. Wieder eingeschlafen, träumte er erneut, und zwar dass der Löwe die Fürsten des Reiches durch Gebrüll zusammenrief, damit sie etwas gegen den Mönch unternahmen.

Das verwies auf den Kirchenbann und die Reichsacht. Wieder eingeschlafen, folgte eine dritte Traumsequenz: Die Mächtigen versuchten, die Feder zu zerstören. Auf die Frage, woher diese Feder komme, antwortete der Mönch, sie komme von einer 100-jährigen Gans, also Johannes Hus, dessen Verbrennung 1415 in Konstanz ebenfalls dargestellt wurde. Doch der Versuch, die Feder zu zerstören, führte nur dazu, dass viele kleinere Federn aus der großen hervorgingen.

Das Bild Friedrichs des Weisen blieb in dieser Legende erstaunlich differenziert. Auf der einen Seite ließ er den Mönch seine göttliche Sache verrichten, auf der anderen Seite war er besorgt, wie es im Text heißt, dass durch das Auftreten des Mönchs Aufruhr entstehen könnte. Friedrich war der Träumer, der distanzierte Beobachter der Szene, der selbst keine aktive Rolle übernahm, aber Luther auch nicht an seinem Vorhaben hinderte, weil er sich dem göttlichen Willen nicht in den Weg stellen wollte. Diese Rollenbeschreibung kam der Realität ziemlich nahe.

Epilog

Epilog

Fast vier Jahrzehnte lang herrschte Friedrich der Weise über das ernestinische Kurfürstentum Sachsen und erwarb sich den Ruf eines klugen, vorsichtigen und verlässlichen Politikers. Gegenüber Kaiser und Reich, mehr aber noch in seiner Innenpolitik handelte er mit erstaunlicher Tatkraft, Weitsicht und Zähigkeit. Die Achtung vor Recht und Ordnung verlangte er von sich selbst und von anderen. Im Reich und im eigenen Territorium trat er für Reformen ein, aber er war keiner, der Veränderung um ihrer selbst willen vorantrieb. Und auf religiösem Feld war er schon gar kein »Macher des Wandels«,[1190] sondern ein konservativer, aus tiefer persönlicher Frömmigkeit handelnder Landesvater. Wie kaum ein anderer verkörperte er das antimachiavellistische Fürstenideal. Auch wenn ihm persönliches Prestige, Standesinteresse und Nachruhm wichtig waren, war er kein Autokrat und schon gar kein Despot. Das Landeswohl stand für ihn, der sich für sein Regierungshandeln vor Gott verantwortlich wusste, an oberster Stelle. An kriegerischer Machterweiterung hatte er kein Interesse.

Dass man sich an diesen Kurfürsten noch 500 Jahre nach seinem Tod erinnert, ist trotz seiner unbestreitbar hohen Bedeutung als Gründer der Universität Wittenberg, als Reichspolitiker und als Königskandidat in erster Linie seiner Rolle in den frühen Reformationsjahren zu verdanken. Friedrichs Politik des Lutherschutzes hatte ihre tieferen Wurzeln in seiner Frömmigkeit. Was auch immer sich gegen die Fürstenbiographik als altmodischem historischem Genre einwenden lässt, zeigt sie gerade im Falle Friedrichs des Weisen, dass von der Gewissensentscheidung eines einzelnen Menschen weltverändernde Wirkungen ausgehen konnten. Hätte Friedrich Luther nicht geschützt, wären nicht nur die sächsische, sondern die deutsche und die europäische Geschichte anders verlaufen. Aber Friedrich hat Luther geschützt, weil es ihm sein Gewissen gebot. Hätte er nur auf Macht und materiellen Nutzen geschaut, hätte er anders agieren müssen. Er war ein »Überzeugungstäter«[1191] nicht in dem Sinne, dass er von Luthers Theologie von Anfang an überzeugt gewesen wäre, sondern weil es seiner Überzeugung entsprach, dass das Gotteswort nicht unterdrückt, aber auch nicht mit Zwang durchgesetzt werden durfte, und weil er Luthers Lehre für nicht widerlegt hielt. Seine – modern gesprochen – Resilienz gegen äußeren Druck war erstaunlich.

Seit einiger Zeit wird das Territorialfürstentum als Faktor im reformatorischen Prozess wieder stärker gewürdigt.[1192] Ein chronologisch erzählender Lebensabriss Friedrichs des Weisen hätte den Blick auf dieses zentrale Problem seiner Regierungszeit eher verstellt als geschärft. Deshalb wurde hier der Weg eingeschlagen, die Kirchenpolitik und die persönliche Frömmigkeit des Kurfürsten besonders zu gewichten. Dies trägt dem Umstand Rechnung, dass er auf dem kirchlich-religiösen Feld die tiefsten Spuren in der Geschichte hinterlassen hat. Schon vor dem Auftreten Luthers war die Kirchenpolitik eines seiner wichtigsten Handlungsfelder. Nach 1518 wandelte sie sich zur Lutherschutzpolitik, wobei traditionelle kirchenpolitische Problemlagen binnen weniger Jahre hinter die Reformationsfrage zurücktraten. Wie ein Fürst, der so tief wie Friedrich der Weise in der spätmittelalterlichen Frömmigkeit verwurzelt war, sich in zwar kleinen Schritten, aber deutlich erkennbar auf reformatorische Positionen zubewegte, die am Ende alles in Frage stellten, was ihm einmal wichtig gewesen war, ist und bleibt ein faszinierendes Beispiel für den durch Luthers Lehre angestoßenen Frömmigkeitswandel.

Während die Reformation in vielen Territorien im Verlauf der 1520er Jahre durch das Landesfürstentum in konkrete Maßnahmen umgesetzt wurde,[1193] war dies bei Friedrich dem Weisen noch nicht der Fall. Er förderte die Reformation nicht aktiv, behinderte sie aber auch nicht und verschaffte ihr dadurch Spielräume, um sich ausbilden und ausbreiten zu können. Er weigerte sich, als weltlicher Fürst das kanonische Recht zu

Epilog

exekutieren, ging dementsprechend weder gegen aus dem Kloster geflohene Mönche und Nonnen noch gegen verheiratete Priester vor. Die Konvente und ihre Güter ließ er unangetastet. Zweifellos wollte der Kurfürst nicht, dass die Wittenberger Theologie mit politischen oder kirchenrechtlichen Mitteln unterdrückt wurde, sondern er legte es in Gottes Hand, ob sie sich durchsetzen oder wieder verschwinden würde. Im Ergebnis lief dies auf ein wohlwollendes Gewährenlassen, wenn nicht auf Reformationsförderung durch Nichtstun hinaus.

Gehört Friedrich dann in die Reihe der Reformationsfürsten, die in Deutschland und darüber hinaus heute noch immer ein besonderes Prestige genießen? Man kann und muss ihn schon deshalb in diese Reihe stellen, weil er die obrigkeitliche Reformationseinführung unter seinem Bruder und Nachfolger Johann ermöglicht hat. Viele Indizien weisen darauf hin, dass Friedrich genau wusste, dass nach seinem Tod in Theologie und Kirche eine drastische Veränderung eintreten würde. Und es gibt Hinweise genug, dass er dies in seinen letzten Lebensmonaten innerlich bejahte.

Stammtafel der Wettiner vom 14.–16. Jahrhundert (vereinfacht)
Kurfürsten sind **fett** eingetragen

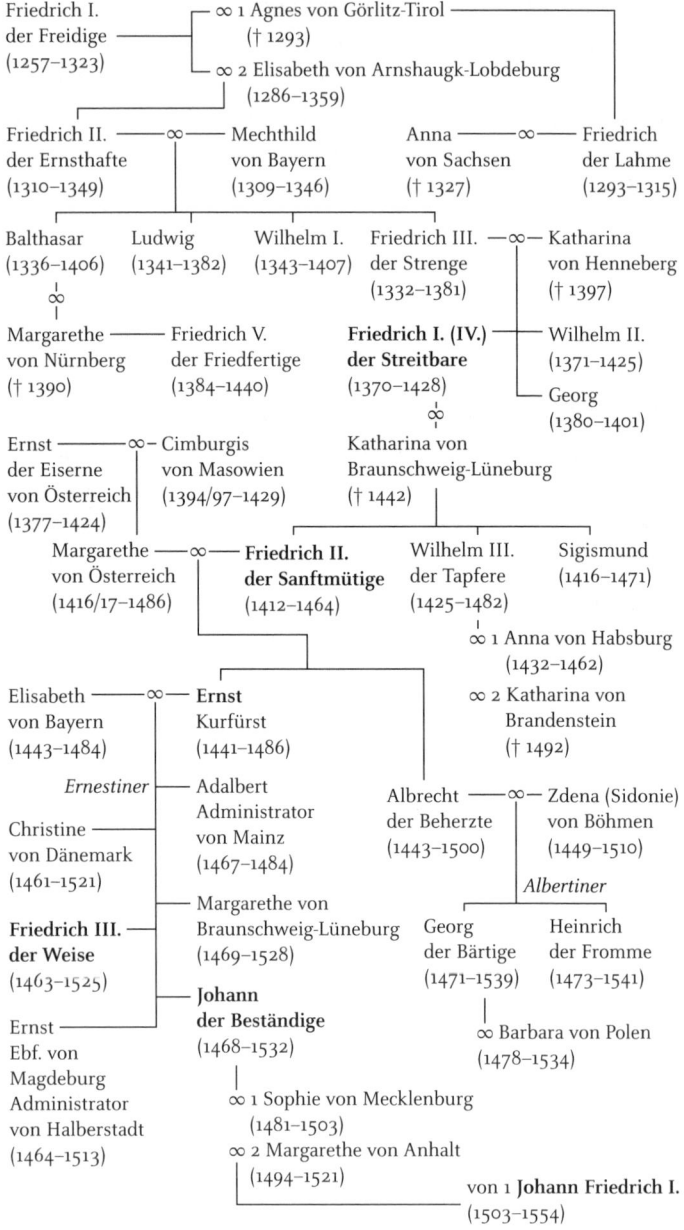

Zeittafel zur Geschichte Friedrichs des Weisen

1463, 17. Januar	Friedrich wird als ältester Sohn des Kf. Ernst von Sachsen und der Elisabeth von Bayern in Torgau geboren
1464, 7. September	Tod Friedrichs des Sanftmütigen
1464, 26./27. Juni	Geburt von Friedrichs jüngerem Bruder Ernst
1467, 8. Mai	Geburt von Friedrichs jüngerem Bruder Adalbert
1468, 30. Juni	Geburt von Friedrichs jüngerem Bruder Johann
1469, 4. August	Geburt von Friedrichs jüngerer Schwester Margarethe
1471, Januar	Kf. Ernst übergibt Friedrich und seine Brüder zur Erziehung an ihre Großmutter Margarethe – Ortswechsel nach Grimma
ca. 1471–1472	Erziehung Friedrichs in Grimma
ca. 1472–1476	Erziehung Friedrichs in der Obhut des Ritters Caspar von Schönberg, Amtmann zu Meißen
1473	Geburt von Friedrichs jüngerem Bruder Wolfgang
1476	Wahl von Friedrichs Bruder Ernst zum Ebf. von Magdeburg
ca. 1476–1480	Erziehung Friedrichs und Johanns in Rochlitz
1478	Friedrichs ältere Schwester Christine heiratet Kg. Johann von Dänemark, Norwegen und Schweden

1480	Romreise des Kf. Ernst. Beginn des Zerwürfnisses zwischen den Brüdern Ernst und Albrecht
um 1480	Aufenthalt Friedrichs am Hof des Ebf. von Mainz in Mainz und Aschaffenburg.
1481, Sommer	Friedrich nimmt an der Seite seines Vaters am Reichstag in Nürnberg teil
1482, Mai	Friedrichs Bruder Adalbert wird Administrator des Erzbistums Mainz
1482	Auflösung der gemeinsamen Hofhaltung Ernsts und Albrechts in Dresden; Vereinigung der wettinischen Länder nach dem Tod Wilhelms des Tapferen (Anfall Thüringens)
1484, 5. März	Tod von Friedrichs Mutter Elisabeth von Bayern
1484, 1. Mai	Tod von Friedrichs jüngerem Bruder Adalbert, Administrator des Erzbistums Mainz
1485, 11. November	Leipziger Teilung
1486	Friedrich nimmt in Breslau als sächsischer Bevollmächtigter die Huldigung Sagans entgegen
1486, 12. Februar	Tod von Friedrichs Großmutter Margarethe von Österreich in Altenburg
1486, Februar	Friedrich und sein Bruder Johann nehmen in Begleitung ihres Vaters an der Königswahl Maximilians in Frankfurt am Main teil
1486, April	Friedrich und Johann nehmen an der Krönung Maximilians in Aachen teil
1486, 26. August	Tod des Kf. Ernst von Sachsen
1487, Februar	Fürstentreffen in Naumburg zur Beratung über die sächsisch-hessisch-brandenburgische Erbeinung

Zeittafel zur Geschichte Friedrichs des Weisen

1487, 27. Februar	Friedrichs Schwester Margarethe heiratet in Celle den Hzg. Heinrich von Braunschweig-Lüneburg
1487, Ende März bis 17. Juli	Friedrich und Johann nehmen am Reichstag in Nürnberg teil und erhalten ihre Belehnung am 23. April durch Kaiser Friedrich III.
1488, April bis August?	Friedrich nimmt am Zug des Reichsheeres nach Brügge zur Befreiung Maximilians I. aus der Gefangenschaft teil
1488, 26. Dezember	Hzg. Johann empfängt für sich und seinen Bruder in Prag die böhmischen Lehen von König Ladislaus von Böhmen und Ungarn
1489/90	Beginn des Umbaus des Wittenberger Schlosses
1489, 22. November	Friedrichs Bruder Ernst wird zum Ebf. von Magdeburg geweiht
1490, Frühjahr	Friedrich und Johann begleiten Maximilian I. nach Innsbruck zum Herrschaftsantritt in Tirol
1491, März bis Juli	Friedrich und Johann nehmen am Reichstag in Nürnberg teil
1492, 13. Mai	Friedrich und Johann wohnen in Zeitz der Amtseinsetzung des Johann von Schönberg als Bischof von Naumburg bei
1493, 19. März	Erstes Testament
1493, 19. März bis 30. Oktober	Pilgerreise Friedrichs ins Heilige Land
1493, 29. Juni	Friedrich wird am Heiligen Grab in Jerusalem zum Ritter geschlagen
1493, 19. August	Kaiser Friedrich III. stirbt in Linz
1494, zweite Jahreshälfte	Reise in die Niederlande

1494, 27. September	Maximilian I. nimmt Kf. Friedrich in Mecheln als Rat in seinen Dienst
1495, April bis August	Teilnahme am Reichstag in Worms
1495, 14. Juli	Belehnung und Privilegienbestätigung durch Kg. Maximilian
1495, Jahresende	Kf. Friedrich und Kg. Maximilian treffen sich in Nördlingen
1496, 29. September	Ausschreiben des Kf. Friedrich als Statthalter und Vikar in Abwesenheit des Kg.s, der nach Italien gezogen ist
1496, 21. November	Kf. Friedrich und Hzg. Johann nehmen an der Hochzeit Hzg. Georgs von Sachsen mit Barbara von Polen in Leipzig teil
1497	Beginn des Umbaus der Schlosskirche in Wittenberg
1497, 5. Januar	Friedrich und Johann treffen in Innsbruck mit Maximilian zusammen
1497, April bis 1498, Ende März	Kf. Friedrich und Hzg. Johann begleiten Kg. Maximilian nach Innsbruck
1497, 23. Juli	Kg. Maximilian empfängt in Gegenwart Kf. Friedrichs u.a. in Imst den venezianischen Gesandten
1497, 24. Juli	Kf. Friedrich und Hzg. Johann wohnen in großer Versammlung dem Empfang des osmanischen Gesandten bei
1497, Ende August	Kf. Friedrich wohnt in Innsbruck Verhandlungen des Kg.s mit den Gesandten der Eidgenossen bei
1497, 13. Dezember	Hofratsordnung Kg. Maximilians; Kf. Friedrich wird Statthalter

Zeittafel zur Geschichte Friedrichs des Weisen

1498, Ende März bis Juni	Kf. Friedrich reist mit Kg. Maximilian zum Reichstag nach Freiburg
1498, 10. Juni	Kf. Friedrich unterzeichnet den Horber Vertrag, der die Abtretung der Regierung Württembergs an Herzog Ulrich regelt
1498, Juni bis September	Reichstag in Freiburg im Breisgau
1498, 6. August	Kg. Maximilian verpfändet Kf. Friedrich und Hzg. Johann für ausstehende Schulden in Höhe von 65.334 Gulden die Schlösser und Herrschaften Cormòns, Belgrado und Castelnuovo in Friaul
1498, Mitte September bis Mitte November	Kf. Friedrich vermittelt zwischen Kg. Maximilian I. und Kg. Ludwig XII. von Frankreich
1498, Anfang Dezember	Kf. Friedrich vermittelt in einem Streit des Ebf. von Köln mit der Stadt Bonn und kehrt anschließend nach Sachsen zurück
1499, 2. März	Hofratsordnung der Brüder Friedrich und Johann
1500, 1. bis 5. März	Hzg. Johann vermählt sich in Torgau mit Sophia von Mecklenburg
1500, 6. Mai bis 22. August?	Beginn des Reichstags in Augsburg (bis 22. August) – Kf. Friedrich neben Berthold von Mainz der einzige anwesende Kf.
1500, 31. August	Kg. Maximilian bestellt in Augsburg den Kf. Friedrich zum Statthalter des Reichsregiments und besoldet ihn mit 6.000 Gulden jährlich
1500, 31. Oktober	Kf. Friedrich trifft am Reichsregiment in Nürnberg ein, das aber nicht richtig in Gang kommt. Nach einiger Zeit reist Friedrich wieder ab

1500, Ende November	Kf. Friedrich verlässt das Nürnberger Reichsregiment aus Gesundheitsgründen
1500, Ende Dezember	Nach Aufforderung durch den König kehrt Friedrich an das Reichsregiment zurück
1500, Dezember bis 1501, September	Aufenthalt Kf. Friedrichs am Reichregiment in Nürnberg (mit Unterbrechungen)
1501, Juli/August	Kf. Friedrich hält sich zum Regimentstag zeitweise in Nürnberg auf – nach Bartholomaei (24. August) verlässt er Nürnberg
1501, 14. September	Abschied des Nürnberger Regimentstags, bei dem Friedrich zu Anfang persönlich anwesend war
1502, März	Ende des Ersten Reichsregiments
1502, 30. Juni – 5. Juli	Friedrich nimmt am Kurfürstentag in Gelnhausen teil
1502, 6. Juli	Ulm: Gründungsprivileg König Maximilians für die Universität Wittenberg
1502, 24. August	Friedrich und Johann legen in Weimar die Eröffnung der Universität Wittenberg auf den 18. Oktober 1502 fest
1502, 18. Oktober	Feierliche Eröffnung der Universität Wittenberg
1502, 15. Dezember	Friedrich nimmt an einem Kurfürstentreffen in Würzburg teil
1503, 21. Januar	Privileg Kardinal Peraudis für die Universität Wittenberg
1503, 1. Februar	Kardinal Peraudi weiht die erneuerte Schlosskirche in Wittenberg
1503, 2. Februar	Kardinal Peraudi stellt in Magdeburg mehrere Privilegien für die Universität Wittenberg aus

Zeittafel zur Geschichte Friedrichs des Weisen

1505, Juni/Juli	Friedrich und Johann nehmen am Reichstag in Köln teil
1506, 11. November	Friedrich stiftet von Coburg aus den »Kleinen Chor« in der Stiftskirche in Wittenberg
1506, 21. Dezember	Papst Julius II. ernennt Konservatoren für die Universität Wittenberg
1507 April bis August	Reichstag in Konstanz. Friedrich der Weise trifft verspätet am 12. Juni ein
1507, 20. Juni	Papst Julius II. inkorporiert das Wittenberger Allerheiligenstift in die Universität
1507, 8. August	Kg. Maximilian I. ernennt Kf. Friedrich auf dem Reichstag zu Konstanz zum Generalstatthalter während seines Romzugs
1509, 21. Mai	Friedrich kommt verspätet auf den Reichstag nach Worms
1510, Ende Februar/ Anfang März	Friedrich besucht den Reichstag in Augsburg (eröffnet am 2. März)
1510, 23. Juni	Baubeginn am »Kleinen Chor« in Wittenberg in Anwesenheit des Kurfürsten
1513, 27.–29. Juli	Verwaltungsteilung (»Mutschierung«) des ernestinischen Territoriums zwischen den Brüdern Friedrich und Johann
1513, 3. August	Tod von Friedrichs Bruder Ebf. Ernst von Magdeburg und Administrator von Halberstadt
1513, 13. November	Hzg. Johann vermählt sich in Torgau mit Margarethe von Anhalt
1517, 4. Oktober	Zweites Testament
1517, 31. Oktober	Anschlag der 95 Thesen Luthers in Wittenberg

1518, April	Kf. Friedrich sichert Luther auf seiner Reise zur Heidelberger Disputation durch Geleit und Empfehlungsschreiben ab
1518, 8. August	Luther wendet sich wegen seiner Zitation nach Rom über Spalatin um Hilfe an den Kurfürsten
1518, September	Friedrich nimmt am Augsburger Reichstag teil und verhindert die Wahl Karls V. *vivente imperatore*
1518, 25. Oktober	Kardinal Cajetan fordert den Kf. Friedrich auf, Luther nach Rom auszuliefern oder ihn aus dem Land zu jagen
1518, 8. Dezember	Friedrich teilt Kardinal Cajetan mit, dass er Luthers Ketzerei nicht für erwiesen hält und ihn nicht nach Rom ausliefern oder vertreiben wird
1518, 29. Dezember	Friedrich trifft in Altenburg mit dem päpstlichen Nuntius Karl von Miltitz zusammen
1519, 12. Januar	Tod Kaiser Maximilians I.
1519, Januar bis Juni	Im Wahlkampf um die Nachfolge Maximilians I. wird Friedrich von allen Seiten bedrängt
1519, 3. Februar	Friedrich trifft in Naumburg mit den beiden Kurfürsten aus dem Haus Hohenzollern zusammen und will die freie Wahl des Königs und ein koordiniertes Vorgehen aller Kurfürsten erreichen.
1519, 9. Mai	Vikariatsausschreiben Friedrichs
1519, 11. Juni	Kf. Friedrich trifft in Frankfurt am Main zur Königswahl ein
1519, 27. Juni	Abstimmung der Kurfürsten, bei der eine Mehrheit der Stimmen auf Friedrich entfällt
1519, 28. Juni	Wahl Karls V. in Frankfurt am Main

Zeittafel zur Geschichte Friedrichs des Weisen

1519, Ende Juni bis Mitte Juli	Leipziger Disputation zwischen Luther, Karlstadt und Eck; Friedrich lässt sich von unterschiedlicher Seite über die Ergebnisse unterrichten
1519, Ende September	Friedrich erhält das päpstliche Ehrengeschenk der »goldenen Rose«
1520, 15. Juni	Bannandrohungsbulle »Exsurge Domine«
1520, Juli	Friedrich wird von römischen Kurialen ermahnt, seine Unterstützung für Luther aufzugeben
1520, 27. September bis 7. November	Aufenthalt Friedrichs in Köln
1520, 23. Oktober	Krönung Karls V. in Aachen; Friedrich nimmt aus gesundheitlichen Gründen nicht an der Zeremonie teil
1520, 4. November	Die päpstlichen Nuntien Aleander und Caracciolo konfrontieren den Kurfürsten in Köln mit der Forderung, Luther nach Rom auszuliefern
1520, 5. November	Unterredung Friedrichs mit Erasmus von Rotterdam
1520, 6. November	Ablehnende Antwort des Kurfürsten an die päpstlichen Nuntien
1520, 28. November	Kaiser Karl V. sagt ein Verhör Luthers auf dem Reichstag durch gelehrte Personen zu
1520, 29. November	Rückkehr Friedrichs nach Lochau
1520, 17. Dezember	Kaiser Karl V. nimmt seine Zusage vom 28. November zurück
1520, 20. Dezember	Friedrich bittet den Kaiser, Luther nicht auf den Reichstag mitbringen zu müssen

1520, Ende Dezember	Friedrich bricht zum Wormser Reichstag auf
1521, Januar bis Mai	Reichstag in Worms
1521, Anfang Januar	Friedrich trifft in Worms mit Kaiser Karl V. zusammen, Abrede bezüglich eines Verhörs Luthers auf dem Reichstag
1521, 17. und 18. April	Kf. Friedrich wohnt den beiden Auftritten Luthers vor Kaiser und Reichsständen in Worms bei
1521, Spätjahr bis Frühjahr 1522	Wittenberger Bewegung; Friedrich kann nicht verhindern, dass Luther von der Wartburg zurückkehrt
1522, 20. Januar	Mandat des Reichsregiments gegen reformatorische Neuerungen
1522, 2. Juli bis 3. September	Kf. Friedrich am Reichsregiment in Nürnberg
1523, 6. März	Mandat des Reichsregiments auf der Basis des Abschieds des Zweiten Nürnberger Reichstags verbietet Neuerungen
1523, 28. November bis 1524, 26. Februar	Friedrich in Nürnberg am Reichsregiment und zum Reichstag
1524, 14. Januar bis 18. April	Dritter Nürnberger Reichstag, den Friedrich zu Beginn besucht, dessen Beschlüsse er aber ablehnt
1524, 1. Mai bis 26. Juni	Aufenthalt in Lochau
1524, 15. Juli	Edikt von Burgos Kaiser Karls V.

Zeittafel zur Geschichte Friedrichs des Weisen

1524, 18. Juli	Mit den Beschlüssen des letzten Nürnberger Reichstags erhält Friedrich ein Exemplar des Wormser Edikts, das er unter Hinweis auf die Absprache mit Karl V. in Worms zurückweist
1524, 1. August bis 11. Oktober	Aufenthalt Friedrichs in Lochau
1524, 8. Dezember bis 1525, 5. Mai	Aufenthalt Friedrichs in Lochau
1525, 5. Mai	Drittes Testament; Tod Friedrichs des Weisen in Lochau
1525, 10. und 11. Mai	Beisetzung Friedrichs des Weisen in der Allerheiligenstiftskirche zu Wittenberg

Abbildungsverzeichnis

Vorsatz: Das wettinische Herrschaftsgebiet nach der Mutschierung von 1513 | Sächsische Akademie der Wissenschaften zu Leipzig / Sascha Jaeck, Frankfurt am Main (BAKFJ 1, S. 14 f.)

Nachsatz: Kursachsen und die Bistumseinteilung um 1500 | Sächsische Akademie der Wissenschaften zu Leipzig / Sascha Jaeck, Frankfurt am Main (BAKFJ 1, S. 26 f.)

Abb. 1: Wandritzzeichnungen auf Schloss Rochlitz, Belagerungsszene, Laibung D | Quelle: Kohnle/Schirmer, Friedrich, S. 196

Abb. 2: Unbekannter Nürnberger Meister, Jugendbildnis Friedrichs des Weisen, um 1486/90 | Städel Museum, Frankfurt am Main, Inv.-Nr. 2128

Abb. 3: Kurfürst Friedrich und Herzog Georg, Bartgroschen, 1492 | Münzkabinett, Staatliche Kunstsammlungen Dresden, Inv.-Nr. AGB2908

Abb. 4: Albrecht Dürer, Kurfürst Friedrich der Weise, 1496 | Staatliche Museen zu Berlin, Gemäldegalerie, Berlin, Inv.-Nr. 557 C

Abb. 5: Locumtenententaler, 1507 | Peus, Frankfurt (Main), Auktion 424, Nr. 1695 (5.2019)

Abb. 6: Lucas Cranach d. Ä., Leiter des Bonaventura, um 1510 | Kunstsammlungen der Veste Coburg

Abb. 7: Holzkapseln mit Porträts Friedrichs und seiner Gefährtin (?), um 1525 | Kunsthistorisches Museum Wien, Kunstkammer, Inv.-Nr. 3879

Abb. 8: Unbekannter Künstler, Gedächtnisbild an die Pilgerreise nach Jerusalem, um 1493 | Schloss Friedenstein, Gotha, Inv.-Nr. 118/77

Abb. 9: Typar des Wittenberger Universitätssiegels, um 1514 | Martin-Luther-Universität Halle-Wittenberg, Zentrale Kustodie, Halle

Abb. 10: Lucas Cranach d. J., Hirschjagd (Ausschnitt), um 1544 | Kunsthistorisches Museum, Wien, Inv.-Nr. Gemäldegalerie/856

Abb. 11: Die Wittenberger Schlosskirche nach dem Heiltumsbuch, 1509 | Bayerische Staatsbibliothek, München, Rar. 99

Abbildungsverzeichnis

Abb. 12: Lucas Cranach d. Ä., Kurfürst Friedrich der Weise und Herzog Johann, Kupferstich aus dem Wittenberger Heiltumsbuch, datiert 1510 | Bayerische Staatsbibliothek, München, Rar. 99

Abb. 13: Lucas Cranach d. Ä., Kurfürst Friedrich der Weise, um 1507/8 | Germanisches Nationalmuseum, Nürnberg, Inv.-Nr. Gm223

Abb. 14: Albrecht Dürer, Kurfürst Friedrich der Weise, 1524 | National Gallery of Art, Washington DC, Rosenwald Collection

Abb. 15: Hieronymus Hopfer, Kaiser Karl V., 1520 | Unbekannte Sammlung, Wikimedia Commons

Abb. 16: Lucas Cranach d. Ä., Kurfürst Friedrich der Weise, Porträt mit Epigramm Martin Luthers, 1532 | Historisches Museum der Stadt Regensburg

Abb. 17: Klöster im Kurfürstentum Sachsen | Sächsische Akademie der Wissenschaften zu Leipzig / Sascha Jaeck, Frankfurt am Main (BAKFJ 2, S. 24 f.)

Abb. 18: Unbekannter Künstler, Der Traum Friedrichs des Weisen, um 1617 | ETH-Bibliothek Zürich, Graphische Sammlung, Inv.-Nr. D 14516

Abb. 19: Epitaph Friedrichs des Weisen in der Wittenberger Schlosskirche, nach 1525 | Foto: Pablo de la Riestra 2016

S. 304: Stammtafel der Wettiner vom 14.–16. Jahrhundert | Entwurf: A. Kohnle und K. Hofmann

Verzeichnis der abgekürzt zitierten Werke

Die folgende Auswahlbibliographie enthält nur die häufiger zitierten Titel sowie die verwendeten Abkürzungen und Siglen. Weitere Literaturangaben finden sich in den Anmerkungen.

Quellen und Quelleneditionen

ABKG 1–2 | Akten und Briefe zur Kirchenpolitik Herzog Georgs von Sachsen, Bde. 1 und 2 hrsg. von Felician Geß, Bde. 3 und 4 hrsg. von Heiko Jadatz und Christian Winter, Leipzig u. a. 1905–2012

BAKFJ 1 | Briefe und Akten zur Kirchenpolitik Friedrichs des Weisen und Johanns des Beständigen 1513 bis 1532. Reformation im Kontext frühneuzeitlicher Staatswerdung, Bd. 1: 1513–1517, hrsg. von Armin Kohnle und Manfred Rudersdorf, bearb. von Stefan Michel, Beate Kusche und Ulrike Ludwig, unter Mitarbeit von Vasily Arslanov, Alexander Bartmuß und Konstantin Enge, Leipzig 2017

BAKFJ 2 | Briefe und Akten zur Kirchenpolitik Friedrichs des Weisen und Johanns des Beständigen 1513 bis 1532. Reformation im Kontext frühneuzeitlicher Staatswerdung, Bd. 2: 1518–1522, hrsg. von Armin Kohnle und Manfred Rudersdorf, bearb. von Stefan Michel, Beate Kusche, Ulrike Ludwig, Konstantin Enge, Dagmar Blaha und Alexander Bartmuß unter Mitarbeit von Saskia Jähnigen und Steven Bickel, Leipzig 2022

BAKFJ 3 | Briefe und Akten zur Kirchenpolitik Friedrichs des Weisen und Johanns des Beständigen 1513 bis 1532. Reformation im Kontext frühneuzeitlicher Staatswerdung, Bd. 3: 1523–1525, hrsg. von Armin Kohnle und Manfred Rudersdorf, bearb. von Beate Kusche, Ulrike Ludwig und Konstantin Enge (in

Verzeichnis der abgekürzt zitierten Werke

Vorbereitung, erscheint Leipzig 2025) Abweichend von BAKFJ 1 und 2 wird dieser Band nicht nach der Nummer, sondern nach dem Datum zitiert, da die Nummerierung noch nicht feststeht.

CR | Corpus Reformatorum. Philippi Melanthonis Opera, hrsg. von Karl Wilhelm Bretschneider und Heinrich Ernst Bindseil, 28 Bde., Halle 1834–1860

DCL 2 | Dokumente zur Causa Lutheri (1517–1521), 2. Teil: Vom Augsburger Reichstag 1518 bis zum Wormser Edikt 1521, hrsg. und kommentiert von Peter Fabisch und Erwin Iserloh, Münster 1991

DRTA.JR | Deutsche Reichstagsakten, Jüngere Reihe, bisher 20 Bde. seit 1893

DRTA.MR | Deutsche Reichstagsakten, Mittlere Reihe, bisher 12 Bde. seit 1972

Förstemann, Neues UB | Carl Eduard Förstemann, Neues Urkundenbuch zur Geschichte der evangelischen Kirchen-Reformation, Bd. 1, Hamburg 1842

Hundts Rechnungsbuch | Hans Hundts Rechnungsbuch (1493–1494), hrsg. und erl. von Reinhold Röhricht und Heinrich Meisner, in: NASG 4 (1883), S. 37–100

Inschriften Meißen | Die Inschriften der Stadt Meißen, ges. und bearb. von Cornelia Neustadt und Martin Riebel unter Mitw. von Henning Ohst und Sabine Zinsmeyer, 2 Tle., Wiesbaden 2022

Inschriften Wittenberg | Die Inschriften der Stadt Wittenberg, ges. und bearb. von Franz Jäger und Jens Pickenhan unter Mitw. von Cornelia Neustadt und Katja Pürschel, 2 Tle., Wiesbaden 2019

MBW | Melanchthons Briefwechsel, Regesten (online-Ausgabe)

Quellen und Quelleneditionen

MBW Personen | Melanchthons Briefwechsel, Personenregister, 6 Bde., 2003–2022

MBW.T | Melanchthons Briefwechsel, Texte, bisher 24 Bde.

Meinhardi, Wittenberg | Andreas Meinhardi, Über die hochberühmte und herrliche Stadt Wittenberg, übersetzt und kommentiert von Martin Treu, Leipzig 1986

RI | Regesta Imperii Maximilian I. (online-Ausgabe)

Müller, Reichstagsstaat | Johann Joachim Müller, Des Heil. Römischen Reichs, Teutscher Nation, Reichs-Tags-Staat, von Anno MD. biß MDIIX ..., Jena 1709

Müller, Reichstagstheatrum | Johann Joachim Müller, Des Heil. Römischen Reichs, Teutscher Nation, ReichsTags Theatrum, wie selbiges, unter Keÿser Maximilians I. allerhöchsten Regierung gestanden ... 2. Teil: Von Anno MCCCCXCVI. bis MD, Jena 1719

Müller, Wittenberger Bewegung | Nicolaus Müller, Die Wittenberger Bewegung 1521 und 1522. Die Vorgänge in und um Wittenberg während Luthers Wartburgaufenthalt, 2. Aufl. Leipzig 1911

Müller/Pallas, Urkunden 1–2 | Urkunden, das Allerheiligenstift zu Wittenberg betreffend, 1522–1526, aus dem Nachlass von Nicolaus Müller hrsg. von Karl Pallas, in: ARG 12 (1915), S. 1–46; 81–131

Reuter, Worms | Der Reichstag zu Worms von 1521. Reichspolitik und Luthersache, hrsg. von Fritz Reuter, 2. Aufl. Köln/Wien 1981

Spalatin, Leben | Georg Spalatin, Friedrichs des Weisen Leben und Zeitgeschichte, in: Georg Spalatin's historischer Nachlaß und Briefe, hrsg. von Christian Gotthold Neudecker und Ludwig Preller, Jena 1851

Verzeichnis der abgekürzt zitierten Werke

ThMA | Thomas-Müntzer-Ausgabe. Kritische Gesamtausgabe, 3 Bde., hrsg. von Helmar Junghans (†) und Armin Kohnle, Leipzig 2004–2017

Westphal, Korrespondenz | Sina Westphal, Die Korrespondenz zwischen Kurfürst Friedrich dem Weisen von Sachsen und der Reichsstadt Nürnberg. Analyse und Edition, Frankfurt a. M. u. a. 2009

Quellen Maximilian | Quellen zur Geschichte Maximilians I. und seiner Zeit, hrsg. von Inge Wiesflecker-Friedhuber, Darmstadt 1996

UUW 1 | Urkundenbuch der Universität Wittenberg Teil 1: (1502–1611), bearb. von Walter Friedensburg, Magdeburg 1926

WA | Martin Luthers Werke. Kritische Gesamtausgabe (Weimarer Ausgabe)

WA.B | Martin Luthers Werke. Kritische Gesamtausgabe, Abteilung Briefe

WA.TR | Martin Luthers Werke. Kritische Gesamtausgabe, Abteilung Tischreden

Walch 15 | Johann Georg Walch, Dr. Martin Luthers Sämtliche Schriften, Bd. 15: Reformations-Schriften, 2. Aufl. Groß-Oesingen 1987

Wülcker/Virck, Planitz | Des kursächsischen Rathes Hans von der Planitz Berichte aus dem Reichsregiment in Nürnberg 1521–1523, ges. von Ernst Wülcker, bearb. von Hans Virck, Leipzig 1899

Zeumer, Quellensammlung | Karl Zeumer, Quellensammlung zur Geschichte der Deutschen Reichsverfassung in Mittelalter und Neuzeit, Teil 2: Von Maximilian bis 1806, 2. Aufl. Tübingen 1913

Untersuchungen und Abkürzungen

Abb. | Abbildung

Anm. | Anmerkung

ARG | Archiv für Reformationsgeschichte

Aufl. | Auflage

BAKFJ | siehe Quellen und Quelleneditionen

Bd./Bde. | Band/Bände

BDLG | Blätter für deutsche Landesgeschichte

Bearb./bearb. | Bearbeiter/bearbeitet

Becker, Fürsten-Kleeblatt | Carl Becker, Das edle sächsische Fürsten-Kleeblatt oder die Hauptzüge aus dem Leben der drei Kurfürsten Friedrich, Johann und Johann Friedrich, Berlin 1861

Bf. | Bischof

Beil. | Beilage

Buchner, Bildnis | Ernst Buchner, Das deutsche Bildnis der Spätgotik und der frühen Dürerzeit, Berlin 1953

Bünz, Nähe und Distanz | Enno Bünz, Nähe und Distanz: Friedrich der Weise und Herzog Georg von Sachsen (1486–1525), in: Kohnle/Schirmer, Friedrich, S. 123–141

d.Ä. | der Ältere

dgl. | dergleichen

ders./dies. | derselbe/dieselbe

d.J. | der Jüngere

Verzeichnis der abgekürzt zitierten Werke

Donath, Grabmonumente | Die Grabmonumente im Dom zu Meißen, hrsg. von Matthias Donath, Leipzig 2004

ebd. | ebenda

Ebf. | Erzbischof

erl. | erläutert

f. | folgende Seite; *ff.* folgende Seiten oder Zeilen

fl. | Gulden

Förstemann, Neues UB | Neues Urkundenbuch zur Geschichte der evangelischen Kirchenreformation, hrsg. von Carl Eduard Förstemann, Bd. 1, Hamburg 1842

FS | Festschrift

Gatz, Bischöfe | Die Bischöfe des Heiligen Römischen Reiches 1448 bis 1648. Ein biographisches Lexikon, hrsg. von Erwin Gatz unter Mitwirkung von Clemens Brodkorb, Berlin 1996

ges. | gesammelt

Halm, Reiseberichte | Europäische Reiseberichte des späten Mittelalters. Eine analytische Bibliographie, hrsg. von Werner Paravicini, Teil 1: Deutsche Reiseberichte, bearb. von Christian Halm, Frankfurt a. M. u. a. 1994

hrsg. | herausgegeben

Hzg. | Herzog

insbes. | insbesondere

Israël, Universitätsarchiv | Friedrich Israël, Das Wittenberger Universitätsarchiv, seine Geschichte und seine Bestände. Nebst den Regesten der Urkunden des Allerheiligenstiftes und den Fundationsurkunden der Universität Wittenberg, Halle (Saale) 1913

Jähnigen, Tod und Memoria | Saskia Jähnigen, im rechten erkenntnis des Euangelij [...] verschieden – Tod und Memoria Kurfürst Friedrichs des Weisen zwischen spätmittelalterlicher Tradition und reformatorischem Wandel, in: Wittenberg-Forschungen 5, S. 283–296

Kf. | Kurfürst

Kg. | König

Kirn, Friedrich | Paul Kirn, Friedrich der Weise und die Kirche. Seine Kirchenpolitik vor und nach Luthers Hervortreten im Jahr 1517, Leipzig/Berlin 1926

Kohnle, Kaiser Friedrich? | Armin Kohnle, Kaiser Friedrich? Die Königswahl Karls V. 1519 und ein Epigramm Martin Luthers, in: Luther. Zeitschrift der Luther-Gesellschaft Heft 2/2019, S. 75–91

Kohnle/Schirmer, Friedrich | Kurfürst Friedrich der Weise von Sachsen. Politik, Kultur und Reformation, hrsg. von Armin Kohnle und Uwe Schirmer in Verbindung mit Heiner Lück, Margit Scholz, Thomas A. Seidel und André Thieme, Leipzig/Stuttgart 2015

Kolde, Friedrich | Theodor Kolde, Friedrich der Weise und die Anfänge der Reformation. Eine kirchenhistorische Skizze mit archivalischen Beilagen, Erlangen 1881

Koppensteiner/Pfaffenbichler | Der Aufstieg eines Kaisers: Maximilian I. von seiner Geburt bis zur Alleinherrschaft 1459–1493, Katalog zur Ausstellung 25. März bis 2. Juli 2000, hrsg. von Norbert Koppensteiner und Matthias Pfaffenbichler, Wiener Neustadt 2000

Krentz, Begräbnis | Natalie Krentz, Protestantische Identität und Herrschaftsrepräsentation. Das Begräbnis Friedrichs des Weisen, Kurfürst von Sachsen (1525), in: Symbolik in Zeiten von Krise und gesellschaftlichem Umbruch. Darstellung und

Wahrnehmung vormoderner Ordnung im Wandel, hrsg. von Elizabeth Harding und Natalie Krentz, Münster 2011, S. 115–130

Kroll, Herrscher | Die Herrscher Sachsens. Markgrafen, Kurfürsten, Könige 1089–1918, hrsg. von Frank-Lothar Kroll, München 2007

Lang, Reisen (2015) | Thomas Lang, Zwischen Reisen und Residieren, in: Kohnle/Schirmer, Friedrich, S. 201–229

Langenn, Familienleben | Friedrich Albert von Langenn, Züge aus dem Familienleben der Herzogin Sidonie und ihrer fürstlichen Verwandten aus dem XV. und XVI. Jahrhundert. Nach ungedruckten Briefen dargestellt, Dresden 1852

Liedke, Heiltum | Johanna Liedke, Das Wittenberger Heiltum. Frömmigkeit, Kunst und Politik zwischen Spätmittelalter und Reformation, Leipzig 2023

Lück, Alma Leucorea | Heiner Lück, Alma Leucorea. Eine Geschichte der Universität Wittenberg 1502 bis 1817, Halle (Saale) 2020

Ludolphy, Friedrich | Ingetraut Ludolphy, Friedrich der Weise, Kurfürst von Sachsen 1463–1525, Göttingen 1984, Ndr. Leipzig 2006

LuJ | Lutherjahrbuch. Jahrbuch der Luther-Gesellschaft

Ludwig, Regimentsmandat | Ulrike Ludwig, Das können wir schwerlich ohne euer lieb zutun vollenden – Zur Umsetzung des Regimentsmandats vom Januar 1522 durch die Bischöfe von Meißen und Merseburg in Kursachsen, in: Neuhes wyssen, S. 59–85

Maria zwischen den Konfessionen | Verehrt. Geliebt. Vergessen. Maria zwischen den Konfessionen, hrsg. von Katja Schneider, Petersberg 2019

Michel, Johann | Stefan Michel, Johann von Sachsen (1468–1525), in: Richter/Kohnle, Herrschaft, S. 46–62

Mitarb. | Mitarbeit

Mitw. | Mitwirkung

Mock, Kunst | Markus Leo Mock, Kunst unter Ernst von Magdeburg, Berlin 2005

NASG | Neues Archiv für Sächsische Geschichte [und Altertumskunde]

Ndr. | Neudruck/Nachdruck

Neuhes wyssen | Neuhes wyssen – Quellen und Forschungen zur Kirchenpolitik Kurfürst Friedrichs und Herzog Johanns von Sachsen um 1520, hrsg. von Armin Kohnle, Beate Kusche und Manfred Rudersdorf, Leipzig 2024

Niehr, Memorialmaßnahmen | Klaus Niehr, Memorialmaßnahmen – die Wittenberger Schloßkirche im frühen 16. Jahrhundert, in: Zeitschrift für Kunstgeschichte 71/3 (2008), S. 335–372

Nr. | Nummer

Oertzen Becker, Johann | Doreen von Oertzen Becker, Kurfürst Johann der Beständige und die Reformation (1513–1532). Kirchenpolitik zwischen Friedrich dem Weisen und Johann Friedrich dem Großmütigen, Köln/Weimar/Wien 2017

RI | Regesta Imperii siehe Quellen

Richter/Kohnle, Herrschaft | Herrschaft und Glaubenswechsel. Die Fürstenreformation im Reich und in Europa in 28 Biographien, hrsg. von Susan Richter und Armin Kohnle, Heidelberg 2016

Ritschel, Gefährtin | Iris Ritschel, Friedrich der Weise und seine Gefährtin. Überlegungen und Erkenntnisse zu fünf verdächtig(t)en Kunstwerken, in: Kohnle/Schirmer, Friedrich, S. 73–105

Rogge, Herrschaftsweitergabe | Jörg Rogge, Herrschaftsweitergabe, Konfliktregelung und Familienorganisation im fürstlichen Hochadel. Das Beispiel der Wettiner von der Mitte des 13. bis zum Beginn des 16. Jahrhunderts, Stuttgart 2002

S. | Seite

Schirmer, Herrschaftspraxis | Uwe Schirmer, Untersuchungen zur Herrschaftspraxis der Kurfürsten und Herzöge von Sachsen. Institutionen und Funktionseliten (1485–1513), in: Hochadelige Herrschaft im mitteldeutschen Raum (1200 bis 1600). Formen – Legitimation – Repräsentation, hrsg. von Jörg Rogge und Uwe Schirmer, Stuttgart 2003, S. 305–378

Schirmer, Staatsfinanzen | Uwe Schirmer, Kursächsische Staatsfinanzen (1456–1656). Strukturen – Verfassung – Funktionseliten, Leipzig/Stuttgart 2006

Sp. | Spalte

Stephan, Friedrich | Bernd Stephan, »Ein itzlichs Werck lobt seinen Meister«. Friedrich der Weise, Bildung und Künste, Leipzig 2014

Streich, Der wettinische Hof | Brigitte Streich, Zwischen Reiseherrschaft und Residenzbildung. Der wettinische Hof im späten Mittelalter, Köln/Wien 1989

Syndram, Friedrich | Kurfürst Friedrich der Weise von Sachsen (1463–1525). Beiträge zur Wissenschaftlichen Tagung vom 4. bis 6. Juli 2014 auf Schloss Hartenfels in Torgau. Im Auftrag der Staatlichen Kunstsammlungen Dresden, hrsg. von Dirk Syndram, Yvonne Fritz und Doreen Zerbe, Dresden 2014

Tacke, Marketing Frederick | Andreas Tacke, Marketing Frederick. Friedrich der Weise in der bildenden Kunst seiner Zeit, in: Syndram, Friedrich, S. 104-114

Tl./Tle. | Teil/Teile

TRE | Theologische Realenzyklopädie

u. a. | und andere

VD16 | Verzeichnis der im deutschen Sprachbereich erschienenen Drucke des 16. Jahrhunderts (online-Ausgabe)

VD17 | Verzeichnis der im deutschen Sprachraum erschienenen Drucke des 17. Jahrhunderts (online-Ausgabe)

VD18 | Verzeichnis deutscher Drucke des 18. Jahrhunderts (online-Ausgabe)

vgl. | vergleiche

Volkmar, Reform | Christoph Volkmar, Reform statt Reformation. Die Kirchenpolitik Herzog Georgs von Sachsen 1488–1525, Tübingen 2008

Weicker, Stellung | Bernhard Weicker, Die Stellung der Kurfürsten zur Wahl Karls V. 1519, Berlin 1901

Wendebourg, Kultboom | Dorothea Wendebourg, Kultboom. Die Wittenberger Schlosskirche vor der Reformation, in: Wittenberg-Forschungen 5, S. 235–249

Wentz, Kollegiatstift | Gottfried Wentz, Das Kollegiatstift Allerheiligen in Wittenberg, in: Die Bistümer der Kirchenprovinz Magdeburg. Das Bistum Brandenburg (Germania Sacra 1/3/2), hrsg. von Fritz Bünger und Gottfried Wentz, Berlin 1941, S. 75–164

Verzeichnis der abgekürzt zitierten Werke

Wiesflecker, Maximilian 1–5 | Hermann Wiesflecker, Kaiser Maximilian I. Das Reich, Österreich und Europa an der Wende zur Neuzeit, 5 Bde., München 1971–1986

Wittenberg-Forschungen 1–5 | Wittenberg-Forschungen. Das ernestinische Wittenberg: Residenz und Stadt, hrsg. von Leonhard Helten, Enno Bünz, Armin Kohnle, Heiner Lück und Ernst-Joachim Waschke, 5 Bde., Petersberg 2011–2020

Wolf, Doppelregierung | Susanne Wolf, Die Doppelregierung Kaiser Friedrichs III. und König Maximilians (1486–1493), Köln/Weimar/Wien 2005

ZHF | Zeitschrift für Historische Forschung

ZVKGS | Zeitschrift des Vereins für Kirchengeschichte der Provinz Sachsen

Anmerkungen

1. Vgl. Stephan Hoppe, Anatomy of an Early »Villa« in Central Europe. The Schloss and Garden of the Saxon Elector Frederick the Wise in Lochau (Annaburg) according to the 1519 Report of Hans Herzheimer, in: Maisons des champs dans l'Europe de la Renaissance, hrsg. von Monique Chatenet, Paris 2006, S. 159–170.
2. Zu Wittenberg vgl. die baugeschichtlich einschlägigen Beiträge in Wittenberg-Forschungen 1–5.
3. Heinrich von Treitschke, Deutsche Geschichte im 19. Jahrhundert, Bd. 1., Leipzig 1879, S. 28.
4. Vgl. Joachim Schäfer, Artikel Friedrich III. »der Weise«, in: Ökumenisches Heiligenlexikon (Online-Version).
5. Zur Gesamtentwicklung und zum Begriff der »Verdichtung« vgl. Peter Moraw, Von offener Verfassung zu gestalteter Verdichtung. Das Reich im späten Mittelalter, Berlin 1985.
6. Vgl. zu ihm: Georg Spalatin. Steuermann der Reformation, hrsg. von Armin Kohnle, Christina Meckelnborg und Uwe Schirmer, Halle 2014; MBW 15, Personen S, S. 341–346.
7. Vgl. Christina Meckelnborg/Anne-Beate Riecke, Georg Spalatins Chronik der Sachsen und Thüringer. Ein historiographisches Großprojekt der Frühen Neuzeit, Köln 2011.
8. George Spalatins Lebensgeschichte Friedrichs des Weisen Churfürstens zu Sachsen, o. O. 1770 (VD18:10079726).
9. Vgl. Spalatin, Leben. Der Text hätte eine moderne kritische Edition verdient.
10. Vgl. unten Anm. 1172.
11. Vgl. unten Anm. 1184.
12. ABKG 1–2; die beiden ersten Bände sind für die Regierungszeit Friedrichs einschlägig. Die Edition ist inzwischen abgeschlossen: ABKG 3–4, hrsg. von Heiko Jadatz und Christian Winter, Köln/Weimar/Wien 2010–2012.
13. Politische Korrespondenz des Herzogs und Kurfürsten Moritz von Sachsen, 6 Bde., hrsg. von Erich Brandenburg, (ab Bd. 3) Johannes Hermann, Günter Wartenberg und (ab Bd. 5) Christian Winter, Leipzig/Berlin 1900–2006.
14. BAKFJ 1–3; die Edition wird für die Regierungszeit des Kurfürsten Johann fortgesetzt. Vgl. Manfred Rudersdorf, Die Friedrich-und-Johann-Edition 1513–1532. Einführung in Konzeption und Idee eines aktuellen Reformationsprojekts der Sächsischen Akademie der Wissenschaften, in: Neuhes wyssen, S. 9–17.
15. Vgl. Förstemann, Neues UB.
16. Vgl. Wülcker/Virck, Planitz; MBW 14, Personen O–R, S. 289 f.

17 Vgl. Westphal, Korrespondenz.
18 Vgl. Johann Georg Hahn, Fridericus III. Sapiens, Sax. Elector publice propositus, Preside Conrado Samuele Schurzfleischio ..., Leipzig 1698.
19 Vgl. [Heinrich Wolfgang Berisch], Leben Friedrichs des Weisen, Kurfürstens von Sachsen, Dresden 1776.
20 Maximilian Moritz Tutzschmann, Friedrich der Weise, Kurfürst von Sachsen, ein Lebensbild aus dem Zeitalter der Reformation, nach den Quellen für alle Stände dargestellt, Grimma 1848.
21 Carl Becker, Das edle sächsische Fürsten-Kleeblatt oder die Hauptzüge aus dem Leben der drei Kurfürsten Friedrich, Johann und Johann Friedrich, Berlin 1861, zu Friedrich S. 6–122.
22 [Amanda Hoppe-Seyler], Friedrich der Weise, Kurfürst von Sachsen. Ein Characterbild aus dem deutschen Volke und für das deutsche Volk, Wittenberg 1868, 4. Aufl. Leipzig 1898.
23 Otto Nasemann, Friedrich der Weise, Kurfürst von Sachsen, Halle 1889.
24 Ernst Borkowsky, Das Leben Friedrichs des Weisen, Kurfürsten zu Sachsen, Jena 1929.
25 Gustav Leopold Plitt, Friedrich der Weise, Kurfürst von Sachsen als Schirmherr der Reformation. Ein Vortrag, Erlangen 1863.
26 Vgl. Kolde, Friedrich.
27 Julius Köstlin, Friedrich der Weise und die Schlosskirche zu Wittenberg, Wittenberg 1892.
28 Johannes von Walter, Friedrich der Weise und Luther. Rektoratsrede, Rostock 1925.
29 Vgl. neben vielen anderen Arbeiten desselben Autors: Paul Kalkoff, Friedrich der Weise, der Beschützer Luthers und des Reformationswerkes, in: ARG 14 (1917), S. 249–262; ders., Erasmus, Luther und Friedrich der Weise. Eine reformationsgeschichtliche Studie, Leipzig 1919.
30 Paul Kalkoff, Die Kaiserwahl Friedrichs des Weisen (27. Juni 1519), in: ARG 21 (1924), S. 133–140.
31 Vgl. Kirn, Friedrich.
32 Kirn, Friedrich, S. 174.
33 Ludolphy, Friedrich, S. 383.
34 Klaus Kühnel, Friedrich der Weise, Kurfürst von Sachsen. Eine Biographie, 2. Aufl. Wittenberg 2006.
35 Vgl. Stephan, Friedrich.
36 Sam Wellman, Frederick the Wise. Seen and Unseen Lives of Martin Luther's Protector, [Charleston] 2011.
37 Vgl. Kohnle/Schirmer, Friedrich; Syndram, Friedrich; Uwe Schirmer, Kurfürst Friedrich der Weise (1486–1525). Sein politisches Handeln zwischen Pragmatismus, Demut und Frömmigkeit, in: Reformation und Politik. »Dieweil die weltliche Gewalt von Gott geordnet ist...«, Wittenberg 2014, S. 28–68.
38 Vgl. Liedke, Heiltum.

Anmerkungen

[39] Beate Kusche, Friedrich III. der Weise von Sachsen (1463–1525), in: Richter/Kohnle, Herrschaft, S. 29–45.

[40] Genannt seien folgende Titel: Armin Kohnle, Kurfürst Friedrich der Weise, Martin Luther und die Reformation, in: Sächsische Heimatblätter. Zeitschrift für Sächsische Geschichte, Landeskunde, Natur und Umwelt Jg. 63 (2/2017), S. 82–90; ders., Die ernestinischen Fürsten Friedrich der Weise und Johann der Beständige und ihr Verhältnis zu Martin Luther in den Anfangsjahren der Reformation, in: Initia Reformationis. Wittenberg und die frühe Reformation, hrsg. von Irene Dingel, Armin Kohnle, Stefan Rhein und Ernst-Joachim Waschke, Leipzig 2017, S. 391–408; ders., Luther und Kurfürst Friedrich der Weise, in: Luther und Eck. Opponenten der Reformationsgeschichte im Vergleich, hrsg. von Franz Xaver Bischof und Harry Oelke, München 2017, S. 39–52; ders., Karl V., Friedrich der Weise und der Reichstag in Worms 1521, in: Hier stehe ich. Gewissen und Protest – 1521 bis 2021. Begleitband zur Landesausstellung, 3. Juli bis 30. Dezember 2021, Museum der Stadt Worms im Andreasstift, hrsg. von Thomas Kaufmann und Katharina Kunter, Worms 2021, S. 30–39.

[41] Die Veröffentlichung der Beiträge einer gemeinsamen Tagung der Historischen Kommission Sachsen-Anhalt und der Stiftung Luthergedenkstätten in Sachsen-Anhalt, die im November 2023 in Wittenberg stattfand und den Titel trug: »Friedrich der Weise – Reichsfürst und Landesherr an einer Zeitenwende«, ist für das Jahr 2025 geplant.

[42] Vgl. an neueren Überblicken: Jörg Rogge, Die Wettiner. Aufstieg einer Dynastie im Mittelalter, Ostfildern 2005, 2. Aufl. 2009; Kroll, Herrscher.

[43] André Thieme, Wettiner (Spätmittelalter), in: Historisches Lexikon Bayerns (Online, letzter Zugriff am 01.11.2022).

[44] Vgl. auch Enno Bünz, Die Kurfürsten von Sachsen bis zur Leipziger Teilung (1423–1485), in: Kroll, Herrscher, S. 39–54.

[45] Zu den wettinischen Landesteilungen des Spätmittelalters vgl. Rogge, Herrschaftsweitergabe.

[46] Herzog Albrecht der Beherzte (1443–1500). Ein sächsischer Fürst im Reich und in Europa, hrsg. von André Thieme, Köln/Weimar/Wien 2002.

[47] Für eine Diskussion der Gründe vgl. Rogge, Herrschaftsweitergabe, S. 215–222.

[48] Vgl. zum Ganzen auch Enno Bünz, Die Kurfürsten von Sachsen bis zur Leipziger Teilung, in: Kroll, Herrscher, S. 51 f.

[49] Vertragstext: Johann Christian Lünig, Das Teutsche Reichs-Archiv. Des Teutschen Reichs-Archivs Partis Specialis Continuatio II (= Bd. 8 des Gesamtwerks), Leipzig 1712 (VD18 90101685), Abschnitt

4,2, S. 237–246 (Nr. XL); Karlheinz Blaschke, Beiheft zur Karte C III 1 Die wettinischen Länder von der Leipziger Teilung 1485 bis zum Naumburger Vertrag 1554, Leipzig/Dresden 2010 (mit Transkription des Teilungsvertrags); vgl. auch Rogge, Herrschaftsweitergabe, S. 222–226; André Thieme, 1485 – Die Leipziger Teilung der wettinischen Lande, in: Zäsuren sächsischer Geschichte, hrsg. von Reinhardt Eigenwill, Beucha 2010, S. 68–93.

50 Allgemein zu den Ernestinern vgl. Die Welt der Ernestiner. Ein Lesebuch, hrsg. von Siegrid Westphal, Hans-Werner Hahn und Georg Schmidt, Köln/Weimar/Wien 2016; Die Ernestiner. Politik, Kultur und gesellschaftlicher Wandel, hrsg. von Werner Greiling, Gerhard Müller, Uwe Schirmer und Helmut G. Walter, Köln/Weimar/Wien 2016.

51 Vgl. zum Rahmen: Karlheinz Blaschke, Geschichte Sachsens im Mittealter, Berlin 1990, S. 223–370; Rogge, Die Wettiner (wie Anm. 42), S. 175–181. Speziell zur Herrschaftspraxis und zu den Funktionseliten vgl. Schirmer, Staatsfinanzen.

52 Vgl. Thomas Lang, Der Kurfürst zu Besuch in seiner Residenz. Nutzung und Ausbau der Wittenberger Residenz in der Zeit von 1485–1510, in: Wittenberg-Forschungen 1, S. 93–116; Anke Neugebauer, Am Anfang war die Residenz – Forschungen und Perspektiven, in: Ebd., S. 82–92.

53 Zu den Einnahmen und Ausgaben vgl. Schirmer, Staatsfinanzen, S. 278–363.

54 Für die Reisewege der Kurfürsten von Sachsen zwischen 1442 und 1484 vgl. Brigitte Streich, Zwischen Reiseherrschaft und Residenzbildung. Der wettinische Hof im späten Mittelalter, Köln/Wien 1989, S. 548–588.

55 Vgl. Rogge, Herrschaftsweitergabe, S. 213 f.

56 Vgl. Adolf Laube, Studien über den erzgebirgischen Silberbergbau von 1470 bis 1546. Seine Geschichte, seine Produktionsverhältnisse, seine Bedeutung für die gesellschaftlichen Veränderungen und Klassenkämpfe in Sachsen am Beginn der Übergangsepoche vom Feudalismus zum Kapitalismus, Berlin 1974.

57 Thieme, Wettiner (wie Anm. 43).

58 Vgl. Schirmer, Staatsfinanzen, S. 380.

59 Vgl. Schirmer, Staatsfinanzen, S. 338.

60 Der Begriff wird verwendet bei Eike Wolgast, Hochstift und Reformation. Studien zur Geschichte der Reichskirche zwischen 1517 und 1648, Stuttgart 1995, S. 22.

61 Vgl. Lünig, Reichs-Archiv (wie Anm. 49), zu den Bistümern insbes. S. 245b.

62 Zu Erzbischof Ernst vgl. Josef Pilvousek, Ernst, Herzog zu Sachsen (1464–1513), in: Gatz, Bischöfe, S. 171; Jörg Rogge, Ernst von Sachsen. Erzbischof

Anmerkungen

63 von Magdeburg und Administrator von Halberstadt (1476–1513), in: Mitteldeutsche Lebensbilder. Menschen im späten Mittelalter, hrsg. von Werner Freitag, Köln/Weimar/Wien 2002, S. 27–68; Mock, Kunst.

63 Die Konvente sind, soweit sie auf dem Gebiet des heutigen Freistaats Sachsen lagen, künftig erfasst im Sächsischen Klosterbuch. Die mittelalterlichen Klöster, Stifte und Kommenden im Gebiet des Freistaates Sachsen, hrsg. von Enno Bünz, Sabine Zinsmeyer, Dirk Martin Mütze, Christian Schuffels und Alexander Sembdner, Leipzig 2024 (im Druck).

64 Vgl. Altzelle. Zisterzienserabtei in Mitteldeutschland und Hauskloster der Wettiner, hrsg. von Martina Schattkowsky und André Thieme, Leipzig 2002.

65 Vgl. Stephan, Friedrich, S. 184 Anm. 732.

66 Vgl. Stephan, Friedrich, S. 184 Anm. 733.

67 Spalatin, Leben, S. 21 f., Zitat S. 21.

68 Vgl. Spalatin, Leben, S. 116.

69 Vgl. Jürgen Herold, Begegnungen am Weg. Die Beziehungen der Wettiner zu den Gonzaga, Markgrafen von Mantua, von der Mitte des 15. bis zum Beginn des 16. Jahrhunderts, in: NASG 85 (2014), S. 1–20.

70 Vgl. unten bei Anm. 1180.

71 Vgl. für das Folgende vor allem Stephan, Friedrich, S. 38–57.

72 Vgl. Stephan, Friedrich, S. 40.

73 Vgl. Streich, Der wettinische Hof (wie Anm. 54), S. 515.

74 Vgl. Stephan, Friedrich, S. 41; ders., Kulturpolitische Maßnahmen des Kurfürsten Friedrich III. des Weisen, von Sachsen, in: LuJ 49 (1982), S. 53.

75 So die Vermutung von Stephan, Friedrich, S. 41 f.

76 Spalatin, Leben, S. 22.

77 Vgl. ebd.

78 Vgl. Stephan, Friedrich, S. 42 f.

79 Vgl. zu ihm Stephan, Friedrich, S. 54 f.

80 Vgl. Stephan, Friedrich, S. 199.

81 Vgl. für das Folgende die Interpretation von Frank Schmidt, Friedrich der Weise und die Wandritzungen auf Schloss Rochlitz, in: Kohnle/Schirmer, Friedrich, S. 183–200.

82 Spalatin, Leben, S. 22.

83 Vgl. Friedhelm Jürgensmeier, Art. Isenburg (Ysenburg)-Büdingen, Diether Graf von (um 1412–1482), in: Gatz, Bischöfe, S. 330–332.

84 Zur Person Adalberts vgl. Friedhelm Jürgensmeier, Adalbert, Herzog von Sachsen (um 1467–1484), in: Gatz, Bischöfe, S. 2 f. Adalbert wurde 1481 Koadjutor mit dem Recht der Nachfolge und 1482 Administrator von Mainz, da er das kanonische Alter noch nicht erreicht hatte. Er starb 1484 noch vor der Bischofsweihe.

85 Stephan, Friedrich, S. 43 f. spricht von einem oder mehreren Aufenthalten in Aschaffenburg um das Jahr 1480.

[86] Vgl. zu seiner Biographie Stephan, Friedrich, S. 48. Stephan geht davon aus, dass Kemmerlin die Erziehung erst in Aschaffenburg oder Mainz übernahm.
[87] Vgl. August Amrhein, Die Prälaten und Canoniker des ehemaligen Collegiatstifts St. Peter und Alexander zu Aschaffenburg, Würzburg 1882, S. 92, 213.
[88] Spalatin, Leben, S. 22 f.
[89] Vgl. zu ihm Stephan, Friedrich, S. 53; Schirmer, Herrschaftspraxis, S. 374 f.; Tobias Daniels, Wahrnehmung, Vermittlung und soziale Eingebundenheit. Ein sächsischer Jerusalem-Wallfahrer berichtet aus Venedig (1479), in: ZHF 39 (2012), S. 561–591.
[90] So Borkowsky, Leben Friedrichs (wie Anm. 24), S. 6.
[91] Vgl. Stephan, Friedrich, S. 46 mit Anm. 132.
[92] Vgl. Wellman, Frederick (wie Anm. 36), S. 9 – die Nachricht stammt von Georg Spalatin, Vitae aliquot electorum et dvcvm Saxoniae, in: Scriptores Rerum Germanicarum, Praecipue Saxonicarum ..., hrsg. von Johann Burkhard Mencke, Bd. 2, Leipzig 1728, S. 1093; vgl. Franz Xaver Thurnhofer, Die Romreise des Kurfürsten Ernst von Sachsen im Jahr 1480, in: NASG 42 (1921), S. 1–63.
[93] Vgl. Stephan, Friedrich, S. 48 f. mit Anm. 143 mit dem Hinweis, dass es sich nicht um den bekannten römischen Politiker Cato, sondern um den spätrömischen Didaktiker Dionysius Cato handelt.
[94] Einige Beispiele für lateinische Sinnsprüche Friedrichs bei Spalatin, Leben, S. 33.
[95] Spalatin, Leben, S. 22.
[96] Vgl. BAKFJ 2, Nr. 1048; Nr. 1073; Nr. 1081 u. ö.
[97] Vgl. DRTA.JR 1, S. 566 f. (Nr. 229).
[98] Spalatin, Leben, S. 22.
[99] Vgl. BAKFJ 2, Nr. 1243 Punkt 1.
[100] Zahlreiche Beispiele in BAKFJ 1, etwa Nr. 542 f., 593 f.
[101] Vgl. mit ausführlicher Inhaltsangabe Ludolphy, Friedrich, S. 339–342. Moderne Edition: Johannes von Paltz, Die himmlische Fundgrube, hrsg. von Horst Laubner u. a., in: Johannes von Paltz, Opuscula, Berlin/New York 1989, S. 155–284.
[102] Spalatin, Leben, S. 23.
[103] Vgl. Spalatin, Leben, S. 25 f.
[104] Vgl. Ludolphy, Friedrich, S. 27; vgl. auch unten bei Anm. 1187.
[105] Ludolphy, Friedrich, S. 14 und Abb. 1 S. 489, die hier Ernst Buchner, Das deutsche Bildnis der Spätgotik, Berlin 1953, S. 129–131 folgt.
[106] Vgl. Andreas Tacke, Marketing Frederick. Friedrich der Weise in der bildenden Kunst seiner Zeit, in: Syndram, Friedrich, S. 104–114, hier S. 105. Allerdings kann Friedrich um 1490 nicht als 23-Jähriger dargestellt sein, sondern er wäre schon 27 gewesen.
[107] Abgebildet bei Buchner, Bildnis (wie Anm. 105), S. 130; Ludolphy, Friedrich, S. 490 f.; Maria zwischen den Konfessionen,

Anmerkungen

S. 132; Vgl. dazu auch Berthold Hinz, Die Bildnisse der drei letzten Ernestinisch-Sächsischen Kurfürsten. Entdeckung und Gebrauch des öffentlichen Porträts, in: Lesarten der Geschichte – ländliche Ordnungen und Geschlechterverhältnisse, FS für Heide Wunder zum 65. Geburtstag, hrsg. von Jens Flemming u. a., Kassel 2004, S. 199–220, hier S. 200 f.

[108] Diese Quelle nennt Ludolphy, Friedrich, S. 14.

[109] Vgl. Tacke, Marketing Frederick (wie Anm. 106).

[110] Vgl. die Einzelheiten bei Spalatin, Vitae aliquot electorum (wie Anm. 92), S. 1096.

[111] Vgl. zu ihm: Volkmar, Reform. Weitere Literatur siehe unter Anm. 405.

[112] Vgl. Donath, Grabmonumente, insbes. S. 357–360.

[113] Vgl. Donath, Grabmonumente, S. 298–304; Inschriften Meißen 1, Abb. 151–153; Inschriften Meißen 2, S. 397–403 (Nr. 106).

[114] Ausführliche Beschreibung Donath, Grabmonumente, insbes. S. 357–360; Inschriften Meißen 2, S. 485–488 (Nr. 168).

[115] Vgl. Donath, Grabmonumente, S. 163 (Umzeichnung der Grabplatte), S. 359 (Abb.).

[116] Vgl. Donath, Grabmonumente, insbes. S. 358 sowie Inschriften Meißen 2, S. 486 eine Wappenbeschreibung.

[117] Vgl. ebd.

[118] LATh – HStA Weimar, EGA, Urkunde 673. Ich danke Frau Dr. Beate Kusche, Leipzig, für die Bereitstellung des noch unveröffentlichten Textes.

[119] Nach dem Anniversarienbuch von 1503 wurde das Jahresgedächtnis für Kurfürst Ernst am 27. August begangen; vgl. Donath, Grabmonumente, S. 83.

[120] Vgl. Cornell Babendererde, Sterben, Tod, Begräbnis und liturgisches Gedächtnis bei weltlichen Reichsfürsten des Spätmittelalters, Ostfildern 2006, S. 230 f.

[121] Vgl. Matthias Donath, »Meister Jhan der niederlendische Maler«. Ein flämischer Maler am Hof Friedrichs des Weisen und seine Werke für die Meißner Fürstenkapelle und die Wittenberger Schloßkirche, in: Ecclesia Misnensis. Jahrbuch des Dombau-Vereins Meißen (2001), S. 51–76, hier S. 58.

[122] Vgl. Näheres unten bei Anm. 459–462.

[123] Testament des Kurfürsten Ernst, LATh – HStA Weimar, EGA, Urkunde 673.

[124] Ebd.

[125] Vgl. zum Folgenden Ernst Hänsch, Die wettinische Hauptteilung von 1485 und die aus ihr folgenden Streitigkeiten bis 1491, phil. Diss. Leipzig 1909.

[126] Der Reduktionsvertrag datiert vom 4. Oktober 1485: Lünig, Reichs-Archiv (wie Anm. 49), S. 246 f. (Nr. XLI).

[127] Vgl. die Rechnung vom 6. Mai 1488: Lünig, Reichs-Archiv (wie Anm. 49), S. 250 f. (Nr. XLIII).

[128] Vgl. den Naumburgischen Schied vom 25. Juni 1486,

Lünig, Reichs-Archiv (wie Anm. 49), S. 247–250 (Nr. XLII).

[129] Bei Lünig »Oschatzer Vertrag« genannt. Der Vertrag datiert aus Dresden, 15. Februar 1491: Lünig, Reichs-Archiv (wie Anm. 49), S. 251 f. (Nr. XLIV). Zu den Einzelheiten vgl. Hänsch, Hauptteilung (wie Anm. 125), S. 118–123.

[130] Vgl. Oertzen Becker, Johann, S. 20 Anm. 59; vgl. zum Folgenden auch Christian Winter, Kurfürst Friedrich der Weise und sein Bruder Herzog Johann, in: Kohnle/Schirmer, Friedrich, S. 106–122; ders., Kurfürst Friedrich der Weise und sein Bruder Johann, in: Syndram, Friedrich, S. 28–38.

[131] Zahlreiche Beispiele bei Förstemann, Neues UB.

[132] Spalatin, Leben, S. 42 f.

[133] Vgl. Spalatin, Leben, S. 43.

[134] Eine umfassende Biographie Johanns fehlt. Die vorhandene Literatur setzt meist erst mit der Mutschierung von 1513 oder gar erst mit seinem Herrschaftsantritt von 1525 ein und streift die frühere Zeit nur flüchtig. An neueren Biogrammen vgl. Helmar Junghans, Johann von Sachsen (1468–1532), in: TRE 17 (1988), S. 103–106; Michel, Johann. Aus der älteren Literatur noch Becker, Fürsten-Kleeblatt (wie Anm. 21), S. 123–265. Zu Jugend und Bildung Johanns am ausführlichsten Oertzen Becker, S. 31–37.

[135] Vgl. Uwe Schirmer, Die ernestinischen Kurfürsten bis zum Verlust der Kurwürde, in: Kroll, Herrscher, S. 66.

[136] Vgl. Tutzschmann, Friedrich (wie Anm. 20), S. 65.

[137] Zweifel an einer Gegnerschaft Friedrichs gegen die zweite Ehe seines Bruders äußert Oertzen Becker, Johann, S. 46.

[138] Vgl. Oertzen Becker, Johann, S. 24.

[139] Oertzen Becker, Johann, S. 11.

[140] Vgl. das bei Michel, Johann, S. 47 aus WA.TR 2, S. 576 übersetzte Zitat.

[141] Vgl. Oertzen Becker, Johann, S. 12.

[142] WA.TR 2, Nr. 1738. Vgl. Günther Wartenberg, Zum Verhältnis Martin Luthers zu Herzog und Kurfürst Johann von Sachsen, in: Martin Luther. Leben, Werk, Wirkung, hrsg. von Günter Vogler, Siegfried Hoyer und Adolf Laube, 2. Aufl. Berlin 1986, S. 169–178.

[143] Vgl. Spalatin, Leben, S. 46.

[144] Vgl. Oertzen Becker, Johann, S. 21.

[145] Zweifel an dieser in der älteren Literatur zu findenden Ansicht bei Oertzen Becker, Johann, S. 34 f.

[146] Vgl. Oertzen Becker, Johann, S. 36.

[147] Dies jedenfalls behaupten Becker, Fürsten-Kleeblatt (wie Anm. 21), S. 126 und Johann Adolph Leopold Faselius, Leben des Kurfürsten Johann des Beständigen von Sachsen ..., Leipzig 1805, S. 9–12.

[148] Vgl. Becker, Fürsten-Kleeblatt (wie Anm. 21), S. 127.

Anmerkungen

[149] Ebd. Becker gibt hier die Übersetzung Carl Franz Anton Jagemanns wieder: Kurzgefaßte Lebensbeschreibung der durchlauchtigsten Herzoge und Churfürsten zu Sachsen, Johann des Standhaften und Johann Friedrichs des Großmüthigen, zweier glorwürdigen Bekenner des Evangelii, Halle 1756, S. 8 f. Welcher Petrus Lotichius hier gemeint ist, der erste oder der zweite, müsste noch geklärt werden.

[150] Vgl. Ludolphy, Friedrich, S. 143.

[151] Auch wenn die Arbeit von Oertzen Becker das Jahr 1513 als Beginn der Untersuchung im Titel trägt, ist die Frühzeit Johanns vor seinem Herrschaftsantritt doch kaum berücksichtigt.

[152] Einige Details berichtet Spalatin, Leben Johanns, S. 100–114.

[153] Vgl. Georg Spalatin, Von Hertzog Hanßen zu Sachsen Chur-Fürsten/Hertzogen Ernsten Chur-Fürsten Sohn, in: Burcard Gotthelf Struve, Neu-Eröffnetes Historisch- und Politisches Archiv ..., 3. Teil, Jena 1719, S. 45–116, 140–200, hier S. 99.

[154] Näheres vgl. unten bei Anm. 236.

[155] Stephan, Friedrich, S. 34.

[156] Oertzen Becker, Johann, S. 24.

[157] Michel, Johann, S. 48.

[158] Vgl. ebd.

[159] Vgl. Streich, Der wettinische Hof (wie Anm. 54), insbes. S. 115–247 und 589–615 die Liste der wichtigsten wettinischen Räte, Hof- und Kanzleibeamten von 1300 bis 1485.

[160] Die Unterscheidung nach Stephan, Friedrich, S. 35 f. Zu Friedrichs Hof vgl. auch unten bei Anm. 396–400.

[161] Spalatin, Von Hertzog Hanßen (wie Anm. 153), S. 46; vgl. Thomas Lang, Zwischen Reisen und Residieren: Beobachtungen zum Residenzwechsel des Kurfürsten Friedrich III. von Sachsen, in: Syndram, Friedrich, S. 80–91, hier S. 87.

[162] Die folgenden biographischen Angaben beruhen zum größten Teil auf den Biogrammen bei Schirmer, Herrschaftspraxis, S. 349–378. Vgl. auch Christian Hesse, Amtsträger der Fürsten im spätmittelalterlichen Reich. Die Funktionseliten der lokalen Verwaltung in Bayern-Landshut, Hessen, Sachsen und Württemberg 1350–1515, Göttingen 2005 mit einer Liste der Amtsträger in den wettinischen Territorien S. 599–686.

[163] Schirmer, Herrschaftspraxis, S. 370.

[164] Vgl. Anm. 123.

[165] Vgl. Schirmer, Herrschaftspraxis, S. 371.

[166] Vgl. Schirmer, Herrschaftspraxis, S. 315 mit Anm. 35.

[167] Vgl. Schirmer, Herrschaftspraxis, S. 361.

[168] Vgl. Schirmer, Herrschaftspraxis, S. 362.

[169] Vgl. Schirmer, Herrschaftspraxis, S. 353.

[170] Vgl. Schirmer, Herrschaftspraxis, S. 364 f.

[171] Vgl. Schirmer, Herrschaftspraxis, S. 354.

172 Vgl. Schirmer, Herrschaftspraxis, S. 374.
173 Vgl. Schirmer, Herrschaftspraxis, S. 356.
174 Vgl. Schirmer, Herrschaftspraxis, S. 376 f.
175 Vgl. Schirmer, Herrschaftspraxis, S. 364.
176 Vgl. oben bei Anm. 89. Zur Person vgl. Schirmer, Herrschaftspraxis, S. 374 f.
177 Vgl. Schirmer, Herrschaftspraxis, S. 357.
178 Vgl. Schirmer, Herrschaftspraxis, S. 365.
179 Zu Pollich vgl. unten Anm. 570.
180 Schrenck (gest. um 1510) stammte aus einer bayerischen Adelsfamilie und begründete eine Linie in Sachsen (zu Frohburg im Kreis Leipzig und Saara in der Herrschaft Gera, 1494 »von Meissen« genannt); vgl. Helmut Stahleder, Schrenck, Adelsfamilie, in: Historisches Lexikon Bayerns, (Online, letzter Zugriff am 22.11.2022).
181 Vgl. Schirmer, Herrschaftspraxis, S. 365 f.
182 Vgl. Schirmer, Herrschaftspraxis, S. 359 f.
183 Vgl. Schirmer, Herrschaftspraxis, S. 358.
184 Vgl. Schirmer, Herrschaftspraxis, S. 366 f.; zu Pfeffinger vgl. MBW 14, Personen O–R, S. 237–239.
185 Vgl. Schirmer, Herrschaftspraxis, S. 325.
186 Vgl. zu ihm Schirmer, Staatsfinanzen, passim.
187 Vgl. Schirmer, Herrschaftspraxis, S. 343–348.
188 Vgl. auch die Unterscheidung von Handschreiben und Kanzleischreiben bei Beate Kusche, Handschreiben und Kanzleischreiben. Die Korrespondenz zwischen Kurfürst Friedrich und Herzog Georg von Sachsen, in: BAKFJ 2, S. 31–42.
189 BAKFJ 1, Nr. 2.
190 BAKFJ 1, Nr. 2 Punkt 1.
191 BAKFJ 1, Nr. 2 Punkt 2.
192 BAKFJ 1, Nr. 2 Punkt 3.
193 BAKFJ 1, Nr. 2 Punkte 4 und 5.
194 Zur Mutschierung von 1513 vgl. Ernst Müller, die Mutschierung von 1513 im ernestinischen Sachsen, in: Jahrbuch für Regionalgeschichte 14 (1987), S. 173–182; Rogge, Herrschaftsweitergabe, S. 291–301; Oertzen Becker, Johann, S. 46–52; BAKFJ 1, S. 14 f. (Karte der Mutschierung) sowie die einschlägigen Quellen ebd., Nr. 38–41.
195 Die Einzelheiten bei Schirmer, Staatsfinanzen, S. 328–331 und Oertzen Becker, Johann, S. 48.
196 Vgl. insbesondere Paul-Joachim Heinig, Friedrich III. (1440–1493), in: Die deutschen Herrscher des Mittelalters. Historische Portraits von Heinrich I. bis Maximilian I. (919–1519), hrsg. von Bernd Schneidmüller und Stefan Weinfurter, München 2003, S. 495–517, 597 f.
197 Moraw, Von offener Verfassung (wie Anm. 5), S. 379.
198 Vgl. Moraw, Von offener Verfassung (wie Anm. 5), S. 380.

Anmerkungen

[199] Heinz Angermeier, Die Reichsreform 1410–1555. Die Staatsproblematik in Deutschland zwischen Mittelalter und Gegenwart, München 1984; weitere ältere Literatur zur Reichsreform vgl. bei Armin Kohnle, Artikel »Reichsreform«, in: Die Religion in Geschichte und Gegenwart, 4. Aufl. Bd. 7 (2004), Sp. 224–227.

[200] Vgl. Armin Kohnle, Artikel »Reichstag«, in: Die Religion in Geschichte und Gegenwart, 4. Aufl. Bd. 7 (2004), Sp. 229 f.; über die dort genannte Literatur hinaus: Thomas Felix Hartmann, Die Reichstage unter Karl V. Verfahren und Verfahrensentwicklung 1521–1555, Göttingen 2017.

[201] Vgl. Spalatin, Leben, S. 39.

[202] Ebd.

[203] Vgl. Schirmer, Staatsfinanzen, S. 307 f.

[204] Hermann Wiesflecker, Die Wiederherstellung der habsburgischen Macht im Osten, in: Koppensteiner/Pfaffenbichler, S. 111–114.

[205] Zum Nürnberger Reichstag von 1487 vgl. auch Wolf, Doppelregierung, S. 299–325; dies., Probleme der Doppelregierung, in: Koppensteiner/Pfaffenbichler, S. 65–80. Belehnungsurkunde des Kaisers vom 23. April 1487: DRTA.MR 2, S. 634 f. (Nr. 475).

[206] Vgl. Ludolphy, Friedrich, S. 140.

[207] Vgl. Ludolphy, Friedrich, S. 141.

[208] Vgl. zum Naumburger Treffen Wolf, Doppelregierung, S. 300.

[209] DRTA.MR 3, S. 434 Anm. 82; Ludolphy, Friedrich, S. 141. Nach Edgar Löning, Die Erbverbrüderungen zwischen den Häusern Sachsen und Hessen und Sachsen, Brandenburg und Hessen, Frankfurt a. M. 1867, S. 34 Anm. 76 fand die Erneuerung am 25. Juni statt, was wohl eine Verwechslung mit dem Beitritt des Kölner Erzbischofs an diesem Tag darstellt.

[210] Vgl. Erbeinigungen und Erbverbrüderungen in Spätmittelalter und Früher Neuzeit. Generationsübergreifende Verträge und Strategien im europäischen Vergleich, hrsg. von Mario Müller, Karl-Heinz Spieß und Uwe Tresp, Berlin 2014.

[211] Vgl. Wolf, Doppelregierung, S. 300.

[212] Vgl. ebd.

[213] Vgl. Dieter J. Weiß, Die ersten Hohenzollern in der Mark (1415–1499), in: Preußens Herrscher. Von den ersten Hohenzollern bis Wilhelm II., hrsg. von Frank Lother Kroll, München 2000, S. 49–51.

[214] Franz Bosbach, Hermann, Landgraf von Hessen (1449/50–1508), in: Gatz, Bischöfe, S. 287 f.

[215] Vgl. Spalatin, Leben, S. 36.

[216] Wenn denn die Bezeichnung »Marggraf Hansen zu Brandenburg Churfürsten« sich auf ihn bezieht.

[217] Zu den Vormundschaftskämpfen in Hessen vgl. Ludolphy, Friedrich, S. 256–259; zu Landgräfin Anna vgl. Pauline Puppel, Die Regentin. Vormundschaftliche Herrschaft in Hessen 1500–1700, Frankfurt/New York 2004, bes. S. 158–188; dies., Formen von Witwenherrschaft. Landgräfin Anna von Hessen (1485–1525), in: Witwenschaft in der Frühen Neuzeit. Fürstliche und adlige Witwen zwischen Fremd- und Selbstbestimmung, hrsg. von Martina Schattkowsky, Leipzig 2003, S. 139–161.

[218] Knapp behandelt bei Volkmar, Reform, S. 497 f.

[219] Spalatin, Leben, S.148.

[220] Vgl. ebd.

[221] Vgl. Wolf, Doppelregierung, S. 305.

[222] Vgl. Spalatin, Leben, S. 36.

[223] Vgl. Wolf, Doppelregierung, S. 303.

[224] Vgl. zu diesem Text Wolf, Doppelregierung, S. 308–313.

[225] Vgl. Wolf, Doppelregierung, S. 312.

[226] Wolf, Doppelregierung, S. 313.

[227] Vgl. Wolf, Doppelregierung, S. 323.

[228] Vgl. Ludolphy, Friedrich, S. 141.

[229] Zur persönlichen Teilnahme der Reichsfürsten vgl. Wiesflecker, Maximilian 1, S. 218. Neben Friedrich dem Weisen nahmen auch die Kurfürsten von Köln, Trier und Pfalz teil, außerdem Herzog Albrecht der Beherzte von Sachsen, die Herzöge von Bayern, die Markgrafen von Brandenburg und von Baden.

[230] Vgl. die Einzelheiten bei André Thieme, Albrecht der Beherzte im Dienste des Reiches. Zu fürstlichen Karrieremustern im 15. Jahrhundert, in: Thieme, Herzog Albrecht (wie Anm. 46), S. 73–101, bes. S. 95–98 sowie Paul Baks, Albrecht der Beherzte als erblicher Gubernator und Potestat Frieslands. Beweggründe und Verlauf seines friesischen »Abenteuers«, in: Ebd., S. 103–141.

[231] Vgl. Thieme, Albrecht im Dienste des Reiches (wie Anm. 230), S. 96.

[232] Vgl. RI Maximilian 6501.

[233] Vgl. Wolf, Doppelregierung, S. 351 zur Vertretung Kursachsens.

[234] Vgl. Ludolphy, Friedrich, S. 142.

[235] Vgl. ebd., S. 143. Erich Egg, Die Erwerbung Tirols 1490, in: Koppensteiner/Pfaffenbichler, S. 91–97.

[236] Vgl. Ludolphy, Friedrich, S. 144. Zum Nürnberger Reichstag von 1491 vgl. auch Wolf, Doppelregierung, S. 373–391.

[237] Vgl. zu dieser Gruppe Wolf, Doppelregierung, S. 379.

[238] Vgl. Wolf, Doppelregierung, S. 380 f. Zu den verfassungsrechtlichen Grundlinien vgl. ebd., S. 429 f.

[239] Vgl. Wiesflecker, Friedrichs III. Tod, in: Koppensteiner/Pfaffenbichler, S. 119–122.

[240] Wiesflecker, Friedrichs III. Tod, in: Koppensteiner/Pfaffenbichler, S. 119.
[241] Vgl. unten bei Anm. 463.
[242] Vgl. die noch immer umfassendste Biographie: Wiesflecker, Maximilian Bde. 1–5; Christina Lutter, Maximilian I. (1486–1519), in: Schneidmüller/Weinfurter (wie Anm. 196), S. 518–542, 598 f. sowie den Katalog: Koppensteiner/Pfaffenbichler zur Frühzeit Maximilians.
[243] Zusammenfassend: Matthias Pfaffenbichler, Maximilian und Burgund, in: Koppensteiner/Pfaffenbichler, S. 49–63.
[244] Außer der in Anm. 242 genannten Literatur vgl. zu Maximilian auch Manfred Hollegger, Maximilian I. Herrscher und Mensch einer Zeitenwende, Stuttgart 2005 sowie: Quellen Maximilian.
[245] Vgl. RI Maximilian 6448.
[246] Vgl. zusammenfassend Ludolphy, Friedrich, S. 145–174, die aber merkwürdigerweise die Bde. 5 und 6 der DRTA.MR nicht benutzt hat.
[247] Spalatin, Leben, S. 23 f.
[248] RI Maximilian 1033.
[249] Vgl. die tagebuchähnlichen Aufzeichnungen bei Spalatin, Leben, S. 223–234.
[250] Spalatin, Leben, S. 224 ist »Laustein« sicher mit Lahnstein aufzulösen.
[251] Vgl. Spalatin, Leben, S. 227.
[252] Spalatin, Leben, S. 230.
[253] Vgl. Spalatin, Leben, S. 232.
[254] RI Maximilian 1178.
[255] Vgl. DRTA.MR 5; 1495 – Kaiser Reich Reformen. Der Reichstag zu Worms, Ausstellungskatalog red. von Claudia Helm und Jost Hausmann, Koblenz 1995; Markus Thiel, Der Reichstag zu Worms im Jahre 1495 und die Schaffung des Reichskammergerichts. Kompromiß eines kriegsbedrängten Kaisers oder friedensbedingte Rechtssetzung? In: Der Staat. Zeitschrift für Staatslehre und Verfassungsgeschichte, deutsches und europäisches Öffentliches Recht 41 (2002), S. 551–573; Paul-Joachim Heinig, Der Wormser Reichstag von 1495 als Hoftag, in: ZHF 33 (2006), S. 337–357; Dieter Mertens, Der Wormser Reichstag von 1495 und seine Auswirkungen, in: Aufbruch in die Neuzeit. Das nördliche Württemberg im 16. Jahrhundert, hrsg. von Peter Schiffer, Ostfildern 2012, S. 13–31.
[256] Vgl. RI Maximilian 1514.
[257] Vgl. RI Maximilian 1599.
[258] Vgl. RI Maximilian 2097.
[259] Ludolphy, Friedrich, S. 147.
[260] Vgl. RI Maximilian 2098.
[261] Vgl. zu diesem Traktat: Hermann Wiesflecker, Der Traum des Hans von Hermansgrün, eine Reformschrift aus dem Lager des Königs Maximilian I., in: FS Karl Eder zum siebzigsten Geburtstag, hrsg. von Helmut J. Mezler-Andelberg, Innsbruck 1959, S. 13–32; Ludolphy, Friedrich, S. 148 folgt Wiesfleckers Interpretation; dagegen Claudia

Märtl, Zum »Traum« des Hans von Hermansgrün, in: ZHF 14 (1987), S. 257–264.

[262] Gedruckt: Heinrich Ulmann, Der Traum des Hans von Hermansgrün. Eine politische Denkschrift aus d. J. 1495, in: Forschungen zur deutschen Geschichte 20 (1880), S. 68–92. Deutsche Übersetzung: Quellen zur Reichsreform im Spätmittelalter, hrsg. von Lorenz Weinrich, Darmstadt 2001, S. 380–411.

[263] Quellen Reichsreform (wie Anm. 262), S. 381.

[264] Ebd.

[265] Ausschreiben: RI Maximilian 1164. Auch Quellen Reichsreform (wie Anm. 262), S. 377–379.

[266] Privilegium Saxonicum de non appellando et non evocando betreffend. Verschreibung Kayser Maximiliani/denen Chur- und Fuersten zu Sachsen gegeben ... Geben zu der Neustadt/am 19. Febr. 1512; HDHS-Objekt (uni-heidelberg.de).

[267] Sämtliche Reformgesetze von 1495 sind leicht zugänglich bei Zeumer, Quellensammlung, Nr. 173–176.

[268] Wiesflecker, Maximilian 2, S. 236 spricht vom »anmaßenden Regimentsplan«, so als sei das Reich ein absolutistisches System gewesen, in dem die Herrscherrechte unantastbar waren.

[269] Wiesflecker, Maximilian 2, S. 249.

[270] Vgl. RI Maximilian 2292.

[271] Vgl. Heinrich Ulmann, Kaiser Maximilian I. Auf urkundlicher Grundlage dargestellt, 2 Bde., Stuttgart 1884–1891, hier Bd. 1, S. 567; Ludolphy, Friedrich, S. 150 f.

[272] Wiesflecker, Maximilian 2, S. 224.

[273] Zu den Friedensvermittlungen Friedrichs vgl. auch Wiesflecker, Maximilian 2, S. 127, 132 f.,135. Allgemein zu Friedrich als Vermittler auch Spalatin, Leben, S. 56.

[274] Peter Schmid, Kurfürst Friedrich der Weise von Sachsen als Reichspolitiker, in: Fortschritte in der Geschichtswissenschaft durch Reichstagsaktenforschung. Vier Beiträge aus der Arbeit an den Reichstagsakten des 15. und 16. Jahrhunderts, hrsg. von Heinz Angermeier und Erich Meuthen, Göttingen 1988, S. 47–64, Zitat S. 48.

[275] Vgl. zu dem Kreditgeschäft, in das auch Fürst Rudolf von Anhalt verwickelt war, Ludolphy, Friedrich, S. 151.

[276] Die Einzelheiten dieser Aktion vgl. bei Westphal, Korrespondenz, S. 23 f.

[277] Vgl. Müller, Reichstagstheatrum, S. 174 f.

[278] Vgl. Müller, Reichstagstheatrum, S. 175.

[279] Müller, Reichstagstheatrum, S. 5. Das entsprechende Schreiben des Kurfürsten Philipp von der Pfalz vgl. ebd., S. 4 f.

[280] Ludolphy, Friedrich, S. 155. Eine längere Diskussion der rechtli-

Anmerkungen

chen Problematik vgl. ebd., S. 154 f.
281 Vgl. Ludolphy, Friedrich, S. 153.
282 Vgl. die Einzelheiten bei Ludolphy, Friedrich, S. 156 f.
283 Vgl. RI Maximilian 5567, 5910.
284 Vgl. RI Maximilian 5109, 5212.
285 Vgl. RI Maximilian 5159.
286 Vgl. RI 6541 – deutsche Übersetzung in Spalatin, Leben, S. 133–136; nach Ludolphy, Friedrich, S. 162 handelt es sich um Görzer Schlösser und Gebiete – Cormons, Belgrade und Castelnuovo. Wiesflecker, Maximilian 2, S. 136 spricht von Belgrado, Latisana, Castelnuovo und Cormons.
287 Weitere Einzelheiten bei Ludolphy, Friedrich, S. 162.
288 Vgl. Spalatin, Leben, S. 53.
289 Der Text wird hier benutzt in der Ausgabe Quellen Maximilian, S. 87–91 (Nr. 24). Herzog Johann wird in dem Text nicht ausdrücklich genannt.
290 Vgl. Ludolphy, Friedrich, S. 157–159.
291 Vgl. Quellen Maximilian, S. 88 Punkt 3.
292 Vgl. ebd. Punkt 8.
293 Vgl. ebd., S. 90 Punkt 21.
294 Vgl. oben bei Anm. 189.
295 Texte bei Müller, Reichstagstheatrum, S. 428–431; vgl. auch Ludolphy, Friedrich, S. 159.
296 Zum Reichstag vgl. Der Kaiser in seiner Stadt. Maximilian I. und der Reichstag in Freiburg 1498, hrsg. von Hans Schadek, Freiburg 1998.
297 RI Maximilian 6287.
298 Spalatin überliefert einen Briefwechsel Friedrichs mit Herzog René II. von Lothringen von Ende 1498 und Anfang 1499, in dem es darum ging, einen Frieden herbeizuführen; vgl. Spalatin, Leben, S. 130–133.
299 Vgl. RI Maximilian 6448.
300 Vgl. dazu auch Ludolphy, Friedrich, S. 163–168.
301 Vgl. RI Maximilian 6706 f.
302 Vgl. RI Maximilian 6735.
303 Vgl. Spalatin, Leben, S. 131.
304 Vgl. RI Maximilian 8960.
305 Vgl. RI Maximilian 5910, 6144, 6150, 6287.
306 Wiesflecker, Maximilian 2, S. 141.
307 Wiesflecker, Maximilian 2, S. 308.
308 Vgl. Ludolphy, Friedrich, S. 168–174.
309 Vgl. Ludolphy, Friedrich, S. 172 aus einem Bericht Heinrichs von Bünau vom 5. Dezember 1498 über ein Gespräch mit Berthold von Mainz – Wortlaut ebd., S. 170 f. Anm. 165.
310 Ludolphy, Friedrich, S. 175.
311 Vgl. oben bei Anm. 189.
312 Vgl. Ulmann, Maximilian (wie Anm. 271), Bd. 1, S. 749.
313 Vgl. Carl August Hugo Burkhardt, Die Vermählung des Herzogs Johann von Sachsen 1. bis 5. März 1500, in: NASG 15 (1894), S. 283–298.
314 Zum Augsburger Reichstag von 1500 vgl. Angermeier, Reichsreform (wie Anm. 199), S. 192–196.
315 Ludolphy, Friedrich, S. 177.

316 Die Regimentsordnung vom 2. Juli 1500 vgl. bei Zeumer, Quellensammlung, Nr. 177. Zum Ersten Reichsregiment vgl. noch immer Victor von Kraus, Das Nürnberger Reichsregiment. Gründung und Verfall 1500–1502, Innsbruck 1883.
317 Wiesflecker, Maximilian 2, S. 369 f.
318 Übersetzung des lateinischen Titels bei Ludolphy, Friedrich, S. 179.
319 Text bei Müller, Reichstagsstaat, S. 12 f.
320 Vgl. Ludolphy, Friedrich, S. 180.
321 Ebd.
322 Vgl. Ludolphy, Friedrich, S. 181.
323 Vgl. ebd.
324 Ludolphy, Friedrich, S. 183.
325 Vgl. Ludolphy, Friedrich, S. 184; vgl. RI Maximilian 21035, die Abrechnung der Ablasskampagne Peraudis vom 29. März 1504 – von den eingegangenen Geldern (ca. 15.725 fl.) standen zwei Drittel dem Reich zu.
326 Spalatin, Leben, S. 138–140, undatiert, wohl Ende September 1501 einzuordnen.
327 Vgl. Ludolphy, Friedrich, S. 185.
328 Spalatin, Leben, S. 140.
329 Vgl. Quellen Maximilian S. 119–126 (Nr. 33).
330 Vgl. Müller, Reichstagsstaat, 238–242. 248–256; Wiesflecker, Maximilian 3, 20–24; Ludolphy, Friedrich, S. 187.
331 Vgl. ebd.
332 So aber Ludolphy, Friedrich, S. 188.
333 Vgl. Müller, Reichstagsstaat, S. 267–269; Ludolphy, Friedrich, S. 189.
334 Vgl. ebd.
335 Vgl. Ludolphy, Friedrich, S. 190.
336 Vgl. Ludolphy, Friedrich, S. 191. Die Vorlage Maximilians an die Reichsversammlung in Köln wegen der Erneuerung des Reichsregiments vgl. in Quellen Maximilian, S. 146–148 (Nr. 41).
337 So Maximilian in einem undatierten Text bei Constantin Höfler, Ueber die politische Reformbewegung in Deutschland im XV. Jahrhunderte und den Antheil Bayerns an derselben, München 1850, S. 71–73 (Nr. 15), hier S. 71.
338 Spalatin, Leben, S. 146.
339 Vgl. Dietmar Heil, Kölner Schiedsspruch, 30. Juli 1505, in: Historisches Lexikon Bayerns (Online, letzter Zugriff am 27.04.2024).
340 Ludolphy, Friedrich, S. 191.
341 Vgl. Ludolphy, Friedrich, S. 191 f.; Ludolphy nennt einen Pfandbrief des Königs vom 31. Juli 1505, nach dem sich die Summe aus 34.000 fl. an Darlehen und 33.400 fl. an Dienstgeldern zusammensetzte; zu den habsburgischen Schulden vgl. auch Westphal, Korrespondenz, S. 143 f.
342 Siehe oben bei Anm. 286.
343 Vgl. Ludolphy, Friedrich, S. 192. Zur Frage der Stadtsteuern vgl. auch Westphal, Korrespondenz, S. 143–155.
344 Vgl. Ludolphy, Friedrich, S. 192.
345 Die Akten in DRTA.MR 9.

[346] Die Deklaration über den Kaisertitel vom 8. Februar 1508 auch bei Zeumer, Quellensammlung, Nr. 178.

[347] Vgl. oben bei Anm. 280 f.

[348] Müller, Reichstagsstaat, S. 712–716; vgl. Ludolphy, Friedrich, S. 193 f.

[349] Müller, Reichstagsstaat, S. 716 f.

[350] Die Urkunde ist in den Angaben nicht ganz klar. Die 1000 Gulden sind wohl als pauschale Vergütung ohne Auslandszuschlag zu verstehen. Die ebenfalls aufgeführten 1920 Gulden für die Zulage scheinen sich auf einen Zeitraum von 4 Monaten (4 × 480 Gulden) zu beziehen, vielleicht eine Art Deckelung der Kosten; so auch Ludolphy, Friedrich, S. 194 Anm. 281.

[351] Müller, Reichstagsstaat, S. 717–720.

[352] Zu diesem Problem siehe schon oben bei Anm. 280 f. Der Protest des Kurfürsten von der Pfalz ist dokumentiert bei Müller, Reichstagsstaat, S. 720–727.

[353] Müller, Reichstagsstaat, S. 729.

[354] Vgl. Paul Grotemeyer, Die Statthaltermedaillen des Kurfürsten Friedrich des Weisen von Sachsen, in: Münchner Jahrbuch der bildenden Kunst, 3. Folge 21 (1970), S. 143–166; zu den unter Friedrich geprägten Münzen vgl. Claus Keilitz, Die sächsischen Münzen 1500–1547. Typenkatalog unter Einbeziehung der Goldgulden und Schreckenberger ab Beginn der Prägungen, Regenstauf 2002, S. 11–93 (Abb. der Münzen mit Bezug zur Generalstatthalterwürde S. 71 [Nr. 67], 73–78 [Nr. 69 f.]). Zu den Locumtententalern vgl. auch John-Christoph Baalmann, Medaillen für Kurfürst Friedrich III. von Sachsen zu »ere, rum und gedechtnus«, in: Monats-Anzeiger des Germanischen National-Museums Nürnberg Nr. 210 (1998), S. 4 f. Weitere Literatur siehe unten Anm. 693.

[355] Vgl. DRTA.MR 9, S. 1122 (Nr. 736).

[356] Einzelheiten bei Ludolphy, Friedrich, S. 24–26 und unten bei Anm. 691 f.

[357] Vgl. Ludolphy, Friedrich, S. 26.

[358] Einzelnachweise ebd.

[359] Vgl. Ulmann, Maximilian (wie Anm. 271), Bd. 2, S. 354–356, dem Ludolphy, Friedrich, S. 195 f. folgt.

[360] Die Akten in DRTA.MR 10.

[361] Vgl. Ludolphy, Friedrich, S. 197 zu diesen Angeboten.

[362] Vgl. Ludolphy, Friedrich, S. 198.

[363] Zum Streit um Erfurt vgl. Thilo Theodor Neubauer, Das tolle Jahr von Erfurt, Weimar 1948; Ludolphy, Friedrich, S. 252–256. Vgl. DRTA.MR 11, insbes. die S. 106 f. genannten Akten.

[364] Zu diesem Streitfall vgl. die in DRTA.MR 11, S. 107–109 genannten Akten.

[365] Vgl. Ludolphy, Friedrich, S. 200, 204.

[366] Spalatin, Leben, S. 25.

[367] WA.TR 5, S. 225,23–226,3.

[368] Vgl. Spalatin, Leben, S. 31 f.

[369] Vgl. Spalatin, Leben, S. 25 f.

[370] Vgl. Spalatin, Leben, S. 34.

371 Vgl. Spalatin, Leben, S. 42 f.
372 Vgl. Spalatin, Leben, S. 43.
373 Spalatin, Leben, überliefert zwei Freundschaftslisten Friedrichs, S. 36 und S. 43 f. Die erste Liste umfasst: Berthold von Mainz (von Henneberg), Hermann von Köln (Landgraf von Hessen), Johann von Trier (Markgraf von Baden), Pfalzgraf Philipp bei Rhein, Kurfürst Johann von Brandenburg, Bischof Friedrich von Utrecht (Markgraf von Baden, sein »Geselle«), Bischof Lorenz von Würzburg (von Bibra), Bischof Gabriel von Eichstätt (von Eyb), außerdem etliche Bischöfe von Bamberg. Die zweite Liste enthält zusätzlich zu den Genannten: die Kaiser Friedrich und Maximilian, Herzog Heinrich von Sachsen, Herzog Friedrich bei Rhein, Markgraf Albrecht (verwechselt mit Johann?) von Brandenburg, Markgraf Casimir von Brandenburg, die er »Söhne« und sie ihn »Vater« nannten, die Söhne Pfalzgraf Philipps, Bischof Philipp von Freising, Bischof Johann von Naumburg (von Schönberg).
374 Vgl. Spalatin, Leben, S. 53.
375 Vgl. Spalatin, Leben, S. 35, 47 f.
376 Vgl. Spalatin, Leben, S. 35 f.
377 Vgl. Spalatin, Leben, S. 44.
378 Vgl. Spalatin, Leben, S. 48.
379 Vgl. Spalatin, Leben, S. 49 f.
380 Vgl. Spalatin, Leben, S. 49.
381 Vgl. Spalatin, Leben, S. 44 f.
382 Spalatin, Leben, S. 44.
383 WA.TR 1, S. 308,5 f.
384 Vgl. Spalatin, Leben, S. 32.
385 Vgl. Spalatin, Leben, S. 31.
386 Beispiele bei Spalatin, Leben, S. 31 f., 34.
387 Spalatin, Leben, S. 48.
388 Vgl. Paul Kalkoff, Die Depeschen des Nuntius Aleander vom Wormser Reichstage 1521, 2. Aufl. Halle 1897, S. 42.
389 Vgl. Förstemann, Neues UB, Nr. 13.
390 Vgl. Spalatin, Leben, S. 36.
391 Lang, Zwischen Reisen, S. 201 f.
392 Vgl. Lang, Residenzwechsel (wie Anm. 161), S. 86 f.
393 Ludolphy, Friedrich, S. 75. Zur privaten Seite Friedrichs vgl. ebd., S. 75–136; Uwe Schirmer, Der kursächsisch-ernestinische Fürstenhof unter Friedrich dem Weisen (1486–1525), in: Kohnle/Schirmer, Friedrich, S. 230–250.
394 Vgl. BAKFJ 2, Nr. 1655, Nr. 1686; BAKFJ 3 zum 10. Juni 1523. Zu dieser Devise vgl. Ludolphy, Friedrich, S. 383; Hellmut Zschoch, VDMIÆ – das reformatorische Bekenntnis von Barmen, in: Luther 3 (2022), S. 142–169.
395 Vgl. MBW 240 (Punkt 11) vom 3. November 1522.
396 Vgl. Ludolphy, Friedrich, S. 84.
397 Vgl. Schirmer, Fürstenhof (wie Anm. 393), S. 234, 249.
398 Vgl. Schirmer, Staatsfinanzen, S. 315–317.
399 Vgl. Ludolphy, Friedrich, S. 83. Eine ausführliche Analyse dieser Tischordnung auch bei Schirmer, Fürstenhof (wie Anm. 393), S. 246–248.
400 Vgl. Ludolphy, Friedrich, S. 95–97.

Anmerkungen

[401] Vgl. zu Friedrichs Krankheiten Ludolphy, Friedrich, S. 58–63.
[402] Spalatin, Leben, S. 36.
[403] Vgl. Spalatin, Leben, S. 37. Zu den Leibärzten der Fürsten vgl. auch Enno Bünz, Der Leibarzt als neues Phänomen an den Fürstenhöfen des späten Mittelalters, Leipzig/Stuttgart 2023.
[404] Vgl. Ludolphy, Friedrich, S. 60.
[405] Die bis 2008 erschienene Literatur vgl. bei Volkmar, Reform. Seither: Heiko Jadatz, Herzog Georg von Sachsen: ein gescheiterter Kirchenreformer?, in: Zwischen Reform und Abgrenzung. Die Römische Kirche und die Reformation, hrsg. von Armin Kohnle und Christian Winter unter Mitarb. von Michael Beyer, Leipzig/Stuttgart 2014, S. 239–247; Christoph Volkmar, Georg der Fromme? Persönliche Frömmigkeit und landesherrliches Selbstverständnis Herzog Georgs von Sachsen, in: Ebd., S. 205–218; Christian Winter, Herzog Georg von Sachsen in seinen Beziehungen zu Kaiser und Reich, in: Ebd., S. 219–237; Bünz, Nähe und Distanz; Armin Kohnle, Wandel fürstlicher Frömmigkeitspraxis in der Reformationszeit – der Fall Herzog Georgs von Sachsen, in: Alltag und Frömmigkeit am Vorabend der Reformation in Mitteldeutschland. Wissenschaftlicher Begleitband zur Ausstellung »Umsonst ist der Tod«, hrsg. von Enno Bünz und Hartmut Kühne, Leipzig 2015, S. 65–80; ders., Herzog Georg von Sachsen und sein evangelischer Adel. Die Einsiedel, Schönberg und Hopfgarten, in: Adel – Macht – Reformation. Konzepte, Praxis und Vergleich, hrsg. von Martina Schattkowsky, Leipzig 2020, S. 181–191.
[406] Spalatin, Leben, S. 36 als Ausspruch Friedrichs.
[407] WA.TR 4, Nr. 4587.
[408] Vgl. Thomas Lang, Tantum quantum possum. Die Armenspeisung am Weimarer Hof 1505, in: Zeitschrift für Thüringische Geschichte 67 (2013), S. 347–352.
[409] Nachweis bei Bünz, Nähe und Distanz, S. 123.
[410] Vgl. Uwe Schirmer, Die Hochzeit Herzog Georgs des Bärtigen mit der polnischen Prinzessin Barbara von Sandomierz (1496), in: Figuren und Strukturen. Historische Essays für Hartmut Zwahr zum 65. Geburtstag, hrsg. von Manfred Hettling u. a., München 2002, S. 183–204.
[411] Vgl. Bünz, Nähe und Distanz, S. 137; Ludolphy, Friedrich, S. 243.
[412] Vgl. Ludolphy, Friedrich, S. 244.
[413] Vgl. ebd.
[414] Vgl. ebd.
[415] Bünz, Nähe und Distanz, S. 138.
[416] Das Folgende wird ausführlicher behandelt in: Armin Kohnle, Friedrich der Weise als Briefschreiber. Beobachtungen zu den Handschreiben des Kurfürsten, in: Briefkultur der Reformationszeit, hrsg. von Johannes Schilling, Leipzig 2023, S. 93–108.

[417] Langenn, Familienleben, S. 89.
[418] Langenn, Familienleben, S. 92.
[419] Ebd.
[420] Vgl. Langenn, Familienleben, S. 95, 100 f.
[421] Langenn, Familienleben, S. 95.
[422] Vgl. Langenn, Familienleben, S. 98.
[423] Langenn, Familienleben, S. 87.
[424] Vgl. Langenn, Familienleben, S. 99.
[425] Ludolphy, Friedrich, S. 54–58.
[426] Vgl. Ludolphy, Friedrich, S. 58 zu 1503/04.
[427] Vgl. zum Folgenden vor allem Ludolphy, Friedrich, S. 47–58; Ritschel, Gefährtin.
[428] WA.TR 4, Nr. 4455.
[429] Vgl. Ludolphy, S. 49. Zum Testament von 1525 vgl. Näheres unten bei Anm. 1148.
[430] Vgl. Ludolphy, Friedrich, S. 48; Ritschel, Gefährtin, S. 92 f.
[431] Wie Anm. 428.
[432] Vgl. Schirmer, Herrschaftspraxis, S. 348.
[433] DRTA.JR 1, S. 47 Anm. 3 und S. 848 Anm. 2; vgl. Ludolphy, Friedrich, S. 52.
[434] Zu den Kindern Ludolphy, Friedrich, S. 50–53.
[435] Vgl. Ritschel, Gefährtin, S. 98–101. Gottfried Seebaß, Die Himmelsleiter des hl. Bonaventura von Lucas Cranach d. Ä. Zur Reformation eines Holzschnitts, Heidelberg 1985, S. 39 f., lässt die Frage, wer die Frau sein könnte, offen.
[436] Vgl. zu alledem Ritschel, Gefährtin, S. 102–105.
[437] Vgl. Spalatin, Leben, S. 27 f.
[438] Vgl. Spalatin, Leben, S. 29–31.
[439] Die Belege bei Georg Buchwald, Zur mittelalterlichen Frömmigkeit am Kursächsischen Hofe kurz vor der Reformation, in: ARG 27 (1930), S. 62–110.
[440] Zu den Heiliglandfahrten vgl. Halm, Reiseberichte.
[441] Vgl. Halm, Reiseberichte, S. 177–181 (Nr. 75).
[442] Vgl. Halm, Reiseberichte, S. 288–290 (Nr. 114).
[443] Vgl. Spalatin, Leben, S. 26 f.
[444] Vgl. Spalatin, Leben, S. 76–91.
[445] Und zwar im Jahr 1535; vgl. Spalatin, Leben, S. 89.
[446] Hundts Rechnungsbuch; vgl. dazu Martin Sladeczek, Rechnungsbuch Friedrichs des Weisen über die Reise ins Heilige Land, in: Alltag und Frömmigkeit (wie Anm. 405), S. 173 f.
[447] Vgl. zu ihnen Ludolphy, Friedrich, S. 353; auch Spalatin, Leben, S. 89–91.
[448] Vgl. zu ihm unten Anm. 570.
[449] Erstmals von Franz Trautmann, Die Abenteuer Herzogs Christophs von Bayern, genannt der Kämpfer ..., 2 Tle., Frankfurt am Main 1852–53, Tl. 2, S. 411–419 im Auszug mitgeteilt; vgl. Klaus Graf, Das von Franz Trautmann erfundene »Pilgramsbuch« Herzog Christophs von Bayern – Archivalia (hypotheses.org, letzter Zugriff am 30.04.2024).
[450] Zu dieser Frage vgl. Armin Kunz, Die Jerusalemfahrt Lucas Cranachs d. Ä. Quellenkritische Untersuchung der Überlieferungsgeschichte eines (kunst)historischen Topos, in: Archiv für Kulturgeschichte 78 (1996),

S. 87–114; auch in neuerer Literatur wird die Teilnahme Cranachs an der Pligerreise noch für möglich gehalten; vgl. Christine Stridde, Friedrichs des Weisen Jerusalemfahrt, in: Reiseberichte und Geschichtsdichtung, hrsg. von Wolfgang Achnitz, Berlin 2012, S. 1042 f.

[451] Zu ihm vgl. unten bei Anm. 660.

[452] Vgl. dazu Arthur Dürst, Zur Wiederauffindung der Heiligland-Karte von ca. 1515 von Lucas Cranach dem Älteren, in: Cartographia Helvetica. Fachzeitschrift für Kartengeschichte (1991/3), S. 22–27.

[453] Vgl. zur Wallfahrt Friedrichs des Weisen mit Nennung der älteren Literatur: Ludolphy, Friedrich, S. 351–353; eine Zusammenstellung des Materials bei Halm, Reiseberichte, S. 244–260 (Nr. 97–104); Stridde, Jerusalemfahrt (wie Anm. 450). Vgl. auch Thomas Lang, Der reisende Kurfürst Friedrich der Weise. Von Jaffa nach Wittenberg, in: Wohnen – Reisen – Residieren. Herrschaftliche Repräsentation zwischen temporärer Hofhaltung und dauerhafter Residenz in Orient und Okzident, hrsg. von Dorothée Sack, Daniela Spiegel und Martin Gussone, Petersberg 2016, S. 175–185.

[454] Vgl. Spalatin, Leben, S. 26.

[455] Zur Person vgl. Anm. 184.

[456] Zur Person vgl. MBW 16, Personen T–Z, S. 205 f.

[457] Vgl. Spalatin, Leben, S. 27.

[458] Vgl. zum Folgenden Enno Bünz, Torgau 1519. Der bayerische Adlige Hans Herzheimer beschreibt die kursächsische Residenz, in: NASG 87 (2016), S. 121–149, hier S. 137 f.; zur Person Herzheimers vgl. ders., »ich Hans Herzheimer«. Ein bayerischer Adliger der Maximilianszeit (1464–1532) – von Heretsham über Aussee in die Welt, in: Blätter für deutsche Landesgeschichte 155 (2019 [2020]), S. 581–616.

[459] BAKFJ 1, Nr. 1. Ein früherer Abdruck in: Mock, Kunst, S. 269–272 (Nr. 4).

[460] »gedechtnus schilt«; BAKFJ 1, S. 52,35.

[461] BAKFJ 1, S. 53,59.

[462] Vgl. Ludolphy, Friedrich, S. 359.

[463] Vgl. Spalatin, Leben, S. 27.

[464] Vgl. Spalatin, Leben, S. 76. Die Begleitung Johanns bis Venedig wurde von Oertzen Becker, Johann, S. 38. angezweifelt, aber warum sollte Spalatin hier etwas Falsches berichten, zumal diese Angabe gar nicht auf ihn selbst, sondern auf den anonymen Teilnehmer der Wallfahrt zurückgeht?

[465] Vgl. Spalatin, Leben, S. 76.

[466] Vgl. Spalatin, Leben, ebd.

[467] Vgl. Spalatin, Leben, S. 82.

[468] Vgl. Spalatin, Leben, S. 79 f.

[469] Vgl. Spalatin, Leben, S. 83.

[470] Vgl. Spalatin, Leben, S. 83 f.

[471] Dass man deshalb aber vermuten muss, dass Spalatin andere Stationen aus dem Reisebericht eliminierte, um die vorreformatorische Frömmigkeit Friedrichs zu retuschieren, ist wenig plausibel; für die Knappheit des

Berichts könnte es auch andere Ursachen geben.
472 Abb. in Keilitz, Münzen (wie Anm. 354), S. 79 f. (Nr. 71), 83 (Nr. 74), 84 f. (Nr. 76),87 (Nr. 80), 88 (Nr. 81), 93 (Nr. 93).
473 Vgl. Ludolphy, Friedrich, S. 352.
474 Vgl. Spalatin, Leben, S. 85.
475 Vgl. Hundts Rechnungsbuch, S. 80–82.
476 Vgl. Hundts Rechnungsbuch, S. 59.
477 Vgl. Hundts Rechnungsbuch, S. 58.
478 Vgl. Lang, Der reisende Kurfürst (wie Anm. 453), S. 176.
479 Noch bis 1760 hing die Länge Christi in der Kirche, wie aus dem Plan des Kircheninneren hervorgeht, den Christian Siegismund Georgi, Wittenbergische Klage-Geschichte …, Wittenberg 1760, Tafel III nach S. 50 mit Erklärung 62 S. 56 wiedergibt.
480 Vgl. Anna Boroffka, Die »Länge Christi« in der Malerei. Codifizierung von Authentizität im intermedialen Diskurs, Bern 2017.
481 Ein gedrucktes Blatt aus der Zeit um 1680 trägt den Titel: »Gewisse und wahrhafte Länge unsers lieben Herrn Jesu Christs, wie auf Erden und dem Heiligen Creuz gewesen ist, und die Läng ist gefunden worden zu Jerusalem, bey dem heiligen Grab, als man gezehlt 1655 als der Pabst Clemens der Achte dies Namens hat obgemeldtes und dieses alles bestättiget.« Das Blatt sollte vor Straßenräubern und Betrug schützen und Frauen eine sichere Geburt bescheren (vgl. cassiodor: Heilige Länge Christi. Gebet-Blatt gegen Unheil, Augsburg um 1680, letzter Zugriff am 30. April 2024).
482 Abbildung in: Luther und die Fürsten. Selbstdarstellung und Selbstverständnis des Herrschers im Zeitalter der Reformation, hrsg. von Dirk Syndram, Yvonne Wirth und Yvonne Wagner, Katalog, Dresden 2015, S. 243.
483 Vgl. Ludolphy, Friedrich, S. 128; Bünz, Torgau 1519 (wie Anm. 458), S. 139 f.
484 Zur spätmittelalterlichen Frömmigkeit vgl. statt vieler anderer Titel den Katalog Alltag und Frömmigkeit (wie Anm. 405).
485 So Stefan Laube, Zwischen Hybris und Hybridität. Kurfürst Friedrich der Weise und seine Reliquiensammlung, in: »Ich armer sundiger mensch«. Heiligen- und Reliquienkult am Übergang zum konfessionellen Zeitalter, hrsg. von Andreas Tacke, Göttingen 2006, S. 170–207, hier S. 181.
486 Vgl. Hundts Rechnungsbuch, S. 99.
487 Vgl. Ludolphy, Friedrich, S. 354 f.
488 WA 10/III, S. 114.
489 Zur Schlosskirche bzw. zum Allerheiligenstift grundlegend: Wentz, Kollegiatstift; vgl. für das Folgende auch Liedke, Heiltum.
490 Vgl. Liedke, Heiltum, S. 82.
491 Vgl. Jürgen von Ahn, Erzbischof Ernst von Wettin und das »Frühe Hallesche Heiltum«. …*etlich*

⁴⁹² *tausent stuck hochwirdigs hayligtumbs ...*, Berlin 2017.
⁴⁹² Zahlreiche neue Studien zu Schloss und Schlosskirche enthält Wittenberg-Forschungen 5. Vgl. auch Anke Neugebauer, Wohnen – Studieren – Beherbergen. Das Residenzschloss Friedrichs des Weisen in Wittenberg, in: Wohnen – Reisen – Residieren (wie Anm. 453), S. 186–199.
⁴⁹³ Spalatin, Leben, S. 41 f.
⁴⁹⁴ Vgl. Liedke, Heiltum, S. 106.
⁴⁹⁵ Vgl. dazu Enno Bünz, Die Heiltumssammlung des Degenhart Pfeffinger, in: »Ich armer sundiger mensch« (wie Anm. 485), S. 125–169.
⁴⁹⁶ Vgl. Liedke, Heiltum, S. 111.
⁴⁹⁷ Meinhardi, Wittenberg, S. 123–126; vgl. Liedke, Heiltum, S. 112 mit Anm. 444.
⁴⁹⁸ BAKFJ 1, Nr. 3; vgl. Liedke, Heiltum, S. 126.
⁴⁹⁹ Meinhardi, Wittenberg.
⁵⁰⁰ Vgl. Hartmut Kühne, Ostensio reliquiarum. Untersuchungen über Entstehung, Ausbreitung, Gestalt und Funktion der Heiltumsweisungen im römisch-deutschen Regnum, Berlin u. a. 2000.
⁵⁰¹ Vgl. Liedke, Heiltum, S. 103–117.
⁵⁰² Das Wittenberger Heiltumsbuch (VD16 Z 250) wird ausführlich analysiert in Liedke, Heiltum, S. 290–327.
⁵⁰³ Vgl. Liedke, Heiltum, S. 303.
⁵⁰⁴ Vgl. Liedke, Heiltum, S. 295.
⁵⁰⁵ Vgl. ebd.
⁵⁰⁶ Wittenberger Heiltumsbuch (wie Anm. 502), Bl. aijr–aiijv.
⁵⁰⁷ Vgl. Liedke, Heiltum, S. 117–121.
⁵⁰⁸ Vgl. Liedke, Heiltum, S. 120.
⁵⁰⁹ Vgl. Liedke, Heiltum, S. 127–138.
⁵¹⁰ Vgl. BAKFJ 1, Nr. 544.
⁵¹¹ BAKFJ 1, Nr. 560.
⁵¹² BAKFJ 1, Nr. 651.
⁵¹³ BAKFJ 1, Nr. 560.
⁵¹⁴ BAKFJ 2, Nr. 1053, 1062.
⁵¹⁵ Paul M. Bacon, Art Patronage and Piety in Electoral Saxony: Frederick the Wise Promotes the Veneration of His Patron, St. Bartholomew, in: Sixteenth Century Journal 39/4 (2008), S. 973–1001.
⁵¹⁶ BAKFJ 1, Nr. 90, 140, 152, 303.
⁵¹⁷ BAKFJ 1, Nr. 65.
⁵¹⁸ Vgl. Liedke, Heiltum, S. 134.
⁵¹⁹ Vgl. Liedke, Heiltum, S. 134 f.
⁵²⁰ BAKFJ 2, Nr. 910.
⁵²¹ Vgl. Liedke, Heiltum, S. 135 f.
⁵²² Vgl. Liedke, Heiltum, S. 141 f.; BAKFJ 1, Nr. 645; BAKFJ 2, Nr. 683 f.
⁵²³ Vgl. Liedke, Heiltum, S. 143 f.
⁵²⁴ Vgl. Liedke, Heiltum, S. 147; BAKFJ 2, Nr. 730.
⁵²⁵ Vgl. ausführlich Liedke, Heiltum, S. 147–152.
⁵²⁶ Vgl. Liedke, Heiltum, S. 155–159.
⁵²⁷ Vgl. Liedke, Heiltum, S. 159–184.
⁵²⁸ BAKFJ 2, Nr. 1428 f.
⁵²⁹ BAKFJ 2, Nr. 1652.
⁵³⁰ WA.B 2, Nr. 454.
⁵³¹ Zu den Einzelheiten vgl. Buchwald, Frömmigkeit (wie Anm. 439); Ludolphy, Friedrich, S. 342–351.
⁵³² Vgl. zum Folgenden Beate Kusche, Zu Lob und Ehre der Jungfrau Maria, der heiligen Got-

tesgebärerin – Beobachtungen zur Marienfrömmigkeit Friedrichs des Weisen, in: Maria zwischen den Konfessionen, S. 131–137.

533 Abgebildet in: Maria zwischen den Konfessionen, S. 152.

534 Vgl. Niehr, Memorialmaßnahmen, S. 350.

535 Vgl. oben bei Anm. 461 f.

536 Abgebildet in: Maria zwischen den Konfessionen, S. 132 – zum Gemälde vgl. bereits oben bei Anm. 107.

537 Vgl. Niehr, Memorialmaßnahmen, S. 351.

538 Abgebildet in: Maria zwischen den Konfessionen, S. 133; Cranach digitales Archiv: DE_AGGD_7c (nur Mittelteil) (letzter Zugriff am 27.04.2024).

539 Cranach digitales Archiv: DE_AGGD_7a.

540 Abgebildet in: Maria zwischen den Konfessionen, S. 130; Cranach digitales Archiv: DE_SKK_2749.

541 Abgebildet in: Maria zwischen den Konfessionen, S. 151.

542 Cranach digitales Archiv: DE_WRMK_WRM382.

543 Wendebourg, Kultboom, Zitat S. 243 f.

544 Cranach digitales Archiv: DK_SMK_KMSsp730.

545 Vgl. Buchwald, Frömmigkeit (wie Anm. 439), S. 70.

546 Nachweise bei Lang, Zwischen Reisen, S. 225 f.

547 Bei Buchwald, Frömmigkeit (wie Anm. 439), S. 67 ist nur an einer Stelle der Kauf von zwei Ablassbriefen erwähnt, von denen nicht ganz klar ist, ob sie für den Kurfürsten selbst gedacht waren oder für die in diesem Zusammenhang genannten Haugolt Pflug und Kunz vom Ende.

548 Vgl. zum Folgenden: Wendebourg, Kultboom; vgl. auch Wentz, Kollegiatstift und Niehr, Memorialmaßnahmen.

549 Vgl. Armin Kohnle, *vff dem schlosse gepredigt*. Die Wittenberger Schlosskirche als Predigtort in der Reformationszeit, in: Wittenberg-Forschungen 5, S. 273–282.

550 Vgl. Wendebourg, Kultboom, S. 237 mit Anm. 20.

551 Vgl. Wendebourg, Kultboom, S. 245.

552 Vgl. BAKFJ Bd. 1, Nr. 81.

553 Vgl. BAKFJ Bd. 1, Nr. 128.

554 Vgl. BAKFJ Bd. 1, Nr. 82.

555 Vgl. Franz Bischoff, Die Errichtung des sogenannten Kleinen Chores an der Wittenberger Schloßkirche durch Kurfürst Friedrich den Weisen – Auftrag und Ausführung, in: Sachsen und Anhalt 25 (2007), S. 147–208; Anke Neugebauer/Leonhard Helten, Der Kleine Chor der Schlosskirche in Wittenberg, in: Wittenberg-Forschungen 2/1, S. 335–344.

556 Text der Stiftungsurkunde vom 11. November 1506 aus Coburg bei Bischoff, Errichtung (wie Anm. 555), S. 181–188; ausführliches Regest schon bei Israël, Universitätsarchiv, S. 62–66 (Nr. 82).

557 Details zu den Aufenthalten Friedrichs in Wittenberg von

Juni bis November 1510 bei Neugebauer/Helten, Der Kleine Chor (wie Anm. 555), S. 336.
558 Vgl. BAKFJ 1, Nr. 127. Vgl. dazu auch Wendebourg, Kultboom, S. 245 f.
559 Vgl. BAKFJ 1, Nr. 508. Zu diesen Stiftungen zum Passionsgedächtnis vgl. auch Wendebourg, Kultboom, S. 244 f.
560 Vgl. BAKFJ 1, Nr. 629.
561 Vgl. BAKFJ 1, Nr. 637.
562 Vgl. BAKFJ 2, Nr. 927.
563 Vgl. BAKFJ 2, Nr. 1374, 1529.
564 Vgl. BAKFJ 2, Nr. 1374.
565 Diese Zahl bei Dieter Stievermann, Wittenberg als Universitätsstandort zwischen Mittelalter und Neuzeit, in: Die Theologische Fakultät Wittenberg 1502 bis 1602. Beiträge zur 500. Wiederkehr des Gründungsjahres der Leucorea, hrsg. von Irene Dingel und Günther Wartenberg, Leipzig 2002, S. 41.
566 Vgl. Stephan, Friedrich, S. 278.
567 Vgl. Stephan, Friedrich, S. 277, 283 f.
568 Zur Geschichte der Universität Wittenberg vgl. noch immer die klassische Darstellung von Walter Friedensburg, Geschichte der Universität Wittenberg, Halle 1917. Zur Gründungsgeschichte vgl. auch Stephan, Friedrich, bes. S. 277–299. Auf aktuellem Forschungsstand und mit zahlreichen Abbildungen wird das Thema behandelt von Lück, Alma Leucorea, S. 27–119.
569 Vgl. Stephan, Friedrich, S. 283 f.
570 Zu Pollich vgl. Kohnle/Kusche, Professorenbuch, S. 169–171 (Nr. 78); Daniel Bohnert/Markus Wriedt, Theologiae Alumni Vitebergenses (TAV). Die graduierten Absolventen der Wittenberger Theologischen Fakultät (1502–1648), Leipzig 2020, S. 139–143; MBW 13, Personen L–N, S. 343–345.
571 Zu Staupitz vgl. Kohnle/Kusche, Professorenbuch, S. 198–200 (Nr. 93). Zur Rolle von Pollich und Staupitz bei der Universitätsgründung vgl. Stephan, Friedrich, S. 287–291; Markus Wriedt, Johannes von Staupitz als Gründungsmitglied der Wittenberger Universität, in: 700 Jahre Wittenberg. Stadt – Universität – Reformation, hrsg. von Stefan Oehmig, Weimar 1995, S. 173–185.
572 UUW 1, Nr. 1; Israël, Universitätsarchiv, S. 96–99 (Nr. 1).
573 UUW 1, Nr. 2. Abbildung bei Lück, Alma Leucorea, S. 33; gedruckt bei Israël, Universitätsarchiv, S. 99 f. (Nr. 2).
574 Vgl. Heinz Kathe, Die Wittenberger Philosophische Fakultät 1502–1817, Köln/Weimar/Wien 2002, S. 7 f.; Heinz Scheible, Die Philosophische Fakultät der Universität Wittenberg von der Gründung bis zur Vertreibung der Philippisten, in: ARG 98 (2007), S. 7–43.
575 UUW 1, Nr. 3–7; Israël, Universitätsarchiv, S. 100–103 (Nr. 3).
576 UUW 1, Nr. 16 und 19. Abbildung der päpstlichen Bulle vom 20. Juni 1507 in Lück, Alma Leucorea, S. 35; Regest bei

Israël, Universitätsarchiv, S. 66–68 (Nr. 83).

[577] Vgl. Spalatin, Leben, S. 42. Spalatin scheint nach den Namen, die er anführt, den Zustand im Auge zu haben, der 1510 mit der Ernennung Henning Gödes zum Propst eintrat.

[578] Zu den Einzelheiten vgl. Lück, Alma Leucorea, S. 34 f.

[579] Zur Wittenberger Artistenfakultät vgl. Kathe, Philosophische Fakultät (wie Anm. 574).

[580] Das Siegeltypar ist abgebildet bei Lück, Alma Leucorea, S. 34. Die lateinische Umschrift ist wohl wie folgt aufzulösen: ME AUSPICE CEPIT WITEIBERG[ENSIS] UNIVERSI[TAS] DOCERE.

[581] UUW 1, S. 18–58 (Nr. 22–26).

[582] Vgl. MBW 15, Personen S, S. 151–153.

[583] UUW 1, S. 18: *mercatum ingenuarum disciplinarum*.

[584] UUW 1, S. 19: *tanquam oraculum*.

[585] UUW 1, S. 39: *principatus nostri oraculum*.

[586] Zur Frage des Verhältnisses von Landesherrschaft und Universität vgl. auch Dieter Stievermann, Friedrich der Weise und seine Universität Wittenberg, in: Attempto – oder wie stiftet man eine Universität. Die Universitätsgründungen der sogenannten zweiten Gründungswelle im Vergleich, hrsg. von Sönke Lorenz, Stuttgart 1999, S. 175–207; Thomas Töpfer, Landesherrschaft, fürstliche Autorität, korporative Universitätsautonomie. Zur frühen Geschichte der Universität Wittenberg (1502–1525), in: Universitäten und Wissenschaften im mitteldeutschen Raum in der Frühen Neuzeit. Ehrenkolloquium zum 80. Geburtstag von Günter Mühlpfordt, hrsg. von Karlheinz Blaschke und Detlef Döring, Leipzig/Stuttgart 2004, S. 27–54.

[587] UUW 1, S. 6 f. (Nr. 8).

[588] Meinhardi, Wittenberg.

[589] UUW 1, S. 19.

[590] Scheible, Die Philosophische Fakultät (wie Anm. 574), S. 13.

[591] Vgl. UUW 1, S. 61 (Nr. 30).

[592] Vgl. Kurt Hannemann, Reuchlin und die Berufung Melanchthons nach Wittenberg, in: Johannes Reuchlin 1455–1522, hrsg. von Manfred Krebs, Pforzheim 1955, S. 108–138; Stephan, Friedrich, S. 265 mit Anm. 1156.

[593] Vgl. UUW 1, Nr. 41, 43 f.

[594] Vgl. UUW 1, Nr. 49.

[595] Vgl. UUW 1, Nr. 55–57.

[596] Vgl. UUW 1, Nr. 74; vgl. auch Nr. 77.

[597] Vgl. z. B. UUW 1, Nr. 92 f., 110, 120.

[598] Vgl. UUW 1, Nr. 33 f., 80, 84, 89.

[599] Vgl. UUW 1, Nr. 123–126.

[600] Vgl. UUW 1, Nr. 133.

[601] Vgl. oben bei Anm. 459.

[602] Vgl. Ulrike Ludwig, Das landesherrliche Stipendienwesen an der Universität Wittenberg unter den ernestinischen Kurfürsten von Sachsen, Leipzig 2019, S. 25 f.

[603] Vgl. Ludwig, Stipendienwesen (wie Anm. 602), S. 27.

Anmerkungen

[604] Spalatin, Leben, S. 42.
[605] Für die Einzelheiten der Bau- und Ausstattungsgeschichte von Schloss und Schlosskirche vgl. die Beiträge in Wittenberg-Forschungen 5.
[606] Vgl. Anke Neugebauer/Thomas Lang, Cranach im Schloss: Das Wirken und die Werke Lucas Cranachs d. Ä. und seiner Werkstatt in Schloss und Schlosskirche Wittenberg, in: Wittenberg-Forschungen 3, S. 11–91, hier S. 78–85.
[607] Vgl. Ludolphy, Friedrich, S. 123.
[608] Vgl. Maurizio Paul, Das *Studiolo* im Wittenberger Schloss – ein gemalter Raum im Wohnturm Friedrichs des Weisen. Ergebnisse der Bauforschung von 2011 bis 2017, in: Wittenberg-Forschungen 5, S. 25–32.
[609] Thomas Lang/Anke Neugebauer, Zur universitären Nutzung des Schlosses und der Schlosskirche in ernestinischer Zeit, in: Wittenberg-Forschungen 4, S. 415 f.
[610] Vgl. Lang/Neugebauer, in: Wittenberg-Forschungen 4, S. 412.
[611] Vgl. Lang/Neugebauer, in: Wittenberg-Forschungen 4, S. 369–374.
[612] Lang/Neugebauer, in: Wittenberg-Forschungen 4, S. 412.
[613] Einige Angaben für die Jahre 1516 und 1517 bei Lang/Neugebauer, in: Wittenberg-Forschungen 4, S. 414 Anm. 520.
[614] Vgl. die Zusammenfassung der Forschungsergebnisse in Themenbereich Residenz – LEUCOREA DE.
[615] Vgl. Ludolphy, Friedrich, S. 124.
[616] Vgl. dazu die verschiedenen Arbeiten von Ulrike Ludwig in: Wittenberg-Forschungen 4.
[617] Vgl. Gottfried Wentz, Das Augustinereremitenkloster in Wittenberg, in: Die Bistümer der Kirchenprovinz Magdeburg. Das Bistum Brandenburg (Germania Sacra 1/3/2), hrsg. von Fritz Bünger und Gottfried Wentz, Berlin 1941, S. 440–499; Reinhard Schmitt, Zur Baugeschichte des Augustiner-Eremitenklosters in Wittenberg, in: Luthers Lebenswelten, hrsg. von Harald Meller, Stefan Rhein und Hans G. Stephan, Halle/Saale 2008, S. 177–191; Uwe Schirmer, Friedrich der Weise und die Wittenberger Augustiner-Eremiten. Anmerkungen zur Gründung und materiellen Ausstattung des Klosters, in: NASG 84 (2013), S. 1–19.
[618] Vgl. Ulrike Ludwig, Das Collegium Fridericianum als akademisches Zentrum der Leucorea, in: Wittenberg-Forschungen 4, S. 61.
[619] Vgl. Ludwig, Collegium Fridericianum (wie Anm. 618), S. 64 f.
[620] Vgl. Ludwig, Collegium Fridericianum (wie Anm. 618), S. 68 f.
[621] Vgl. Ulrike Ludwig, Die *Juristen Schuell*. Das Collegium Iuridicum als Fakultätshaus der Juristen. Bau und Nutzung, in: Wittenberg-Forschungen 4, S. 159–170.
[622] Vgl. Spalatin, Leben, S. 34.
[623] Vgl. zu den hier behandelten Fragen mit anderer Akzent-

setzung: Manfred Rudersdorf, Kurfürst Friedrich der Weise und die Anfänge der Leucorea in Wittenberg, in Kohnle/Schirmer, Friedrich, S. 251–269. Rudersdorf stützt sich auf die Arbeiten seines Schülers Thomas Töpfer, etwa Töpfer, Landesherrschaft (wie Anm. 586). Auch Lück, Alma Leucorea, S. 37 vertritt die Auffassung, der Humanismus sei eng mit der Person Friedrichs des Weisen verbunden gewesen. Zur Forschung bis in die 1980er-Jahre vgl. vor allem Stephan, Friedrich, S. 243–275.

[624] Vgl. Stephan, Friedrich, bes. S. 245.
[625] Stephan, Friedrich, S. 246.
[626] Vgl. Stephan, Friedrich, S. 247.
[627] Vgl. ebd.
[628] Vgl. zu ihm MBW 12, Personen F–K, S. 158 f.
[629] Vgl. MBW 12, Personen A–E, S. 222 f.
[630] Vgl. MBW 15, Personen S, S. 371 f.
[631] Hier könnte eine Verwechslung Spalatins mit Degenhart Pfeffinger vorliegen, denn Johann Pfeffinger (zu ihm MBW 14, Personen O–R, S. 239–241) kam erst Ende 1524 nach Wittenberg und war damals noch nicht promoviert.
[632] Vgl. die Liste bei Spalatin, Leben, S. 34.
[633] Eine konkrete Tätigkeit des Johann Stabius für den Kurfürsten lässt sich nicht nachweisen; vgl. Stephan, Friedrich, S. 274.
[634] Vgl. Stephan, Friedrich, S. 252–275.
[635] Vgl. Stephan, Friedrich, S. 253.
[636] Vgl. Die Zusammenstellung der Belege bei Stephan, Friedrich, S. 160 Anm. 626.
[637] Vgl. Stephan, Friedrich, S. 253 f. Anm. 1092.
[638] Vgl. Stephan, Friedrich, S. 254 Anm. 1093.
[639] Einzelbelege bei Stephan, Friedrich, S. 256 f. Zu Celtis auch ebd. S. 264 Anm. 1149 und MBW 11, Personen A–E, S. 279 f.
[640] Vgl. oben bei Anm. 592. Zu Mosellanus vgl. MBW 13, Personen L–N, S. 435–437.
[641] Der Briefwechsel des Conradus Mutianus, hrsg. von Karl Gillert, 2 Bde., Halle 1890. Vgl. Stephan, Friedrich, S. 258–262; MBW 13, Personen L–N, S. 473–475.
[642] Die Einzelbelege sind zusammengestellt in Gillert, Briefwechsel (wie Anm. 641), S. LV.
[643] Die Befolgung der Ratschläge betont Stephan, Friedrich, S. 265.
[644] Vgl. Stephan, Friedrich, S. 262.
[645] Vgl. Stephan, Friedrich, S. 320.
[646] Vgl. Stephan, Friedrich, S. 323.
[647] Die Pionierstudien stammen von Cornelius Gurlitt, Die Kunst unter Friedrich dem Weisen, Dresden 1897 und Robert Bruck, Friedrich der Weise als Förderer der Kunst, Straßburg 1903. Seither sind zahlreiche Spezialstudien erschienen und insbesondere die Synthese bei Stephan, Friedrich, S. 201–243.
[648] Vgl. Spalatin, Leben, S. 42.
[649] Vgl. Hoppe, Lochau (wie Anm. 1), S. 165.

[650] Einzelheiten bei Ludolphy, Friedrich, S. 125 f.
[651] BAKFJ 1, Nr. 10, 37, 121.
[652] Vgl. Christa Syrer, Friedrich der Weise als Bauherr in Colditz, 1519–1525. Architektur, funktionale Struktur und Raumausstattung eines frühen Renaissanceschlosses zwischen »welsch und deutschen Sitten«, in: Zeitschrift für Kunstgeschichte 82 (2019), S. 147–165. Die bei Syrer S. 149 angegebenen 59 Aufenthalte in Colditz sind zu korrigieren; Lang, Zwischen Reisen, S. 207 Tab. 1 verzeichnet nicht Aufenthalte, sondern Ausstellungsorte von Briefen und Akten.
[653] Vgl. Syrer, Friedrich als Bauherr in Colditz (wie Anm. 652), S. 151 f.
[654] Vgl. Syrer, Friedrich als Bauherr in Colditz (wie Anm. 652), S. 156.
[655] Vgl. Stephan, Friedrich, S. 208.
[656] So aber Stephan, Friedrich, S. 221.
[657] Vgl. zum Folgenden Stephan, Friedrich, S. 201–243.
[658] Vgl. Mock, Kunst.
[659] Vgl. Gurlitt, Kunst (wie Anm. 647), S. 5–12; Bruck, Förderer (wie Anm. 647), S. 115–119; auch Stephan, Friedrich, S. 207 Anm. 823; Ludolphy, Friedrich, S. 102.
[660] Vgl. zum Folgenden Donath, Meister Jhan (wie Anm. 121).
[661] Vgl. Donath, Meister Jhan (wie Anm. 121), S. 69–72 mit weiteren Nachrichten über die Tätigkeit des Malers im Dienst Friedrichs.
[662] Vgl. Beate Böckem, Jacopo de' Barbari. Künstlerschaft und Hofkultur um 1500, Köln/Weimar/Wien 2016, bes. S. 160–248; dies., »Confrater und Illuminist«. Jacopo de' Barbari im Dienst Maximilians I., in: Kulturtransfer am Fürstenhof. Höfische Austauschprozesse und ihre Medien im Zeitalter Kaiser Maximilians I., hrsg. von Matthias Müller, Karl-Heinz Spieß und Udo Friedrich, Berlin 2013, S. 218–242.
[663] Vgl. Böckem, Jacopo de' Barbari (wie Anm. 662), S. 169 f.; eine Edition des undatierten Briefes vgl. ebd., S. 244–246; deutsche Übersetzung ebd., S. 246–248.
[664] Vgl. Ruth Hansmann, »Schilderey von dem gutten maister andrea von mantua« für Kurfürst Friedrich den Weisen. Kulturtransfer in höfischen Bildkonzepten des späten Mittelalters und der frühen Neuzeit im Alten Reich, in: Kulturtransfer am Fürstenhof (wie Anm. 662), S. 271–304 – Transkription des Briefes S. 298; vgl. auch Herold, Begegnungen (wie Anm. 69).
[665] Die ältere Literatur zu Cranach ist verzeichnet in Wittenberg-Forschungen 3.
[666] Vgl. Ludolphy, Friedrich, S. 107.
[667] Vgl. die Zusammenstellung bei Stephan, Friedrich, S. 203.
[668] Spalatin, Leben, S. 53.
[669] Vgl. Jürgen Heidrich, Die deutschen Chorbücher aus der Hofkapelle Friedrichs des Weisen. Ein Beitrag zur mitteldeutschen

geistlichen Musikpraxis um 1500, Baden-Baden 1993 und ders., Aspekte der Institutionalisierung: Friedrich der Weise und die kursächsische Kapelle, in: Institutionalisierung als Prozess. – Organisationsformen musikalischer Eliten im Europa des 15. und 16. Jahrhunderts, hrsg. von Birgit Lodes und Laurenz Lütteken, [Laaber] 2005, S. 153–163.

[670] Vgl. Spalatin, Leben, S. 53.
[671] Ludolphy, Friedrich, S. 99.
[672] Heidrich, Aspekte (wie Anm. 669), S. 158.
[673] Die Stelle aus der Nürnberger Chronik Heinrich Deichslers ist zitiert bei Heidrich, Aspekte (wie Anm. 669), S. 158.
[674] So Heidrich, Aspekte (wie Anm. 669), S. 159.
[675] Vgl. den Katalog: Quasi Centrum Europae. Europa kauft in Nürnberg 1400–1800, hrsg. von Hermann Maué, Thomas Eser, Sven Hauschke und Jana Stolzenberger, Nürnberg 2002.
[676] Tacke, Marketing Frederick (wie Anm. 106), S. 105 spricht von »shoppen«.
[677] Zu Friedrichs Beziehungen nach Nürnberg vgl. Westphal, Korrespondenz; dies., Außenpolitische Korrespondenz. Friedrich der Weise und die Reichsstadt Nürnberg, in: Kohnle/Schirmer, Friedrich, S. 62–72.
[678] Zu den Stadtsteuern und Krediten vgl. Westphal, Korrespondenz, S. 143–165.
[679] Vgl. Westphal, Korrespondenz, S. 22 und S. 252 f. (Nr. 36).
[680] Vgl. Westphal, Korrespondenz, S. 50 und S. 239–241 (Nr.16–19); S. 263 f. (Nr. 49).
[681] Vgl. Westphal, Korrespondenz, S. 51 und S. 429 f. (Nr. 225).
[682] Vgl. Westphal, Korrespondenz, S. 22 und S. 252 f. (Nr. 36).
[683] Vgl. Westphal, Korrespondenz, S. 51 f. mit den dort verzeichneten Belegen.
[684] Vgl. Westphal, Korrespondenz, S. 37 f.
[685] Vgl. Westphal, Korrespondenz, S. 52.
[686] Vgl. ebd.
[687] Vgl. oben bei Anm. 113 ff.
[688] Vgl. Westphal, Korrespondenz, S. 52 f.
[689] Vgl. Liedke, Heiltum, S. 216–227.
[690] Vgl. Liedke, Heiltum, S. 227 f.
[691] Vgl. Westphal, Korrespondenz, S. 110.
[692] Vgl. oben Abbildung 3.
[693] Vgl. zum Folgenden Westphal, Korrespondenz, S. 114–118 sowie dies., Die Münzprägung Kurfürst Friedrichs des Weisen von Sachsen in Nürnberg, in: NASG 79 (2008), S. 27–60; dies., Fürstliche Politik und Selbstdarstellung im Spiegel der Münzen Friedrichs des Weisen, in: Fürsten an der Zeitenwende zwischen Gruppenbild und Individualität. Formen fürstlicher Selbstdarstellung und ihrer Rezeption, hrsg. von Oliver Auge, Ralf-Gunnar Werlich und Gabriel Zeilinger, Ostfildern 2009, S. 207–220.
[694] Vgl. oben Abb. 5. Zu den technischen Schwierigkeiten vgl.

Anmerkungen

Westphal, Korrespondenz, S. 122 f.
[695] Vgl. Westphal, Korrespondenz, S. 120 und S. 306 (Nr. 98).
[696] Vgl. Westphal, Korrespondenz, S. 310 f. (Nr. 101) und 312 f. (Nr. 103).
[697] Vgl. Westphal, Korrespondenz, S. 128.
[698] Westphal, Korrespondenz, S. 134.
[699] Vgl. oben bei Anm. 473 f.
[700] Vgl. oben bei Anm. 394.
[701] Westphal, Korrespondenz, S. 135.
[702] Vgl. Westphal, Korrespondenz, S. 136.
[703] Vgl. Westphal, Korrespondenz, S. 35 und S. 548 (Nr. 371). Die von Westphal gegebene Erklärung kann nicht zutreffen, da Luther nie auf die Bulle »Decet« reagiert hat. BAKFJ 2, Nr. 1201 identifiziert die Lutherschrift mit der »Assertio omnium articulorum« bzw. der deutschen Version »Grund und Ursach aller Artikel«. Westphal, Korrespondenz, S. 549 (Nr. 373) bezieht sich dann auf die deutsche Fassung.
[704] Vgl. Westphal, Korrespondenz, S. 36 und S. 568 (Nr. 397); BAKFJ 2, Nr. 1691. Tuchers Antwort bei Westphal, S. 569 f. (Nr. 399); BAKFJ 2, Nr. 1724.
[705] Westphal, Korrespondenz, S. 36 und S. 570 f. (Nr. 401); S. 572 f. (Nr. 403); S. 573 f. (Nr. 404); BAKFJ 2, Nr. 1741 und 1755; BAKFJ 3 zum 8. Januar 1523.
[706] Westphal, Korrespondenz, S. 597 f. (Nr. 431); BAKFJ 3 zum 1. Oktober 1523.
[707] Vgl. Beate Kusche, *Sich eines ausschreibens halben vereinigen – Neue Quellen zu den wettinischen Landesordnungen gegen Gotteslästerung*, in: Neuhes wyssen, S. 19–39.
[708] Vgl. Volkmar, Reform, S. 192.
[709] Vgl. Ludolphy, Friedrich der Weise, S. 375; Kirn, Friedrich, S. 30 und oben im Abschnitt »Land und Kirche nach der Leipziger Teilung«.
[710] Zu Erzbischof Ernst vgl. Anm. 62.
[711] Zu Adalbert vgl. Anm. 84.
[712] Vgl. Kirn, Friedrich, S. 32.
[713] Zur Person vgl. Clemens Brodkorb, Schönberg, Johannes von († 1517), in: Gatz, Bischöfe, 644 f.
[714] Vgl. ebd., 644.
[715] Zur Person vgl. Egon Johannes Greipl, Philipp, Pfalzgraf bei Rhein (1480–1541), in: Gatz, Bischöfe, S. 536 f.
[716] Vgl. Gatz, Bischöfe, S. 537.
[717] Vgl. ausführlich Kirn, Friedrich, S. 36–71.
[718] Vgl. Kirn, Friedrich, S. 60 f.
[719] Vgl. Kirn, Friedrich, S. 63.
[720] Vgl. BAKFJ 1, Nr. 210. Zum Konflikt vgl. auch Kirn, Friedrich, S. 55 f.
[721] BAKFJ 1, Nr. 218.
[722] BAKFJ 1, Nr. 237.
[723] BAKFJ 1, Nr. 324.
[724] BAKFJ 1, Nr. 337. Vgl. auch BAKFJ 1, Nr. 343 (Hans von Ziesar an Kurfürst Friedrich).
[725] BAKFJ 1, Nr. 362.

[726] BAKFJ 1, Nr. 363.
[727] BAKFJ 1, Nr. 370, 372.
[728] BAKFJ 2, Nr. 860.
[729] Zu diesem Konflikt vgl. Kirn, Friedrich, S. 38, 57–59, 62. Zum Vorgang vgl. auch den Bericht des Wittenberger Rats, BAKFJ 1, Nr. 50.
[730] Vgl. BAKFJ 1, Nr. 6 f.; die Verweigerung der Auslieferung war nicht unumstritten, wie BAKFJ 1, Nr. 51 zeigt.
[731] BAKFJ 1, Nr. 49.
[732] Vgl. ebd.
[733] BAKFJ 1, Nr. 53.
[734] BAKFJ 1, Nr. 54.
[735] Vgl. BAKFJ 1, Nr. 69, 88, 103, 136, 141, 143, 150, 359, 370, 372.
[736] Vgl. BAKFJ 1, Nr. 372 Anm. 1.
[737] Georgii Spalatini Annales Reformationis oder Jahr-Bücher von der Reformation Lvtheri, hrsg. von Ernst Salomon Cyprian, Leipzig 1718, S. 37.
[738] Vgl. Ludolphy, Friedrich, S. 378 – Liste bei Kirn, Friedrich, S. 195–197.
[739] Vgl. Kirn, Friedrich, S. 72 f.
[740] Diese Zahl bei Ludolphy, Friedrich, S. 379, die aber nur Kirn, Friedrich, S. 71 wiedergibt, der von anderthalb tausend Aktenstücke über Klöster allein im Weimarer Archiv spricht. Einen Überblick über die Klosterpolitik der ernestinischen Fürsten gibt Stefan Michel, Friedrich und Johann von Sachsen als Förderer und Schutzherren der Klöster in Kursachsen zwischen 1486 und 1525. Beobachtungen zu ernestinischer Kirchenpolitik und Frömmigkeit, in: Thüringische Klöster und Stifte in vor- und frühreformatorischer Zeit, hrsg. von Enno Bünz, Werner Greiling und Uwe Schirmer, Köln/Weimar/Wien 2017, S. 115–133.
[741] Vgl. Kirn, Friedrich, S. 72; Ludolphy, Friedrich, S. 379.
[742] Ludolphy, Friedrich S. 379 Anm. 268; BAKFJ 1, Nr. 652.
[743] Vgl. BAKFJ 1, Nr. 23 f.
[744] Vgl. BAKFJ 1, Nr. 142.
[745] Vgl. BAKFJ 1, Nr. 175 f.
[746] Vgl. BAKFJ 1, Nr. 178.
[747] Vgl. BAKFJ 1, Nr. 222.
[748] Vgl. BAKFJ 1, Nr. 230.
[749] Vgl. BAKFJ 1, Nr. 245.
[750] Vgl. BAKFJ 1, Nr. 250.
[751] Vgl. BAKFJ 1, Nr. 265; vgl. zum Fortgang Nr. 293.
[752] Vgl. BAKFJ 1, Nr. 576, 651; BAKFJ 2, Nr. 1054.
[753] Vgl. BAKFJ 1, Nr. 656, 658; BAKFJ 2, Nr. 676, 685, 700; BAKFJ 3 zum 8. und 10. April 1523, zum 22. Juli 1523, zum 17. und 23. August 1523.
[754] Vgl. zum Folgenden mit den Einzelbelegen: Armin Kohnle, Friedrich der Weise und das Nonnenkloster Sitzenroda, in: Fürsten – Gelehrte – Gesellschaften. Forschungen zur Fürstenherrschaft, Beziehungs- und Bildungsgeschichte in Deutschland und Europa (13. bis 20. Jahrhundert), hrsg. von Wolfgang Huschner, Beate Kusche und Franziska Menzel, Leipzig/Stuttgart 2023, S. 85–96.
[755] Vgl. BAKFJ 1, Nr. 246.
[756] Vgl. BAKFJ 1, Nr. 10.
[757] Vgl. BAKFJ 1, Nr. 3.

Anmerkungen

758 Vgl. BAKFJ 1, Nr. 369 Anm. 2.
759 Vgl. BAKFJ 1, Nr. 10.
760 Vgl. BAKFJ 1, Nr. 15.
761 Vgl. BAKFJ 1, Nr. 36.
762 Vgl. oben bei Anm. 363 f.
763 Vgl. BAKFJ 1, Nr. 37.
764 Vgl. BAKFJ 1, Nr. 291.
765 Vgl. BAKFJ 1, Nr. 316.
766 Vgl. die Bemerkungen zu BAKFJ 1, Nr. 368 Anm. 2. Zu Pusch vgl. auch BAKFJ 1, Nr. 601 Anm. 2.
767 Zu Peraudi vgl. oben bei Anm. 575; BAKFJ 1, Nr. 368 Anm. 1.
768 Vgl. die Bulle »Illius, qui pro«; BAKFJ 1, Nr. 362.
769 Vgl. die Bulle »De salute gregis«, BAKFJ 1, Nr. 369.
770 Vgl. Christoph Volkmar, Die Heiligenerhebung Bennos von Meißen (1523/24). Spätmittelalterliche Frömmigkeit, landesherrliche Kirchenpolitik und reformatorische Kritik im albertinischen Sachsen in der frühen Reformationszeit, Münster 2002; zu Friedrichs Haltung gegenüber der Heiligsprechung Bennos vgl. Armin Kohnle, Zur Heiligsprechung des Bischofs Benno von Meißen (1523), in: Papstgeschichte und Landesgeschichte. FS für Hermann Jakobs zum 65. Geburtstag, hrsg. von Armin Kohnle und Joachim Dahlhaus, Köln/Weimar/Wien 1995, S. 555–572.
771 Vgl. BAKFJ 2, Nr. 732 Anm. 1.
772 BAKFJ 2, Nr. 720.
773 Vgl. BAKFJ 2, Nr. 728, 732.
774 BAKFJ 2, Nr. 737.
775 Vgl. Paul Kalkoff, Forschungen zu Luthers römischem Prozeß, Rom 1905, S. 53; der Eintrag in den Konsistorialakten spricht von einem Brief oder Briefen von Juli 1518, lässt aber das Tagesdatum offen und nennt auch keinen Adressaten.
776 Vgl. BAKFJ 2, Nr. 753.
777 BAKFJ 2, Nr. 754 f.
778 Vgl. ABKG 1, Nr. 83; BAKFJ 2, Nr. 830.
779 Vgl. ABKG 1, Nr. 84; BAKFJ 2, Nr. 831.
780 Vgl. ABKG 1, Nr. 129; BAKFJ 2, Nr. 921.
781 Vgl. ABKG 1, Nr. 130; BAKFJ 2, Nr. 922.
782 Vgl. BAKFJ 2, Nr. 975–977.
783 Am 14. Nov. erinnerte Georg den Kurfürsten an seine Zusage, da der Kaiser nunmehr geschrieben habe: ABKG 1, Nr. 138; BAKFJ 2, Nr. 972. Am 29. Nov. mahnte er bei Friedrich noch einmal das Empfehlungsschreiben an, das er noch nicht erhalten hatte: ABKG 1, Nr. 140; BAKFJ 2, Nr. 983. Friedrich antwortete am 30. November: Nr. 984.
784 Vgl. ABKG 1, S. 137 Anm. 2 sowie Nr. 174, 176; BAKFJ 2, Nr. 1127.
785 Vgl. ABKG 1, Nr. 235, 263.
786 Vgl. ABKG 1, Nr. 424, hier S. 421 f.; Nr. 425.
787 Vgl. Kohnle, Zur Heiligsprechung (wie Anm. 770), S. 570, wo das Jahr 1520 in 1519 zu verbessern ist.
788 Vgl. BAKFJ 1, Nr. 634.

789 Vgl. BAKFJ 1, Nr. 637. Belege für den Aufenthalt des Kurfürsten in Altenburg am Vorabend von Allerheiligen finden sich bei Lang, Zwischen Reisen, S. 277 f.
790 Der Begriff nach Wilhelm Borth, Die Luthersache (Causa Lutheri) 1517–1524. Die Anfänge der Reformation als Frage von Politik und Recht, Lübeck/Hamburg 1970.
791 Vgl. MBW 12, Personen F–K, S. 51.
792 Vgl. BAKFJ 2, Nr. 970.
793 Vgl. Georg Buchwald, Zur mittelalterlichen Frömmigkeit am Kursächsischen Hofe kurz vor der Reformation, in: ARG 27 (1930), S. 62–110; Armin Kohnle, Die Frömmigkeit der Wettiner und die Anfänge der Reformation, in: LuJ 75 (2008), S. 125–140.
794 Spalatin, Leben, S. 28: »Und da das Evangelion war wiederum angangen, kam s. Churf. G. je länger je mehr näher und baß daran, wie wol säuberlich und mit Mußen«; vgl. auch Stephan, Friedrich, S. 418.
795 Vgl. WA.B 12, Nr. 4316 (= 6a).
796 Modernisiert nach WA.B 1, Nr. 16; vgl. Kolde, Friedrich, S. 15.
797 Vgl. oben bei Anm. 495.
798 Vgl. WA.B 1, Nr. 51; BAKFJ 2, Nr. 739.
799 WA.B 1, Nr. 59; BAKFJ 2, Nr. 675.
800 Vgl. WA.B 1, Nr. 64.
801 Borth, Luthersache (wie Anm. 790), S. 39.
802 WA.B 1, Nr. 71; BAKFJ 2, Nr. 703. Der Brief Luthers an den Kurfürsten ist nicht erhalten.
803 Vgl. BAKFJ 2, Nr. 705.
804 Vgl. BAKFJ 2, Nr. 706.
805 Vgl. BAKFJ 2, Nr. 715; Borth, Luthersache (wie Anm. 790), S. 40. Allerdings ist es eine Überinterpretation Borths, dass Luther den Konvent in Heidelberg nur mit ausdrücklicher Erlaubnis des Landesherrn besuchen konnte. Luther hat den Kurfürsten nicht um Erlaubnis gefragt, sondern um Geleit gebeten.
806 Vgl. WA.B 1, Nr. 85; BAKFJ 2, Nr. 752.
807 Vgl. BAKFJ 2, Nr. 757.
808 Vgl. BAKFJ 2, Nr. 760.
809 Vgl. Luther an Spalatin, WA.B 1, Nr. 87; BAKFJ 2, Nr. 764.
810 Vgl. WA.B 1, Nr. 92.
811 Vgl. BAKFJ 2, S. 141 Anm. 3.
812 Vgl. DCL 2, S. 126–131 (Nr. 25); BAKFJ 2, Nr. 779.
813 Vgl. WA.B 1, Nr. 110; DCL 2, S. 202–215 (Nr. 30); BAKFJ 2, Nr. 784.
814 Vgl. WA.B 12, Nr. 4215; BAKFJ 2, Nr. 786.
815 WA.B 1, Nr. 110 Beil; DCL 2, S. 131–135 (Nr. 26); BAKFJ 2, Nr. 796.
816 VD16 ZV 30773.
817 Vgl. oben bei Anm. 348 ff.
818 Vgl. BAKFJ 2, Nr. 678.
819 Vgl. BAKFJ 2, Nr. 693.
820 Vgl. BAKFJ 2, Nr. 783.
821 Vgl. zum Folgenden Dietmar Heil, »Und hab deshalben etlich churfursten practicirt«. Zum Scheitern Kaiser Maximilians I. bei der Regelung seiner Nachfol-

ge, in: Politik- und kulturgeschichtliche Betrachtungen. Quellen – Ideen – Räume – Netzwerke. FS für Reinhard Stauber zum 60. Geburtstag, hrsg. von Werner Drobesch und Elisabeth Lobenwein unter Mitarb. von Ulrich Burz, [Klagenfurt u. a. 2020], S. 653–678; Armin Kohnle, Kurfürst Friedrich der Weise von Sachsen und die Königswahl von 1519 (im Druck).

[822] Nach Wiesflecker, Maximilian 4, S. 407 bot man dem Kurfürsten Germaine de Foix, die Witwe König Ferdinands von Aragón, als Gattin an. Die ältere Studie von Weicker, Stellung, enthält S. 224–251 einen Abschnitt zu Friedrich dem Weisen, der für das Folgende ebenfalls zu vergleichen ist.

[823] Vgl. Helmut Neuhaus, Die Römische Königswahl vivente imperatore in der Neuzeit. Zum Problem der Kontinuität in einer frühneuzeitlichen Wahlmonarchie, in: Neue Studien zur frühneuzeitlichen Reichsgeschichte, hrsg. von Johannes Kunisch, Berlin 1997, S. 1–54.

[824] Wiesflecker, Maximilian 4, S. 412.

[825] Spalatin, Leben, S. 40.

[826] Vgl. Spalatin, Leben, S. 49–52.

[827] Vgl. BAKFJ 2, Nr. 829 mit Anm. 1. Wann Kesinger in Torgau war, kann nur ungefähr geschätzt werden. Am 21. war er in Halle bei Albrecht von Mainz. Vgl. zur Kesinger-Mission auch Weicker, Stellung, S. 117 u. ö.

[828] Albrecht von Mainz benachrichtigte ihn schon am 21. Januar: DRTA.JR 1, S. 151 Anm. 4.

[829] Vgl. DRTA.JR 1, Nr. 13.

[830] Vgl. BAKFJ 2, Nr. 829.

[831] Vgl. BAKFJ 2, Nr. 835.

[832] Vgl. Weicker, Stellung, S. 44.

[833] DRTA.JR 1, Nr. 89. Vgl. dazu Weicker, Stellung, S. 227–231.

[834] Vgl. DRTA.JR 1, Nr. 119.

[835] Die Instruktion in DRTA.JR 1, Nr. 93. Dazu Weicker, Stellung, S. 232 f.

[836] Vgl. DRTA.JR 1, Nr. 183.

[837] Vgl. DRTA.JR 1, Nr. 31.

[838] Vgl. DRTA.JR 1, Nr. 173.

[839] Vgl. Weicker, Stellung, S. 234 mit den Stellen aus DRTA.JR 1. Die Werbung vom 28. April unter Nr. 255.

[840] Vgl. DRTA.JR 1, Nr. 254.

[841] Vgl. oben bei Anm. 524 f.

[842] Spalatin, Leben, S. 57 f.

[843] Vgl. Weicker, Stellung, S. 234.

[844] Spalatin, Leben, S. 60.

[845] Vgl. die Instruktion Friedrichs an seinen Bruder wegen des spanischen Heiratsprojekts: DRTA 1, Nr. 282; Weicker, Stellung, S. 243 f.

[846] Vgl. zu den Briefen des Kurfürsten an Johann in dieser Sache: Spalatin, Leben, S. 60–62.

[847] Vgl. DRTA.JR 1, Nr. 281; Weicker, Stellung, S. 245.

[848] Vgl. Weicker, Stellung, S. 248 mit der genauen Reiseroute; vgl. zu den Reisestationen auch Enno Bünz, Die Wettiner auf den Reichstagen. Kurfürst Friedrich der Weise auf dem Wahltag 1519 in Frankfurt, gesehen mit den Augen eines Zeitzeugen, in:

König, Reich und Fürsten im Mittelalter. Abschlusstagung des Greifswalder »Principes-Projekts«. FS für Karl-Heinz Spieß, hrsg. von Oliver Auge, Red. Nina Kühnle, Stuttgart 2017, S. 441–460, hier S. 445 f.

849 Die Literatur zu Karl V. ist kaum noch zu überblicken. Vgl. zuletzt: Kaiser Karl V. und das Heilige Römische Reich. Normativität und Strukturwandel eines imperialen Herrschaftssystems am Beginn der Neuzeit, hrsg. von Ignacio Czeguhn und Heiner Lück, Leipzig/Stuttgart 2022.

850 Die Frage der Bestechungsgelder wurde ausführlich behandelt von Henry J. Cohn, Did Bribes Induce the German Electors to Choose Charles V as Emperor in 1519?, in: German History 19/1 (2001), S. 1–27; Mark Häberlein, Ein gekaufter Kaiser? Karl V. und seine Augsburger Financiers, in: Der gekaufte Kaiser. Die Krönung Karls V. und der Wandel der Welt, hrsg. von Frank Pohle, Dresden 2020, S. 33–43.

851 Zu den Umständen der Wahl und zur Rolle Friedrichs des Weisen vgl. Kohnle, Kaiser Friedrich?

852 Vgl. Hermann Baumgarten, Die Politik Leos X. in dem Wahlkampf der Jahre 1518 und 1519, in: Forschungen zur deutschen Geschichte 23 (1883), S. 521–570, hier S. 552–555.

853 Vgl. Spalatin, Leben, S. 59.

854 Vgl. Karl Brandi, Kaiser Karl V. Werden und Schicksal einer Persönlichkeit und eines Weltreiches, 2 Bde., München 1937–1941; Bd. 1 hier zitiert nach der 4. Aufl. 1942, S. 95 f.; vgl. auch Karl Brandi, Die Wahl Karls V., in: Nachrichten von der Gesellschaft der Wissenschaften zu Göttingen, Philologisch-Historische Klasse 1925, Göttingen 1926, S. 109–133.

855 Paul Kalkoff, Die Kaiserwahl Friedrichs IV. und Karls V. (am 27. und 28. Juni 1519), Weimar 1925. Die Hauptergebnisse dieses Buches veröffentlichte Kalkoff bereits im Jahr zuvor: Paul Kalkoff, Die Kaiserwahl Friedrichs des Weisen (27. Juni 1519), in: ARG 21 (1924), S. 133–140. Vgl. auch ders., Die Stellung Friedrichs zur Kaiserwahl 1519 und die Hildesheimer Stiftsfehde, in: ARG 24 (1927), S. 270–294.

856 Für eine Diskussion der Quellen vgl. Kohnle, Kaiser Friedrich?

857 Spalatin, Leben, S. 41; vgl. auch *... in ea Rom. regis electione paucis ante diebus Fridericus III., Saxoniae dux elector, tria habuit suffragia nempe Treverensis Richardi, Palatini et electoris Brandenburgensis Joachimi I.*; DRTA.JR 1, 828 Anm. 1. Eine weitere Spalatin-Stelle zitiert Ludolphy, Friedrich, S. 218.

858 Vgl. zum Folgenden Bünz, Die Wettiner auf den Reichstagen (wie Anm. 848), S. 446–453.

859 Darauf verweist Heiner Lück, Friedrich der Weise und die Königswahl von 1519, in: Kohnle/Schirmer, Friedrich, S. 23–47.

[860] WA 8, S. 562,11–18.
[861] https://cranach.ub.uni-heidelberg.de/wiki/index.php/CorpusCranach:Friedrich_der_Weise (letzter Zugriff am 14.01.2019). Die Gemälde tragen hier die Nummern: CC-POR-160-33 bis CC-POR-160-55 u.ö.
[862] Hier der Wortlaut nach der Bildunterschrift des Cranach-Portraits von 1532: Dieter Koepplin/Tilman Falk, Lukas Cranach. Gemälde, Zeichnungen, Druckgraphik, 2 Bde., Basel/Stuttgart 1974–1976, Bd. 1, S. 284 (Abb. 159), S. 301 (Nr. 190) (Beschreibung).
[863] Diese 70.000 Gulden in der Wahlkostenrechnung der Habsburger erwähnt Brandi, Karl V. (wie Anm. 854), Bd. 1, S. 95. Aus kursächsischer Perspektive handelte es sich, wenn das Geld tatsächlich bezahlt wurde, nicht um Bestechungsgelder, sondern um die Rückzahlung von Schulden.
[864] Zur Person vgl. Enno Bünz, Karl von Miltitz, in: Sächsische Biografie, hrsg. vom Institut für Sächsische Geschichte und Volkskunde e.V. (Online, letzter Zugriff am 06.06.2023).
[865] Vgl. die Schreiben des Papstes an den Kurfürsten in BAKFJ 2, Nr. 777 f.
[866] Vgl. BAKFJ 2, Nr. 777 Anm. 1.
[867] Vgl. ABKG 1, Nr. 64; BAKFJ 2, Nr. 806.
[868] Vgl. BAKFJ 2, Nr. 778 Anm. 1.
[869] Vgl. ABKG 1, Nr. 64, Zitat S. 51,34.
[870] Leo X. an Kurfürst Friedrich, 24.10.1518: BAKFJ 2, Nr. 778. Zitat aus Spalatins Übersetzung bei Walch 15, Sp. 669–672 (Nr. 250), hier Sp. 671.
[871] Luther reiste am 4. Januar nach Altenburg, die Verhandlungen fanden an den beiden folgenden Tagen statt. Vgl. Kohnle, Reichstag und Reformation, S. 33–35.
[872] Vgl. WA.B 1, Nr. 128; BAKFJ 2, Nr. 811 f.
[873] Vgl. WA.B 1, Nr. 129.
[874] Vgl. Walch 15, Sp. 709 f. (Nr. 285), Zitat Sp. 709.
[875] Vgl. Walch 15, Sp. 711; BAKFJ 2, Nr. 815.
[876] Vgl. Walch 15, Sp. 713–715 (Nr. 288) = BAKFJ 2, Nr. 819.
[877] Vgl. WA.B 1, Nr. 145; BAKFJ 2, Nr. 837.
[878] Vgl. die Belege für die Freundschaft bei Aloys Schmidt, Der Trierer Kurfürst Erzbischof Richard von Greiffenklau und die Auswirkungen des Wormser Edikts auf Kurtrier, in: Reuter, Worms, S. 292 mit Anm. 111. Zur Person des Trierer Erzbischofs vgl. auch Wolfgang Seibrich, Greiffenclau von Vollrads, Richard (1467–1531), in: Gatz, Bischöfe, S. 239–241.
[879] Vgl. DRTA.JR 1, S. 148 f. (Nr. 4).
[880] Vgl. DRTA.JR 1, S. 557–559 (Nr. 224) und Friedrichs Antwort, ebd. S. 765 f. (Nr. 330); BAKFJ 1, Nr. 847 Anm. 1.
[881] Vgl. Kohnle, Reichstag und Reformation, S. 36 f. zu den Einzelheiten.
[882] Vgl. BAKFJ 2, Nr. 878.
[883] Vgl. BAKFJ 2, Nr. 903.
[884] So Friedrichs spätere Darstellung in BAKFJ 2, Nr. 952.3.

[885] BAKFJ 2, Nr. 880.
[886] So ist der Zusammenhang bei Hans v. Schubert, Die Vorgeschichte der Berufung Luthers auf den Reichstag zu Worms 1521, Heidelberg 1912, S. 9 f. verstanden.
[887] BAKFJ 2, Nr. 874.
[888] Vgl. BAKFJ 2, Nr. 904.
[889] Zur Leipziger Disputation vgl. Die Leipziger Disputation von 1519. Ein theologisches Streitgespräch und seine Bedeutung für die frühe Reformation, hrsg. von Markus Hein und Armin Kohnle, 2. Aufl. Leipzig 2019.
[890] Vgl. WA.B 1, Nr. 178.
[891] Vgl. BAKFJ 2, Nr. 912. Vgl. zum Folgenden Konstantin Enge, Zwischen Engagement und Distanz. Friedrich der Weise und die Leipziger Disputation, in: Neuhes wyssen, S. 41–58.
[892] Vgl. BAKFJ 2, Nr. 913.
[893] Vgl. BAKFJ 2, Nr. 916.
[894] Vgl. BAKFJ 2, Nr. 914.
[895] Vgl. BAKFJ 2, Nr. 918.
[896] Vgl. BAKFJ 2, Nr. 925.
[897] Vgl. BAKFJ 2, Nr. 953.
[898] Vgl. BAKFJ 2, Nr. 953 Anm. 1.
[899] Vgl. Luther an Friedrich, BAKFJ 2, Nr. 811.
[900] Vgl. BAKFJ 2, Nr. 858.
[901] Vgl. BAKFJ 2, Nr. 939.
[902] Vgl. BAKFJ 2, Nr. 886.2.
[903] Vgl. BAKFJ 2, Nr. 943.1.
[904] Friedrichs Vollmacht an seine Räte zur Annahme der Rose in Walch 15, Sp. 745–747 (Nr. 313); BAKFJ 2, Nr. 937.
[905] Vgl. Walch 15, Sp. 746–749 (Nr. 315); BAKFJ 2, Nr. 941.
[906] Vgl. Walch 15, Sp. 750 f. (Nr. 318); BAKFJ 2, Nr. 944.
[907] Vgl. Miltitz an Luther, WA.B 1, S. 510 (Nr. 199).
[908] Diesen Termin hatte Luther dem Kurfürsten vorgeschlagen; vgl. WA.B 1, Nr. 201; BAKFJ 2, Nr. 947.
[909] Vgl. Luther an Spalatin, WA.B 1, Nr. 204; Spalatins Übersetzung bei Walch 15, Sp. 752 f. (Nr. 320).
[910] Vgl. WA.B 1, S. 525 f. Beil.; BAKFJ 2, Nr. 951.
[911] Vgl. WA.B 1, S. 529,13 f.
[912] Vgl. WA.B 1, S. 526 f. Beil.; BAKFJ 2, Nr. 952.
[913] Vgl. WA.B 1, S. 527 f. Beil.; BAKFJ 2, Nr. 955.
[914] Vgl. Luther an Spalatin, WA.B 1, S. 529,9 ff.
[915] Vgl. WA.B 1, S. 535,22 ff.; BAKFJ 2, Nr. 957.
[916] Kurfürst Friedrich an Richard von Trier, Walch 15, Sp. 759–761 (Nr. 327), Zitat Sp. 760 f.; BAKFJ 2, Nr. 960.
[917] Vgl. an Kurfürst Friedrich, Walch 15, Sp. 760–762 (Nr. 328); BAKFJ 2, Nr. 988.
[918] Zu den Quellen vgl. Kohnle, Reichstag und Reformation, S. 40 Anm. 124.
[919] Vgl. Georg Berbig, Spalatiniana, Theologische Studien und Kritiken 80 (1907), S. 513–534, hier S. 533 (Nr. 14); dieser Text scheint die wesentlichen Punkte des Gesprächs vom 11.12. wiederzugeben.
[920] So in einem Schreiben des Kurfürsten an Herzog Georg, ABKG 1, Nr. 148.

Anmerkungen

[921] Vgl. Aloys Schulte, Die römischen Verhandlungen über Luther 1520. Aus den Atti Consistoriali 1517–23, in: Quellen und Forschungen aus italienischen Archiven und Bibliotheken 6 (1904), S. 174–176.

[922] Vgl. Spalatin an Christian Beyer, Kolde, Friedrich, S. 41 f. (Nr. 2); die von Spalatin angeforderten Gutachten sind nicht erhalten.

[923] Vgl. BAKFJ 2, Nr. 1048.

[924] Vgl. BAKFJ 2, Nr. 1073.

[925] Vgl. BAKFJ 2, Nr. 1084 f.

[926] Die Breven »Credere volumus« (DCL 2, S. 434–437 [Nr. 43]) und »Quod ad nos«; vgl. BAKFJ 2, Nr. 1082 f.

[927] Vgl. DCL 2, S. 438–442 (Nr. 44).

[928] Vgl. Walch 15, Sp. 1571 f. 1575 f.

[929] Zu Friedrichs Itinerar vgl. Spalatins Chronik bei Alfred Kleeberg, Georg Spalatins Chronik für die Jahre 1513 bis 1520, phil. Diss. Jena, Borna/Leipzig 1919, S. 34–44: Aufbruch von Lochau am 27. August, 25. September bis 7. November Aufenthalt in Köln, Rückkehr nach Lochau am 29. November. Ende Dezember brach der Kurfürst zum Wormser Reichstag auf.

[930] Vgl. dazu den Begleitband zur Ausstellung Der gekaufte Kaiser (wie Anm. 850).

[931] Spalatin, der den Kurfürsten nach Köln begleitete, sah das erste Exemplar am 26. September; vgl. Kleeberg, Chronik (wie Anm. 929), S. 35. Zur Rolle Spalatins während des Kölner Aufenthaltes vgl. Irmgard Höß, Georg Spalatin 1484–1545. Ein Leben in der Zeit des Humanismus und der Reformation, Weimar 1989, S. 178–183.

[932] Zu den äußeren Umständen des Gespräches vgl. Spalatins Bericht bei Kleeberg, Chronik (wie Anm. 929), S. 41; DRTA.JR 2, S. 462 f.

[933] D. Martini Lutheri Opera latina varii argumenti, hrsg. von Heinrich Schmidt, Bd. 5, Frankfurt am Main 1868, S. 243–250; vgl. zu diesem, Ende 1520 lateinisch und deutsch im Druck verbreiteten Text (VD16 D 152) die ausführliche Inhaltsangabe und kritischen Bemerkungen in DRTA.JR 2, Nr. 60.

[934] Text: Opera latina varii argumenti (wie Anm. 933), S. 241 f.

[935] Vgl. zu Erasmus' und Fabers Vermittlungsaktionen im November 1520 Karl Hartfelder, Friedrich der Weise von Sachsen und Desiderius Erasmus von Rotterdam, in: Zeitschrift für Vergleichende Litteraturgeschichte und Renaissance-Litteratur 4 (1891), S. 203–214; Paul Kalkoff, Die Vermittlungspolitik des Erasmus und sein Anteil an den Flugschriften der ersten Reformationszeit, in: ARG 1 (1903/4), S. 1–83.

[936] Ludolphy, Friedrich, S. 422 mit Anm. 560 und S. 424 will keinen Zusammenhang zwischen den Axiomata und Friedrichs Antwort sehen und bestreitet, dass der Kurfürst, der von dritter Seite »keine Ermunterung oder Bestätigung« gebraucht habe, bei

Erasmus Rat suchte; die auch von Ludolphy benutzten Quellen lassen jedoch keinen Zweifel daran, dass die Initiative zu dem Gespräch von kursächsischer Seite ausging und dass die Axiomata auf Bitten des Kurfürsten niedergeschrieben wurden.

937 Ludolphy, Friedrich, S. 422 verkennt die Haltung des Kurfürsten, wenn sie behauptet, der Kurfürst habe sich schon nach Erlass der Ablassbulle »Cum postquam« im November 1518 »außerhalb der römisch-katholischen Kirche gestellt, für die Dogmen Rechtscharakter haben.«

938 Vgl. Alfred Schröder, Die Verkündung der Bulle »Exurge Domine« durch Bischof Christoph von Stadion 1520, in: Jahrbuch des Historischen Vereins Dillingen 9 (1896), S. 166.

939 Erasmus in einem undatierten Brief an einen unbekannten Empfänger: Opus epistolarum Des. Erasmi Roterodami, hrsg. von Percy Stafford Allen, Bd. 4, Oxford 1922, S. 398,75 f.

940 Vgl. ebd., S. 399,80 f.; in der im Druck verbreiteten Antwort an die Nuntien verlautet davon nichts.

941 Vgl. DRTA.JR 2, S. 660,21 ff. (Äußerung vom 11.2.1524).

942 DRTA.JR 2, Nr. 61; ebd. S. 466 ff. Anm. 2 die Belege für die der Zusage des Kaisers vorausgehende Korrespondenz.

943 Vgl. zu den Verhandlungen Aleanders mit dem Kaiser vor allem die Depeschen vom 14. und 17.12.: DRTA.JR 2, Nr. 113.

944 DRTA.JR 2, Nr. 62.

945 DRTA.JR 2, Nr. 63 f.

946 Vgl. Walch Bd. 15, Sp. 1696 f. (Nr. 519); vgl. DRTA.JR 2, S. 467,12 ff.).

947 Dieses Motiv wird in der Literatur meist als entscheidend herausgestellt; Ludolphy, Friedrich, S. 428 f.

948 So Luther in einer Antwort auf ein nicht erhaltenes Schreiben des Kurfürsten, WA.B 2, Nr. 371. Mehr als die Tatsache, dass der Kaiser zusagte, die Sache *zu seiner Kaiserl. Maj.* zu nehmen (S. 254,15), ist dem Brief nicht zu entnehmen.

949 So Brück in: DRTA.JR 2, S. 491,2.

950 Zur Haltung Karls V. in der Reformationsfrage vgl. Kohnle, Kaiser Karl V., der (gescheiterte) Verteidiger der christlichen Einheit Europas, in: Czeguhn/Lück, Kaiser Karl V. (wie Anm. 849), S. 531–561.

951 Noch immer grundlegend: Reuter, Worms. Im Umfeld des Reichstags-Jubiläums 2021 sind erschienen: Klaus-Rüdiger Mai, Und wenn die Welt voll Teufel wär: Martin Luther in Worms, Leipzig 2020; Ulrich Oelschläger, Luther in Worms. Der Reichstag im April 1521, Worms 2020; Gewissen und Protest – 1521 bis 2021. Die Texte der Wormser Landesausstellung »hier stehe ich« zum 500. Jahrestag des Wormser Reichstags, hrsg. von Volker Gallé, Worms

Anmerkungen

2021; Armin Kohnle, Gewissensreligion? Luthers Wormser Rede neu gelesen, in: Luther. Zeitschrift der Luther-Gesellschaft 92 (2021), S. 84–92; Martin Heckel, Kaiser Karls V. Begegnung mit Luther auf dem Reichstag zu Worms 1521, in: Juristen-Zeitung 72. Jg. (9/2021), S. 425–434; Thomas Kaufmann, »Hier stehe ich«. Luther in Worms – Ereignis, mediale Inszenierung, Mythos, Stuttgart 2021; Hier stehe ich. Gewissen und Protest 1521 bis 2021. Begleitband zur Landesausstellung, 3. Juli bis 30. Dezember 2021, Museum der Stadt Worms im Andreasstift, hrsg. von Thomas Kaufmann und Katharina Kunter, Worms 2021; Martin Luther auf dem Reichstag zu Worms. Ereignis und Rezeption, hrsg. von Markus Wriedt und Werner Zager unter Mitw. von Raphael Zager, Leipzig 2022.

[952] Vgl. zu den vier Gesprächen zwischen Brück und Glapion die Berichte Brücks in: DRTA.JR 2, S. 477–494 Nr. 66; vgl. Rainer Wohlfeil, Der Wormser Reichstag von 1521, in: Reuter, Worms, S. 99–101; Martin Brecht, Martin Luther Bd. 1: Sein Weg zur Reformation 1483–1521, 3. Aufl. Stuttgart 1990, S. 416–419.

[953] Über die Beteiligung Gattinaras an den Verhandlungen berichten die undatierten »Deliberationes in negotio Lutheri« (DRTA.JR 2, S. 488 Anm. 1).

[954] Die in diesem Zusammenhang hergestellten Auszüge bei Förstemann, Neues UB, S. 37–47.

[955] WA 6, S. 484–573.

[956] DRTA.JR 2, S. 493,21.

[957] Vgl. Theodor Brieger, Aleander und Luther 1521. Die vervollständigten Aleander-Depeschen nebst Untersuchungen über den Wormser Reichstag, Gotha 1884, S. 70,3 ff.

[958] Zur Entstehung vgl. Armin Kohnle, Wormser Edikt, in: TRE 36 (2004), S. 287–291; zu den Wirkungen vgl. ders., Reichstag und Reformation.

[959] Vgl. zum Folgenden Kohnle, Spalatin und Luther: eine Männerfreundschaft, in: Kohnle/Meckelnborg/Schirmer, Spalatin (wie Anm. 6), S. 45–56; zu Spalatins Rolle in Worms vgl. auch Höß, Spalatin (wie Anm. 931), S. 187–202.

[960] DRTA.JR 2, S. 490 Anm. 1.

[961] Vgl. DRTA.JR 2, S. 126 f., 207, 384, 477 f., 530 usw.

[962] Vgl. WA.B 2, Nr. 389. Die Liste der zu widerrufenden Sätze mit einer Aufschrift Spalatins in: Förstemann, Neues UB, S. 44 f. (Nr. 8).

[963] Vgl. DRTA.JR 2, S. 534–537 (Nr. 77).

[964] Vgl. DRTA.JR 2, S. 540–569 (Nr. 79). Die Verfasserschaft Spalatins ist zwar nicht zweifelsfrei erwiesen, aber doch wahrscheinlich (vgl. ebd., S. 541 Anm. 1).

[965] Vgl. DRTA.JR 2, S. 569–586 (Nr. 80). Auch für diesen Text ist die Verfasserschaft Spalatins nicht zweifelsfrei erwiesen. Fest

steht lediglich, dass Spalatin eine Abschrift des Textes vorgenommen hat.
966 Vgl. Höß, Spalatin (wie Anm. 931), S. 96.
967 Spalatin, Annales (wie Anm. 737), S. 49 f.; vgl. DRTA.JR 2, S. 550 Anm. 1.
968 Vgl. DRTA.JR 2, S. 566 mit Anm. 2. Vgl. auch den Bericht darüber in Spalatins Annalen bei Cyprian (wie Anm. 737), S. 44–46.
969 Vgl. zum Beispiel das aus einer Handschrift Spalatins mitgeteilte Gutachten eines anonymen Verfassers in Förstemann, Neues UB, S. 67 (Nr. 24).
970 Vgl. DRTA.JR 2, S. 871 Anm. 2; WA.B 2, S. 306 Anm. 3.
971 Übersetzung von Höß, Spalatin (wie Anm. 931), S. 198.
972 WA.B 2, Nr. 401.
973 WA.B 2, Nr. 407.
974 WA.B 2, Nr. 407.
975 Vgl. den »Zettel« Spalatins für Kurfürst Friedrich, RTA 2, S. 640 Anm. 2.
976 An Spalatin richtete Luther von der Wartburg nicht weniger als 16 Briefe: WA.B 2, Nr. 410, 417, 420–423, 426 f., 429, 431, 436, 438, 441, 444, 452 f.
977 WA.B Bd. 2, Nr. 421 f.
978 Vgl. zum Folgenden: Kohnle, Friedrich der Weise als Briefschreiber (wie Anm. 416).
979 Förstemann, Neues UB, S. 5 (Nr. 8); ähnlich S. 8 (Nr. 12).
980 Förstemann, Neues UB, S. 14 (Nr. 22).
981 Förstemann, Neues UB, S. 15 (Nr. 23).
982 Förstemann, Neues UB, S. 16 (Nr. 24).
983 Förstemann, Neues UB, S. 17 (Nr. 25).
984 Vgl. Förstemann, Neues UB, S. 17 (Nr. 26).
985 Die dürftigen, aus dem Jahr 1524 stammenden Nachrichten über diese Vereinbarung sind zusammengestellt in DRTA.JR 2, S. 660,21 ff.; vgl. auch Karlheinz Blaschke, Kurfürst Friedrich der Weise von Sachsen und die Luthersache, in: Reuter, Worms, S. 331.
986 Zur Gesamtentwicklung über den Tod Friedrichs hinaus vgl. Kohnle, Reichstag und Reformation.
987 Zum Zweiten Reichsregiment vgl. Christine Roll, Das zweite Reichsregiment 1521–1530, Köln/Weimar/Wien 1996.
988 Zu Planitz vgl. Roll, Reichsregiment (wie Anm. 987), S. 430–435; Wülcker/Virck, Planitz, S. XIX–LXXXIV.
989 Vgl. Wülcker/Virck, Planitz, S. LXXV f., Zitat LXXVI.
990 Vgl. Roll, Reichsregiment (wie Anm. 987), S. 352 f. mit Anm. 5.
991 Vgl. Roll, Reichsregiment (wie Anm. 987), S. 366 mit Anm. 5, die es für unsicher hält, ob er auch im Regiment saß – wieso?
992 Kohnle, Reichstag und Reformation, S. 105 f.; Volkmar, Reform, S. 487–489.
993 Zur Anzeige des Herzogs an das Reichsregiment vgl. Planitz an Kurfürst Friedrich, Wülcker/Virck, Planitz, S. 67–69 (Nr. 29), hier S. 67,19 ff. (16.1.1522).

Anmerkungen

994 Vgl. ebd. S. 68,10 ff.
995 Die an Herzog Georg gerichtete Fassung in ABKG 1, (Nr. 288); BAKFJ 2, Nr. 1457.
996 Vgl. oben bei Anm. 394 und 700.
997 Vgl. ABKG 1, Nr. 299.
998 Herzog Georg an Kurfürst Friedrich, ABKG 1, Nr. 293.
999 Vgl. ABKG 1, Nr. 314.
1000 Vgl. ABKG 1, Nr. 321.
1001 Vgl. ABKG 1, Nr. 450.
1002 ABKG 1, Nr. 146; BAKFJ 2, Nr. 998.
1003 Vgl. ABKG 1, Nr. 259; BAKFJ 2, Nr. 1391.
1004 Vgl. ABKG 1, Nr. 293; BAKFJ 2, Nr. 1465.
1005 Vgl. ABKG 1, Nr. 314; BAKFJ 2, Nr. 1509.
1006 Vgl. ABKG 1, Nr. 321; BAKFJ 2, Nr. 1532.
1007 Vgl. BAKFJ 2, Nr. 1559; ABKG 1, Nr. 328; BAKFJ 2, Nr. 1562; ABKG 1, Nr. 330, BAKFJ 2, Nr. 1569.
1008 Vgl. BAKFJ 2, Nr. 1638.
1009 Vgl. ABKG 1, Nr. 423; zum Hintergrund vgl. ebd. Nr. 412, 417 und WA.B 3, Nr. 564.
1010 Vgl. ABKG 1, Nr. 433.
1011 Vgl. ABKG 1, Nr. 437, 443, 447 f., 453, 455, 457.
1012 Vgl. Kurfürst Friedrich an Herzog Georg, ABKG 1, Nr. 470.
1013 Zu den Verhandlungen vgl. Kohnle, Reichstag und Reformation, S. 116–127.
1014 Vgl. Planitz an Kurfürst Friedrich, Wülcker/Virck, Planitz, Nr. 148, S. 354,5 ff. und Nr. 163, S. 398,15 ff.
1015 Vgl. Feilitzsch an Herzog Johann, Wülcker/Virck, Planitz, Nr. 146, S. 345,14 ff.
1016 Vgl. Wülcker/Virck, Planitz, S. 365 f. (Nr. 151); auch DRTA.JR 3, S. 747 Anm. 1.
1017 Vgl. Wülcker/Virck, Planitz, Nr. 162, S. 395,28 ff.
1018 Vgl. DRTA.JR 2, S. 447–452 (Nr. 84).
1019 Vgl. Wülcker/Virck, Planitz, S. 390–392 (Nr. 160); die Abweichungen vom allgemeinen Mandat gehen auch aus dem Variantenapparat zu RTA Bd. 3, Nr. 84 hervor.
1020 Vgl. etwa an Herzog Johann, Förstemann, Neues UB, S. 20 f. (Nr. 31), hier S. 20.
1021 An Nassau, Wülcker/Virck, Planitz, S. 189–191 (Nr. 84).
1022 Karl V. an Kurfürst Friedrich, Wülcker/Virck, Planitz, S. 222–224 (Nr. 99), Zitat S. 223,22 ff.
1023 Vgl. Nassau an Kurfürst Friedrich, Wülcker/Virck, Planitz, S. 226–228 (Nr. 102).
1024 Kurfürst Friedrich an den Kaiser, Wülcker/Virck, Planitz, S. 311–313 (Nr. 135), Zitat S. 312,21 ff.
1025 Vgl. DRTA.JR 3, S. 406–410 (Nr. 77).
1026 Vgl. Wülcker/Virck, Planitz, S. 369 f. Anm. 3; auch bei Walch 15, Sp. 2124 (Nr. 717) (aus Spalatins Annalen). Vgl. auch die Instruktion für Planitz, Wülcker/Virck, Planitz, S. 366–369 (Nr. 152).
1027 Vgl. WA.B 3, Nr. 642.
1028 Vgl. WA.B 3, S. 123 f., Zitat S. 124,10 ff.

[1029] Vgl. Müller/Pallas, Urkunden 1, S. 25–27 (Nr. 17), hier S. 26.
[1030] Vgl. Kurfürst Friedrich an das Kapitel, ebd. S. 27 (Nr. 18). Vgl. zum Ganzen auch WA.B 3, S. 133 ff.
[1031] Vgl. Ernestinische Landtagsakten Bd. 1: Die Landtage von 1487–1532, bearb. von C. A. H. Burkhardt, Jena 1902, S. 160 f.; vgl. Kirn, Friedrich, S. 156–158.
[1032] Vgl. Ernestinische Landtagsakten (wie Anm. 1031), S. 162 f.
[1033] Vgl. Karl Pallas, Die Versuche des Bischofs Adolf von Merseburg, den kirchlichen Neuerungen innerhalb seiner Diözese entgegenzutreten, und das Verhalten des Kurfürsten Friedrichs d. W. und seines Bruders Herzogs Johann dazu 1520–1525, in: ZVKGS 23 (1927), S. 24 (Regest).
[1034] Vgl. Kurfürst Friedrich an die Räte zu Torgau, Müller/Pallas, Urkunden 1, S. 38–43 (Nr. 26).
[1035] Vgl. die Antwort der Räte, Müller/Pallas, Urkunden 1, S. 43–45 (Nr. 27).
[1036] Vgl. Kohnle, Reichstag und Reformation, S. 204–219.
[1037] Zur Abreise des Kurfürsten: DRTA.JR 4, S. 104,1 ff. Die Vollmacht vom 26. Febr. für Philipp von Feilitzsch, der die Vertretung Kursachsens auf dem Reichstag übernahm, bei Förstemann, Neues UB, S. 150 (Nr. 34) (Regest).
[1038] Die entsprechenden Nachrichten sind zusammengestellt in DRTA.JR 4, S. 51–53 (Nr. 21).
[1039] Vgl. etwa Hannart an Karl V., DRTA.JR 4, S. 687,3 ff. (Regest).
[1040] Vgl. DRTA.JR 4, S. 299,5 ff.
[1041] Die Argumente des Kurfürsten bei Wülcker/Virck, Planitz, S. 618–621 (Nr. 9*).
[1042] Vgl. Friedrich an Johann, DRTA.JR 4, S. 793 ff. (Nr. 273).
[1043] Vgl. Förstemann, Neues UB, S. 216 f. (Nr. 92).
[1044] Vgl. Kohnle, Reichstag und Reformation, S. 220–227.
[1045] Die für den Kurfürsten von Sachsen bestimmte Ausfertigung bei Förstemann, Neues UB, S. 204–206 (Nr. 81).
[1046] Friedrich an Karl V., Förstemann, Neues UB, S. 221 f. (Nr. 96). Förstemann druckt angeblich das Original, was bedeuten könnte, dass es nicht abgeschickt wurde.
[1047] Am 23. September übersandten die Nürnberger Ebner und Nützel eine Abschrift des Edikts, das sie aus Esslingen erhalten hatten, an den Kurfürsten: Walch Bd. 15, Sp. 2271–2273 (Nr. 745), hier Sp. 2272; Friedrichs Antwort vom 3. Oktober: Ebd. Sp. 2273 f. (Nr. 746).
[1048] Vgl. Bischof Johann v. Meißen an Kurfürst Friedrich: Karl Pallas, Briefe und Akten zur Visitationsreise des Bischofs Johannes VII. von Meißen im Kurfürstentum Sachsen 1522, in: ARG 5 (1907/8), S. 217–312, hier S. 241–243 (Nr. 2); Adolf v. Merseburg an dens., Pallas, Versuche (wie Anm. 1033), S. 8 f. Zum Ganzen vgl. auch Ludwig, Regimentsmandat.

[1049] Wülcker/Virck, Planitz, S. 90,25 ff.
[1050] Vgl. an Planitz, ebd. Nr. 45, S. 104,5 ff.
[1051] Am 20. Februar fragte der Bischof an, ob er das Mandat des Regiments veröffentlichen dürfe; vgl. Pallas, Versuche (wie Anm. 1033), S. 8 f. Am 7. März erklärte sich der Kurfürst einverstanden; ebd. S. 9 f. Auf ein erneutes Schreiben des Bischofs hin erteilte der Kurfürst am 16. März seinen Amtleuten den Befehl, die Verkündung des Regimentsmandats durch den Bischof zu gestatten.
[1052] Karl Pallas, Die Visitationsreise des Bischofs Johann VII. von Meißen im Kurfürstentum Sachsen 1522, in: ZVKGS 6 (1909), S. 25–80, wo die von Pallas, Briefe, herausgegebenen Akten und weiteres Material verarbeitet sind. Vgl. zum Folgenden auch Ludwig, Regimentsmandat.
[1053] Instruktion für Minckwitz, Wülcker/Virck, Planitz, S. 257–259 (Nr. 15).
[1054] Vgl. Wülcker/Virck, Planitz, S. 298 f. (Nr. 31).
[1055] Vgl. die Korrespondenz Wülcker/Virck, Planitz, S. 300–310 (Nr. 33–39). Bischof Adolf blieb der Auffassung, dass die päpstlichen und kaiserlichen Mandate zu befolgen und Luther und seine Anhänger zu vertreiben seien; vgl. an Papst Hadrian VI., 26.1.1523: ABKG 1, S. 451 Anm. 3.
[1056] Vgl. Sammlung vermischter Nachrichten zur Sächsischen Geschichte Bd. 4, Chemnitz 1770, S. 308 f. (Nr. 8).
[1057] Vgl. die Instruktion Kurfürst Friedrichs für Brück und Rudloff, Förstemann, Neues UB, S. 85 f. (Nr. 3).
[1058] Vgl. den Bericht über die Werbung Brücks und Rudloffs beim Bischof von Merseburg, Förstemann, Neues UB, S. 87–90 (Nr. 4).
[1059] Zur evangelischen Bewegung in Kursachsen vgl. neuerdings Volkmar Joestel, Geschwinde Zeitläufte. Wittenberg und die Reformation in Kursachsen 1521/22, Leipzig 2023.
[1060] Vgl. Ludolphy, Friedrich, S. 444–480.
[1061] Noch immer grundlegend: Müller, Wittenberger Bewegung; Natalie Krentz, Ritualwandel und Deutungshoheit. Die frühe Reformation in der Residenzstadt Wittenberg (1500–1533), Tübingen 2014.
[1062] Vgl. Müller, Wittenberger Bewegung, S. 19–21 (Nr. 5); BAKFJ 2, Nr. 1342. Die bisher unbekannte Beschwerde des Präzeptors Reißenbusch vom 7. Oktober an den Kurfürsten in BAKFJ 2, Nr. 1340.
[1063] Vgl. BAKFJ 2, Nr. 1206.
[1064] Vgl. MBW 16, Personen T – Z, S. 393–395.
[1065] Vgl. BAKFJ 2, Nr. 1342.
[1066] Vgl. Müller, Wittenberger Bewegung, S. 24–26 (Nr. 7); BAKFJ 2, Nr. 1348.
[1067] Vgl. Müller, Wittenberger Bewegung, S. 26 f. (Nr. 8); BAKFJ 2, Nr. 1346.

[1068] Vgl. Müller, Wittenberger Bewegung, S. 30 f. (Nr. 11); BAKFJ 2, Nr. 1353.
[1069] Vgl. BAKFJ 2, Nr. 1343.
[1070] Vgl. BAKFJ 2, Nr. 1347.
[1071] Vgl. Müller, Wittenberger Bewegung, S. 28–30 (Nr. 10); BAKFJ 2, Nr. 1351.
[1072] Vgl. Müller, Wittenberger Bewegung, S. 31 (Nr. 12); BAKFJ 2, Nr. 1352.
[1073] Dieser Bericht in BAKFJ 2, Nr. 1356, ediert bei Müller, Wittenberger Bewegung, und MBW.T 1, Nr. 174.
[1074] Das Folgende aus der Instruktion MBW.T 1, Nr. 177; BAKFJ 2, Nr. 1362.
[1075] Vgl. BAKFJ 2, Nr. 1368.
[1076] Vgl. Müller, Wittenberger Bewegung, S. 57 (Nr. 24); BAKFJ 2, Nr. 1372.
[1077] Vgl. Müller, Wittenberger Bewegung, S. 67–69 (Nr. 28); BAKFJ 2, Nr. 1379.
[1078] Vgl. Müller, Wittenberger Bewegung, S. 73 f. (Nr. 32); BAKFJ 2, Nr. 1397.
[1079] Vgl. Müller, Wittenberger Bewegung, S. 74 f. (Nr. 33), 75 f. (Nr. 34); BAKFJ 2, Nr. 1398 f.
[1080] Vgl. Müller, Wittenberger Bewegung, S. 78 f. (Nr. 37); BAKFJ 2, Nr. 1404. Auch BAKFJ 2, Nr. 1411, 1413, 1414.
[1081] Vgl. Müller, Wittenberger Bewegung, S. 96 f. (Nr. 46); BAKFJ 2, Nr. 1412.
[1082] Vgl. Müller, Wittenberger Bewegung, S. 117–119 (Nr. 53); BAKFJ 2, Nr. 1420.
[1083] Vgl. Müller, Wittenberger Bewegung, S. 119–121 (Nr. 54); BAKFJ 2, Nr. 1424.
[1084] Vgl. Müller, Wittenberger Bewegung, S. 123–125 (Nr. 56); BAKFJ 2, Nr. 1427.
[1085] Vgl. Müller, Wittenberger Bewegung, S. 125 f. (Nr. 57); BAKFJ 2, Nr. 1432.
[1086] Vgl. MBW.T 1, Nr. 192; BAKFJ 2, Nr. 1434.
[1087] Vgl. Müller, Wittenberger Bewegung, S. 131–134 (Nr. 61); BAKFJ 2, Nr. 1435.
[1088] Das Folgende aus dem Bericht Spalatins an den Kurfürsten: BAKFJ 2, Nr. 1440 (Müller, Wittenberger Bewegung, S. 138–145 [Nr. 64]).
[1089] Vgl. BAKFJ 2, Nr. 1479.
[1090] Natalie Krentz, Auf den Spuren der Erinnerung: Wie die »Wittenberger Bewegung« zu einem Ereignis wurde, in: ZHF 36 (2009), S. 563–595, Zitat S. 572.
[1091] Vgl. BAKFJ 2, Nr. 1479.
[1092] Vgl. BAKFJ 2, Nr. 1482.
[1093] Details in BAKFJ 2, Nr. 1482 Anm. 4.
[1094] Vgl. BAKFJ 2, Nr. 1484.
[1095] Vgl. WA.B 2, Nr. 454.
[1096] Vgl. WA.B 2, S. 449–453; BAKFJ 2, Nr. 1496.
[1097] Vgl. WA.B 2, Nr. 455; BAKFJ 2, Nr. 1502.
[1098] Vgl. WA.B 2, S. 457–459; BAKFJ 2, Nr. 1504.
[1099] Vgl. WA.B 2, Nr. 456; BAKFJ 2, Nr. 1506.
[1100] Vgl. BAKFJ 2, Nr. 1510 f.
[1101] Vgl. BAKFJ 2, Nr. 1514, 1520.
[1102] Vgl. WA.B 3, Nr. 566.
[1103] WA.B 3, Nr. 586.

[1104] Vgl. zum Ganzen auch Liedke, Heiltum, S. 464–477.
[1105] Vgl. Müller/Pallas, Urkunden 1, S. 13–15 (Nr. 8); die Korrespondenz des Kurfürsten wegen des Allerheiligenstifts ist künftig auch in BAKFJ 3 dokumentiert.
[1106] Vgl. Müller/Pallas, Urkunden 1, S. 17 (Nr. 10).
[1107] WA.B 3, Nr. 634.
[1108] Vgl. WA 12, S. 645–651 (Nr. 29).
[1109] Vgl. WA.B 3, Nr. 642.
[1110] Vgl. WA.B 3, Nr. 648.
[1111] Vgl. Müller/Pallas, Urkunden 1, S. 24–27 (Nr. 16–18).
[1112] Vgl. Müller/Pallas, Urkunden 1, S. 28 (Nr. 19).
[1113] Vgl. Müller/Pallas, Urkunden 1, S. 28–30 (Nr. 20). Zum Inhalt des Vorschlags vgl. Liedke, Heiltum, S. 468 f.
[1114] Vgl. Müller/Pallas, Urkunden 1, S. 30–35 (Nr. 21 f.).
[1115] Vgl. Ludolphy, Friedrich, S. 455; Kolde, Friedrich, S. 51 (Nr. X).
[1116] WA.B 3, Nr. 794; vgl. Liedke, Heiltum, S. 471.
[1117] Vgl. Müller/Pallas, Urkunden 2, S. 95–97 (Nr. 36).
[1118] Vgl. Müller/Pallas, Urkunden 2, S. 97–101 (Nr. 37 f.).
[1119] WA 15, S. 758–774 (Nr. 59), hier 774.
[1120] Vgl. Müller/Pallas, Urkunden 2, S. 101–105 (Nr. 39).
[1121] Vgl. Müller/Pallas, Urkunden 2, S. 111–114 (Nr. 47); Liedke, Heiltum, S. 473 f.
[1122] Vgl. Müller/Pallas, Urkunden 2, S. 34 f. (Nr. 48) und S. 119–123 (Nr. 51).
[1123] Vgl. BAKFJ 3 zum 19. Januar 1523.
[1124] Vgl. BAKFJ 2, Nr. 1588 mit Anm. 1, Nr. 1595. Vgl. dazu auch Armin Kohnle, Die Herren von Lindenau und die frühe Reformation, in: Adlige Lebenswelten in Sachsen. Kommentierte Bild- und Schriftquellen, hrsg. von Martina Schattkowsky, Köln/Weimar/Wien 2013, S. 320–326; Ludwig, Regimentsmandat.
[1125] Vgl. BAKFJ 3 zum 28. März 1523 und zahlreiche weitere Briefe, die in BAKFJ 3 verzeichnet werden. Zu den Materialien vgl. auch Ludwig, Regimentsmandat, S. 82.
[1126] Vgl. BAKFJ 3 zu nach 26. Juli 1523.
[1127] Vgl. BAKFJ 3 zum 23. August 1523.
[1128] Vgl. BAKFJ 3 zum 27. Januar 1523 und zu Ende Januar/Anfang Februar 1523.
[1129] Förstemann, Neues UB, S. 103–105 (Nr. 20), Zitat S. 104; Ludwig, Regimentsmandat, S. 83.
[1130] Zum Thema Klosterfluchten ist eine umfangreiche Leipziger Dissertation von Saskia Jähnigen im Druck; vgl. vorläufig: Saskia Jähnigen, *Dergleychen der monch zu Machern sein geystlich claydt abgelegt* – Klosteraustritte und ehemalige Mönche in den frühen Reformationsjahren im Kurfürstentum Sachsen, in: Neuhes wyssen, S. 87–109.
[1131] Vgl. BAKFJ 3 zum 29. Juni 1523.
[1132] Vgl. BAKFJ 3 zum 1. Juli 1523.
[1133] Vgl. BAKFJ 3 zum 6. Juli 1523.
[1134] Vgl. BAKFJ 3 zum 9. Juli 1523.
[1135] Vgl. BAKFJ 3 zum 15. Juli 1523.
[1136] Vgl. BAKFJ 3 zum 20. Juli 1523.

[1137] Vgl. ThMA 3, S. 127 f. (Nr. 79); BAKFJ 3 zum 24. September 1523.
[1138] Vgl. ThMA 3, S. 128 f. (Nr. 80); BAKFJ 3 zum 28. September 1523.
[1139] Vgl. ThMA 3, S. 129 F. (Nr. 81); BAKFJ 3 zum 5. Oktober 1523.
[1140] Vgl. ThMA 3, S. 130 F. (Nr. 82); BAKFJ 3 zum 11. Oktober 1523.
[1141] ThMA 1, S. 300–321 (Nr. 6).
[1142] Förstemann, Neues UB, S. 18; vgl. Lang, Residenzwechsel (wie Anm. 161), S. 84.
[1143] Vgl. Ludolphy, Friedrich, S. 129.
[1144] Förstemann, Neues UB, S. 259 (Nr. 22).
[1145] Vgl. ebd.
[1146] Vgl. ebd.
[1147] BAKFJ 1, Nr. 629.
[1148] Es liegt im Augenblick nur in einer Edition von 1733 vor: Christian Schöttgen/Georg Christoph Kreysig, Diplomatische und curieuse Nachlese der Historie von Ober-Sachsen ... Tl. 11, Dresden/Leipzig 1733, S. 65–73.
[1149] Vgl. oben bei Anm. 555 f.
[1150] Schöttgen/Kreysig, Diplomatische Nachlese (wie Anm. 1148), S. 65.
[1151] Schöttgen/Kreysig, Diplomatische Nachlese (wie Anm. 1148), S. 70.
[1152] Vgl. Schöttgen/Kreysig, Diplomatische Nachlese (wie Anm. 1148), S. 74–76.
[1153] Schöttgen/Kreysig, Diplomatische Nachlese (wie Anm. 1148), S. 75.
[1154] Vgl. Schöttgen/Kreysig, Diplomatische Nachlese (wie Anm. 1148), S. 74.
[1155] Beispiele bei Ludolphy, Friedrich, S. 481 f.
[1156] Vgl. Schöttgen/Kreysig, Diplomatische Nachlese (wie Anm. 1148), S. 70.
[1157] Vgl. zum Folgenden: Jähnigen Tod und Memoria; Natalie Krentz, Protestantische Identität und Herrschaftsrepräsentation. Das Begräbnis Friedrichs des Weisen, Kurfürst von Sachsen (1525), in: Symbolik in Zeiten von Krise und gesellschaftlichem Umbruch. Darstellung und Wahrnehmung vormoderner Ordnung im Wandel, hrsg. von Elizabeth Harding und Natalie Krentz, Münster 2011, S. 115–130. Zu den Grabdenkmälern Friedrichs vgl. auch Niehr, Memorialmaßnahmen.
[1158] Spalatin, Leben, S. 63–68.
[1159] Spalatin, Leben, S. 65.
[1160] Ludolphy, Friedrich, S. 482.
[1161] Spalatin, Leben, S. 68.
[1162] Spalatin, Leben, S. 67.
[1163] Das Zitat bei Jähnigen, Tod und Memoria, S. 286.
[1164] Am 5. Mai 1525 ließ Graf Albrecht von Mansfeld das Dorf Groß-Osterhausen bei Eisleben in Brand stecken.
[1165] Luther an Johann Rühel, WA.B 3, Nr. 874, Zitat S. 508.
[1166] BAKFJ 1, Nr. 629, S. 514 (Punkt 3).
[1167] Vgl. WA.B 3, Nr. 862 mit der Beil. Vgl. dazu auch Jähnigen, Tod und Memoria, S. 287.
[1168] WA.B 3, S. 487,6.
[1169] Spalatin, Leben, S. 69–75; vgl. Ludolphy, Friedrich, S. 484–486 und mit weiteren Einzelheiten

Jähnigen, Tod und Memoria, S. 288 f.
1170 Vgl. VD16 L 7577, 7578.
1171 WA 17/I, S. 196–227.
1172 Vgl. VD 16 M 3778, 3790, 3835, 4007; CR 11, 90–98 (Nr. 9). Vgl. dazu Eberhard Winkler, Melanchthons lateinische Leichenrede auf Kurfürst Friedrich den Weisen, in: Zeitschrift für Religions- und Geistesgeschichte 18/1 (1966), S. 33–42.
1173 Vgl. Jähnigen, Tod und Memoria, S. 289.
1174 Krentz, Protestantische Identität (wie Anm. 1157), S. 117.
1175 Jähnigen, Tod und Memoria, S. 290.
1176 Vgl. Arndt Kiesewetter, Die Wittenberger Fürstenstandbilder in ewiger Anbetung – ein Werk der Augsburger Daucher-Werkstatt, in: Wittenberg-Forschungen 5, S. 221–234.
1177 Vgl. Jähnigen, Tod und Memoria, S. 291.
1178 Hier nach dem lateinischen Text neu übersetzt unter Anlehnung an die Übersetzung Spalatins in Spalatin, Leben, S. 74 f. Vgl. Inschriften Wittenberg, 1, Tafel 28 und 2, S. 267–260 (Nr. 51) mit einer modernen Übersetzung S. 268.
1179 Vgl. Ludolphy, S. 62 f.; andere Übersetzung bei Spalatin, Leben, S. 72 f. Vgl. Inschriften Wittenberg 1, Tafel 30 und 2, S. 265–267 (Nr. 50).
1180 Vgl. Ludolphy, Friedrich, S. 41, und Jähnigen, Tod und Memoria, S. 293 Anm. 91. Vgl. auch Inschriften Wittenberg 1, Tafel 29 und 2, 263–265 (Nr. 49) mit der genauesten Wappenbeschreibung.
1181 Vgl. oben bei Anm. 862.
1182 Vgl. https://lucascranach.org/de/PRIVATE_NONE-P461/ (letzter Zugriff am 28.04.2024). Der Text ist nur noch in Bruchstücken zu lesen, doch scheint es sich um das bekannte Epigramm Luthers zu handeln (letzter Zugriff am 27.04.2024).
1183 Zur bildpropagandistischen Seite vgl. Kohnle, Kaiser Friedrich? (wie Anm. 851).
1184 CR 11, Sp. 962–975; eine deutsche Übersetzung in: Melanchthon deutsch 1: Schule und Universität, Philosophie, Geschichte und Politik, hrsg. von Michael Beyer, Stefan Rhein und Günther Wartenberg (†), 2. Aufl. Leipzig 2011, S. 220–241 (Volker Werner).
1185 Vgl. CR 11, Sp. 963.
1186 Für Einzelheiten vgl. Christiane Domtera-Schleichardt, Die Wittenberger »Scripta publice proposita« (1540–1569). Universitätsbekanntmachungen im Umfeld des späten Melanchthon, Leipzig 2021, bes. S. 191–196.
1187 Vgl. dazu demnächst Stefan Rhein in dem Anm. 41 angekündigten Sammelband; die Ausführungen von Hubert Ermisch, Die geschichtlichen Beinamen der Wettiner, in: NASG 17 (1896), S. 1–32, hier S. 31 sind zu korrigieren.
1188 Vgl. zuletzt Martina Schattkowsky, Der Traum Friedrichs des Weisen vom 30./31. Oktober

1517, in: Kohnle/Schirmer, Friedrich, S. 413–423 mit der dort genannten älteren Literatur; Zitat S. 413.

[1189] Vgl. oben bei Anm. 789.

[1190] Vgl. Susan Richter, Die »Macher« des Wandels – Fürsten als Reformatoren und Reformer, in: Richter/Kohnle, Herrschaft, S. 13–27.

[1191] Vgl. zum Begriff: Eike Wolgast, Die Wittenberger Theologie und die Politik der evangelischen Stände. Studien zu Luthers Gutachten in politischen Fragen, Gütersloh 1977, S. 103.

[1192] Vgl. die Literaturzusammenstellung in Richter/Kohnle, Herrschaft; Ernst Schubert, Fürstenreformation. Die Realität hinter einem Vereinbarungsbegriff, in: Glaube und Macht. Theologie, Politik und Kunst im Jahrhundert der Reformation, Leipzig 2005, S. 23–47.

[1193] Vgl. Eike Wolgast, Die Einführung der Reformation und das Schicksal der Klöster im Reich und in Europa, 2. Aufl. Gütersloh 2015.

Register der Personen und Orte

Personen der Forschung erscheinen nur dann im Register, wenn sie im Text namentlich genannt werden. Nicht berücksichtigt wurden die häufig vorkommenden Namen Friedrich der Weise, Johann der Beständige, Kursachsen und Wittenberg sowie die in der Stammtafel und den Karten verzeichneten Personen und Orte. Fürsten, Adlige und Bischöfe der Friedrich-Zeit sind unter ihren Vornamen aufzusuchen.

Aachen 49, 77, 85, 156, 241, 306, 313
Adalbert, Administrator des Erzbistums Mainz, Bruder Friedrichs des Weisen 28, 43–45, 51, 58, 68, 73, 196, 305 f., 335, 361
Adolf, Bf. von Merseburg 258, 261 f., 277, 374 f.
Adria 141
Ägypten 41, 138
Albrecht (der Beherzte), Hzg. von Sachsen 27–33, 45, 49, 57 f., 63, 80, 82, 87, 89, 109, 138, 306, 342
Albrecht III. (der Fromme), Hzg. von Bayern, Großvater Friedrichs des Weisen 28
Albrecht IV., Hzg. von Bayern 109, 111
Albrecht, Ebf. von Mainz und Magdeburg, Administrator von Halberstadt, Kardinal 183, 208, 216, 221, 236, 365
Albrecht, Graf von Mansfeld 378
Albrecht, Hofnarr 123
Aleander, Hieronymus, päpstlicher Nuntius 121, 241 f., 244 f., 248, 313
Alexander VI., Papst 204
Allstedt 279
Alphäus 156
Altenburg 26 f., 29, 31 f., 43, 50, 122, 158, 181–183, 213, 223, 227–229, 233 f., 258, 276, 296, 306, 312, 363, 367

Altötting 144
Altzella, Zisterzienserkloster 36, 278
Amerika 22, 224
Amsdorf, Nikolaus von 268
Andechs 144
Anna von Bayern, Großmutter Friedrichs des Weisen 28
Anna von Mecklenburg, Landgräfin von Hessen 77 f.
Anna von Sachsen, Landgräfin von Hessen 77
Anna, Heilige 141, 147, 156, 181, 198
Anna, Stieftochter des Kaspar Dornle 133
Anna, Tochter des Kf.en Johann Cicero von Brandenburg 130
Annaberg 33
Annaburg *siehe Lochau*
Antonius, Mönchsvater 41
Antwerpen 86 f.
Aragón 84, 113, 130, 224, 365
Aschaffenburg 44 f., 306, 336
Askanier, Dynastie 26, 145 f., 149, 172
Assisi 149
Augsburg 73, 83, 85, 97, 102 f., 111, 114, 152, 185, 218, 220, 243, 212, 291, 309, 311 f.

Bacharach 85
Bachmann, Paul, Abt von Altzella 278
Bamberg 34 f., 111, 121, 148 f., 348
Baptista, Johann, Dr. 125

381

Barbara von Polen, Hzg.in von
    Sachsen 126, 128 f., 308
Barbara, Heilige 155
Bartholomäus, Heiliger 151, 155, 225
Basel 152, 219
Bastel (Sebastian) von Jessen, Sohn
    Friedrichs des Weisen 131 f., 284
Bayern, Herzogtum 28, 42, 100, 109,
    294, 342
Beatus Rhenanus 113, 179
Becker, Carl 20
Beeskow 27
Beheim, Hans d. Ä. 188
Belgrado 97, 309, 345
Belzig (heute Bad Belzig) 198
Benno, Bf. von Meißen 206–209
Berlin 35
Berthold von Henneberg, Ebf. von
    Mainz 72, 74, 78 f., 85, 95, 98,
    100–102, 104, 106, 108 f., 121, 309,
    337, 345, 348
Besançon 99
Beskau, Matthäus, Dekan am
    Allerheiligenstift 274
Bethlehem 142
Beyer, Christian, kursächsischer
    Kanzler 265, 267
Bianca Maria Sforza, zweite Gattin
    Maximilians I. 83, 86, 99
Böhmen, Königreich 27, 52, 61, 74, 103,
    207, 224, 252, 253, 255, 292, 307
Bonn 99, 309
Borkowsky, Ernst 20
Borna 122, 132, 271
Bosau, Benediktinerkloster 150, 232
Brabant 87, 99
Brandenburg, Bf. *siehe Schulz*
Brandenburg, Bistum 34, 146, 198 f.,
    241
Brandenburg, Kf. *siehe Johann Cicero*
Brandenburg, Kurfürstentum 42, 53,
    76 f., 81, 90, 130, 137, 164, 221, 224,
    229, 247, 306

Brandenburg, Stadt 199, 241
Brandenburg-Ansbach,
    Markgrafschaft 187, 342
Brandi, Karl 224 f.
Braunschweig, Stadt 85
Braunschweig-Lüneburg,
    Herzogtum 28, 173, 221, 290, 294,
    307
Breslau, Diözese 34
Breslau, Stadt 318
Brück, Gregor, Dr., kursächsischer
    Kanzler 178, 214, 245, 248, 263–
    265, 277, 295, 371, 375
Brügge 75, 79, 307
Brüssel 99
Buch, Zisterzienserkloster 36
Buchsenschmid, Curd 42
Bugenhagen, Johannes 179, 275
Burger, Gregor, Geleitsmann 275
Burgkmair, Hans, Maler 185
Burgos, Edikt von 260 f., 314
Burgund 27, 52, 74–76, 78, 81–83, 86,
    88, 95, 98 f., 122, 224
Burkhard Schenk von Siemau 154
Busche, Hermann von dem 165, 169
Cajetan, Thomas, Kardinal 218, 228–
    230, 234, 242, 312
Cambrai, Liga von 113
Caracciolo, Marino, päpstlicher
    Nuntius 242, 313
Casimir, Markgraf von
    Brandenburg 348
Caspar von Schönberg, Ritter 43, 317
Castelnuovo in Friaul 97, 309, 345
Cato 46, 336
Celtis, Konrad 179
Chania 141
Chemnitz 26
Christine, Kg.in von Dänemark und
    Norwegen, Schwester Friedrichs
    des Weisen 28, 305
Christoph von Leipzig 63
Christoph, Hzg. von Bayern 138, 143

Register der Personen und Orte

Claus, Hofnarr 123
Clemens VII., Papst 204
Coburg 26, 30 f., 58, 122, 181–183, 311, 354
Colditz 31–33, 43, 49, 122, 181–183, 283, 287, 359
Colmar 152
Conrad von Ruppisch, Kapellmeister 186
Cormòns 97, 309, 345
Cranach, Lucas d. Ä. 112, 132 f., 138, 148, 155 f., 172, 177, 184–186, 188 f., 214, 226, 294, 350, 366
Cranach, Lucas d. J. 182
Daucher, Hans, Augsburger Bildhauer 291
Deichsler, Heinrich 360
Dessau 155
Deutschland 53, 71, 75, 217 f., 220, 223, 234, 236, 246, 257, 293, 303
Diest in Belgien 86
Diether von Isenburg, Ebf. von Mainz 44, 306
Dietrich von Stentz 63
Dohna, Burggrafen 26
Dornle, Kaspar 133
Dresden 29 f., 32 f., 42, 47, 306
Duns Scotus 169
Düren 85
Dürer, Albrecht 15, 41, 48 f., 185, 188
Eberhard II., Hzg. von Württemberg 98
Ebner, Konrad, Münzmeister 189 f., 374
Eck, Johannes 230–232, 241, 313
Eicha bei Leipzig 137, 158
Eidgenossenschaft 82 f., 97, 102, 320
Eilenburg 25, 31 f., 122, 126, 139, 141, 181–183, 269
Einbeck 85
Eisenach 32
Eisleben 378
Elbe 25, 163, 292

Elisabeth von Bayern, Mutter Friedrichs des Weisen 28, 41 f., 50, 305 f.
Elisabeth, Tochter des Kg.s von Polen 130
Elsner, Jakob, Buchmaler 188 f.
Elster 174, 199, 245, 296
Erasmus von Rotterdam 113, 137, 179, 242 f., 313, 369 f.
Erfurt 30, 35, 47, 114, 141, 163, 170, 205
Ernestiner 13, 30–33, 37, 51–53, 57, 61, 64 f., 67, 77, 89, 124–127, 141, 146, 157, 166, 177, 181, 186, 196–198, 279, 283 f., 290, 301, 311
Ernst von Schönberg 63
Ernst, Ebf. von Magdeburg und Administrator von Halberstadt, Bruder Friedrichs des Weisen 28, 36, 43, 52, 58, 68, 81, 89, 104, 111, 132, 139, 146, 158, 164, 172, 183 f., 186, 196, 305, 307, 311
Ernst, Graf von Mansfeld 279
Ernst, Kf. von Sachsen, Vater Friedrichs des Weisen 27–33, 42 f., 45, 49–52, 57 f., 59, 63, 140, 189, 204, 305 f.
Erzgebirge 25, 35, 189
Esslingen 252, 374
Faber, Johann, Dominikanerprior 243, 369
Fabian von Feilitzsch 214, 227
Ferdinand I., Bruder Karls V., Erzhzg. von Österreich 221, 252, 260
Ferdinand, Kg. von Aragón 365
Feyl, Hans, Kanzleischreiber 285 f., 288
Fiorentino, Adriano 185
Flandern 80
Flehinger, Johann, Kanzler 64
Förstemann, Carl Eduard 19
Francesco II. Gonzaga, Markgraf von Mantua 184
Franken 27, 30 f., 53, 67

383

Frankfurt am Main 45, 49, 60, 79 f.,
    85, 127, 222–226, 229 f., 234, 244,
    306, 312
Frankfurt an der Oder 164
Frankreich 72, 74 f., 83 f., 88, 99 f., 113,
    146, 153, 220–222, 224, 252, 309
Frankreich, Kg.e siehe Franz I.,
    Ludwig XII.
Franz I., Kg. von Frankreich 221 f.,
    224
Franz, Hzg. von Braunschweig-
    Lüneburg 290
Frauenchiemsee, Kloster 152
Freiberg 25
Freiburg im Breisgau 99 f., 309
Friedrich I. (der Freidige),
    Markgraf von Meißen 26
Friedrich I. (der Streitbare),
    Kf. von Sachsen 26, 41, 50, 77
Friedrich II. (der Sanftmütige),
    Kf. von Sachsen 27–29, 305
Friedrich II., Kaiser 41
Friedrich III. (der Strenge),
    Markgraf von Meißen 26
Friedrich III. (der Weise),
    Kf. von Sachsen, passim
Friedrich III., Kaiser 17 f., 31, 42, 45,
    59, 71 f., 74 f., 77, 79, 81, 141, 307,
    348
Friedrich von Thun 63, 249
Friedrich von Utrecht, Heiliger 153
Friedrich, Markgraf von Baden,
    Bf. von Utrecht 121, 348
Friesland 27, 80
Fritz (Friedrich), Sohn Friedrichs
    des Weisen 131 f., 284
Fritz, Hofnarr 123
Frohburg 340
Fugger 83
Gabriel, Bf. von Eichstätt 121, 348
Gamaliel 265
Gattinara, Mercurino Arborio,
    Großkanzler Karls V. 245, 371

Geldern 88
Gelnhausen 85 f., 107, 310
Genoveva, Heilige 156
Georg (der Bärtige), Hzg. von
    Sachsen 19, 47, 49, 77, 125–129,
    195–197, 206, 208, 222, 231, 253–
    255, 261, 280, 308, 363, 368, 372 f.
Georg von Podiebrad,
    Kg. von Böhmen 74, 255
Georg, Hzg. von Bayern-Landshut 100
Gera 26, 201, 340
Germaine de Foix 365
Glapion, Jean,
    Beichtvater Karls V. 245 f., 371
Göde, Henning, Dr. 178, 295, 356
Görlitz 25, 30, 139, 185
Görz, Grafschaft 42, 294, 345
Goslar 85, 110
Gotha 140, 144, 179
Göttingen 85
Götz von Ende 63
Greifen, Dynastie 42
Greifswald 85
Greiz 201
Grimma 31 f., 42 f., 126, 181–183, 262,
    277, 305
Gronendael 99
Grossaert, Jan, Maler 184
Großenhain 126
Groß-Osterhausen 289, 378
Gurk, Bf.e siehe Matthäus, Peraudi
Habsburger, Dynastie 28, 42, 60,
    71–75, 78, 80–84, 95 f., 101, 104,
    107–110, 113–115, 130, 132, 153, 214,
    219 f., 222–226, 229, 346, 367
Hadrian VI., Papst 204, 208, 257, 375
Halberstadt, Diözese 28, 34–36, 52,
    196, 214, 311
Halle (Saale) 20, 146, 151, 365
Halle in Belgien 86
Hamburg 85
Hanau 85
Hannibal 119

Register der Personen und Orte

Hannover 85
Hans von der Planitz 19, 178, 214, 252–256, 261
Hans von Dolzig 63
Hans von Hermansgrün 89
Hans von Leimbach 64
Hans von Minckwitz zu Trebsen 63, 207, 262, 375
Hans von Obernitz 63 f.
Hans von Taubenheim 64
Hans von Ziesar zu Lübnitz 198, 361
Hänsel (Hans), Hofnarr 123 f.
Hartmann von Cronberg 255
Harz 288
Hasselt 86
Haubold von Einsiedel 268
Heidelberg, Stadt und Universität 163, 217, 312, 364
Heiliges Land *siehe* Palästina
Heinrich (der Erlauchte), Markgraf von Meißen 26
Heinrich Stromer von Auerbach, Dr. 45, 125, 287
Heinrich VIII., Kg. von England 223
Heinrich von Bünau zu Teuchern 178, 345
Heinrich von Ende zu Kayna 63
Heinrich von Schaumburg 143
Heinrich, Graf von Eilenburg 25
Heinrich, Graf von Nassau 244, 257
Heinrich, Hzg. von Braunschweig-Lüneburg 28, 221, 307
Heinrich, Hzg. von Sachsen, Bruder Hzg. Georgs 77 f., 208, 348
Helena, Heilige 154
Helt, Konrad 265 f.
Henneberg, Grafschaft 42, 294, 348
Hermann IV. (von Hessen), Ebf. von Köln 77, 121, 309, 341 f., 348
Hermann V. (von Wied), Ebf. von Köln 208 f.
Herzberg 287
Herzheimer, Hans 139, 225

Hessen 77–79, 81, 348
Hessen, Landgrafen *siehe* Philipp, Wilhelm I., Wilhelm II.
Hieronymus, Sohn Friedrichs des Weisen 131 f.
Hitzscholdt, Matthäus, Mönch aus Bosau 232
Hoë von Hoënegg, Matthias 296
Hohenzollern, Dynastie 42, 196, 214, 221, 312
Hoppe-Seyler, Amanda 20
Horb 98 f., 321
Hoyer, Graf von Mansfeld 222
Hugold von Schleinitz 63
Hundt, Hans, Ritter 64, 138, 143
Hus, Johannes 230 f.
Ingolstadt 163, 230
Innozenz VIII., Papst 204
Innsbruck 61, 80, 97, 99, 122, 143, 219, 307 f.
Isokrates 179
Italien 52, 60, 74, 88, 90 f., 95–97, 102, 111–113, 184, 189, 222, 224, 308
Jacopo de' Barbari, Hofmaler 172, 184
Jaffa (Tel Aviv) 142 f.
Jakob II., Ebf. von Trier 111
Jan, Hofmaler 138, 184
Jena 32, 137, 186
Jerusalem 27, 138–140, 142, 307
Jessen an der Elster 132, 287, 296
Johann (der Beständige), Hzg. und Kf. von Sachsen (1468–1532), Bruder und Nachfolger Friedrichs des Weisen, passim
Johann Cicero, Kf. von Brandenburg 77, 130
Johann Friedrich, Sohn Hzg. Johanns, Neffe Friedrichs des Weisen 52, 145, 223, 280
Johann II., Ebf. von Trier 79, 121, 348
Johann VI., Bf. von Meißen 197, 203
Johann VII., Bf. von Meißen 261 f., 374

385

Johann von der Ecken, Trierer Offizial 247
Johann von Paltz 47
Johann von Schönberg, Bf. von Naumburg 307, 348
Johann, Kg. von Dänemark, Norwegen und Schweden, Schwager Friedrichs des Weisen 28, 130, 305
Johann, Kg. von Kastilien und Aragón 130
Johanna (die Wahnsinnige), Kg.in von Kastilien und Aragón 130
Jonas, Justus 158, 275
Jülich-Berg, Herzogtum 42, 115, 130, 294
Julius II., Papst 148, 166, 204, 206, 311
Kaisersheim (Kaisheim bei Donauwörth), Kloster 111
Kalkoff, Paul 21, 224 f.
Karl (der Kühne), Hzg. von Burgund 75
Karl V., Kaiser 17, 71, 84, 113, 132, 208, 220–233, 236 f., 241, 243–246, 251 f., 256 f., 260 f., 312–315, 373 f.
Karl VIII., Kg. von Frankreich 83
Karl von Gleichen 63
Karl von Miltitz 226–237, 312, 368
Karlstadt, Andreas Bodenstein von 178, 217, 230–233, 267 f., 313
Kärnten 71
Kastilien 84, 130, 224
Katharina, Heilige 155
Katharina, Schwester Kaiser Karls V. 223
Kemmerlin, Ulrich 45, 336
Kesinger, Johann 221, 365
Ketzel, Wolf, Maler 144
Kirn, Paul 21, 200
Kleinasien 154
Koblenz 85
Kolde, Theodor 21
Köln, Ebf.e *siehe Hermann IV., Hermann V.*

Köln, Erzbistum, Kurfürstentum 52, 81, 204
Köln, Kanonissenstift St. Ursula 152
Köln, Stadt und Universität 73, 85, 99, 109 f., 156, 163, 241–251, 259, 261, 309, 313, 346, 369
Konrad Mutianus 179
Konrad von Kistritz 25
Konstantinopel 74
Konstanz 73, 110, 112, 114, 297, 311
Korfu 141
Köstlin, Julius 21
Kraft, Hans, Münzmeister 189
Krain 71
Kress, Johann 276 f.
Kreta 141
Krug, Hans d. Ä., Münzmeister 189
Kuhlowitz 198 f.
Kühnel, Klaus 22
Kunz vom Ende 354
Kunz von Kaufungen, Raubritter 29
Kunz, Hofmaler 184
Kurpfalz *siehe Pfalz, Kurfürstentum*
Kursachsen, passim; *siehe auch Ernestiner*
Ladislaus II., Kg. von Böhmen 61
Lahnstein 85, 343
Landshut 83, 100, 108
Lang, Matthäus, Hofrat Maximilians 100
Lau, Franz 21
Lausitz 27, 30
Leipzig, Stadt und Universität 21 f., 28–35, 37, 42, 45, 47, 49, 51, 57, 59, 62 f., 126, 137, 139, 141, 163 f., 170, 196, 215, 230–233, 306, 308, 313, 340, 377
Leisnig 26, 36, 43
Leo X., Papst 204 f., 207 f., 224, 241, 296, 367
Lichtenberg 263
Liebenwerda 126, 181 f., 234
Liedke, Johanna 22

Register der Personen und Orte

Lindau 97
Lindemann, Caspar, Dr.,
  Leibarzt 125, 287
Linz an der Donau 81, 141, 319
Lochau (heute Annaburg) 13, 33,
  122 f., 181–184, 283, 286–288, 290,
  313–315, 369
Lombardei 96
Lorenz von Bibra, Bf. von
  Würzburg 111, 121, 218, 348
Löser, Heinrich, Erbmarschall 63
Löwen 86 f.
Lübeck 85, 97, 110
Lübnitz 198 f.
Lucia, Heilige 154
Ludolphy, Ingetraut 5, 20–22, 100 f.,
  104, 200, 287
Ludwig der Bayer, Kaiser 42
Ludwig V., Kf. von der Pfalz 224,
  246 f.
Ludwig XII., Kg. von Frankreich 99,
  309
Luther, Martin 13–16, 18, 20 f., 47, 59,
  113, 119 f., 123, 129, 131–133, 137,
  145, 154, 170, 173 f., 178, 191, 204,
  206 f., 211–220, 226–264, 267–276,
  280, 286–291, 294, 296 f., 301 f.,
  311–314, 364, 367 f., 370, 372, 375,
  378 f.
Lüttich 86
Maastricht 86, 99 f.
Machern 262, 277, 377
Magdeburg, Ebf.e *siehe Albrecht, Ernst*
Magdeburg, Erzbistum 34–36, 52, 196,
  198–200, 214
Magdeburg, Stadt 124, 284, 287, 310
Mailand 42, 83, 102, 294
Main 85
Mainz, Ebf.e *siehe Adalbert, Albrecht,*
  Berthold, Diether, Uriel
Mainz, Erzbistum,
  Kurfürstentum 34 f., 44 f., 53, 114,
  196, 200, 204, 214, 236, 306

Mainz, Stadt und Universität 44, 85,
  113, 163, 244, 306, 336
Mansfeld, Grafen *siehe Albrecht, Ernst,*
  Hoyer
Mantegna, Andrea, Maler 184
Mantua, Markgrafschaft 42, 152, 184
Margaretha von Hutten,
  Priorin von Weida 201 f.
Margarethe von Anhalt, zweite Gattin
  Hzg. Johanns 57 f., 311
Margarethe von Österreich,
  Großmutter Friedrichs des
  Weisen 28, 42, 305 f.
Margarethe von Sachsen,
  Tochter Wilhelms III.,
  Kf.in von Brandenburg 77
Margarethe, Hzg.in von Braun-
  schweig-Lüneburg, Schwester
  Friedrichs des Weisen 28, 58, 305,
  307
Margarethe, Tochter Kaiser
  Maximilians I. 75, 86, 130 f., 153
Maria 41, 142, 147, 149, 155–157, 195
Maria Kleophas 156
Maria Salomas 156
Maria von Burgund, erste Gemahlin
  Maximilians I. 75
Maria von Jülich-Berg 130
Masowien 42, 294
Matthäus, Bf. von Gurk, Kardinal 208
Matthias Hunyadi, Kg. von
  Ungarn 74
Maximilian I., Römischer Kg.,
  Kaiser 17, 27, 49, 60, 71–77, 79–91,
  95, 97–115, 122 f., 125, 127, 130 f.,
  153, 165, 183 f., 186 f., 189, 218–223,
  226, 229, 241, 306–312, 346, 348
Mecheln 84–87, 308
Meinhardi, Andreas 147 f., 168
Meißen, Bf.e *siehe Benno, Johann VI.,*
  Johann VII.
Meißen, Bistum und Bf.e 34 f., 158,
  196 f., 200, 205–207, 241

387

Meißen, Burggrafen 26
Meißen, Markgrafschaft und
　Markgrafen 25–27, 50, 67, 294
Meißen, Stadt, Burg und Amt 32 f.,
　140, 146, 305
Meit, Conrad, Bildhauer 185, 292
Melanchthon, Philipp 19, 60, 123,
　169 f., 179, 267 f., 289–295
Mellerstadt *siehe Pollich*
Merseburg, Bf. *siehe Adolf*
Merseburg, Bistum 34 f., 197, 200,
　241, 277
Methoni 142
Metz 99
Metzsch, Caspar 63
Michael von Denstedt 63
Miltitz *siehe Karl von Miltitz*
Moraw, Peter 71
Moritz, Hzg. und Kf. von Sachsen 19
Mugenhofer, Johannes, Dr.,
　Kanzler 64, 163, 168 f., 178, 295
Mühlhausen 30, 85, 110
Mulde 35, 43
Müllner, Paul, Goldschmied 189
München 143 f.
Müntzer, Thomas 279 f.
Nasemann, Otto 20
Naumburg, Bf.e *siehe Johann, Philipp*
Naumburg, Stadt 20, 76, 122, 221,
　255, 306, 312, 338, 341
Naumburg-Zeitz, Bistum 34 f., 150,
　196 f., 219
Neudecker, Christian Gotthold 18
Neustadt an der Orla 132 f.
Niederlande 27, 75 f., 78–80, 84, 86 f.,
　130, 153, 184, 186, 307
Niederlausitz *siehe Lausitz*
Niederschlesien *siehe Schlesien*
Niemeck, Anton, Amtsschosser 174
NN, Tochter Friedrichs des
　Weisen 131 f., 284
Nordhausen 30, 85, 110
Nördlingen 96, 308

Nossen 36
Nürnberg 19, 48–50, 61, 76–80, 85, 97,
　102, 104–106, 110–112, 125, 133,
　143 f., 148 f., 171, 184–191, 252 f.,
　255, 259–261, 271, 274, 287, 293,
　306 f., 309 f., 314 f., 360, 374
Oder 35
Oschatz 57, 126, 338
Osmanen 72, 74, 82, 90, 97, 99, 107,
　138, 142, 144, 205
Osterland 27, 30
Österreich, Herzogtum 60, 74, 83 f.,
　224, 294
Otto, Graf von Solms 78
Palästina (Heiliges Land) 45, 81, 137–
　139, 142, 154, 283, 307
Paphos 142
Pasca *siehe Pascha*
Pascha von Alvensleben, Dr. 124, 284,
　287
Pauli, Benedikt 277
Paulus, Apostel 290
Pegau, Kloster 36
Peloponnes 141
Peraudi, Raimund, Kardinal 105, 165,
　206, 310, 346, 363
Petrus Lotichius 60, 339
Petrus Mosellanus 179
Petrus, Apostel 142
Pfalz, Kf.en *siehe Philipp, Ludwig*
Pfalz, Kurfürstentum (Kurpfalz) 52,
　84, 96 f., 109, 111
Pfeffinger, Degenhart,
　Kämmerer 64, 139, 147, 189, 215 f.,
　219 f., 232, 358
Pfeffinger, Johann, Dr. 178, 358
Pflug, Haugolt 354
Pflüger, Konrad, Baumeister 185
Pforta, Kloster 151
Philibert, Hzg. von Savoyen 130
Philipp (der Schöne), Sohn
　Maximilians I. 75, 86 f., 130

Register der Personen und Orte

Philipp von der Pfalz, Bf. von Naumburg und Freising 197, 205, 218 f., 348
Philipp von Feilitzsch 249, 256, 374
Philipp, Kf. von der Pfalz 79, 85, 108 f., 111, 342, 344, 348
Philipp, Landgraf von Hessen 77 f.
Pinder, Ulrich d. J. 171
Pinder, Ulrich, Dr. 125, 171
Pistoris, Simon d. J., Jurist 231
Pistoris, Simon, Dr., Leibarzt 124, 177, 231
Pius III., Papst 204
Plauen 26, 183
Pleißen, Reichsland 26
Plitt, Gustav Leopold 21
Polen 42, 126, 128, 308
Polenz 276 f.
Pollich, Martin (von Mellerstadt), Dr. 63 f., 124, 138, 164 f., 168 f., 178, 355
Pommern, Herzogtum 42, 294
Prag, Bistum 34
Prag, Stadt 61, 307
Preller, Ludwig 18
Prettin 268
Pusch, Georg 205
Quedlinburg 85
Queis 35
Quintus Fabius Cunctator 119
Ragusa (Dubrovnik) 141
Regensburg, Bistum 34
Reinhardsbrunn, Kloster 51, 140
Reißenbusch, Wolfgang 205, 375
René II., Hzg. von Lothringen 345
Renner, Johannes, kaiserlicher Rat 218, 220
Reuchlin, Johannes 179
Rhein 85, 105
Rhodos 142 f., 147
Riario, Raffael, Kardinal 236

Richard von Greiffenklau, Ebf. von Trier, Kf. 208, 220, 224, 229, 234–237, 242, 249, 368
Riesa 126
Rochlitz 32 f., 43, 305
Rochus, Heiliger 154
Rom 29, 46, 90, 96, 105, 110–113, 182, 204 f., 207 f., 216–218, 229, 234–236, 241–243, 296, 306, 311–313
Rostock 85
Roswitha von Gandersheim 179
Rudloff, Hieronymus, Sekretär 214, 236, 375
Rudolf, Fürst von Anhalt 344
Saale 25 f., 34, 36
Saara 340
Sachsen, ernestinisches Kurfürstentum *siehe Ernestiner*
Sachsen, Herzogtum (albertinisches Sachsen) 30, 33, 35, 88, 126, 146, 151, 163
Sachsen-Anhalt 25
Sachsen-Lauenburg, Herzogtum 42
Sachsen-Wittenberg, Herzogtum 26, 63, 67
Sagan, Herzogtum 27, 306
Salmannsweiler am Bodensee 111
Salmanskirchen bei Mühldorf am Inn 147
Scheuerl, Christoph 167, 169
Schlesien 27, 30, 60
Schneeberg 30, 33
Schönbach 262
Schreckenberg 33
Schrenck, Johann, Dr. 63 f., 340
Schulz, Hieronymus, Bf. von Brandenburg 198–200
Schurff, Hieronymus, Wittenberger Jurist 295
Schwan, Glorius 199 f.
Schweinitz 296
Schweiz *siehe Eidgenossenschaft*
Sebastian von Jessen *siehe Bastel*

Sebastian von Mistelbach 63
Sebastian, Heiliger 41
Senlis, Frieden von 75
Sernteiner *siehe Zyprian von Serntein*
Seyda 199
Sigmund d. Ä. von Gleichen 63
Sigmund d. J. von Gleichen 63
Sitzenroda, Nonnenkloster 203 f.
Sixtus IV., Papst 36, 46
Sophia von Mecklenburg, erste Gattin Hzg. Johanns 58, 102, 309
Sorau 27
Sornzig, Nonnenkloster 151
Spalatin, Georg 18, 41–47, 57 f., 61, 73, 77 f., 84, 97, 105, 119, 120 f., 123 f., 137–139, 146, 148, 152, 154, 157, 166, 169, 171 f., 177–179, 182, 186, 200, 214–217, 219–223, 225, 228, 233 f., 236, 242, 247–250, 268, 272, 285–290, 312, 336, 355 f., 358, 366–369, 371–373, 376, 379
Spanien 83, 88, 130, 142, 223 f., 254, 365
Speyer 48, 260
Spiegel, Dietrich (auf Gruna) 63 f.
Spiegel, Dr. Otto, Ritter 45, 63 f.
St. Wolfgang im Salzkammergut 137
Stabius, Johann 178, 358
Stadtilm, Kloster 151
Staupitz, Johann von 164, 166, 168 f., 215–217
Steiermark 71
Stephan, Bernd 22, 177
Stocker, Hans, Dr. 125
Stolberg, Grafschaft 63
Stolpen 35
Storkow 27
Stuhlweißenburg 60
Stürtzel, Konrad, Dr. 99
Sueton 179
Terenz 46
Thieme, André 26
Thomas von Aquin 169

Thüringen, Landgrafschaft und Landgrafen 25–27, 29–31, 33, 35, 50, 61, 64, 67, 283, 306
Torgau 25, 29, 31–33, 41, 62, 102, 122, 126, 137, 139, 141, 143, 145, 155, 158, 181, 183 f., 188, 197 f., 203–205, 213, 221, 236, 273, 286, 305, 309, 311, 323, 365, 374
Traut, Hans 48
Treffurt 183
Treitschke, Heinrich von 14
Trient 110
Trier, Ebf.e *siehe Jakob II., Johann II., Richard*
Trier, Erzbistum 52, 204
Tübingen, Universität 164
Tucher, Anton 187–191, 361
Türken *siehe Osmanen*
Tutzschmann, Moritz 20
Überlingen 102
Ulm 99, 125, 310
Ulrich von Denstedt 169
Ulrich, Hzg. von Württemberg 98, 309
Ungarn 27, 60, 72, 74, 78–80, 82 f., 224, 307
Uriel von Gemmingen, Ebf. von Mainz 114
Ursula, Heilige 156
Valentin von Tetleben 236
Venedig 82, 84, 97, 110, 113, 141–143, 154, 308, 351
Vergerius, Brüder 154
Verona 42
Vierzehnheiligen bei Jena 137
Villersexel (Sechsweiler) 99
Vinzenz von Schleinitz, gewählter Bf. von Naumburg 197
Vischer, Hermann d. Ä. 50
Vischer, Peter d. Ä. 50, 188 f.
Vischer, Peter d. J. 188, 293 f.
Vogt, Jakob, Beichtvater Friedrichs des Weisen 139, 150 f.
Vogtland 27, 31, 67

Register der Personen und Orte

Voitsberg 183
Von der Leiter, Herren 294
Wagner, Andreas,
  Pfarrer von Herzberg 287
Walter, Johannes von 21
Wartburg 32, 247, 249–251, 264,
  270 f., 314, 372
Watzlerin, Wanzlerin 133
Weida, Nonnenkloster 150 f., 201–203
Weida, Vögte 26
Weimar 30, 32, 35, 41, 48, 58, 62, 67,
  122, 158, 165, 181–183, 310, 362
Weißenfels 122
Welfen, Dynastie 42
Weller von Molsdorf, Anna 131, 133
Wellman, Sam 22
Wels 84
Werra 27
Westphal, Sina 19
Wettin, Wettiner, Dynastie 13, 16,
  25–47, 50 f., 63, 68, 76 f., 78 f., 109,
  114, 125 f., 146, 149, 177, 196, 214,
  306
Wien 45, 60, 133
Wiesflecker, Hermann 100
Wilhelm I., Landgraf von
  Niederhessen 77
Wilhelm II., Landgraf von
  Hessen 77, 127
Wilhelm III. (der Tapfere)
  von Thüringen 27, 29, 41, 306
Wilhelm III., Hzg. von
  Jülich-Berg 130

Wilhelm von Croy, Herr von
  Chièvres 244
Wilhelm von Lindenau zu
  Polenz 276 f.
Wilsnack in Brandenburg 137
Wimpfeling, Jakob 179
Wittelsbacher, Dynastie 41 f., 197
Wittenberg, Stadt und Universität,
  passim
Wolfauer, Andreas, Goldschmied 189
Wolfgang, jüngster Bruder Friedrichs
  des Weisen 28, 305
Wolgemut, Michael, Maler 185
Worms 73 f., 88–91, 96 f., 102, 113 f.,
  121, 185, 241–254, 257, 259–261,
  308, 311, 314 f., 369
Würzburg, Bf. *siehe Lorenz*
Würzburg, Bistum 34 f.
Würzburg, Stadt 107, 310
Wurzen 35
Zadar 141
Zahna 199
Zebedäus 156
Zehentner, Johannes, Kaplan 43
Zeitz (*siehe auch Naumburg-
  Zeitz*) 122, 150, 196 f., 307
Zinna, Kloster 151
Zittau 25
Zwickau 26, 31, 48, 267 f.
Zwilling, Gabriel 263
Zypern 142 f.
Zyprian von Serntein (Sernteiner),
  Hofrat Maximilians I. 100